INTELLIGENCE ET VISION
DIPLOMATIQUES DE
XI JINPING

INTELLIGENCE ET VISION DIPLOMATIQUES DE
XI JINPING

CITATIONS ET COMMENTAIRES CHOISIS

Rédacteur en chef : SU GE
Traduction : TIAN MENG
Relecture et correction : AGNÈS BELOTEL-GRENIÉ

Intelligence et vision diplomatiques de Xi Jinping
Citations et commentaires choisis

Rédacteur en chef : Su Ge
Traduction : Tian Meng
Relecture et correction : Agnès Belotel-Grenié

© Shanghai Jiao Tong University Press

Première publication en 2025 par Naturalogic Publishing Inc.

19-1235 Johnson St. Coquitlam, BC, Canada V3B 7E2

Édition originale © Shanghai Jiao Tong University Press
Cette édition française est autorisée par Shanghai Jiao Tong University Press

Tous droits réservés

Aucune partie de cette publication ne peut être reproduite, stockée dans un système de récupération de données ou transmise, sous quelque forme ou par quelque moyen que ce soit, électronique, mécanique, ou autre, sans l'autorisation écrite de l'éditeur.

ISBN   978-1-4878-1247-8

Liste des membres du comité de rédaction

Rédacteur en chef : Su Ge

Comité de rédaction : Rong Ying, Zhao Qinghai, Hu Dawei, Shen Zhongming, Wang Qiang, Li Jing

Rédacteurs (par nombre de traits du nom de famille en chinois) :
Ding Duan, Ma Li, Wang Ruibin, Wang Jiapei, Bai Lianlei, Ning Tuanhui, Mu Gengyuan, Liu Chang, Sun Wenzhu, Su Ge, Du Lan, Li Zixin, Li Ziguo, Yang Chenxi, Gu Ning, Shen Yamei, Zhang Bei, Zhang Weiwei, Zhao Zhen, Hu Shaocong, Hu Hong, Liu Li, He Xilin, Jia Xiudong, Xu Longdi, Gong Ting, Cui Hongjian, Kang Jie, Han Lu, Zeng Aiping

Préface

Intelligence et vision diplomatiques de Xi Jinping : Citations et commentaires choisis est le dernier volet de la série *Intelligence et vision*. Ce livre présente une étude fascinante sur la maîtrise de l'art du langage diplomatique de Xi Jinping tout en offrant une interprétation et une explication approfondies de la pensée de Xi Jinping sur la diplomatie. Le style de communication de Xi Jinping est distinct : il donne à réfléchir, tout en étant simple, accessible et terre à terre. Xi Jinping utilise habilement des citations littéraires et des dictons de la Chine et d'autres pays du monde pour mettre en lumière les grandes tendances mondiales et l'essence de la diplomatie chinoise. Mémorable et rempli de sagesse, *Intelligence et vision diplomatiques de Xi Jinping* est une excellente ressource pour quiconque souhaite mieux comprendre la diplomatie chinoise.

Ce livre contient des extraits de discours et d'articles diplomatiques de Xi Jinping qui mettent en évidence son utilisation du langage aux caractères distinctifs et fournissent un contexte pour discuter des dispositions d'ensemble, des innovations théoriques et des réalisations concrètes du travail diplomatique du Comité central du Parti communiste chinois (PCC) depuis le 18e Congrès national. Il est organisé en quatre parties : introduction, images et métaphores, expressions familières et dictons, poésie et prose. Dans ce livre, nous nous sommes efforcés de reproduire l'éloquence et la franchise du langage diplomatique de Xi Jinping et d'en dégager l'essence et la signification. Notre objectif est d'aider les lecteurs à comprendre ses modes de pensée et son art de la diplomatie qui se cachent derrière tout cela. Ce livre, à la fois informatif et facile à lire, est un outil d'étude important pour comprendre et mettre en application la pensée de Xi Jinping sur la diplomatie.

Depuis l'achèvement de ce livre, Xi Jinping continue de prononcer un certain nombre de discours lors d'importantes activités diplomatiques, et ses paroles imagées et expressives sont éloquentes. Par exemple, il a utilisé le proverbe chinois « seuls les arbres aux racines denses donnent des fruits abondants, et seules les lampes remplies d'huile dégagent une lumière brillante » pour décrire la relation sino-africaine qui ne cesse de s'approfondir au fil des ans. Il a également emprunté une phrase du *Mencius* : « du haut du mont Dongshan, Confucius trouve l'État de Lu bien petit ; au sommet du mont Taishan, il s'aperçoit que la terre entière se rapetisse », pour souligner comment saisir correctement la tendance de l'époque et de la situation internationale. Il a cité Nelson Mandela pour exprimer son optimisme concernant l'avenir de la coopération des BRICS. Des citations comme celles-ci constituent des notes de bas de page sur la pensée de Xi Jinping sur la diplomatie et méritent d'être étudiées en permanence.

Nous tenons à exprimer notre sincère gratitude au Département de la Communication du Comité central du PCC (Administration générale de la presse et de l'édition), au ministère des Affaires étrangères, au Département de la Communication du comité du Parti pour la municipalité de Shanghai, à l'Administration de la presse et de l'édition de Shanghai et à l'Université Jiaotong de Shanghai pour leur généreux soutien tout au long de ce projet.

L'équipe de rédaction de l'Institut des études internationales de Chine (CIIS) met en pratique les valeurs de loyauté, responsabilité et dévouement. Elle n'a pas ménagé ses efforts pour examiner et réviser le manuscrit et a travaillé avec diligence pour faire de ce livre le meilleur possible. Nous sommes reconnaissants à l'ancien président du CIIS, Su Ge, et au vice-président, Rong Ying, pour tout leur travail, ainsi qu'au président Qi Zhenhong et au directeur adjoint Jiang Peng pour leur contribution à la mise sous presse de ce livre. Nous tenons également à remercier Wu Bao'an, directeur adjoint du Comité de travail sur les publications scientifiques et techniques de l'Association des éditeurs de presse, pour son excellent travail de coordination en matière d'édition et de publication de ce livre, ainsi que Liu Bangcheng, Chen Yao, Li Mingming et d'autres experts de la Faculté des affaires internationales et publiques de l'Université Jiaotong de Shanghai pour leur relecture minutieuse. Enfin, nous tenons à exprimer nos remerciements à Zhu Jian, Gu Feng, Han Jianmin, Zheng Yihui, Liu Peiying et aux autres personnes pour le temps et les efforts qu'ils ont consacrés à ce livre. Nos sincères remerciements à vous tous.

Nous espérons que nos lecteurs excuseront les omissions ou imperfections qu'ils pourraient rencontrer, et nous accueillons également volontiers les suggestions et les commentaires.

Comité de rédaction
Septembre 2018

Introduction à la pensée de Xi Jinping sur la diplomatie

Au cours de ce XXIe siècle marqué de profonds changements, l'influence de la force nationale de la Chine ne cesse de croître. Depuis le 18e Congrès national du PCC qui s'est tenu en 2012, le Comité central du PCC avec le camarade Xi Jinping comme noyau dirigeant, faisant preuve d'une vision globale approfondie et d'un sens aigu de la responsabilité nationale, a identifié les tendances sous-jacentes du monde en mutation, défini de manière scientifique la position de la Chine dans l'histoire, tenu compte de la conjoncture tant intérieure qu'extérieure et coordonné les efforts dans les domaines importants du développement et de la sécurité. Ce faisant, le Comité central a cherché à atteindre les objectifs des « deux centenaires » et à réaliser le rêve du grand renouveau de la nation chinoise. Il a activement promu l'innovation théorique et pratique de la diplomatie, proposé une série de nouveaux concepts, idées et stratégies, développé et codifié la pensée de Xi Jinping sur la diplomatie, qui est devenue un guide pour faire progresser la diplomatie de grand pays à la chinoise de la nouvelle ère.

I. Le rêve chinois : une mission historique

L'hymne militaire de l'Armée populaire de libération (APL) débute par un appel vibrant à « se tenir sur la terre de la mère patrie » et à « porter l'espoir de notre peuple ». En quelque sorte, ces mots offrent une fenêtre sur la naissance de la pensée de Xi Jinping sur la diplomatie.

La pensée de Xi Jinping sur la diplomatie est solidement ancrée dans l'histoire chinoise qui s'étend sur des millénaires, et puise profondément dans le patrimoine culturel et les convictions philosophiques de la Chine. Le président Xi Jinping a tracé la voie à suivre pour réaliser le rêve chinois du grand renouveau de la nation chinoise. Cela englobe non seulement les aspirations de la nation chinoise au cours de sa longue histoire, mais sert également à renforcer l'unité nationale dans la nouvelle époque. Riche en contenu, le rêve chinois est imprégné du sens de la mission historique de la Chine, soit la réalisation des objectifs des « deux centenaires ». Le premier objectif est de construire une société modérément prospère à tous les égards d'ici 2021, afin de célébrer le centenaire du PCC. Le second consiste à édifier un pays socialiste moderne qui soit prospère, puissant, démocratique, culturellement avancé et harmonieux d'ici le milieu du XXIe siècle, au moment du centenaire de la République populaire de Chine. Dans la poursuite de ces objectifs, le PCC a conduit tous ses membres et tout le peuple multiethnique à faire progresser de façon synergique les dispositions d'ensemble dites « Plan global en cinq axes[1] » et les dispositions stratégiques des « Quatre Intégralités[2] ». En général, la diplomatie d'un pays peut être comprise comme une extension de la manière dont il gouverne ses affaires intérieures. Dans ce cas, il existe un lien vital entre la réalisation du grand renouveau national et la promotion de la diplomatie de grand pays à la chinoise.

Le rêve chinois a pris des dimensions mondiales. Depuis que les anciens dirigeants chinois ont passé le flambeau au Comité central du PCC avec le camarade Xi Jinping comme noyau dirigeant, le rapport de force international se traduit par un déplacement continu de l'équilibre du pouvoir en faveur de l'Est, et l'essor fulgurant des économies de marché émergentes et des pays en développement favorise un changement radical des situations politiques et économiques dans le monde. Dans le même temps, la multipolarité est

---

1. Il s'agit du plan global de la Chine pour l'édification du socialisme à la chinoise, c'est-à-dire pour promouvoir un progrès coordonné dans les domaines économique, politique, culturel, social et écologique. — NdT

2. Il s'agit du plan stratégique de la Chine pour l'édification du socialisme à la chinoise, qui consiste à prendre des mesures globales pour l'édification intégrale de la société de moyenne aisance, l'approfondissement intégral de la réforme, la promotion intégrale du gouvernement de l'État en vertu de la loi et l'application intégrale d'une discipline rigoureuse dans les rangs du Parti. — NdT

une tendance croissante, et l'effet à double tranchant de la mondialisation se profile. La lutte entre l'unipolarité et la multipolarité se poursuit, les puissances établies observant les économies émergentes avec une inquiétude et une suspicion grandissantes. Les tensions se multiplient dans le domaine de la sécurité politique. Sur le plan économique, le monde est marqué par la concurrence et l'interdépendance, et il est de plus en plus demandé de faire du développement durable une préoccupation majeure. L'amélioration de la gouvernance mondiale est une tâche ardue, et les conflits s'intensifient sur l'élaboration des règles et l'avenir de l'ordre mondial. Les questions de sécurité non conventionnelles prennent de l'importance, et la concurrence en matière de « puissance douce » montre une tendance à la hausse. Sur le plan extérieur, la Chine est confrontée à un nombre croissant de facteurs, tant positifs que négatifs, et le développement du pays est suivi de très près pour son impact sur le reste du monde.

Dans ce contexte, Xi Jinping est parfaitement conscient de l'importance de cerner les tendances mondiales et de prendre le pouls de l'époque. Comme le dit un célèbre vers chinois, « on ne devrait pas permettre aux nuages flottants de bloquer notre vision. » En appliquant la logique du matérialisme dialectique et historique, Xi Jinping a observé avec clairvoyance les cinq grandes tendances générales dans le paysage mondial. En premier lieu, nous devons reconnaître la grande complexité du changement mondial et comprendre que la tendance croissante à la multipolarité ne changera pas. En second lieu, nous devons être pleinement conscients que l'ajustement économique mondial en cours ne suit pas une ligne droite et que la mondialisation économique est là pour rester. En troisième lieu, nous devons avoir pleinement connaissance de l'intensité des tensions et des conflits internationaux, et reconnaître que la paix et le développement demeurent les deux thèmes majeurs de notre époque. En quatrième lieu, nous devons être parfaitement conscients de la nature prolongée des divergences sur l'ordre international, et nous devons comprendre que la réforme du système international restera sur sa trajectoire actuelle. En cinquième lieu, nous devons non seulement faire face aux incertitudes de l'environnement géopolitique de la Chine, mais aussi comprendre que la tendance générale à la prospérité et à la stabilité dans la région Asie-Pacifique ne changera pas.

Selon Xi Jinping, la Chine se trouve toujours dans une importante période stratégique durant laquelle beaucoup peut être accompli. La plus grande occasion pour la Chine réside dans son développement et sa croissance constants. Avec perspicacité et clairvoyance, la pensée de Xi Jinping sur la diplomatie offre une orientation pour faire progresser globalement la diplomatie de grand pays à la chinoise.

II. Rester fidèle à l'engagement initial dans une ère héritière de l'ancienne et annonciatrice de la future

Depuis la fondation de la République populaire de Chine en 1949, la diplomatie chinoise a fait des progrès remarquables malgré de nombreuses difficultés et fait preuve de courage pour explorer et innover tout en restant attachée à sa tradition nationale.

(1) La pierre angulaire de la diplomatie chinoise. Mao Zedong a élaboré la politique étrangère de « se pencher d'un côté », qui a préservé l'indépendance de la Chine et permis au socialisme de prendre forme. Plus tard, face aux menaces tous azimuts pesant sur la sécurité nationale, la Chine a adopté la stratégie de la « ligne unique » pour apaiser les tensions. Et les Cinq principes de la coexistence pacifique[1], proposés par le Premier ministre d'alors Zhou Enlai, ont fourni à la Chine un ensemble de lignes directrices pour régir ses relations avec les autres pays.

(2) Le schéma directeur diplomatique de la Chine depuis l'adoption de la politique de réforme et d'ouverture en 1978. Au début des années 1980, la Chine a été confrontée à des changements majeurs dans le paysage mondial ainsi qu'à de nouvelles tâches de développement. Sur le plan intérieur, le pays s'est concentré sur la modernisation socialiste. Sur le plan international, la Chine a été conduite par une politique extérieure d'indépendance et de paix avancée par Deng Xiaoping, visant à préserver la paix dans le monde, à s'opposer à l'hégémonie, à promouvoir le développement commun et à garantir un environnement géopolitique pacifique et stable pour la modernisation socialiste de la Chine. À la lumière de la théorie de Deng Xiaoping, de la pensée importante de la « Triple Représentation » et du concept de développement scientifique, la Chine poursuit résolument sa politique extérieure d'indépendance et de paix et sa stratégie diplomatique

---

1. Les Cinq principes de la coexistence pacifique sont les suivants : respect mutuel de la souveraineté et de l'intégrité territoriale, non-agression mutuelle, non-ingérence mutuelle dans les affaires intérieures, égalité et avantages réciproques et coexistence pacifique. — NdT

consistant à « faire profil bas et changer la donne », alors même que le monde faisait face à l'effondrement de la bipolarité et à une vague de turbulences mondiales à la charnière des siècles. La Chine s'est ainsi procuré une occasion stratégique de développement pacifique.

(3) L'orientation globale de la pensée de Xi Jinping sur la diplomatie pour faire progresser la diplomatie de grand pays à la chinoise. Alors que le rapport de force international oscillait au cours de la première décennie du XXIe siècle, la montée en puissance de la Chine était inévitable. L'économie chinoise s'est hissée au deuxième rang mondial, posant un jalon historique dans le développement mondial. La Chine fait désormais face à deux occasions sans précédent, car elle n'a jamais été aussi proche du centre de la scène mondiale, et aussi proche de la réalisation du rêve du renouveau de la nation chinoise. Depuis le 18e Congrès national du PCC en 2012, la diplomatie chinoise se trouve à un nouveau point de départ historique. Toujours fidèle à l'engagement initial et à la mission fondatrice du PCC, le président Xi a poursuivi et développé les stratégies diplomatiques que la Chine avait adoptées depuis sa fondation en 1949, notamment après la mise en œuvre de la politique de réforme et d'ouverture en 1978. Selon Xi Jinping, la Chine doit développer une diplomatie de grand pays dotée de ses propres caractéristiques tout en restant fermement attachée à la direction du PCC et au socialisme à la chinoise.

Grâce à sa puissance nationale croissante et à sa position internationale en hausse, la Chine est devenue une force non négligeable dans l'évolution de l'ordre international. À mesure que la Chine est passée de puissance régionale à puissance mondiale, les intérêts du pays ont évolué et se sont étendus. Xi Jinping a indiqué l'orientation future du développement de la diplomatie chinoise et défini la mission, les objectifs, les principes et les stratégies de la politique étrangère de la Chine dans cette nouvelle ère. « Portant haut levé l'étendard de la paix, du développement, de la coopération et du principe gagnant-gagnant, nous devons tenir compte de la conjoncture tant intérieure qu'extérieure, et coordonner le développement et la sécurité. Nous devons prendre pour fil conducteur le développement pacifique et le grand renouveau de la nation chinoise. Nous devons nous consacrer à la sauvegarde de la souveraineté, de la sécurité nationale et des intérêts en matière de développement du pays, créer un environnement international favorable au développement pacifique, maintenir et prolonger cette période importante d'occasions stratégiques pour la Chine. Ces efforts fournissent une garantie fiable à la réalisation des objectifs des "deux centenaires" et du grand renouveau de la nation ».

La pensée de Xi Jinping sur la diplomatie définit de manière scientifique la position de la Chine dans l'histoire et fournit une sauvegarde complète des intérêts essentiels ou particulièrement importants de la Chine. Toujours selon cette pensée, le développement de la Chine doit être organiquement lié à celui du reste du monde. Les objectifs de la diplomatie de grand pays à la chinoise sont clairs : le grand renouveau de la nation chinoise et le progrès de l'humanité. Ces objectifs diplomatiques ont propulsé la Chine sur le devant de la scène et l'ont aussi placée en position de supériorité morale dans la gouvernance mondiale et l'élaboration des règles internationales.

III. Innovation et conception globalisée

La stratégie définie par Xi Jinping a fourni des orientations globales et promu l'innovation pour le travail diplomatique chinois, tant en théorie qu'en pratique. Depuis le 18e Congrès national du PCC, le Comité central du PCC a réalisé des percées et progrès importants dans sa réflexion sur le développement mondial et les relations internationales, dotant la Chine de son propre système théorique complet et rationnel de la diplomatie de grand pays à la chinoise.

(1) Enrichir et développer des stratégies sur le développement pacifique. La pensée de Xi Jinping sur la diplomatie a approfondi et fait rayonner les éléments fondamentaux des Cinq principes de la coexistence pacifique, et préconisé les « six sujets auxquels il faut s'en tenir », à savoir s'en tenir à l'égalité souveraine, à la sécurité commune, au développement partagé, à la coopération gagnant-gagnant, à la tolérance et à l'inspiration mutuelle, et à l'équité et à la justice. Comme l'a indiqué le président Xi, la voie de développement pacifique de la Chine est « une combinaison pertinente de confiance dans la pensée et de volonté dans la pratique », et « la Chine espère sincèrement que tous les pays suivront la voie du développement pacifique ». En effet, le président Xi a exhorté tous les pays à surmonter leurs différences et à poursuivre le développement pacifique. Cela permet non seulement de fournir un soutien théorique au développement pacifique de la Chine, mais aussi d'apporter une nouvelle contribution à la théorie et à la pratique du développement pacifique mondial.

(2) Promouvoir la mise en place d'un nouveau type de relations internationales. Le nouveau type de relations internationales est basé sur le respect mutuel, l'équité, la justice et la coopération gagnant-gagnant. Pour construire ce nouveau type de relations internationales, les pays sont appelés à se respecter les uns les autres et à travailler ensemble pour défendre l'équité et la justice dans les relations internationales et l'ordre international. Nous sommes appelés à œuvrer main dans la main pour relever les défis et réaliser le gagnant-gagnant. La diplomatie de grand pays à la chinoise s'engage à ouvrir une nouvelle voie dans les relations internationales, une voie dans laquelle les pays rejettent la traditionnelle loi de la jungle, s'abstiennent d'intimider les pays faibles et abandonnent le jeu à somme nulle. Elle est fondée sur une coopération mutuellement bénéfique, où tous les pays sont égaux, quelle que soit leur taille. Cela s'appuie sur toutes les réalisations de la civilisation humaine et perpétue l'héritage de la Chine qui a suivi une voie adaptée à ses propres conditions nationales. Ce nouveau type de relations internationales se fonde sur les expériences historiques et s'inscrit dans l'air du temps, et se préoccupe non seulement des intérêts de la Chine, mais aussi de ceux du monde entier.

(3) Promouvoir la construction d'une communauté de destin pour l'humanité. La belle vision de la construction d'une communauté de destin pour l'humanité est un trait caractéristique de la diplomatie chinoise dans la nouvelle ère. Dans le rapport du 19e Congrès national du PCC, Xi Jinping a précisé ce à quoi ressemble cette communauté : un monde beau et propre, caractérisé par l'ouverture, l'inclusion, la paix durable, la sécurité globale et la prospérité commune. La communauté internationale basée sur le « Plan global en cinq axes » est enracinée dans l'héritage culturel de la Chine en matière d'harmonie, de coopération et d'esprit public. La Chine apporte une réponse convaincante aux grands défis qu'affronte l'avenir de la société humaine. La communauté de destin pour l'humanité n'est pas limitée par les frontières nationales, les affiliations aux partis politiques ou les régimes sociaux. Elle sert les intérêts communs de la communauté internationale en proposant des solutions chinoises aux défis mondiaux. La construction d'une communauté de destin pour l'humanité est une entreprise ambitieuse aux connotations riches et larges, une tâche difficile et ardue, et un parcours glorieux dont l'achèvement exige des efforts inlassables de plusieurs générations. Il s'agit d'une entreprise glorieuse, qui apportera du bonheur à la société humaine et au monde entier. À cette fin, l'établissement d'un nouveau type de relations

internationales créera une voie à suivre et fournira les conditions et les ressources nécessaires pour faire de cet objectif une réalité.

(4) Établir un réseau mondial de partenariats. La mentalité du jeu à somme nulle ne s'est pas dissipée dans le sillage de la guerre froide. Les alliances continuent d'exister selon les lignes qui distinguent les amis des ennemis. Selon la pensée de Xi Jinping sur la diplomatie, la Chine privilégie le partenariat au jeu des alliances. Elle cherche à construire un réseau de partenaires ouvert et inclusif et à promouvoir une coopération mutuellement bénéfique dans le monde entier. Qu'est-ce qu'un partenaire ? Les partenaires partagent les mêmes idéaux et suivent la même voie ; ils recherchent un terrain d'entente tout en mettant les divergences de côté. En tant que tels, les partenariats sont caractérisés par l'égalité, la paix et l'inclusion. Ils n'offrent aucune place à la hiérarchie ou à la subordination. Les partenaires ne se divisent pas en camps opposés, ne se créent pas d'ennemis imaginaires et ne prennent pas pour cible une tierce partie. En ce sens, la proposition d'établir un réseau mondial de partenariats est une répudiation de la mentalité de la guerre froide et une tentative de dépasser un modèle de relations d'État à État caractérisé par l'alliance ou la confrontation.

(5) Mettre en œuvre la conception de gouvernance mondiale dite « concertation, synergie et partage », et faire rayonner une conception correcte de la justice et des intérêts. Pour développer des relations entre eux, les pays doivent trouver et cultiver des domaines d'intérêts communs. Or, ces intérêts ne doivent toutefois pas être définis de manière restrictive en termes de gain matériel. Comme l'a souligné Xi Jinping, « dans la coopération internationale, nous devons tenir à la fois compte de la justice et des intérêts ». La conception correcte de la justice et des intérêts est au cœur de la diplomatie de grand pays à la chinoise. La Chine préconise la justice politique et la collaboration économique et, dans les affaires internationales, elle accorde une grande importance à la confiance, à l'amitié, à la justice et à l'intégrité. La politique étrangère chinoise continuera à promouvoir les valeurs traditionnelles de la nation et, dans un esprit de concertation, de synergie et de partage, aura un impact positif et profond sur la recherche de la paix et de l'harmonie entre les différentes civilisations.

(6) Préconiser le concept de sécurité commune, globale, coopérative et durable. Comme l'a dit le président Xi, « nous devons avancer en phase avec l'époque actuelle. Nous ne pouvons pas nous permettre de vivre au XXIe siècle tout en nous accrochant à une mentalité propre à la guerre froide

et au jeu à somme nulle. » En matière de sécurité régionale et internationale, il préconise le concept de sécurité commune, globale, coopérative et durable. La sécurité « commune » signifie respecter et préserver la sécurité de chaque pays. La sécurité « globale » implique de se défendre contre les menaces de sécurité conventionnelles et non conventionnelles. La sécurité « coopérative » consiste à promouvoir la sécurité nationale et régionale par le dialogue et la collaboration. Enfin, la sécurité « durable » implique de tenir à la fois compte du développement et de la sécurité afin d'en assurer la stabilité durable.

IV. Planification globale

Sous la direction de la pensée de Xi Jinping sur la diplomatie, la diplomatie de grand pays à la chinoise est définie, planifiée et mise en œuvre selon les principes suivants : les grandes puissances sont la clé ; les régions voisines sont la priorité ; les pays en développement sont la base ; et les relations multilatérales sont la plateforme.

(1) Construire un nouveau type de relations entre grandes puissances. Selon le rapport du 18e Congrès national du PCC, la Chine améliorera et développera ses relations avec les pays développés, de manière à mettre en place un nouveau type de relations à la fois durables, stables et saines entre les grands pays d'influence. Xi Jinping a proposé de construire un nouveau type de relations entre la Chine et les États-Unis, tout en soulignant les principes de non-conflit et de non-affrontement, de respect mutuel et de coopération mutuellement bénéfique, de manière à renforcer la confiance stratégique, approfondir la coopération mutuellement bénéfique et contrôler les divergences de manière efficace. Les deux pays doivent chercher à échapper au « piège de Thucydide », autrement dit au conflit résultant de la rivalité entre une puissance émergente et une puissance établie. En ce qui concerne les relations entre la Chine et la Russie, les deux pays ont maintenu une excellente coopération, ont mis en valeur le rôle d'orientation stratégique de leurs relations, et ont renforcé leur partenariat stratégique global en s'appuyant l'un sur l'autre et en travaillant étroitement sur les grandes questions internationales et régionales. Pendant ce temps, la Chine et l'Union européenne (UE) ont ouvert de nouvelles perspectives en cherchant à développer des partenariats pour la paix, la croissance, la réforme et la civilisation. Les coopérations entre la Chine et les marchés

émergents, tels que les pays du groupe BRICS et les principaux pays en développement, ont été portées à un niveau encore plus élevé.

(2) Entretenir et élargir des relations amicales avec les pays voisins. La région Asie-Pacifique est la base de la survie, du développement et de la prospérité de la Chine. En appliquant le principe dit « amitié, sincérité, réciprocité et inclusion », et la politique diplomatique de bon voisinage et de partenariat avec ses voisins, la Chine développe ses relations avec les pays voisins. La Chine travaille avec les pays voisins à la construction de la « Ceinture économique de la Route de la soie » et de la « Route de la soie maritime du XXIe siècle ». Afin de construire « la Ceinture et la Route » dans un esprit de concertation, de synergie et de partage, la Chine a lancé et promu la création de la Banque asiatique d'investissement dans les infrastructures (BAII) et du Fonds de la Route de la soie. Les relations entre la Chine et l'Association des nations de l'Asie du Sud-Est (ASEAN) sont entrées dans une nouvelle phase. La Chine a promu la construction du Corridor économique Chine-Pakistan (CECP). Elle a approfondi sa coopération avec les pays d'Asie du Sud et continue d'approfondir la coopération pragmatique avec l'Asie centrale. Quant aux difficultés et aux points chauds de la région, la Chine a assumé ses responsabilités en tant que grand pays responsable. En ce qui concerne la question de la mer de Chine méridionale, la Chine défend fermement sa souveraineté et ses intérêts nationaux, tout en cherchant à régler les différends à travers le dialogue et la consultation.

(3) Renforcer la coopération avec les autres pays en développement. La Chine a fait des progrès remarquables dans ses relations avec les pays en développement d'Asie, d'Afrique et d'Amérique latine. Xi Jinping a avancé les concepts diplomatiques dits « sincérité, pragmatisme, amitié et franchise » à l'égard de l'Afrique. La Chine a travaillé aux côtés des pays africains pour organiser le Forum sur la Coopération sino-africaine (FCSA) à Johannesburg, et les deux parties ont lancé conjointement les « dix programmes de coopération ». La Chine a également annoncé son partenariat global de coopération avec les pays latino-américains, axé sur l'égalité, les avantages mutuels et le développement commun, ainsi qu'une feuille de route en cinq axes pour le développement des relations entre la Chine et l'Amérique latine. La Chine travaille avec les États arabes à l'élaboration et à la mise en œuvre d'une architecture de coopération « 1+2+3 » dans le but de porter la coopération stratégique sino-arabe à un

niveau supérieur. Sur la base de l'égalité et des avantages mutuels, la Chine a noué un partenariat stratégique, caractérisé par le respect mutuel et le développement commun, avec les pays insulaires du Pacifique ayant établi des relations diplomatiques avec elle. La Nouvelle Banque de développement progresse constamment, servant à promouvoir le développement global des relations Sud-Sud.

(4) Orienter le processus de la diplomatie multilatérale. La pensée de Xi Jinping sur la diplomatie accorde une grande importance au rôle majeur des organisations internationales comme l'ONU. Elle joue un rôle unique dans l'orientation des changements du système international et contribue également à accroître la représentation et la voix des marchés émergents et des pays en développement. La Chine a apporté des contributions positives à une série de problèmes mondiaux, notamment le changement climatique et la prévention et le contrôle des maladies. Elle a également joué un rôle important et constructif dans les questions pressantes liées à l'Ukraine, à la Syrie, à la question nucléaire iranienne, au conflit israélo-palestinien, à l'Afghanistan, à la question nucléaire de la Péninsule coréenne et au Soudan du Sud. La Chine a approfondi sa coopération avec les pays du groupe BRICS et a accueilli avec succès des activités diplomatiques, notamment le Forum de Bo'ao pour l'Asie (FBA), le 4e Sommet de la Conférence pour l'interaction et les mesures de confiance en Asie (CICA), et une réunion des dirigeants économiques de la Coopération économique Asie-Pacifique (APEC). La Chine a en outre organisé le Forum de « la Ceinture et la Route » pour la coopération internationale à Beijing les 14 et 15 mai 2017, un moment crucial pour l'économie mondiale, l'économie chinoise et l'initiative « la Ceinture et la Route ». Le forum a envoyé un signal positif et a montré que la coopération dans le cadre de l'initiative « la Ceinture et la Route » est largement soutenue par la communauté internationale. En effet, les pays impliqués dans l'initiative « la Ceinture et la Route » travaillent ensemble pour construire une communauté de destin pour l'humanité, une entreprise revêtant une importance stratégique pour la Chine et le reste du monde.

V. Mélange stratégique de fermeté et de flexibilité

La pensée de Xi Jinping sur la diplomatie intègre les principes universellement reconnus de la diplomatie au meilleur de la culture traditionnelle chinoise. La diplomatie chinoise fait preuve d'une grande capacité d'adaptation, même si elle reste fermement attachée aux principes établis. Par conséquent, la pensée de Xi Jinping sur la diplomatie affiche distinctement des « caractéristiques chinoises », « style chinois » et « allure chinoise », formant ainsi un style diplomatique de grand pays aux caractéristiques chinoises marqué par la cohésion parfaite de fermeté et de flexibilité.

Les défis prenant une dimension de plus en plus mondiale, il est de plus en plus demandé de renforcer la coopération internationale et la gouvernance mondiale et de faire avancer des réformes dans le système actuel de gouvernance mondiale. Xi Jinping a indiqué que le renforcement de la gouvernance mondiale et la réforme du système de gouvernance mondiale auront une incidence sur la manière dont nous relevons les différents défis mondiaux et contribueront à établir les règles et l'orientation de l'ordre international et du système international. Il ne s'agit pas seulement de la lutte pour une position de supériorité en matière de développement, mais aussi de la position et du rôle de chaque pays dans les accords institutionnels de l'ordre international et du système international à long terme.

Depuis le 18e Congrès national du PCC, la Chine a saisi l'occasion de poursuivre ses initiatives diplomatiques. Elle défend fermement les acquis de la victoire de la Seconde Guerre mondiale et l'ordre international basé sur les buts et principes de la Charte des Nations unies. La Chine a mis en œuvre l'initiative « la Ceinture et la Route », lancé la Banque asiatique d'investissement dans les infrastructures et d'autres institutions financières multilatérales, et promu la réforme des quotas et de gouvernance du Fonds monétaire international. La Chine a également contribué à l'établissement des règles de gouvernance dans de nombreux domaines, notamment les océans, les régions polaires, le cyberespace, l'espace extra-atmosphérique, la sécurité nucléaire, la lutte contre la corruption et le changement climatique, et encouragé les réformes visant à remédier aux aspects injustes et déraisonnables du système actuel de gouvernance mondiale. Ce faisant, la Chine s'est adaptée aux tendances de son époque et a élargi la zone de chevauchement des intérêts entre elle et les autres pays.

Avec un esprit courageux et ambitieux, la pensée de Xi Jinping sur la diplomatie a correctement géré les relations entre le développement pacifique et les intérêts fondamentaux du pays, ce qui a considérablement renforcé l'influence de la Chine sur la scène internationale. En réponse à la théorie d'une prétendue « menace chinoise » avancée par certaines voix au sein de la communauté internationale, Xi Jinping est resté calme et serein : « La nation chinoise n'a aucun gène d'agression ou d'hégémonie. » Sur les questions concernant la souveraineté et l'intégrité territoriale du pays, la Chine ne renoncera jamais à ses droits et intérêts légitimes. Elle ne convoite pas les droits, les intérêts et le développement des autres pays. Sur le plan des principes, la Chine n'a pas peur de s'opposer à la politique du plus fort lorsqu'elle est utilisée pour déstabiliser la région et s'ingérer dans les affaires intérieures d'autrui. L'approche adoptée par Xi Jinping vis-à-vis du conflit est calme et mesurée. Il se concentre sur une planification minutieuse et s'engage à défendre les principes de la Chine, à maintenir la stabilité, à sauvegarder les droits et à trouver de nouveaux moyens de déployer les stratégies chinoises consistant à « ne pas porter le premier coup à moins d'être attaqué » et à « retirer les bois de chauffage au-dessous du chaudron » (c'est-à-dire à priver l'ennemi de ressources plutôt que de l'attaquer de front). De cette manière, Xi Jinping a favorisé des coopérations amicales et mutuellement bénéfiques, qui ont protégé les droits souverains et les intérêts de la Chine et contribué à maintenir la stabilité régionale.

La pensée de Xi Jinping sur la diplomatie guide la mise en œuvre de la diplomatie de grand pays à la chinoise avec un équilibre entre fermeté et flexibilité. Lorsque Xi Jinping s'adresse à l'auditoire étranger, il ponctue souvent son commentaire sur la politique de paix de la Chine de réflexions philosophiques, par exemple « la paix, comme l'air et le soleil, est à peine perceptible lorsque nous en bénéficions. Mais aucun d'entre nous ne peut vivre sans elle ». Xi Jinping connaît également bien les classiques de la littérature chinoise. Il cite des phrases telles que « les relations fondées sur la sincérité résisteront à l'épreuve du temps » pour souligner l'importance de privilégier la justice dans les relations entre États. Pour insister sur le fait que chaque pays a le droit de choisir sa propre voie de développement, Xi Jinping a déclaré : « Seul celui qui porte les chaussures sait si elles lui vont ou non. » Par rapport aux relations entre la Chine et les États-Unis, Xi Jinping a indiqué que « le vaste océan Pacifique a suffisamment d'espace pour les deux grands pays que sont la Chine et les États-Unis ». Aux pays riverains de l'initiative « la Ceinture et la Route », Xi Jinping a annoncé : « Bienvenue à bord du train de développement de la Chine ! » Xi Jinping attache également une attention particulière à s'inspirer d'autres cultures. Il cite fréquemment des dictons d'autres pays pour établir un lien avec ses auditeurs, comme le proverbe russe « les grands bateaux naviguent loin » ou le proverbe kazakh « celui qui souffle la bougie d'autrui brûlera sa propre barbe ». Avec son esprit ouvert, sa personnalité franche et sa façon particulière de s'exprimer, Xi Jinping n'a aucun mal à entrer en contact avec les auditeurs. Une fois, alors que Xi Jinping évoquait le fait qu'il avait visité presque tous les États australiens, il s'est tourné vers son hôte et a déclaré, en souriant : « Je devrais peut-être recevoir un prix pour cela. » La sagesse et l'humour de Xi Jinping lui permettent d'établir un rapport avec ses auditeurs et de montrer la puissance douce de la Chine d'une manière vivante.

« Le temps viendra de fendre les vagues au gré du vent, alors je hisserai les voiles et franchirai les vastes étendues marines. » La pensée de Xi Jinping sur la diplomatie assume la responsabilité historique de faire entrer la Chine dans l'avenir. Avec une perspective stratégique et une vision globale, les pensées et les stratégies de Xi Jinping combinent l'innovation, la planification équilibrée et globale, et le style de diplomatie à la fois ferme et flexible. La pensée de Xi Jinping sur la diplomatie est devenue un guide d'action pour la poursuite de la diplomatie de grand pays à la chinoise dans la nouvelle ère. Sous la direction du Comité central du PCC avec le camarade Xi Jinping comme noyau dirigeant, la Chine a déployé ses voiles et fait progresser la diplomatie de grand pays à la chinoise tout en maintenant sa stratégie contre vents et marées et sa confiance solide dans la voie, la théorie, le régime et la culture du socialisme à la chinoise.

Note : Ce chapitre est adapté de l'article « Guide complet de la pensée de Xi Jinping sur la diplomatie », rédigé par Su Ge (cf. *Études internationales*, n° 5, 2016)

IMAGES ET MÉTAPHORES

Le rêve chinois incarne les valeurs et les aspirations du peuple chinois et de la nation chinoise. Il s'agit du rêve d'accomplir l'édification intégrale de la société de moyenne aisance et le grand renouveau de la nation chinoise, un rêve pour que chacun puisse réaliser ses propres rêves. C'est le « plus grand dénominateur commun » pour la lutte solidaire de la nation chinoise, et cela montre également le souhait sincère de la Chine de contribuer davantage à la paix et au développement de l'humanité.

— Discours prononcé par Xi Jinping lors de la 12e session d'étude en groupe du Bureau politique du Comité central du PCC, le 30 décembre 2013

Le plus grand dénominateur commun pour la lutte solidaire de la nation chinoise

Le rêve chinois est ancré profondément dans le cœur du peuple chinois

En mathématiques, le plus grand dénominateur commun de deux ou plusieurs nombres désigne le plus grand entier qui puisse diviser simultanément chacun d'eux. Comme sa définition l'indique, le plus grand dénominateur commun ne peut exister isolément. Il n'est mentionné qu'en référence à un groupe de deux entiers ou plus. Ces dernières années, ce terme a trouvé sa place dans le milieu social et politique, où il a été utilisé pour désigner le plus grand consensus au sein d'une certaine communauté. Cet usage reflète les progrès de l'époque. Dans la Chine contemporaine, les intérêts, les valeurs et les voix représentés dans la société sont de plus en plus diversifiés, ce qui rend plus difficile l'aboutissement d'un consensus sur certaines questions. Mais comme l'illustre l'utilisation de ce terme mathématique, la Chine réfléchit soigneusement et stratégiquement pour identifier les intérêts et les valeurs partagés et trouver un terrain d'entente pour toute la société.

Xi Jinping a indiqué à plusieurs reprises : « Obtenir l'adhésion du peuple revêt une importance politique fondamentale. » Pour converger les volontés du peuple, il faut trouver le plus grand dénominateur commun qui unit les attentes et les aspirations de la société. La tâche principale de la politique consiste donc à trouver le plus grand dénominateur commun – un résumé exact de la mission et de la logique qui sous-tendent l'objectif fondamental du PCC de servir le peuple de tout cœur.

« Chaque rivière est alimentée par une source d'eau, et chaque arbre est soutenu par ses racines. » Depuis sa fondation il y a plus de 90 ans, le PCC a soutenu le peuple chinois dans les épreuves et les difficultés, progressant ensemble contre vents et marées, uni en tant que communauté avec un avenir commun. Le PCC est toujours là en temps de guerre et de paix. Il a permis au peuple chinois de passer de la pauvreté absolue à la prospérité modérée, du retard au progrès culturel. Le PCC s'est appuyé étroitement sur le peuple tout au long de son histoire – de la révolution démocratique et de la volonté de sauver le pays, en passant par le stade primaire du socialisme et la volonté de renouveau national, jusqu'à la réforme et l'ouverture pour faire de la Chine un État puissant. Le PCC a fait appel à la sagesse et à la force du peuple chinois et est resté entièrement dévoué à l'amélioration de son bien-être. Le PCC est à l'écoute du peuple, reflète ses aspirations et répond à ses préoccupations. Il s'engage à surmonter tous les obstacles qui se dressent sur le chemin et à remporter la victoire. Dans un certain sens, le PCC et le peuple chinois peuvent être comparés à des poissons dans l'eau ou à des pois dans une gousse. Les deux sont étroitement liés comme la chair et le sang. C'est ce lien inébranlable entre le PCC et le peuple qui permet d'identifier le plus grand dénominateur commun dans toute la société.

L'étude du passé permet d'éclairer le futur. Une nation qui a traversé des moments difficiles aspirera à un renouveau, tout comme celui qui a enduré la souffrance aspirera à une vie heureuse. Les Chinois sont un peuple résilient et plein d'espoir. L'engagement irréductible de nombreuses générations de Chinois a ouvert la voie à la poursuite des rêves de la nation. La Chine, comme le reste du monde, aspire à la paix mondiale, à l'harmonie sociale et à la prospérité matérielle. Dans un certain sens, ces espoirs sont les forces qui font avancer l'histoire. Le rêve chinois peut donc être considéré comme l'opus magnum de Xi Jinping. Il a fait progresser la gouvernance de la Chine et uni le peuple chinois dans une vision de prospérité, de renouveau et de bonheur pour toute la nation. Alors que le PCC mène la Chine vers l'avenir, le rêve chinois constitue un appel de l'époque.

Le 29 novembre 2012, le coup d'envoi du rêve chinois a été donné au Musée national de Chine lors d'une exposition intitulée « La Voie du renouveau », où le terme a été introduit dans un discours de Xi Jinping. Aujourd'hui, le rêve chinois reste vivant et encore bien vivant, et continue d'indiquer la voie vers un avenir meilleur. Il en est venu à représenter l'avenir commun du PCC et du peuple chinois, et il incarne la responsabilité et la mission du PCC.

« Apporter des avantages à la population est le principe fondamental de la gouvernance. » C'est exactement l'objectif du rêve chinois : apporter le bonheur au peuple chinois en réalisant son rêve de mener une vie heureuse. La Chine a mis en œuvre la politique de réforme et d'ouverture il y a plus de 40 ans, un bref moment dans le fleuve de l'histoire. Et pourtant, durant cette période, plus de 1,3 milliard de Chinois ont dit adieu à la privation matérielle, et environ 600 millions ont été sortis de la pauvreté. En effet, nous avons été témoins du « miracle chinois » et avons appris les histoires merveilleuses de millions de Chinois à la poursuite de leurs rêves. Comme le dit un proverbe chinois, « il n'y a pas de souci trop petit lorsqu'il s'agit de répondre aux besoins du peuple. » Le rêve chinois n'est pas un slogan creux, mais axé sur le bien-être du peuple. Il englobe les objectifs des « deux centenaires » et est soutenu par l'engagement de la Chine à matérialiser, préserver et satisfaire les intérêts fondamentaux de la grande majorité de la population.

Pour réaliser le rêve chinois, nous devons rassembler d'immenses forces dans tous les domaines. Quelle que soit sa profession, chaque Chinois a un rôle à jouer dans la réalisation du rêve chinois, qu'il soit scientifique, écrivain, artiste, praticien de la justice, journaliste, économiste ou diplomate. Peu importe où ils sont, les Chinois de Hong Kong, de Macao, de Taiwan et d'outre-mer partagent le même sort que les compatriotes de la partie continentale dans un esprit de solidarité et de préoccupation mutuelle, comme des passagers à bord du même navire. En octobre 2013, lors d'une cérémonie marquant le 100e anniversaire de l'Association chinoise des chercheurs rapatriés de l'Occident, Xi Jinping a exprimé son espoir sincère pour tous les étudiants et universitaires chinois à l'étranger : « Réalisez votre rêve en vous joignant à nous pour faire du rêve chinois une réalité, et inscrivez ainsi vos noms dans les annales du grand renouveau de la nation chinoise. » Ce discours a touché une corde sensible chez les étudiants et les universitaires à l'étranger, car le désir de « rentrer pour servir la patrie » fait désormais partie intégrante du rêve chinois.

« Un rêve peut éclairer le chemin à parcourir et donner du souffle aux voiles. » Confronté à la situation complexe tant intérieure qu'extérieure, Xi Jinping l'a évaluée d'un point de vue stratégique et souligné à plusieurs reprises l'importance de mettre en commun la force et la sagesse du peuple.

Pour y parvenir, la Chine doit d'abord reconnaître les valeurs et les aspirations qui représentent le plus grand dénominateur commun. Lors de sa visite dans la province du Guangdong en décembre 2012, Xi Jinping a déclaré que « le fait de parvenir à un consensus est très important, et lorsqu'il y a une divergence d'opinion, nous devons identifier le plus grand dénominateur commun ». En mai 2014, lors d'un entretien avec les membres du corps enseignant et les étudiants de l'Université de Beijing, Xi Jinping a attiré l'attention sur l'importance de « trouver le plus grand dénominateur commun représentant les valeurs partagées par notre peuple multiethnique ». Et lors de la célébration du 65e anniversaire de la Conférence consultative politique du peuple chinois (CCPPC) en septembre 2014, Xi Jinping a fait remarquer que « trouver le plus grand dénominateur commun des souhaits et des besoins de l'ensemble de la société constitue l'essence de la démocratie ».

Cela est particulièrement vrai compte tenu de la taille de la Chine, qui compte plus de 1,3 milliard d'habitants et 56 groupes ethniques. Le rêve chinois doit d'abord être intériorisé dans le cœur du peuple. Avec le patriotisme au cœur, toute la société devrait s'engager à transmettre le rêve aux prochaines générations. Mais le rêve chinois comporte aussi une composante extérieure. Inspirés par la réforme et l'innovation, tous les membres de la société devraient faire un effort conscient pour concrétiser ce rêve.

S'il y a une chose qui n'a jamais changé en Chine, c'est bien la persévérance des Chinois dans la poursuite de leurs rêves. La gloire du passé appartient au peuple, et le chemin à parcourir dépend de lui. Tant que le PCC lie sa survie à celle du peuple chinois et travaille à ses côtés, il est en mesure d'unir le peuple, de rassembler ses forces et de réaliser le grand renouveau de la nation chinoise.

La paix, comme l'air et le soleil, est à peine perceptible lorsque nous en bénéficions. Mais aucun d'entre nous ne peut vivre sans elle. Sans la paix, le développement n'est pas envisageable.

— Discours liminaire prononcé par Xi Jinping lors de la conférence annuelle 2013 du Forum de Bo'ao pour l'Asie, le 7 avril 2013

IMAGES ET MÉTAPHORES

La paix est comme l'air et le soleil

*Comprendre l'importance de la paix et rester engagé
sur la voie du développement pacifique*

Quelle est l'importance de la paix pour l'humanité ? Xi Jinping répond à cette question en faisant référence à l'environnement naturel, où rien ne peut pousser ou survivre sans air ni soleil – les humains ne font pas exception. « La paix, comme l'air et le soleil, est à peine perceptible lorsque nous en bénéficions. Mais aucun d'entre nous ne peut vivre sans elle. » Cette comparaison simple mais éloquente proposée par Xi Jinping révèle que la paix est essentielle à la survie de l'humanité.

Comme le montre l'histoire, l'humanité paiera un lourd tribut si la paix est perdue. Durant le XXᵉ siècle, l'humanité a subi les fléaux de deux guerres mondiales qui ont entraîné une dévastation sans précédent et d'innombrables tragédies humaines. La guerre froide qui a succédé à la Seconde Guerre mondiale a laissé le monde à bout de souffle, et la crainte d'une autre guerre mondiale a plané sur l'humanité comme une épée de Damoclès, ce qui a freiné les échanges et les coopérations entre les nations.

Une fois la menace d'une nouvelle guerre mondiale écartée et l'humanité libérée du joug de la guerre froide, l'économie mondiale et la société humaine ont réalisé un développement considérable et durable. La paix et la stabilité relatives de l'environnement international ont permis aux pays de se développer et de prospérer plus facilement. Ils sont devenus plus connectés et dépendants les uns des autres, et les pays en développement sont désormais en mesure de se concentrer davantage sur l'industrialisation et la modernisation.

23

Les deux côtés de l'histoire humaine montrent que la base du développement réside dans la paix et la stabilité. Sans la paix, la Chine et le reste du monde ne seraient pas là où ils sont aujourd'hui. Cela dit, un pays ou un groupe ne devrait jamais chercher à saper la paix pour ses propres intérêts. Le monde dans lequel nous vivons est généralement pacifique, mais certaines régions et certains pays restent dans un état d'agitation, ravagés par la tourmente et la guerre. La paix est un luxe auquel ils aspirent mais qu'ils ne peuvent se permettre. Jouir de la paix est une aspiration commune de tous les peuples du monde.

La Chine est une nation éprise de paix. Comme l'a souligné Xi Jinping, le pays a chéri la paix tout au long de ses 5 000 ans d'histoire. Étant donné le long héritage de développement pacifique de la Chine, la poursuite de la paix, de l'amitié et de l'harmonie fait partie intégrante du monde spirituel des Chinois et est profondément ancrée dans le sang du peuple chinois. Le concept de « he » (harmonie) est au centre de la culture chinoise. Cette idée remonte à la pensée confucéenne sur l'harmonie entre l'homme et la nature, se retrouve dans la promotion par la Chine des relations de voisinage avec d'autres pays, de l'harmonie sans uniformité dans la société et de la moralité au niveau individuel.

La poursuite du développement pacifique par le peuple chinois s'inscrit dans l'héritage de sa culture traditionnelle et, compte tenu des souffrances endurées par le peuple chinois dans les temps modernes, ce choix de voie est inévitable. En effet, comme l'a fait remarquer Xi Jinping, les souffrances de la guerre dans la mémoire collective du pays ont donné à la Chine une recherche inlassable de la paix et de la stabilité. Si les Chinois ont peur de quelque chose, ils craignent les troubles ; et plus que tout, ils aspirent à la stabilité et à la paix du monde entier.

En poursuivant la voie du développement pacifique, la Chine a bénéficié des fruits de la paix mondiale tout en apportant sa propre contribution à la paix mondiale. Dans une large mesure, si la Chine a pu accomplir des réalisations aussi remarquables depuis l'ouverture de son économie au monde il y a 40 ans, c'est grâce au climat de paix qui régnait dans les régions environnantes et le monde entier, et le développement de la Chine a contribué à son tour à renforcer la paix dans la région et au-delà. Comme l'a souligné Xi Jinping, la décision de la Chine de s'engager sur la voie d'un développement pacifique a été prise en réponse à l'inquiétude de la communauté internationale quant à la direction prise par la Chine, et elle reflète également la confiance et l'engagement du peuple chinois dans la réalisation de ses objectifs de développement. Dans une époque où les relations entre la Chine et le reste du monde ont profondément changé, la Chine a décidé de suivre une voie qui est à la fois alignée sur la tendance du développement mondial et adaptée à ses propres situations nationales.

La Chine a joué un rôle positif et important dans le maintien de la paix et de la stabilité dans le monde. Le soleil et l'air sont indispensables à la survie de l'homme, et ils sont faciles à se procurer. La paix, bien qu'aussi indispensable que le soleil et l'air, est beaucoup plus difficile à obtenir ; elle exige un effort inlassable et concerté. Ainsi, bien que la paix et le développement soient les deux thèmes majeurs de notre époque, il nous reste encore un long chemin à parcourir en matière de maintien de la paix mondiale et de promotion du développement commun. Comme Xi Jinping l'a annoncé solennellement à la communauté internationale, la Chine est un fervent promoteur et défenseur de la paix mondiale. Elle sauvegardera fermement, comme toujours, la paix et le développement de l'humanité. À cette fin, la Chine souhaite travailler avec tous les pays pour construire un monde de paix durable et de prospérité commune. Tant que nous chérissons la paix et tenons compte des leçons de l'histoire, nous pourrons profiter de l'air frais et du soleil d'un monde pacifique, et jouir d'une vie heureuse.

La nation chinoise n'a aucun gène d'agression ou d'hégémonie. La Chine n'adhère pas à la logique selon laquelle un pays est obligé de rechercher l'hégémonie lorsqu'il devient fort. Engagée sur la voie d'un développement pacifique, la Chine recherche un environnement international pacifique pour son développement et promeut également la paix mondiale par son propre développement.

— Discours prononcé par Xi Jinping lors d'une conférence marquant le 60e anniversaire de l'Association du peuple chinois pour l'amitié avec l'étranger (APCAE), le 15 mai 2014

IMAGES ET MÉTAPHORES

La nation chinoise n'a aucun gène d'agression ou d'hégémonie

La Chine ne souscrit pas à l'idée qu'un pays est obligé de rechercher l'hégémonie lorsqu'il devient fort

Nous parlons normalement des gènes dans le contexte de la biologie. Un gène est une unité d'hérédité dont la réplication sert à transmettre des informations héréditaires qui peuvent ensuite être exprimées dans la génération suivante. La notion de gènes a été introduite dans les discussions sur la culture chinoise. Les gènes sont utilisés ici pour désigner les éléments culturels de base qui ont été transmis de génération en génération pour faire de la tradition culturelle chinoise ce qu'elle est aujourd'hui. Xi Jinping a fait référence au concept de gène à plusieurs reprises lorsqu'il a décrit la Chine comme une nation éprise de paix, notamment dans la phrase souvent citée : « La nation chinoise n'a aucun gène d'agression ou d'hégémonie. » Xi Jinping a répondu à la « menace chinoise » en attirant l'attention sur le fait que la paix est programmée dans l'ADN de la Chine, rappelant ainsi de manière éclatante que la décision de la Chine de suivre la voie du développement pacifique est une nécessité historique.

Depuis la mise en œuvre de sa politique de réforme et d'ouverture en 1978, la Chine a connu un développement économique remarquable et a renforcé sa puissance nationale globale, ce qui lui a conféré un poids et une influence considérables sur la scène internationale. Au fur et à mesure que la Chine s'est développée, certaines voix, notamment en Occident, ont proposé différentes versions de la « menace chinoise ». Elles trouvent que la montée en puissance de la Chine constitue un défi pour l'ordre international actuel et craignent que le pays n'ait recours à des moyens « non pacifiques » pour s'assurer une position dominante et utiliser ensuite son pouvoir pour rechercher l'hégémonie mondiale. Cette ligne d'argumentation part du principe qu'une grande puissance montante cherchera inévitablement à détrôner la puissance en place ; les relations entre la Chine et d'autres grands pays risqueraient donc de tomber dans le « piège de Thucydide ».

En fait, l'idée qu'un pays n'a pas d'autre choix que de rechercher l'hégémonie lorsqu'il devient fort est issue de l'expérience des puissances occidentales. Cette logique semble toujours fonctionner dans la montée en puissance des pays occidentaux depuis l'époque des grandes découvertes il y a environ 500 ans. L'Espagne et le Portugal ont recherché l'hégémonie navale au XVIe siècle, avant d'être défiés par les Pays-Bas au siècle suivant. De même, le Royaume-Uni et la France se sont disputé la domination sur terre et sur mer aux XVIIIe et XIXe siècles, et la montée en puissance de l'Allemagne et du Japon à la fin du XIXe et au début du XXe siècle a fini par provoquer une guerre mondiale. Plus tard au cours du XXe siècle, les États-Unis et l'Union soviétique se sont engagés dans une lutte pour l'hégémonie mondiale. Le « piège de Thucydide » apparaissait comme une malédiction inéluctable, et la progression d'une grande puissance vers une hégémonie mondiale en est venue à être considérée comme une « loi infrangible » dans les relations internationales.

Mais le fait de réinterpréter le passé et le présent de la Chine à travers le prisme des expériences occidentales conduit inévitablement à des conclusions très déformées. Lors d'une visite aux États-Unis en septembre 2015, Xi Jinping s'est exprimé ainsi : « Il n'y a pas de chose telle que ce qu'on appelle le piège de Thucydide dans le monde. Mais si les pays d'importance font de manière répétée des erreurs d'appréciation stratégiques, ils peuvent créer de tels pièges qui se retournent contre eux-mêmes. » Pour éviter les erreurs d'appréciation stratégiques, il est important d'acquérir une compréhension globale et approfondie de la culture, de l'histoire, de la politique et de la diplomatie de la Chine.

La Chine est depuis toujours une nation éprise de paix. Pendant une longue période de l'histoire, la Chine a été l'un des pays les plus puissants du monde, sans pour autant s'engager dans une quelconque expansion, hégémonie, colonisation ou agression. Au début du XVe siècle, le navigateur chinois Zheng He a dirigé la plus grande flotte du monde lors de ses sept expéditions maritimes, visitant des dizaines de pays et de régions en chemin.

Pourtant, au cours de ces expéditions, les Chinois ne se sont pas livrés à la colonisation, au pillage ou à l'oppression, au contraire, ils ont laissé derrière eux des cadeaux tels que de la porcelaine, de la soie et du thé. L'harmonie est très appréciée dans la culture chinoise. Les concepts de « ren » (bienveillance) et de « he » (harmonie) occupent une place importante dans l'éthique du confucianisme selon lequel « la paix est primordiale », ainsi que dans les textes historiques chinois qui parlent de promouvoir le bon voisinage à l'intérieur et à l'extérieur des frontières. Transmis de génération en génération, ces concepts font partie intégrante de l'âme chinoise et constituent des valeurs fondamentales des traditions politiques et culturelles de la Chine. Il y a 2 000 ans, les Chinois comprenaient très bien l'idée qu'« un État belliqueux, aussi grand soit-il, finit par périr ». Tout au long de l'histoire mondiale, nous pouvons constater que ceux qui ont lancé l'agression ou recherché l'expansion par la force se sont tous soldés par un échec. C'est la loi de l'histoire. En outre, l'histoire moderne de la Chine montre l'image d'un pays en proie à la guerre et à la pauvreté pendant plus d'un siècle. Les souffrances et les luttes ont permis aux Chinois de croire fermement la maxime confucéenne « Ne fais pas à autrui ce que tu ne veux pas que l'on te fasse à toi-même ». Quel que soit le niveau de développement que la Chine aura atteint, elle ne recherchera jamais l'hégémonie pour éviter qu'une telle tragédie historique se reproduise.

Il serait arbitraire et peu judicieux de dire qu'un pays est susceptible d'utiliser sa force pour rechercher l'hégémonie uniquement sur la base de sa puissance. La puissance d'un pays n'est pas équivalente à l'ampleur de sa menace. La chose la plus importante à considérer est les intentions stratégiques et les choix politiques de ce pays. Ces dernières décennies, la Chine poursuit constamment une politique étrangère indépendante et pacifique. Elle ne s'ingère pas dans les affaires intérieures d'autrui et s'oppose à toute forme d'hégémonie et de politique du plus fort. La Chine a déclaré à de nombreuses reprises qu'elle ne recherchera jamais l'hégémonie ni l'expansion. L'objectif stratégique de la Chine est, avant tout, d'offrir continuellement à son peuple une vie meilleure, et elle souhaite la même chose pour les peuples de tous les pays. Le monde ne voit pas d'un bon œil ceux qui recherchent leur propre bien-être en violant les intérêts d'autrui. S'emparer des occasions et des ressources par la force, et former des factions selon des lignes idéologiques ne sont plus des pratiques viables. La Chine ne suivra pas le même chemin sans issue.

La Chine a emprunté une voie différente. Comme le démontre la pratique diplomatique chinoise, la Chine ne recherche pas l'hégémonie ni ne pratique une version asiatique de la doctrine Monroe. La Chine n'affirme pas sa domination sur les autres pays ni n'impose une hégémonie conjointe sous la forme du G2. Au lieu de s'inspirer des puissances occidentales dans leurs actes d'agression, de pillage, de guerre et d'expansion, la Chine cherche à utiliser sa force et son développement pour promouvoir la paix mondiale et le développement commun. Sur le plan régional, la Chine s'engage à promouvoir la construction d'un voisinage amical, sûr et prospère, conformément au principe dit « amitié, sincérité, réciprocité et inclusion ». Pour les pays en développement, en adoptant une conception correcte de la justice et des intérêts, la Chine s'engage à poursuivre la justice et les intérêts partagés, dont la première ayant la priorité. Pour les grandes puissances, la Chine promeut un nouveau modèle de relation entre grands pays basé sur le non-conflit, la non-confrontation, le respect mutuel et la coopération gagnant-gagnant. Alors que la Chine se concentre sur sa propre croissance intérieure, elle a également renforcé sa contribution aux affaires internationales et régionales en jouant un rôle actif dans le développement des infrastructures internationales et en faisant progresser les programmes de développement mondial.

À l'avenir, la puissance et l'influence croissantes de la Chine continueront de jouer un rôle positif et important dans le maintien de la paix et de la stabilité mondiales. Le monde verra que la « loi de l'histoire » de la convoitise d'hégémonie d'un pays puissant ne s'applique pas à la Chine, un pays dont l'engagement envers le développement pacifique est inébranlable. Comme l'a dit Xi Jinping : « L'histoire montre qu'un pays, pour sa prospérité, doit connaître et suivre la tendance sous-jacente du monde en mutation. Sinon, il sera abandonné par l'histoire. Quelle est la tendance mondiale d'aujourd'hui ? La réponse est sans équivoque. Ce sont la paix, le développement, la coopération et les bénéfices mutuels. La Chine ne souscrit pas à la logique dépassée d'où résulte qu'un pays recherche forcément l'hégémonie lorsqu'il devient fort. »

Chaque pays, qu'il soit grand ou petit, fort ou faible, riche ou pauvre, doit s'efforcer de maintenir et de renforcer la paix. Plutôt que de saper les efforts des uns et des autres, nous devons nous soutenir mutuellement sur scène pour offrir d'excellents spectacles.

— Discours liminaire prononcé par Xi Jinping lors de la conférence annuelle 2013 du Forum de Bo'ao pour l'Asie, le 7 avril 2013

Se soutenir mutuellement sur scène pour offrir d'excellents spectacles

*Travailler ensemble pour maintenir la paix
et réaliser un développement coordonné*

Dans le milieu du théâtre, les choses ne se passent pas toujours comme prévu. Si quelque chose ne va pas pendant une représentation sur scène et risque de faire rater toute la pièce, les artistes sur scène doivent être prêts à improviser et à travailler en équipe pour aplanir les difficultés rencontrées et assurer le succès de la représentation. C'est l'idée qui sous-tend l'expression « se soutenir mutuellement sur scène », qui est utilisée pour décrire le fait de prêter assistance à une cause particulière ou de tenter de l'améliorer. Il s'agit de travailler efficacement pour corriger les lacunes éventuelles et de concevoir des solutions pour aider autrui à réussir. L'expression « offrir d'excellents spectacles » est utilisée pour évoquer une série de scènes ou de résultats souhaitables. Xi Jinping a cité cette phrase dans son allocution lors de la conférence annuelle du Forum de Bo'ao pour l'Asie en avril 2013, suggérant que la seule façon de réaliser des progrès communs est que les pays « se soutiennent mutuellement sur scène ». Il estime que chaque pays doit jouer son rôle sur la scène internationale pour préserver la paix mondiale et promouvoir le développement commun. En se soutenant et en s'aidant activement les uns les autres, les pays seront en mesure d'« offrir d'excellents spectacles », ou de créer des bénéfices mutuels. À l'inverse, un pays ne devrait jamais chercher à porter préjudice à la coopération ou à créer des obstacles à la paix et au développement, un point que Xi Jinping a réitéré lors de la conférence commémorant le 60e anniversaire de la publication des

Cinq principes de la coexistence pacifique, puis lors de la célébration du 60e anniversaire de la Conférence de Bandung en 2015.

Les pays doivent s'efforcer d'« offrir d'excellents spectacles » en se soutenant mutuellement sur la scène internationale. L'hypothèse sous-jacente, bien évidemment, est que chaque pays veut faire bonne figure. À notre époque, nous aspirons tous à la paix et au développement, et le développement pacifique d'un pays est inextricablement lié au développement pacifique d'autres pays. Cette idée est clairement exprimée dans le dicton chinois, « les choses sont étroitement liées dans leur développement et elles montent et chutent ensemble. » Xi Jinping est revenu sur cette ligne à plusieurs reprises lors de ses interventions au Sommet des chefs d'entreprise de l'APEC en 2013, au sommet de la Conférence pour l'interaction et les mesures de confiance en Asie (CICA) en 2014, au débat général de la 70e session de l'Assemblée générale de l'ONU en 2015, et au sommet du B20 de 2016 à Hangzhou. Cette expression rappelle la réalité objective du monde en tant que communauté humaine avec un avenir partagé et souligne l'importance cruciale de la coopération entre tous les pays.

L'un des problèmes auxquels l'humanité doit toujours faire face est la question de savoir comment les pays doivent se comporter les uns envers les autres. Comme le montre l'évolution des relations internationales, le système international doit être constamment modifié et mis à jour pour rester en phase avec son temps. Dans le but de parvenir à une paix et à un développement commun, les pays doivent se soutenir mutuellement et œuvrer à un progrès commun, et ils doivent promouvoir la prospérité commune et veiller à ce qu'aucun pays ne subisse de préjudice. C'est là que réside l'essence du nouveau type de relations internationales : la coopération gagnant-gagnant. Comme l'a indiqué Xi Jinping : « Le monde n'a jamais eu une meilleure occasion de réaliser la paix et le développement, et le seul moyen d'atteindre un tel objectif est la coopération mutuellement bénéfique. »

Le nouveau type de relations internationales montre une nouvelle vision. Conventionnellement, les gens ont compris que les pays étaient intrinsèquement antagonistes les uns envers les autres et engagés dans une lutte pour la survie. Ce point de vue suppose que les conflits d'intérêts entre les pays sont irréconciliables, comme un jeu à somme nulle. En conséquence, les pays se divisent en différents camps et, bien qu'ils puissent adopter une position unie sur les questions de politique étrangère, cela implique souvent des responsabilités et des missions inégales, prenant la forme d'une structure « centre-périphérie ». Cet ancien modèle de relations internationales normalise l'injustice sous diverses formes, notamment les conflits entre les pays du Nord et les pays du Sud, la politique du plus fort et la mentalité de la guerre froide, et il permet aux pays occidentaux de maintenir plus facilement leur position dominante. Ce modèle ne prend pas en compte les demandes légitimes de paix et de développement des pays non occidentaux. Il a élargi le fossé entre les pays développés et les pays en développement et a entraîné le gaspillage de grandes quantités de ressources dans des compétitions et confrontations inutiles entre les différents blocs de pays. Le nouveau type de relations internationales, cependant, accorde une grande importance aux valeurs traditionnelles chinoises telles que l'harmonie et l'unité. En s'appuyant sur la tradition diplomatique chinoise, incarnée par les Cinq principes de la coexistence pacifique, le nouveau type considère que chaque pays, quelle que soit sa taille, a droit à des chances égales de développement. Il offre ainsi une nouvelle perspective sur les relations internationales tout en mettant l'accent sur le progrès et le développement et en encourageant les pays à poursuivre des intérêts communs et une coopération mutuellement bénéfique.

L'originalité du nouveau type de relations internationales réside dans la pratique. Comme l'a souligné Xi Jinping, la Chine doit appliquer l'idée de coopération gagnant-gagnant aux relations extérieures dans tous les domaines, y compris la politique, l'économie, la sécurité et la culture. Sur le plan politique, nous devons nous efforcer d'abandonner l'ancienne pratique selon laquelle les pays sont contraints de choisir entre l'alliance et la confrontation. La Chine s'est engagée dans une nouvelle voie pour les relations entre États qui privilégie le dialogue et le partenariat, plutôt que les confrontations et les alliances. Sur le plan économique, nous devons résoudre le problème du développement déséquilibré et concrétiser de nouvelles perspectives de développement commun. Sur le plan de la sécurité, nous devons abandonner résolument toute forme de mentalité de guerre froide et nous engager à construire un monde de sécurité commune pour tous. Sur le plan culturel, nous devons favoriser une nouvelle atmosphère d'inclusion et de compréhension mutuelle où les différentes cultures refusent de se mépriser ou de s'exclure mutuellement. Dans la pratique, la Chine s'est révélée être une force importante pour le maintien de la paix mondiale et la promotion du développement commun, ainsi qu'un partenaire et un ami sur lequel la communauté internationale peut compter.

Les images décrites ici, à savoir « se soutenir mutuellement sur scène » et « offrir d'excellents spectacles », illustrent la capacité de Xi Jinping d'adapter son style d'expression et de présenter des idées diplomatiques dans une langue riche et imagée. Depuis la fin de la guerre froide, le niveau d'interaction et d'interdépendance entre les différents pays, peuples et individus n'a cessé d'augmenter. Les intérêts et les destins des pays sont devenus profondément imbriqués, car nous dépendons plus étroitement les uns des autres et partageons nos succès et nos échecs. Dans ce nouveau paysage politique mondial, Xi Jinping a évalué les tendances sous-jacentes et avancé l'idée de « promouvoir un nouveau type de relations internationales basées sur le respect mutuel, l'équité et la justice, ainsi que la coopération et le principe gagnant-gagnant ». Xi Jinping est en faveur de la coopération plutôt que de la confrontation, et de la coopération gagnant-gagnant plutôt que de la domination par la force. Ce nouveau type a dépassé les théories conventionnelles des relations internationales tout en promouvant les buts et principes de la Charte des Nations unies. En tant que tel, le nouveau type devrait avoir un impact profond sur le développement des relations internationales à l'avenir.

Comme le dit un proverbe chinois, « un long voyage prouve l'endurance d'un cheval et le passage du temps montre la sincérité d'un homme. » Le développement des relations entre la Chine et l'Amérique latine a prouvé et continuera de prouver que nos relations sont ouvertes, inclusives, coopératives et mutuellement bénéfiques.

— Discours prononcé par Xi Jinping devant le Sénat mexicain, le 5 juin 2013

IMAGES ET MÉTAPHORES

Un long voyage prouve l'endurance d'un cheval et le passage du temps montre la sincérité d'un homme

La coopération mutuellement bénéfique résistera à l'épreuve du temps

« Un long voyage prouve l'endurance d'un cheval et le passage du temps montre la sincérité d'un homme. » Ce dicton est tiré de *Luttes pour rendre la bonté*, une pièce de théâtre écrite sous la dynastie des Yuan (1206-1368). Pour connaître l'endurance d'un cheval, il faut l'emmener faire un long voyage. De même, pour discerner les vertus et les vices d'une personne, il faut passer beaucoup de temps avec elle et faire l'expérience de la vie ensemble. En d'autres termes, tout devrait être mis à l'épreuve du temps. Xi Jinping a cité cette phrase à plusieurs reprises. Par exemple, en marge de la conférence annuelle du Forum de Bo'ao pour l'Asie en avril 2013, Xi Jinping a utilisé ce dicton pour apprécier l'amitié sino-cambodgienne, lors d'une rencontre avec le Premier ministre cambodgien Hun Sen. Dans un monde marqué par des changements constants, les deux pays « se sont toujours traités sur un pied de sincérité, ont fait preuve de confiance et de solidarité et se sont soutenus mutuellement dans les moments difficiles ». Dans un discours prononcé devant le Sénat mexicain en juin 2013, Xi Jinping a de nouveau utilisé cette citation pour exprimer son espoir que la Chine et les pays latino-américains approfondiront la confiance mutuelle, renforceront la communication, favoriseront un développement commun et réaliseront une coopération mutuellement bénéfique à long terme.

De même que l'on ne peut connaître la force d'un cheval sans un long voyage et que l'on ne peut lire dans le cœur d'une personne sans passer beaucoup de temps ensemble, les pays doivent avoir des interactions régulières à long terme s'ils veulent améliorer leur compréhension mutuelle et construire une confiance mutuelle. En raison de la complexité des affaires internationales, il est impossible de saisir pleinement l'orientation des valeurs en matière de stratégie internationale ou la vision fondamentale sur la politique mondiale d'un pays en écoutant simplement quelques discours ou en lisant une décision politique prise par un dirigeant ou un gouvernement. Il est nécessaire d'observer et de se mettre en contact avec un pays de manière régulière pendant une longue période pour se faire une idée précise de son modèle et de son style diplomatiques – par exemple, les valeurs et les principes du pays en matière de relations étrangères, son souci des intérêts légitimes des autres pays, sa volonté d'assumer des responsabilités dans les affaires internationales, etc. C'est seulement à cette condition que l'on peut décider de la manière la plus appropriée de traiter ce pays.

Comme le dit un dicton, « Rome ne s'est pas faite en un jour. » Le nouveau type de relations internationales basées sur une coopération mutuellement bénéfique, ne s'est pas matérialisé du jour au lendemain. Ce nouveau type de relations internationales est fondé sur ses politiques et ses principes, ainsi que sur ses attitudes dans les affaires internationales que la Chine défend depuis toujours. Il est ancré dans les traditions culturelles et historiques de la Chine et adapté aux besoins immédiats des relations internationales d'aujourd'hui. Logiquement, une coopération mutuellement bénéfique n'est possible que lorsque les pays adoptent le principe d'égalité dans les relations entre les États, reconnaissent le droit légitime de chaque État à poursuivre ses propres intérêts, et prennent des mesures sous forme de compromis et d'assistance mutuelle afin de maximiser les intérêts communs. Si l'on remonte à la tradition culturelle chinoise, le confucianisme appelle à une coopération gagnant-gagnant, par opposition à une concurrence aveugle. Il met non seulement l'accent sur l'harmonie et la coopération, mais encourage aussi à se mettre à la place de l'autre et à rechercher les intérêts communs avant ses propres intérêts. Du point de vue historique et de la tradition, peu de temps après la fondation de la République populaire de Chine en 1949, le Premier ministre Zhou Enlai a proposé les Cinq principes de la coexistence pacifique, à savoir le respect mutuel de la souveraineté et de l'intégrité territoriale, la non-agression mutuelle, la non-ingérence mutuelle dans les affaires intérieures, l'égalité et les avantages réciproques, et la coexistence pacifique. Ces principes sont conformes au concept de coopération mutuellement bénéfique, et continuent d'être en vigueur aujourd'hui. Du point de vue des besoins actuels, les intérêts de tous les pays sont étroitement liés lors du processus irréversible de la mondialisation, et les pays sont désormais interdépendants et imbriqués dans les chaînes mondiales d'approvisionnement, d'industrie et de valeur. En conséquence, les défis à la paix et au développement sont de plus en plus systémiques, de longue durée et de nature globale, ce qui exige que tous les pays travaillent ensemble dans un esprit de solidarité.

L'histoire de la Chine montre que la « coopération mutuellement bénéfique » n'est pas une parole en l'air, bien au contraire, elle a longtemps servi de base solide aux initiatives diplomatiques chinoises. De la volonté de la Chine (avant la réforme et l'ouverture en 1978) de se serrer la ceinture pour aider les pays asiatiques, africains et latino-américains en développement, à obtenir leur indépendance et la libération de la nation, à sa promesse de verser 2 milliards de dollars américains en 2015 pour créer le Fonds d'assistance pour la coopération Sud-Sud en vue d'aider les pays en développement à mettre en œuvre le programme de développement pour l'après-2015, en passant par sa décision d'annuler les dettes en cours liées aux prêts intergouvernementaux sans intérêt arrivant à échéance fin 2015 assumées par les pays les moins avancés, les pays en développement sans littoral et les petits États insulaires en développement ; depuis le chemin de fer Tanzanie-Zambie (TAZARA), long de 1 860 km, construit par plus de 50 000 Chinois qui n'ont ménagé aucun effort, au début des années 1970, jusqu'à l'achèvement, en 2017, de la ligne de chemin de fer à voie normale de Mombasa à Nairobi, un projet qui a introduit un large éventail de matériel ferroviaire et de modèles de gestion chinois ; de l'engagement de la Chine à ne pas dévaluer le *renminbi* pendant la crise financière asiatique de 1997 à sa volonté de réformer et d'améliorer la gouvernance économique mondiale après la crise financière mondiale de 2009 – la Chine a toujours œuvré pour la coopération gagnant-gagnant et s'est efforcée de « rendre le gâteau plus grand » afin que davantage de personnes puissent en bénéficier. En assumant les responsabilités de grand pays, la Chine est devenue, en quelques décennies, le premier partenaire commercial de plus de 120 pays et a joué un rôle irremplaçable dans la promotion du développement stable de l'économie mondiale. Compte tenu de sa position de pays en développement, la Chine n'a jamais faibli dans son engagement pour la mise en œuvre de la diplomatie de bon voisinage caractérisée par l'amitié, la sincérité, la réciprocité et l'inclusion, et elle a toujours traité les pays en développement conformément au principe dit « sincérité, pragmatisme, amitié et franchise ». La Chine n'adoptera jamais la politique de « chacun pour soi » ni ne poursuivra son propre développement au détriment des autres pays. La Chine est restée parfaitement consciente que son développement au fil des ans dépendait non seulement de ses propres marchés intérieurs et de sa main-d'œuvre, mais aussi des ressources en capital et en technologie des pays développés. Dans cette optique, la Chine a proposé un nouveau modèle de relations entre grands pays basé sur le non-conflit, la non-confrontation, le respect mutuel et la coopération gagnant-gagnant. En promouvant une coopération gagnant-gagnant, la Chine entend mettre un terme au cercle vicieux de surenchère entre les grandes puissances mondiales.

Le dicton chinois « un long voyage prouve l'endurance d'un cheval et le passage du temps montre la sincérité d'un homme » reflète une profonde compréhension de Xi Jinping sur la tradition diplomatique de la Chine et constitue un engagement solennel envers tous les pays partenaires. Pour l'avenir, la diplomatie chinoise est confiante et déterminée à défendre les intérêts fondamentaux de la Chine et du monde, afin que la coopération mutuellement bénéfique soit largement adoptée et que la dignité, la sécurité et les fruits du développement soient partagés par tous les pays et peuples du monde.

Nous devrions établir une nouvelle vision qui consiste à rechercher des résultats positifs pour tous et à abandonner la mentalité du jeu à somme nulle ou du « gagnant remporte tout ». Comme le dit un proverbe chinois, « si nous apprenons à apprécier les mérites des autres cultures comme nous apprécions les nôtres, nous construirons ensemble un monde de grande unité. »

— Discours prononcé par Xi Jinping lors de la conférence commémorant le 60e anniversaire de la publication des Cinq principes de la coexistence pacifique, le 28 juin 2014

Si nous apprenons à apprécier les mérites des autres cultures comme nous apprécions les nôtres, nous construirons ensemble un monde de grande unité

Échanger des idées et apprendre les uns des autres pour promouvoir l'enrichissement et le progrès culturels

« Si nous apprenons à apprécier les mérites des autres cultures comme nous apprécions les nôtres, nous construirons ensemble un monde de grande unité. » Proposée en 1990 par le célèbre sociologue chinois Fei Xiaotong à l'occasion de son 80e anniversaire, cette phrase évoque le principe de la coexistence de civilisations différentes. Il affirme que chaque civilisation a sa beauté unique et possède des éléments dignes d'être étudiés et appréciés. En outre, si nous apprenons à apprécier les mérites des autres civilisations, nous serons en mesure de vivre en harmonie et de réaliser un développement commun. L'expression « un monde de grande unité » est tirée du classique confucéen *Mémorial des rites (Li Ji)* décrivant une société juste et harmonieuse. Xi Jinping a cité cette phrase de Fei Xiaotong pour montrer que le respect mutuel et l'égalité permettent aux différentes civilisations de vivre en harmonie et de construire une communauté de destin pour l'humanité.

L'un des éternels problèmes de l'humanité est de savoir comment les différentes civilisations doivent se comporter les unes envers les autres. Pendant des milliers d'années, les différents groupes ethniques se sont livrés à d'innombrables guerres et conflits, rappelant douloureusement au monde que la paix, et non la guerre, est la seule voie possible. Cependant, après la guerre froide, la théorie du « choc des civilisations » a pris de l'importance et a relancé le débat sur la question de savoir si différentes civilisations peuvent coexister pacifiquement. Cette théorie, proposée par le professeur américain de sciences politiques Samuel Huntington, affirme que le choc des civilisations est appelé à remplacer les intérêts idéologiques et économiques comme principale source de conflit dans le monde de l'après-guerre froide. Les conflits entre les civilisations occidentales et non occidentales, ainsi que les tensions entre les civilisations non occidentales, seront les facteurs déclenchants de la prochaine série de conflits internationaux. Selon Huntington, il est vain d'attendre que les différentes cultures s'apprécient mutuellement, et encore moins qu'elles contribuent à l'épanouissement de toutes les cultures. Sa logique suggère alors que l'on ne peut rien faire pour atténuer la concurrence et la confrontation entre les civilisations ; les affrontements vont continuer et la possibilité d'un conflit armé est toujours imminente. Si c'est effectivement le cas, l'espoir d'un développement pacifique de l'humanité n'est rien d'autre qu'un vœu pieux.

Il existe certainement des différences entre les civilisations, mais ces différences ne doivent pas devenir des causes de conflit. Tout dépend de l'attitude avec laquelle une civilisation traite une autre. La propagande de la discrimination raciale et de la supériorité culturelle mènera toujours à l'isolement et aux préjugés, et se terminera finalement par des conflits et des guerres. Mais si nous communiquons et interagissons les uns avec les autres dans un esprit de respect mutuel et d'égalité, nous pouvons trouver un terrain d'entente tout en mettant les divergences de côté et parvenir ainsi à une harmonie sans uniformité. Depuis le 18e Congrès national du PCC, Xi Jinping a appelé à construire ensemble une communauté de destin pour l'humanité lors de divers événements internationaux. Il a exhorté tous les pays à favoriser la paix et le développement mondiaux en promouvant les échanges et l'apprentissage mutuel entre les civilisations sur la base du respect mutuel, de l'égalité, de l'ouverture et de l'inclusion. Les civilisations sont devenues plus riches et plus colorées avec les échanges et l'apprentissage mutuel. De tels échanges et apprentissage mutuel constituent une force motrice majeure pour le progrès humain, la paix et le développement du monde.

Le respect mutuel et l'égalité sont des conditions préalables des échanges et de l'apprentissage mutuel. Toutes les civilisations humaines ont la même valeur, chacune a ses propres mérites et ses propres faiblesses. Il n'y a pas de civilisation parfaite dans le monde et il n'y a non plus de civilisation sans mérite. Il n'y a pas de civilisation supérieure ni inférieure, la civilisation ne fait non plus la distinction entre le bon et le mauvais. Par conséquent, nous devons apprendre à connaître les autres cultures de manière modeste et équitable afin de découvrir leur beauté et de saisir leurs nuances et leurs subtilités. Le respect mutuel signifie apprendre à respecter les différences entre les civilisations au lieu de les regarder à travers un prisme ou de nier leur valeur en raison de préférences personnelles. L'égalité signifie interagir avec les autres civilisations de manière non discriminatoire, au lieu de les regarder de haut avec arrogance ou animosité.

L'ouverture et l'inclusion ont donné aux échanges et à l'apprentissage mutuel l'élan nécessaire pour aller de l'avant. Comme le dit un proverbe chinois, « l'océan accueille tous les courants grâce à son immensité. » Toutes les réalisations des civilisations méritent notre respect et doivent être chéries. Tant que l'esprit d'ouverture et de tolérance est respecté, nous pourrons respecter ce qui rend chaque civilisation unique, éviter un « choc des civilisations » insensé, et apprécier le monde dans toute sa richesse et sa diversité. La société humaine a connu des millénaires de guerres et de conflits et, au cours du XXe siècle, l'humanité a souffert de deux guerres mondiales et d'une guerre froide qui a duré un demi-siècle. Ce conflit peut être attribué, au moins en partie, au manque d'esprit de tolérance et d'ouverture dans le monde, qui a plutôt adhéré à la loi de la jungle et au jeu à somme nulle.

L'objectif des échanges et de l'apprentissage mutuel est de réaliser une coopération gagnant-gagnant. Le partage des idées permet aux différentes civilisations de mieux se comprendre et d'élargir leur convergence d'intérêts, ce qui favorise la coopération et les résultats souhaitables pour tous. Aujourd'hui, la tendance générale à la paix, au développement et à la coopération mutuellement bénéfique gagne du terrain. Tous les pays ont des intérêts communs importants dans le domaine du maintien de la paix mondiale, de la stabilité internationale et du développement sain et stable de l'économie mondiale, et font face aux défis mondiaux tels que le changement climatique. Les échanges et l'apprentissage mutuel aplanissent, en quelque sorte, le terrain de la coopération mondiale et donnent un nouvel élan à la construction d'une communauté de destin pour l'humanité.

En tant que partie intégrante de la civilisation mondiale, la Chine s'est toujours engagée dans des échanges amicaux avec d'autres civilisations dans une attitude ouverte et inclusive. Sous la dynastie des Han (202 av. J.-C. – 220 apr. J.-C.), l'envoyé impérial Zhang Qian s'est rendu vers l'ouest pour deux missions de paix, ouvrant une voie terrestre reliant l'Orient à l'Occident. Des siècles plus tard, pendant la dynastie des Tang (618-907), Chang'an, capitale de l'empire, est devenue une ville cosmopolite qui attirait des envoyés et des étudiants venus de dizaines de pays. Zheng He, célèbre navigateur chinois sous les Ming (1368-1644), ayant effectué sept voyages à travers l'océan Indien, a écrit un chapitre splendide dans l'histoire des échanges culturels de l'humanité. Alors que la Chine cherche à construire une communauté de destin pour l'humanité, elle s'engage, comme toujours, à entretenir des relations étroites avec les autres pays et à travailler avec eux dans un esprit d'égalité et de respect mutuel afin de promouvoir l'épanouissement de la civilisation humaine.

Nous devons aligner nos intérêts nationaux sur ceux des autres pays, élargir la convergence d'intérêts et développer une nouvelle vision consistant à rechercher des résultats positifs pour tous. Nous devons nous serrer les coudes comme des passagers à bord du même navire et assumer à la fois les droits et les devoirs. Nous devons travailler ensemble pour faire face aux problèmes mondiaux croissants tels que le changement climatique, la sécurité énergétique, la cybersécurité et les grandes catastrophes naturelles, dans un effort commun pour protéger la planète dont dépend la survie de l'humanité.

— Article signé par Xi Jinping, publié dans le journal russe Rossiyskaya Gazeta, le 7 mai 2015

IMAGES ET MÉTAPHORES

Se serrer les coudes comme des passagers à bord du même navire, et assumer à la fois les droits et les devoirs

Travailler ensemble pour construire une communauté de destin pour l'humanité

L'expression « se serrer les coudes comme des passagers à bord du même navire » provient de l'article « Neuf sortes de terrains » de l'*Art de la guerre* de Sun Zi. Cette analogie est utilisée pour encourager les personnes se trouvant dans une situation éprouvante à travailler ensemble pour surmonter les difficultés. L'expression « assumer à la fois les droits et les devoirs » rappelle que la jouissance des droits et l'accomplissement des devoirs vont de pair. Xi Jinping a cité ces expressions courantes pour faire comprendre qu'aucun pays ne peut rester sur la touche ou tenter de relever seul les défis mondiaux. Tous les pays doivent y mettre du leur et relever les défis ensemble.

Nous vivons dans un monde plein d'incertitudes. La croissance économique mondiale est anémique, le populisme et le protectionnisme sont en hausse, le fossé entre les riches et les pauvres se creuse et la croissance déséquilibrée s'accentue. La plupart des pays du monde jouissent de la paix et de la stabilité, mais des guerres locales et des conflits régionaux éclatent de temps à autre, et les tensions régionales sont constamment attisées par des pays qui s'accrochent à la mentalité de la guerre froide et à la politique du plus fort. Les menaces non conventionnelles pour la sécurité, notamment le terrorisme, la criminalité transnationale, la cybersécurité et le changement climatique, se multiplient. Face à un tel éventail de problèmes et de défis mondiaux, les pays ne peuvent pas se permettre de laisser les choses au hasard ou d'adopter une approche de « resquilleur » en laissant les autres pays faire tout le travail. Chaque pays devrait avoir le courage de s'engager et de jouer un rôle actif dans la résolution des problèmes, et ainsi œuvrer à la construction d'une communauté de destin pour l'humanité. En tant que membre permanent du Conseil de sécurité de l'ONU et deuxième économie mondiale, la Chine a joué un rôle constructif dans les affaires internationales, en défendant sa mission historique par des actions concrètes et en se montrant un grand pays responsable.

La Chine est restée engagée sur la voie du développement pacifique et a contribué activement au maintien de la paix et de la stabilité mondiales. En tant que grand pays comptant plus de 1,3 milliard d'habitants, la Chine fait l'objet de nombreuses spéculations sur la voie qu'elle pourrait suivre lorsqu'elle deviendra plus forte. Face à l'émergence de la Chine, les États-Unis et le Japon ont commencé à renforcer leur présence militaire dans la région Asie-Pacifique sous le prétexte de la soi-disant « menace chinoise ». La Chine a répondu aux doutes en réitérant son engagement à poursuivre la voie du développement pacifique, à préserver fermement la paix et la stabilité régionales et à ne jamais rechercher l'hégémonie. En outre, en tant que membre permanent du Conseil de sécurité de l'ONU, la Chine s'est efforcée de résoudre les problèmes régionaux urgents. Par exemple, elle a joué le rôle de médiateur sur la question du programme nucléaire de la République populaire démocratique de Corée et a fait tout ce qui était en son pouvoir pour maintenir la paix et la stabilité régionales et parvenir à la dénucléarisation de la péninsule coréenne. La Chine a également participé de manière constructive à tous les cycles de négociations sur le nucléaire iranien et a joué un rôle important dans la signature de l'accord sur le nucléaire iranien. Elle s'est employée à trouver une solution au conflit en Afghanistan et à promouvoir la réconciliation nationale.

En outre, la Chine a fait des efforts pour réformer le système de gouvernance économique mondiale. À l'heure actuelle, la structure de l'économie mondiale fait l'objet d'un ajustement majeur. Les économies émergentes se développent de manière collective, et leur part dans l'économie mondiale augmente. L'ancien système de gouvernance économique mondiale, dirigé par les pays développés, est évidemment incapable de répondre aux besoins actuels. La Chine, en tant que représentante des économies émergentes et des pays en développement, a appelé à une réforme de l'architecture existante afin de renforcer la voix et la représentation des économies émergentes au sein du Fonds monétaire international et de la Banque mondiale. En même temps, la Chine a pris l'initiative d'établir de nouveaux mécanismes tels que la Banque asiatique d'investissement dans les infrastructures, la Nouvelle Banque de développement, le Fonds de la Route de la soie et l'Arrangement de réserve contingente des BRICS, ce qui a contribué à améliorer l'architecture de la gouvernance économique et financière mondiale. En septembre 2016, Xi Jinping a proposé une orientation pour améliorer le système de gouvernance mondiale lors du sommet du G20 de Hangzhou, où il a interprété systématiquement une nouvelle vision de la gouvernance économique mondiale, fondée sur l'égalité et caractérisée par l'ouverture, la coopération et le partage mutuel. En 2017, Xi Jinping a présidé le Forum de « la Ceinture et la Route » pour la coopération internationale, où il a exprimé son soutien à l'ouverture, à l'inclusion et à la coopération gagnant-gagnant, et a pris des mesures fermes pour construire une communauté de destin pour l'humanité.

Enfin, la Chine a poursuivi sa campagne de lutte contre les menaces non conventionnelles pour la sécurité, telles que le terrorisme et le changement climatique. Le terrorisme est l'ennemi commun de l'humanité, ce qui signifie que la lutte contre le terrorisme est la responsabilité de tous les pays. La Chine a joué un rôle clé dans la lutte contre le terrorisme dans le monde. Elle est catégoriquement opposée au terrorisme sous toutes ses formes et a déployé des efforts importants dans la lutte contre le terrorisme. Le réchauffement de la planète est devenu un enjeu pour la survie et le développement de l'humanité tout entière. Le gouvernement chinois reconnaît depuis longtemps l'importance de la lutte contre le changement climatique et a participé activement aux négociations mondiales sur le changement climatique. Même après que les États-Unis ont annoncé leur retrait de l'accord de Paris, la Chine a continué à remplir ses engagements. Sans se laisser influencer par les décisions des autres pays, la Chine donne au monde l'image de grand pays responsable.

Il n'y a qu'une seule Terre dans l'univers. Elle est le foyer commun de l'humanité. Stephen Hawking a avancé l'hypothèse des « univers parallèles » qui donne l'espoir de trouver une autre planète habitable pour les humains. Nous ne savons pas encore quand cela deviendra réalité.

— Discours prononcé par Xi Jinping à l'Office des Nations unies à Genève, le 18 janvier 2017

Il n'y a qu'une seule Terre dans l'univers, elle est le foyer commun de l'humanité

Construire une communauté de destin pour l'humanité

« Il n'y a qu'une seule Terre dans l'univers. » Dans un langage simple, Xi Jinping attire notre attention sur l'un des problèmes les plus fondamentaux auxquels l'humanité est confrontée : cette planète est tout ce que nous avons, ce qui signifie que nous n'avons pas d'autres choix que de la chérir et de la préserver. Les scientifiques ont essayé de trouver d'autres planètes qui pourraient être habitables ou montrer des signes de vie, mais ils sont restés bredouilles. Pour le moment, nous ne pourrons pas trouver une autre planète habitable sous peu. Dans ce contexte, Xi Jinping a proposé l'initiative de « construire ensemble une communauté de destin pour l'humanité », qui constitue une « solution chinoise » pour le développement de la société humaine.

« La Terre est le foyer commun de l'humanité. » Alors que la mondialisation étend partout ses tentacules, le monde devient de plus en plus interconnecté et interdépendant en tant que communauté avec un avenir partagé. Pour préserver la paix mondiale et relever les défis mondiaux, aucun pays ne peut se permettre de rester sur la touche, ni de les résoudre seul. De surcroît, nous devons sensibiliser le monde entier à cette idée de communauté de destin pour l'humanité. Nous devons viser à rendre notre planète plus pacifique et plus prospère grâce à une coopération fondée sur le respect mutuel, l'égalité et les avantages réciproques. La construction d'une communauté de destin pour l'humanité est une entreprise systématique, qui requiert les efforts de l'ensemble de la communauté internationale dans les cinq domaines suivants : les partenariats, la sécurité, le développement économique, les échanges culturels et le progrès écologique.

Tout d'abord, il faut mettre en place un réseau mondial de partenariats. Les alliances militaires ont tendance à être antagonistes et ciblées par leur nature, et ne sont plus adaptées à notre époque. Après la guerre froide, les deux principaux systèmes d'alliance en Europe et en Asie dominés par les États-Unis n'ont pas réussi à résoudre entièrement les problèmes de sécurité régionale et se sont même révélés plus tard être des menaces cachées pour la paix mondiale. Dans ce contexte, nous devons appeler les pays à établir des partenariats tant au niveau international que régional. Nous devons nous frayer une nouvelle voie de relations d'État à État qui privilégie le dialogue et le partenariat, plutôt que les confrontations et les alliances. De cette façon, tous les pays peuvent travailler ensemble pour construire un réseau mondial de partenariats.

Deuxièmement, nous devons adopter une juste conception de sécurité, axée sur la sécurité globale du monde entier. Au XXe siècle, le monde a été marqué par des conflits, avec deux guerres mondiales sanglantes et une guerre froide qui a duré plus d'un demi-siècle. Après l'entrée dans le nouveau siècle, la paix et le développement sont devenus les deux thèmes majeurs de notre époque, mais les guerres et les conflits locaux persistent. Le jeu politique des grandes puissances et la concurrence géopolitique continuent d'ajouter une grande part d'incertitude à la paix et à la stabilité mondiales. Les problèmes de sécurité non conventionnels s'accentuent – notamment le terrorisme, les crises de réfugiés, la criminalité transnationale et la cybersécurité – et les perspectives de sécurité mondiale restent sombres. Les faits montrent que le jeu à somme nulle, la logique du « gagnant remporte tout » et le repli sur soi ne sont plus viables. Nous devons abandonner les conceptions dépassées de la sécurité et mettre en place une nouvelle conception de sécurité commune, globale, coopérative et durable. Nous devons promouvoir la sécurité commune par le dialogue, la consultation et la coopération mutuellement bénéfique.

Troisièmement, nous devons promouvoir le développement de la société humaine par l'ouverture et l'innovation. Conforme aux intérêts de toutes les parties, la mondialisation économique est une réalité objective et une tendance inéluctable. Mais la mondialisation est une arme à double tranchant, qui comporte à la fois des occasions et des défis. Après la crise financière de 2008, l'économie mondiale a été confrontée à de nombreuses difficultés. Certains pays ont pointé du doigt la mondialisation et ont eu recours au protectionnisme commercial pour préserver leurs propres intérêts. Mais ce n'est pas la solution, car cette pratique va à l'encontre de la tendance objective et ne peut pas résoudre les problèmes qui se posent. Nous vivons dans un monde ouvert. Nous ne pouvons pas nous permettre de fermer la porte à tous les autres. Il est essentiel que nous restions ouverts aux nouvelles idées, que nous créions de nouveaux domaines de croissance par l'innovation et que nous œuvrions ensemble au développement de l'humanité tout entière.

Quatrièmement, nous devons promouvoir le développement et la prospérité de la culture en renforçant les échanges entre les civilisations. La diversité est une caractéristique fondamentale de la civilisation humaine. Chaque civilisation représente la vision et la contribution uniques de son peuple, et aucun modèle n'est supérieur aux autres. Les diverses civilisations ont des différences objectives, mais ces différences ne doivent pas devenir des sources de conflit. En fait, ces différences créent un espace pour les échanges et l'apprentissage mutuel entre les civilisations, permettant aux civilisations de s'enrichir en s'appuyant sur leurs forces respectives et de promouvoir ainsi l'épanouissement de la civilisation humaine dans son ensemble.

Enfin, nous devons rechercher l'harmonie entre l'homme et la nature par le moyen d'un engagement en faveur du développement durable. Le monde est confronté à une multitude de défis, dont l'expansion démographique, la pénurie de ressources, la dégradation environnementale et le réchauffement planétaire. L'industrialisation a rendu la vie plus facile, et sans doute plus diversifiée, mais elle a aussi fait peser une lourde charge sur nos ressources et notre environnement. Rechercher les intérêts économiques tout en ignorant le coût environnemental n'est pas une voie durable. Si nous violons les lois de la nature, nous finirons par nous faire du mal, car la nature se venge de ceux qui détruisent l'environnement sans aucun scrupule. Nous devons favoriser la transition de l'ancien modèle de développement et adopter un nouveau mode de travail et de vie qui soit vert, à faible émission de carbone, circulaire et durable, et ainsi faire un effort concerté pour protéger le foyer commun de l'humanité.

La crise financière internationale qui a éclaté en 2008 nous enseigne que pour assurer un développement sain de la mondialisation économique, il faut renforcer la coordination et perfectionner la gouvernance, et que pour bâtir une mondialisation économique ouverte, inclusive, équilibrée et bénéfique à tous, il faut agrandir et surtout mieux répartir le gâteau pour garantir l'équité et la justice.

— Discours prononcé par Xi Jinping à l'Office des Nations unies à Genève, le 18 janvier 2017

IMAGES ET MÉTAPHORES

Nous voulons élargir continuellement le gâteau, tout en veillant à le partager correctement

Offrir des occasions de développement plus équitables

Les gâteaux sont souvent associés aux anniversaires. Lorsqu'un ami ou un membre de famille fête son anniversaire, nous nous donnons souvent la peine d'acheter ou de faire un gâteau. Lors de la fête d'anniversaire, le gâteau est coupé et distribué à tous, afin de partager la joie. La même idée se présente dans le domaine de l'économie chinoise, où « faire un gâteau » fait référence au développement de l'économie et « couper un gâteau » sous-entend la répartition de la richesse sociale. Les deux métaphores renvoient aux concepts économiques de productivité et d'équité.

Xi Jinping a utilisé à plusieurs reprises l'analogie de la fabrication et de la découpe d'un gâteau pour illustrer l'importance de la création de la richesse sociale et de la promotion de l'équité et de la justice dans le contexte actuel de la Chine. Dans un discours prononcé à l'Office des Nations unies à Genève, il a cité la même analogie, mais en l'appliquant cette fois à la gouvernance mondiale, puisqu'il a appelé tous les pays à promouvoir le développement économique mondial (« élargir le gâteau ») et à aborder les questions d'équité et de justice dans la gouvernance économique mondiale (« le partager correctement »), et à offrir ainsi des occasions de développement plus équitables.

Il suffit de regarder les journaux télévisés pour se rendre compte que le développement inégal reste un problème majeur pour le développement du monde. Nous vivons à l'aube d'une nouvelle révolution technologique. Le développement des nouvelles technologies, associé à l'omniprésence des médias de masse et à l'essor de la culture de consommation, pourrait laisser croire qu'une vie d'aisance nous attend tous. Il est facile d'oublier que certaines des situations les plus tragiques de l'histoire – la guerre, la famine, l'esclavage – se jouent à notre époque, et que la majorité de la population mondiale continue de passer ses journées dans la pauvreté et le manque de vivres.

Si des progrès ont été accomplis dans la réduction de l'écart économique entre les pays en développement et les pays développés, la disparité du PIB par habitant reste massive. Les capacités de recherche technologique et d'innovation des pays en développement sont très en retard sur celles des pays développés. Dans le domaine de la haute technologie, les pays en développement continuent de s'appuyer sur le transfert et la diffusion des technologies du monde développé, et le fossé technologique continue de se creuser. À l'heure du Big Data, l'utilisation sécurisée et fiable de l'internet est un facteur clé pour déterminer la force globale d'un pays, mais il reste hors de portée pour un grand nombre d'habitants dans les pays en développement. La fracture numérique aggravera le déséquilibre économique mondial.

Le problème s'aggrave encore à cause de l'inégalité des règles de la gouvernance économique mondiale. Depuis la fin de la Seconde Guerre mondiale, les États-Unis et d'autres pays développés de l'Occident ont tiré parti de leur puissance économique pour influencer et même dominer la gouvernance mondiale et l'élaboration des règles. Les règles actuelles ont été établies principalement dans l'optique des intérêts des pays développés. Au cours des deux dernières décennies, alors que le paysage économique mondial s'est profondément modifié et que la puissance et l'influence économiques des pays en développement se sont étendues, ces changements ne se sont pas encore reflétés dans l'architecture de la gouvernance et de la réglementation mondiales, qui restent dominées par l'Occident. Afin de protéger leurs avantages acquis, les pays développés ont cherché à introduire de nouvelles règles dans les accords commerciaux multilatéraux et régionaux et à relever les seuils d'accès pour restreindre, voire exclure, les pays en développement. Si rien n'est fait pour desserrer l'emprise des pays développés sur la gouvernance et la réglementation mondiales, il sera impossible de remédier complètement au déséquilibre de l'économie mondiale.

Ce sont là quelques-unes des questions auxquelles a répondu Xi Jinping lorsqu'il a appelé tous les pays à « élargir le gâteau » et à « le partager correctement ». La Chine a une connaissance approfondie de la croissance mondiale déséquilibrée et de l'injustice de l'ordre international. Pour résoudre ces problèmes, les solutions chinoises consistent à promouvoir à la fois ses propres intérêts et ceux du monde entier, à jouer un rôle plus actif dans les affaires internationales, la gouvernance économique mondiale et les affaires multilatérales, et à collaborer avec d'autres pays pour relever les défis mondiaux. De cette manière, nous pouvons favoriser un ordre international plus juste et plus équitable.

La Chine a pris des mesures concrètes pour atteindre ces objectifs. Comme l'a dit Xi Jinping, « le développement commun de tous les pays représente un véritable développement. » Outre son engagement envers les formes traditionnelles d'aide au développement, la Chine a offert au monde un modèle de développement commun qui s'appuie sur ses propres connaissances et expériences. Elle s'efforce d'« élargir le gâteau » tout en favorisant l'intégration économique, la coopération entre les pays des BRICS et le développement des relations Chine-ASEAN. Elle a activement promu la réalisation de la zone de libre-échange Asie-Pacifique et de l'accord de partenariat économique régional global (RCEP). La Chine a également lancé l'initiative « la Ceinture et la Route » pour partager les occasions de développement avec les pays riverains et parvenir à une prospérité commune.

Parallèlement, la Chine travaille à actualiser et à réformer les règles et l'architecture de l'économie mondiale afin de la rendre plus équitable et plus rationnelle. Elle s'est efforcée d'accroître la représentation et la voix des économies émergentes dans les institutions multilatérales existantes telles que la Banque mondiale et le Fonds monétaire international, et a promu le G20 – un organisme qui comprend les principaux pays émergents – comme nouvelle plateforme de dialogue et de coordination des politiques économiques des grandes puissances. Ce faisant, la Chine a fait donner plus de poids à la voix des économies émergentes dans la gouvernance et la réglementation mondiales. Au cours des dernières années, la Chine a également été le fer de lance de la Banque asiatique d'investissement dans les infrastructures, a participé à la création de la Nouvelle Banque de développement et a mis en place le Fonds de la Route de la soie. Ces pratiques concrètes ont apporté un complément utile aux mécanismes multilatéraux existants.

Les Chinois disent qu'il faut « manger selon sa capacité et s'habiller selon sa taille ». Chaque pays doit, conformément à ses propres ressources et ses particularités, élaborer une stratégie de développement adaptée à ses réalités. La communauté internationale doit aider les pays en développement à améliorer leur capacité tout en fournissant un soutien et une assistance ciblés selon leurs besoins réels.

— Discours prononcé par Xi Jinping au Sommet de l'ONU
sur le développement durable, le 26 septembre 2015

IMAGES ET MÉTAPHORES

Manger selon sa capacité et s'habiller selon sa taille

*Le développement doit être adapté aux réalités
fondamentales d'un pays*

Le dicton « manger selon sa capacité et s'habiller selon sa taille » est inspiré d'une ancienne œuvre philosophique appelée *Mozi*. Dans un chapitre intitulé « Les questions de Lu », le philosophe chinois Mo Zi dit à son disciple Gongshang Guo qu'une personne doit manger selon son appétit et porter des vêtements adaptés à la taille de son corps. Mo Zi veut dire qu'une personne doit être réaliste et prendre en compte ses capacités et ses limites avant d'entreprendre une tâche, et faire preuve de retenue et de prudence. On trouve des expressions similaires dans d'autres ouvrages chinois anciens, tels que le *Wenzi* et le *Huainanzi*. Aujourd'hui, les expressions « manger selon son appétit » et « s'habiller selon sa taille » veulent dire rester objectif, pragmatique et ancré dans la réalité.

Xi Jinping a utilisé ces phrases dans son discours lors du Sommet des Nations unies sur le développement durable 2015, un événement qui a rassemblé divers chefs d'État pour évaluer les progrès accomplis dans la réalisation des objectifs du Millénaire pour le développement, fixés pour 2015, et adopter le Programme de développement durable à l'horizon 2030. Considéré comme la continuation et l'actualisation des objectifs du Millénaire pour le développement, le Programme 2030 représente un large consensus de la communauté internationale sous la coordination des Nations unies, et sa mise en œuvre aura un impact sur l'avenir et le destin du développement humain.

Si le développement est l'objectif et l'aspiration communs de chaque pays, il n'existe pas de réponse claire et définitive sur la manière dont nous pouvons y parvenir. Mais une chose est claire : chaque pays doit commencer par une compréhension précise de ses conditions fondamentales. Chaque pays doit tenir compte de ses propres ressources, de ses capacités, de son stade de développement, ainsi que de ses forces et faiblesses lorsqu'il choisit sa voie et son modèle de développement, fixe et ajuste sa stratégie de développement et s'engage dans des initiatives internationales de développement. En outre, lors de la mise en œuvre du programme mondial de développement, nous devons être conscients des différences entre les pays développés et les pays en développement, respecter les droits au développement des pays en développement et leur fournir un soutien et une aide ciblés en fonction de leurs besoins réels. C'est là le sens plus profond et plus subtil de « manger selon sa capacité et s'habiller selon sa taille ».

Si l'on passe en revue l'histoire du monde, on peut dire qu'aucun pays n'a connu un développement sans heurts. Certains ont été plus habiles que d'autres à tirer parti de leurs ressources exceptionnellement favorables et à saisir les occasions de développement. Ils ont élaboré des stratégies appropriées à leur propre développement, et ont ainsi connu une croissance plus rapide. D'autres pays ont choisi de copier tels quels les modèles économiques d'autres pays, ce qui a produit des résultats loin d'être idéaux. Ensuite, il y a eu des pays qui se sont inspirés de l'expérience des autres et l'ont adaptée à leurs propres conditions, mettant en valeur ce qui était utile et rejetant le pire. Ils ont ajusté leur stratégie en fonction des circonstances spécifiques et ont tracé leur propre voie de développement. Pendant un certain temps, la Chine a suivi le modèle économique planifié de l'Union soviétique. Le modèle soviétique convenait bien à la Chine nouvelle après sa fondation en 1949, lorsque le pays s'est attaché au rétablissement de l'économie ruinée. Mais au fur et à mesure que la société chinoise s'est développée, le modèle soviétique n'a plus été en mesure de répondre aux besoins du pays et a même mis des bâtons dans les roues du progrès économique et social à long terme. La Chine a décidé de changer de cap. Après la mise en œuvre de la politique de réforme et d'ouverture en 1978, le pays est passé d'une économie planifiée à une économie de marché socialiste planifiée, puis à une économie de marché socialiste aux caractéristiques chinoises, le système appliqué en Chine à ce jour. En quelques décennies, la Chine a connu une croissance fulgurante, devenant ainsi la deuxième économie mondiale après les États-Unis. Le sort des pays qui ont suivi le « Consensus de Washington » jusqu'à leur propre échec – en particulier l'Union soviétique et certains pays d'Europe de l'Est et d'Amérique latine – nous rappelle que le néolibéralisme n'est pas une panacée aux maux économiques de tous les pays. Un pays qui copie aveuglément le modèle d'un autre pays, sans l'adapter à sa propre situation, ne peut que s'égarer.

Le développement ne se fait pas du jour au lendemain. Il ne sert à rien de chercher des raccourcis ou des solutions passe-partout, et un pays ne doit jamais essayer de mettre ses pieds dans des chaussures qui ne lui vont pas. Qu'un pays perpétue une tradition, explore quelque chose de nouveau ou adapte le modèle d'un autre pays, une règle s'applique toujours : chaque pays doit suivre sa propre voie – une voie qui respecte la réalité et la règle et qui reflète les conditions qui prévalent dans le pays. C'est ce que signifie pour un pays « manger selon sa capacité et s'habiller selon sa taille ». Aussi parfait que puisse paraître le modèle de développement adopté, un pays qui ne tient pas compte de ses conditions nationales risque de se heurter à des obstacles.

À travers le monde, la paix et le développement demeurent les deux thèmes majeurs de notre époque. Afin de résoudre les défis globaux, y compris la récente crise des réfugiés en Europe, la solution fondamentale réside dans la recherche de la paix et la réalisation du développement. Face aux divers défis et difficultés, nous nous devons de bien saisir cette clé de développement. Seul le développement contribue à éliminer les causes des conflits ; seul le développement peut assurer aux peuples leurs droits fondamentaux ; seul le développement permet de satisfaire l'aspiration des peuples à une vie meilleure.

— Discours prononcé par Xi Jinping au Sommet de l'ONU
sur le développement durable, le 26 septembre 2015

Bien saisir cette clé de développement

La solution aux défis mondiaux réside dans le développement

« Face aux divers défis et difficultés, nous nous devons de bien saisir cette clé de développement. » Cette phrase, prononcée par le président Xi Jinping lors du Sommet de l'ONU sur le développement durable le 26 septembre 2015, fait entendre une voix forte de la Chine. La formulation choisie par Xi Jinping, à savoir « bien saisir cette clé de développement », met l'accent sur l'importance du développement pour relever les défis mondiaux. « Seul le développement contribue à éliminer les causes des conflits ; seul le développement peut assurer aux peuples leurs droits fondamentaux ; seul le développement permet de satisfaire l'aspiration des peuples à une vie meilleure. »

Passant en revue l'histoire, nous pouvons voir que le développement est un puissant moteur du progrès humain. Le développement est la clé qui a permis à l'économie mondiale de croître, aux pays en développement de prospérer et à 1,1 milliard de personnes de sortir de la pauvreté. Pourtant, alors que nous nous trouvons à un nouveau point de départ historique, il est clair que la voie du progrès humain est jalonnée de défis mondiaux :

(1) Le monde est loin d'être pacifique et tranquille, et les perspectives en matière de sécurité mondiale restent sombres. Les questions de sécurité conventionnelles et non conventionnelles sont étroitement liées. Les conflits et les guerres persistent dans diverses régions du monde, et le terrorisme et l'extrémisme violent continuent de dévaster le monde.

(2) L'économie mondiale est en expansion, mais la croissance est de plus en plus instable et incertaine. La croissance économique mondiale s'est considérablement ralentie, notamment depuis 2008, et ne s'est pas encore

totalement remise des conséquences de la crise financière mondiale. Au milieu de ces retombées, le protectionnisme a gagné du terrain.

(3) Les déséquilibres en matière de développement s'accentuent. Les économies émergentes et des pays en développement jouent un rôle de plus en plus important et apportent une grande contribution à l'économie mondiale. En effet, ils sont devenus la principale force motrice de la croissance économique mondiale. Pourtant, l'écart absolu entre les pays développés, les pays en développement et les pays les moins avancés est toujours important, d'autant plus que le déséquilibre du développement mondial reste grave.

(4) Le changement climatique et les problèmes environnementaux s'aggravent, avec des répercussions profondes sur la survie et le développement de l'humanité. Les émissions de CO_2 continuent d'augmenter dans le monde entier et, bien que des efforts soient en cours pour développer les énergies renouvelables, il n'y a pas encore eu de transition fondamentale de la structure énergétique, qui s'appuie traditionnellement sur le charbon. Les problèmes écologiques et environnementaux ont pris de l'ampleur dans certains pays, notamment lorsque le développement économique se fait au détriment de l'environnement et sur la base de la consommation excessive des ressources naturelles. Ces coûts environnementaux sont des facteurs clés qui sapent la capacité des pays à réaliser un développement durable.

(5) Bien que le taux de croissance de la population mondiale diminue d'année en année, la population totale continue d'augmenter. La croissance démographique a un certain impact sur le développement durable économique et social. De nombreux pays doivent faire face au vieillissement de leur population, et le niveau d'éducation et la santé des habitants des pays moins développés sont préoccupants. La solution fondamentale aux défis mondiaux auxquels nous sommes confrontés réside dans la poursuite de la paix et la réalisation du développement. En effet, l'engagement au développement durable est la « clé d'or » pour résoudre les divergences, les défis et les problèmes. Comme l'a indiqué Xi Jinping, nous devons suivre ensemble une voie de développement équitable, ouvert, global et innovant pour que les chances de développement soient plus égales, que ses fruits bénéficient à toutes les parties, que ses assises soient plus solides et que ses potentialités soient pleinement libérées.

En s'adaptant à ses conditions nationales, la Chine s'est engagée dans une voie de développement aux caractéristiques chinoises. En tant que pays en développement, la Chine a connu une croissance économique rapide et durable qui tient du miracle et, ce faisant, a amélioré le bien-être de plus de 1,3 milliard de Chinois. Elle a également apporté une énorme contribution à la croissance économique mondiale et a stimulé le développement mondial. Par exemple, la Chine a créé le Fonds d'assistance pour la coopération Sud-Sud, le Fonds de coopération Sud-Sud sur le changement climatique, le Fonds de la Route de la soie et le Fonds de développement Chine-Afrique. Elle a également augmenté ses investissements dans les pays les moins développés, annulé les dettes de certains pays, créé le Centre international de connaissances sur le développement et proposé des initiatives visant à mettre en place un système d'interconnexion énergétique mondiale. Ce faisant, la Chine a assumé activement ses responsabilités et obligations internationales et concrétisé son idée « le développement commun de tous les pays représente un véritable développement ». En particulier, l'initiative « la Ceinture et la Route » témoigne de la sincérité de la Chine de partager les occasions de développement avec d'autres pays, car elle permet de résoudre des problèmes tels que les déséquilibres de développement, les difficultés de gouvernance, la fracture numérique et les disparités de revenus. Dans le cadre de tous ces efforts, la Chine a offert de nouvelles occasions pour le développement mondial. Le développement n'est pas seulement un choix nécessaire pour relever les défis mondiaux, c'est aussi le seul moyen de défendre les intérêts communs de l'humanité. Au fur et à mesure que l'histoire avance, la tendance à la paix et au développement ne peut être arrêtée. Le monde doit « bien saisir cette clé de développement » et travailler ensemble pour relever les défis, construire une communauté de destin pour l'humanité et concrétiser l'aspiration du « monde de demain ».

Nous devons tenir pleinement compte du contexte historique et de la réalité actuelle des questions de sécurité en Asie, prendre des mesures globales et multidimensionnelles, et renforcer de manière coordonnée la gouvernance de sécurité régionale. Tout en nous efforçant de relever les défis immédiats en matière de sécurité régionale, nous devons également prévoir de faire face aux menaces éventuelles pour la sécurité et éviter une approche palliative qui traite les symptômes et non la cause de la maladie.

— Discours prononcé par Xi Jinping lors du 4e Sommet de la Conférence pour l'interaction et les mesures de confiance en Asie, le 21 mai 2014

IMAGES ET MÉTAPHORES

Éviter une approche palliative qui traite les symptômes et non la cause de la maladie

Établir une vision globale de la sécurité

Dans les *Entretiens de Maître Zhu* (*Zhuzi Yulei*, publiés en 1270), nous lisons l'histoire d'un médecin qui « traite la tête lorsque l'on a mal à la tête, et traite le pied lorsque l'on a mal au pied ». Cette expression a d'abord été utilisée pour encourager l'acquisition de bonnes habitudes de lecture : il faut lire attentivement et prendre le temps de travailler les parties les plus difficiles d'un texte. Mais au fil du temps, cette phrase a pris un sens totalement différent. Aujourd'hui, elle est utilisée pour décrire une approche myope de la résolution des problèmes, qui ne tient pas compte de la situation dans son ensemble et se concentre sur des questions de moindre importance. La meilleure approche consiste à regarder les problèmes de manière holistique, ce qui permettra de mieux hiérarchiser les problèmes et de se concentrer sur les principales sources de conflit.

Dans son discours lors du 4e Sommet de la Conférence pour l'interaction et les mesures de confiance en Asie, Xi Jinping a utilisé cette expression pour parler de la sécurité globale, soit la deuxième dimension de la vision asiatique de la sécurité. Xi Jinping a fait le commentaire suivant : « Tout en s'attaquant aux problèmes de sécurité immédiats auxquels la région est confrontée, nous devons également élaborer des plans pour faire face aux menaces de sécurité potentielles. » Cette phrase comporte au moins trois points en relation dialectique. Premièrement, Xi Jinping a utilisé les termes « s'attaquer » et « élaborer des plans » pour faire comprendre que les problèmes de sécurité doivent être abordés dans une perspective à long terme. Ils ne doivent pas être traités de manière individuelle, mais doivent être considérés de manière holistique, avec un ensemble de priorités clairement définies. Deuxièmement, son commentaire oppose « immédiat » et « potentiel ». Les différents problèmes de sécurité peuvent varier en termes de niveaux de menace respectifs, mais les menaces potentielles peuvent devenir des menaces immédiates, et vice versa. Il est donc important de rester vigilant et de s'efforcer de prévenir tous les types de menaces. Le troisième et dernier point en relation dialectique – « problèmes de sécurité » et « menaces de sécurité » – nous rappelle que la vision asiatique de la sécurité doit être globale pour s'attaquer à la fois aux problèmes superficiels et à leurs causes sous-jacentes. Dans la ligne suivante de son discours, Xi Jinping a emprunté le sens figuré de l'expression « éviter une approche palliative qui traite les symptômes et non la cause de la maladie » tant pour résumer les idées essentielles ci-dessus que pour maintenir le rythme du discours sur le plan phonétique.

La sécurité globale constitue l'un des éléments clés de la vision asiatique de la sécurité. Comme l'a dit Xi Jinping, les enjeux de sécurité en Asie sont extrêmement complexes. Les problèmes de sécurité conventionnels hérités de la guerre froide constituaient déjà un défi, mais ils ne sont rien en comparaison d'une multitude de problèmes de sécurité non conventionnels qui s'abattent sur les pays asiatiques dans cette nouvelle ère.

Face à cette complexité, la vision asiatique de la sécurité propose de tenir compte de toutes sortes de problèmes de sécurité de manière holistique. La principale raison de cette approche est que les problèmes de sécurité ont tendance à être étroitement liés l'un à l'autre, de sorte que la résolution d'un problème particulier nécessite souvent de démêler toute une série de problèmes. Par exemple, le terrorisme est une menace commune pour l'ensemble de l'humanité et, à ce titre, les pays ont tendance à s'accorder sur l'importance de prendre des mesures pour supprimer les menaces. Cependant, en tant que problème sérieux qui pose de sérieuses menaces à la sécurité, le terrorisme n'existe pas de manière isolée mais est presque toujours lié à d'autres problèmes de sécurité non conventionnels, tels que le blanchiment d'argent, le trafic de drogue et d'êtres humains, et le crime organisé. Cela dit, si les pays veulent coopérer plus étroitement pour lutter contre le terrorisme, il est nécessaire pour eux d'avoir une vue d'ensemble, de comprendre l'interconnexion des problèmes de sécurité et de coopérer aux efforts de lutte contre le terrorisme dans tous les domaines. Cela nous permettra de lutter plus efficacement contre le terrorisme.

La vision chinoise de la sécurité globale est sous-tendue par un système complet de pensée dialectique. La sécurité globale commence par la reconnaissance du fait que les problèmes de sécurité sont largement interconnectés. Cela signifie que chaque problème doit être compris en relation avec d'autres problèmes, un problème ne doit pas être isolé ou disséqué de manière fragmentée. Plus important encore, la sécurité globale ne doit pas s'arrêter au niveau superficiel. La Chine appelle tous les pays à identifier exactement la source d'un problème de sécurité pour éliminer complètement la menace – un point qui est souvent négligé par certains pays et régions. Dans ses efforts pour lutter contre les trois forces que sont le terrorisme, le séparatisme et l'extrémisme, la Chine a toujours souligné la nécessité d'éliminer les menaces potentielles en s'attaquant à la fois aux symptômes et aux causes profondes d'un problème. Bien entendu, cela demande plus de temps et d'efforts. Cela ne portera peut-être pas ses fruits du jour au lendemain, mais c'est sans aucun doute la meilleure façon d'avancer alors que la Chine cherche à assurer la paix et le bonheur des peuples de cette région.

La Chine a appliqué avec succès son concept de sécurité globale dans plusieurs pratiques diplomatiques. Ce faisant, elle a contribué activement à atténuer et à résoudre les problèmes régionaux particulièrement sensibles, et a ainsi eu un impact important sur la communauté internationale. L'accord sur le nucléaire iranien conclu le 14 juillet 2015 en est un bon exemple. La Chine a joué un rôle de médiateur dans les pourparlers entre l'Iran et le P5+1, et a apporté la sagesse et la solution chinoises pour résoudre les problèmes. La Chine a encouragé les parties à parvenir à une solution globale dans un délai raisonnable, que les parties pourraient ensuite mettre en œuvre de manière progressive. Cette proposition répondait aux priorités de sécurité de toutes les parties tout en fournissant un cadre constructif qui a permis de faire avancer les pourparlers. Cette idée d'une solution globale a joué un rôle clé lorsque les pourparlers sont entrés dans la phase critique. Toutes les parties étaient prêtes à faire des concessions dans des domaines où elles étaient initialement opposées à tout compromis. Le résultat final a été un accord gagnant-gagnant pour tous.

Comme l'a souligné Xi Jinping, la sécurité est une question d'importance croissante, tant dans sa portée que dans ses implications. La mentalité du jeu à somme nulle héritée de l'époque de la guerre froide a perdu de son attrait. Les temps ont changé. C'est précisément la raison pour laquelle la Chine a proposé son concept de sécurité globale. Ce nouveau concept constitue une innovation majeure fondée sur l'étude et la réflexion des concepts de sécurité du passé. Selon les termes de Xi Jinping, nous devons « éviter une approche palliative qui traite les symptômes et non la cause de la maladie ». Distillé de la sagesse chinoise, ce dicton est un rappel opportun pour la communauté internationale.

La Chine s'engagera à mettre en place un cadre de coopération régionale transpacifique qui profite à toutes les parties. Le vaste Pacifique est exempt de barrières naturelles, et nous ne devons pas en ériger de nouvelles. Nous devons mettre en valeur le rôle de l'APEC en matière de pilotage et de coordination, et persévérant dans la conception d'ouverture, d'inclusion et de bénéfice mutuel. Nous devons renforcer la coordination des politiques macroéconomiques et des accords régionaux de libre-échange, promouvoir l'intégration régionale et nous prémunir contre l'effet surnommé « bol de spaghettis », afin d'établir des partenariats plus étroits dans l'ensemble de la région Pacifique et de poursuivre conjointement le développement à long terme de la région Asie-Pacifique.

— Discours prononcé par Xi Jinping lors du Sommet des chefs d'entreprise de l'APEC, le 7 octobre 2013

Se prémunir contre l'effet « bol de spaghettis »

*Intégrer les demandes et accélérer la coopération
économique en Asie-Pacifique*

Le 19 novembre 2016, Xi Jinping a prononcé un discours intitulé « Un partenariat renforcé pour une plus grande dynamique de croissance », lors du Sommet des chefs d'entreprise de l'APEC à Lima, au Pérou. Dans son discours, Xi Jinping a souligné l'importance de se prémunir contre l'effet « bol de spaghettis » tout en œuvrant à la promotion de la coopération économique dans la région Asie-Pacifique. L'effet « bol de spaghettis » a été initialement proposé par l'économiste américain Jagdish Bhagwati dans son ouvrage *US Trade Policy*. Ce terme fait référence à un phénomène courant de coopération économique régionale dans lequel les partenaires commerciaux s'engagent respectivement dans de multiples accords de libre-échange bilatéraux ou multilatéraux. Selon Jagdish Bhagwati, la prolifération des accords de libre-échange aboutit à un enchevêtrement de politiques préférentielles et de règles d'origine qui, comme un bol de spaghettis ou de nouilles, sont difficiles à repérer et à trier. La région Asie-Pacifique comptant un grand nombre d'accords de libre-échange, Xi Jinping a voulu appeler ses auditeurs à être vigilants et à veiller à ce que la coopération économique ne s'arrête pas ou ne se détériore pas en raison de rivalités et de contraintes mutuelles.

Malgré les réactions hostiles à la mondialisation, la coopération économique régionale se renforce et la prochaine vague de mondialisation économique s'avère inéluctable. Selon le dernier rapport sur les perspectives économiques mondiales publié par le Fonds monétaire international, la région Asie-Pacifique reste un principal moteur pour le développement économique mondial, et 30 des 45 économies de la région connaissent une croissance favorable. Les 21 économies membres de l'APEC représentent 56 % du PIB mondial, ce qui signifie que la coopération économique dans la région Asie-Pacifique aura un impact direct sur les performances économiques mondiales. Cependant, à l'heure actuelle, la région est plongée dans l'incertitude et les troubles politiques et économiques. Peu après son entrée en fonction début 2017, le président Donald Trump a annoncé son retrait du Partenariat transpacifique (TPP en anglais), ce qui a entraîné une réaction en chaîne complexe dans les principales économies de l'Asie-Pacifique et fait planer l'incertitude sur les perspectives de coopération économique dans la région Asie-Pacifique. Néanmoins, comme Xi Jinping l'a indiqué : « Nous devons diriger le navire géant de l'Asie-Pacifique dans la bonne direction. Toutes les économies de la région doivent agir de manière responsable et travailler de concert pour promouvoir la croissance mondiale. »

Pour promouvoir la coopération économique Asie-Pacifique, la région doit d'abord prendre des mesures pour remédier à l'effet « bol de spaghettis » qui existe depuis très longtemps. Depuis la création de l'APEC en 1989, la région Asie-Pacifique a mis en place un grand nombre de mécanismes de coopération bilatérale, multilatérale, régionale et sous-régionale, dont au moins 25 mécanismes de coopération et 56 accords de libre-échange, soit plus d'accords bilatéraux de libre-échange que dans toute autre région. Mais la coordination fait cruellement défaut, car nombre de ces mécanismes et accords s'opposent les uns aux autres. Par exemple, des faveurs promises dans les accords bilatéraux vont au-delà de la portée du traitement de la nation la plus favorisée (NPF) tel que défini dans les accords de l'OMC, ce qui crée une inégalité de fait avec les autres partenaires commerciaux. En raison de la complexité des enchevêtrements géopolitiques, des disparités économiques et des différences culturelles, il est extrêmement difficile pour les économies de l'Asie-Pacifique de conclure un accord de libre-échange global et pragmatique qui peut répondre aux intérêts de chaque partie.

En général, les économies de l'Asie-Pacifique partagent une même aspiration de l'intégration des mécanismes de coopération économique existants et de la promotion de la libéralisation des échanges et des investissements. La Chine est la plus grande économie émergente de la région Asie-Pacifique, plus de 70 % des échanges et des investissements du pays ayant lieu dans la région. L'économie chinoise est donc profondément dépendante des autres économies, et vice versa. Au fur et à mesure que la Chine a poursuivi la réforme et l'ouverture, sa puissance globale a été considérablement renforcée et son rôle dans le processus de la coopération Asie-Pacifique est passé progressivement d'observateur à celui de participant actif et pilote. Lors du Sommet 2014 de l'APEC à Beijing, Xi Jinping a tranché le débat sur les mécanismes de coopération régionale en présentant sa vision du « rêve Asie-Pacifique ». Il a souligné que la région Asie-Pacifique appartient à une grande famille et possède une destinée commune qui l'unit aux autres. Les économies de la région Asie-Pacifique doivent s'adapter à la tendance irréversible de la paix, du développement, de la coopération et du bénéfice mutuel. Sur la base de ce rêve commun, la Chine estime que les économies de la région Asie-Pacifique doivent adopter une perspective à long terme et chercher à dégager un consensus lorsqu'elles discutent de la faisabilité de la création de la Zone de libre-échange de l'Asie-Pacifique. En promouvant l'intégration et la coopération régionales, la Chine espère éliminer l'effet préjudiciable du « bol de spaghettis » provoqué par l'utilisation inconsidérée des mécanismes existants, dans le but de favoriser le développement économique et social de la région Asie-Pacifique et du reste du monde.

Xi Jinping a souligné à plusieurs reprises que l'ouverture est d'une importance vitale pour la prospérité de la région Asie-Pacifique, car il est important de rester ouvert d'esprit et d'adopter des initiatives politiques inclusives pour garantir l'intégration économique de la région. Deux importants accords de libre-échange sont actuellement en cours de discussion pour la région Asie-Pacifique, soit l'accord de Partenariat transpacifique (TPP en anglais) et l'accord de Partenariat économique régional global (RCEP en anglais) dirigé par l'ASEAN. Après le retrait américain du TPP, la Chine a continué à participer aux discussions de haut niveau sur l'intégration économique dans la région et engagé des discussions franches avec les pays du TPP. Le RCEP, qui intègre cinq accords de libre-échange « 10 + 1 », est ouvert, flexible et soigneusement structuré en fonction des différents niveaux de développement des économies. En 2017, les négociations du RCEP ont connu une avancée majeure, la Chine continuant à travailler en étroite collaboration avec l'ASEAN. Il existe naturellement des différences dans les projets de proposition et des conceptions, révélant une diversité de valeurs et d'intérêts. Mais la Chine estime qu'il peut y avoir unité sans uniformité. En effet, le pays reste optimiste tant que des efforts sont faits pour se protéger contre la fragmentation et la politisation de la coopération économique régionale. En ce qui concerne la Chine, ces accords de libre-échange constituent une étape importante dans la mise en œuvre de la stratégie de zone de libre-échange et une voie importante vers l'élaboration d'un cadre pour la Zone de libre-échange de l'Asie-Pacifique, dans le but de parvenir à une véritable coopération économique régionale.

« Les poissons nagent dans la vaste mer aussi librement que les oiseaux volent dans le ciel sans limites. » Je suis toujours convaincu que le vaste océan Pacifique a suffisamment d'espace pour les deux grands pays que sont la Chine et les États-Unis. Les deux pays doivent renforcer le dialogue, instaurer la confiance, dissiper les doutes et promouvoir la coopération afin de garantir que les relations entre la Chine et les États-Unis restent sur la voie de la construction d'un nouveau modèle de relations entre grands pays.

— Discours prononcé par Xi Jinping lors de la cérémonie d'ouverture conjointe du 6e Dialogue stratégique et économique sino-américain et de la 5e Consultation de haut niveau sino-américaine sur les échanges entre les peuples, le 9 juillet 2014

IMAGES ET MÉTAPHORES

Le vaste océan Pacifique a suffisamment d'espace pour les deux grands pays que sont la Chine et les États-Unis

La Chine et les États-Unis doivent considérer la croissance de l'autre avec un esprit ouvert

Le 9 juillet 2014, lors de la cérémonie d'ouverture conjointe du 6e Dialogue stratégique et économique sino-américain et de la 5e Consultation de haut niveau sino-américaine sur les échanges entre les peuples, Xi Jinping a prononcé un discours intitulé « Construire un nouveau modèle de relation entre grands pays entre la Chine et les États-Unis ». Il a appelé les deux pays à dépasser la loi du conflit et de la confrontation qui caractérise les relations entre grands pays, et à créer ensemble un nouveau modèle par la coopération. En ce qui concerne l'avenir des relations entre la Chine et les États-Unis, Xi Jinping a formulé quatre suggestions, dont la première est de « renforcer la confiance mutuelle et de garder la bonne direction ». Il estime que la manière dont la Chine et les États-Unis interprètent leurs intentions stratégiques respectives aura un impact direct sur le type de politiques qu'ils adopteront et le type de relations qu'ils développeront. Il est important de bien se comprendre, car si l'on se comprend mal sur un point fondamental, tout le reste ira de travers. Aujourd'hui plus que jamais, la Chine a besoin d'un environnement extérieur pacifique et stable pour réaliser son rêve du grand renouveau de la nation chinoise. Comme Xi Jinping l'a indiqué, la Chine suivra inébranlablement la voie du développement pacifique, avec la conviction que « le vaste océan Pacifique a suffisamment d'espace pour les deux grands pays que sont la Chine et les États-Unis ».

Cette citation illustre clairement la largeur d'esprit et la vision stratégique de Xi Jinping en tant qu'homme d'État. L'écrivain français Victor Hugo a écrit : « Il y a un spectacle plus grand que la mer, c'est le ciel ; il y a un spectacle plus grand que le ciel, c'est l'intérieur de l'âme. » On ne peut s'empêcher de se demander si l'interaction entre la Chine et les États-Unis dans la région Asie-Pacifique aura une influence positive. Les deux pays développeront-ils un nouveau modèle de relations entre grands pays basé sur le non-conflit, la non-confrontation, le respect mutuel et la coopération gagnant-gagnant ? La réponse se trouvera dans l'attitude des dirigeants des deux pays, en particulier s'ils considèrent le développement de l'autre dans la région Asie-Pacifique et au-delà avec un esprit ouvert. Si l'un d'entre eux ou les deux font preuve d'étroitesse d'esprit et considèrent les relations bilatérales comme un jeu à somme nulle, ils risquent de suivre la vieille logique d'hégémonie et d'être victimes de la tragédie de la politique des grandes puissances.

Selon la théorie occidentale du réalisme dans les relations internationales, les ressources mondiales sont limitées, de sorte que les grandes puissances doivent se disputer les ressources afin de s'assurer de meilleures possibilités de développement. La montée en puissance des pays émergents, selon eux, menacera inévitablement la position des puissances établies en restreignant leurs occasions de développement et en empiétant sur leurs intérêts. En tant que tels, les réalistes dans les relations internationales pensent que le conflit entre les puissances émergentes et les puissances établies est une fatalité. Il n'y a apparemment pas de place pour la confiance, car les grandes puissances se considèrent comme des ennemis, et cette méfiance donne lieu à des erreurs stratégiques.

Xi Jinping a souligné que la Chine et les États-Unis doivent adopter un esprit plus ouvert et plus inclusif, qui ne considère pas le développement de l'autre comme une menace. L'océan Pacifique est suffisamment vaste, et le monde suffisamment grand, pour que les deux pays n'aient pas besoin de se disputer les ressources ou de se battre pour la domination régionale. Ils devraient plutôt chercher à apaiser la méfiance et à surmonter le scepticisme résultant de l'étroitesse d'esprit et de l'incapacité à voir la situation dans son ensemble.

Grâce à la mondialisation de l'économie, la Chine et les États-Unis ont développé une convergence d'intérêts. Selon les statistiques américaines, en

2016, la Chine était le premier partenaire commercial, le troisième marché d'exportation et la première source d'importation des États-Unis ; de même, les États-Unis étaient le deuxième partenaire commercial, le premier marché d'exportation et la quatrième source d'importation de la Chine. À la fin de 2016, les États-Unis avaient des participations dans plus de 67 000 projets d'investissement en Chine, pour un total de 79,86 milliards de dollars américains, et les investissements chinois aux États-Unis ont continué de croître. En 2016, les entreprises chinoises avaient 19,5 milliards de dollars américains d'investissements directs non financiers aux États-Unis, soit une augmentation de 132,4 % en glissement annuel. La Chine reste le plus important prêteur étranger des États-Unis. En juin 2017, les avoirs de la Chine en obligations publiques américaines s'élevaient à 1 146,5 milliards de dollars américains. En moyenne, il y a plus de 14 000 voyageurs par jour entre les États-Unis et la Chine, avec un vol décollant ou atterrissant toutes les 17 minutes. Au fur et à mesure de la croissance économique des deux pays, leurs intérêts convergents continueront de s'étendre et de s'entrecroiser et, en fin de compte, le développement de l'un apportera de plus grandes occasions pour l'autre.

Les intérêts communs de la Chine et des États-Unis s'étendent même au domaine de la sécurité. Par exemple, alors que la Chine s'efforce de réaliser son rêve du grand renouveau de la nation chinoise, le pays a plus que jamais besoin d'un environnement extérieur pacifique et stable. On pourrait en dire autant des États-Unis, qui ont cherché à restaurer l'économie nationale et à augmenter les taux d'emploi après la crise financière de 2008. En conséquence, le maintien de la paix et de la stabilité mondiales est dans l'intérêt des deux pays, qui partagent également des intérêts communs dans des domaines de sécurité non conventionnels tels que la lutte contre le terrorisme, la cybersécurité et le changement climatique. Comme l'a souligné Xi Jinping, « les intérêts communs de la Chine et des États-Unis prévalent sur leurs différences, et la coopération entre la Chine et les États-Unis peut apporter des bénéfices plus grands pour les deux pays et le monde. » En effet, les deux pays doivent se concentrer sur la coopération, chercher à gérer leurs différences et continuer à favoriser des relations bilatérales caractérisées par la solidité et la stabilité. Cela profitera non seulement aux deux nations, mais aussi à la paix, à la stabilité et à la prospérité de la région Asie-Pacifique et du monde entier.

Il n'y a pas de chose telle que ce qu'on appelle le piège de Thucydide dans le monde. Mais si les pays d'importance font de manière répétée des erreurs d'appréciation stratégiques, ils peuvent créer de tels pièges qui se retournent contre eux-mêmes.

— Discours prononcé par Xi Jinping lors du dîner d'accueil organisé par les gouvernements locaux et des organisations amies aux États-Unis, dans l'État de Washington, le 22 septembre 2015

Il n'y a pas de chose telle que ce qu'on appelle le piège de Thucydide dans le monde

Nous voulons voir moins d'éloignement et de suspicion, afin d'éviter les malentendus et les erreurs d'appréciation stratégiques

Le 22 janvier 2014, le numéro inaugural du journal *The World Post*, filiale du Huffington Post, a publié l'interview exclusive de Xi Jinping. En réponse aux inquiétudes suscitées par la montée en puissance de la Chine, Xi Jinping a souligné l'importance des efforts pour éviter de tomber dans le « piège de Thucydide ». Selon Xi Jinping, la logique selon laquelle une grande puissance est tenue de rechercher l'hégémonie ne s'applique pas à la Chine. L'agression et l'hégémonie ne sont pas dans le sang des Chinois.

En septembre 2015, lors d'un dîner d'accueil organisé par les gouvernements locaux et des organisations amies aux États-Unis, à Seattle dans l'État de Washington, Xi Jinping a évoqué certaines priorités alors que la Chine et les États-Unis cherchent à faire progresser un nouveau modèle de relations entre grands pays et à promouvoir la paix et le développement mondiaux. Dans son premier point, il a souligné l'importance de mieux comprendre les intentions stratégiques réciproques : « Nous devons baser notre jugement strictement sur les faits, de peur d'être victimes de ouï-dire, de paranoïa ou de jugement préconçu. Il n'y a pas de chose telle que ce qu'on appelle le piège de Thucydide dans le monde. Mais si les pays d'importance font de manière répétée des erreurs d'appréciation stratégiques, ils peuvent créer de tels pièges qui se retournent contre eux-mêmes. »

Le « piège de Thucydide » se réfère à l'avertissement de l'historien grec antique Thucydide. Dans son ouvrage *Histoire de la guerre du Péloponnèse*, il raconte l'histoire du conflit et de la guerre entre Athènes, une puissance maritime émergente, et Sparte, la puissance terrestre régnante de l'époque, au cours des deux dernières décennies du Ve siècle avant notre ère. Selon l'auteur, « c'est la montée d'Athènes et la crainte que cela a inculqué à Sparte qui ont rendu la guerre inévitable ». La peur et la suspicion entre les deux grandes cités de la Grèce ont donné lieu à des séparations et à des affrontements qui ont fini par déboucher sur une guerre totale. Les spécialistes utilisent dès lors l'expression « piège de Thucydide » pour désigner un conflit armé qui éclate entre une puissance émergente et une puissance établie.

Dans son discours, Xi Jinping a fait référence au « piège de Thucydide » pour dissuader les États-Unis de considérer l'essor de la Chine avec crainte, inquiétude et doute. Il a appelé les deux pays à éviter les erreurs commises par Athènes et Sparte, et a souligné que le « piège » proverbial n'existe pas en soi. Le « piège » est plutôt créé lorsqu'un pays fait des erreurs d'appréciation stratégiques sur un autre pays. En d'autres termes, le « piège de Thucydide » devient une prophétie auto-réalisatrice lorsque la suspicion fait place à une erreur d'appréciation stratégique, qui dégénère ensuite en conflit ouvert. Au sein de la communauté internationale, il y a des gens qui voient toujours les choses sous un angle négatif. Ils voient la Chine à travers un prisme et proposent la théorie d'une prétendue « menace chinoise ». De telles théories servent à obscurcir le jugement stratégique des deux pays et sèment les germes de conflits futurs.

Selon la théorie des conflits, il n'y a rien d'autre que les intérêts rivaux et la mentalité du jeu à somme nulle entre les grandes puissances dans le monde réel. Ce qui compte n'est donc que le pouvoir et l'hégémonie, et un pays devrait suivre le principe « œil pour œil, dent pour dent ». Ces partisans de la théorie des conflits citent également un grand nombre d'exemples historiques comme preuves, et vont jusqu'à colporter leurs affirmations comme un signe de mûres réflexions. Mais la vraie maturité, c'est de ne pas penser du mal d'une autre personne. La maturité reconnaît les tendances dangereuses et les complexités de la nature humaine, mais elle ne s'arrête pas là. Lorsqu'une personne mûre devient la cible de la méfiance ou de la mauvaise volonté d'une autre personne, elle doit choisir de faire confiance à l'autre et s'efforcer de l'amener à se faire confiance. La vraie maturité, c'est d'être patient et pondéré, même face au scepticisme et à l'antagonisme.

À la fin des années 1970, les États-Unis et la Chine ont fait des progrès significatifs dans la normalisation de leurs relations, alors même que la rivalité et les tensions entre les États-Unis et l'Union soviétique continuaient à couver. Les États-Unis ont accepté de rompre les « liens diplomatiques » avec les autorités taïwanaises, ce qui a contribué à dégeler les relations entre la Chine et les États-Unis et à apporter une plus grande stabilité au monde. Le dirigeant chinois de l'époque Deng Xiaoping a fait preuve d'une grande confiance à la paix mondiale. Deng Xiaoping a eu un jugement stratégique judicieux lorsqu'il a souligné qu'une nouvelle guerre mondiale pouvait être évitée. Il a appelé la Chine à renoncer à la pensée de la lutte des classes et à déplacer le point central du travail vers le développement économique. C'est ainsi qu'a débuté la politique de réforme et d'ouverture de la Chine, qui a ouvert la voie à un développement économique rapide.

Au cours des décennies suivantes, la confiance mutuelle entre la Chine et les États-Unis a traversé une série d'épreuves qui allaient affecter l'appréciation stratégique mutuelle des deux pays. En 1989, les États-Unis ont réagi à un incident politique en Chine en imposant des sanctions économiques. En 1995, le dirigeant taïwanais Lee Teng-hui a effectué une visite officielle aux États-Unis et, en 1999, pendant la guerre du Kosovo, l'OTAN dirigée par les États-Unis a bombardé l'ambassade de Chine en République fédérale de Yougoslavie. En 2001, peu après son entrée en fonction, le président américain George W. Bush a redéfini la Chine comme un « concurrent stratégique ». Plus récemment, l'administration Obama a accéléré la mise en œuvre de la stratégie du pivot ou de rééquilibre des États-Unis vers l'Asie et a pris une série d'actions concernant la mer de Chine orientale et la mer de Chine méridionale. Mais alors que les tensions en Asie-Pacifique ont augmenté, la Chine est restée calme et posée. Tout en préservant résolument sa propre sécurité et ses propres intérêts, et en incitant les États-Unis à changer leurs pratiques erronées, la Chine s'est abstenue de toute confrontation et est restée confiante dans ses relations avec les États-Unis. Ce faisant, la Chine a fait preuve d'une forte détermination stratégique et a constitué une force stabilisatrice pour les relations sino-américaines.

Ces dernières années, avec le renforcement de la puissance nationale de la Chine, la Chine et les États-Unis ont élargi leurs intérêts communs et se sont engagés dans des échanges plus fréquents. Lors des rencontres entre les chefs d'État des deux pays, la Chine a clairement indiqué qu'elle respectait l'ordre international existant ainsi que l'influence traditionnelle et les intérêts actuels des États-Unis dans la région Asie-Pacifique, et qu'elle espérait voir les États-Unis continuer à jouer un rôle actif et constructif dans les affaires régionales. De même, les États-Unis ont répété qu'ils souhaitaient voir une Chine forte, prospère et stable jouer un rôle plus important dans les affaires mondiales et régionales, et qu'ils soutenaient la stabilité et la réforme de la Chine. Nous devons choisir de croire en ces engagements. Si les deux pays peuvent s'entendre avec une attitude positive, le « piège de Thucydide » ne sera pas une menace actuelle et les erreurs d'appréciation stratégiques pourront être évitées.

Les paroles doivent être suivies d'actes. Nous devons adopter des actions pragmatiques. Il est préférable de respecter un seul engagement que de faire mille promesses. Nous devons faire du G20 une équipe d'action plutôt qu'un salon de discussion.

— Discours d'ouverture prononcé par Xi Jinping lors du sommet du G20 de Hangzhou, le 4 septembre 2016

Une « équipe d'action », pas un « salon de discussion »

La vitalité du G20 réside dans son esprit pragmatique

La plupart d'entre nous connaissent le vieil adage selon lequel une chose est « plus facile à dire qu'à faire ». Il n'est pas difficile de parler d'une idée ou de dresser un plan, la vraie difficulté réside plutôt dans la mise en œuvre. La concrétisation d'une idée est essentielle, car c'est le seul moyen de faire avancer une cause. On peut avoir les plus nobles ambitions et proposer un flot ininterrompu de nouvelles idées, mais si ces idées ne dépassent jamais le stade de la planche à dessin, elles resteront des paroles en l'air. La mise en œuvre consiste à traduire une idée en action. Elle est donc le point de départ et la garantie de la concrétisation d'une cause.

L'analogie établie par Xi Jinping entre une « équipe d'action » et un « salon de discussion » permet d'aborder l'une des questions les plus pressantes auxquelles le G20 est confronté aujourd'hui. Comme le dit le proverbe chinois, « même le plus court des voyages ne peut être achevé sans faire le premier pas ». Si le G20 n'a pas la volonté de concrétiser ses aspirations, il perdra sa vitalité et sera réduit à un simple « salon de discussion ». Le G20 doit faire preuve de constance dans la concrétisation des idées. Quelle que soit la diversité des opinions, des idées et des modes de penser, si le G20 a la volonté d'exécuter ses résolutions, il deviendra une « équipe d'action » prête au combat.

La Chine a accueilli le sommet 2016 du G20 à Hangzhou, auquel ont participé les dirigeants des 20 membres du groupe ainsi que huit pays invités et sept organisations internationales. Autour du thème « Vers une économie mondiale innovatrice, dynamique, interconnectée et inclusive », le sommet a exploré les moyens efficaces pour stimuler l'économie mondiale et améliorer la gouvernance mondiale. Dans son discours d'ouverture, Xi Jinping a déclaré qu'une priorité essentielle était de faire en sorte que le G20 fonctionne comme une « équipe d'action ». Dans un langage explicite et convaincant, Xi Jinping a assuré le monde de la détermination de la Chine à s'engager dans la diplomatie économique multilatérale et la gouvernance mondiale.

En tant qu'événement diplomatique multilatéral le plus important de l'année, le sommet du G20 à Hangzhou a mis l'accent sur l'action, l'inclusion et l'ouverture. Le sommet comprenait des discussions sur la croissance économique mondiale, telles qu'« Une croissance tirée par l'innovation » et « Un commerce et un investissement internationaux robustes », ainsi que celles sur l'avenir de l'humanité, tel qu'« Un développement inclusif et interconnecté ». En plus des sessions principales, l'ordre du jour comprenait des réunions sur l'industrie, le commerce, le travail, les groupes de réflexion, les jeunes et les femmes, et présentait des voix de tous les horizons. Au cours de la préparation du sommet, la Chine s'est entretenue avec les Nations unies, l'Union africaine, le Forum économique mondial et l'APEC pour en savoir plus sur les demandes de toutes les parties, notamment des pays en développement. À l'issue du sommet, les demandes et les voix de ces pays ont été inscrites dans une série de plans d'action, notamment le Plan d'action du G20 sur le Programme de développement durable à l'horizon 2030, la stratégie du G20 pour la croissance du commerce mondial et les principes directeurs du G20 pour l'élaboration de la politique d'investissement mondiale.

La Chine a décidé de faire de l'action concrète le thème essentiel du G20 pour trois raisons. En premier lieu, le G20 est confronté à de nouvelles séries d'opportunités et de défis depuis sa création. Après la crise financière asiatique de 1997, les ministres des Finances et les gouverneurs des banques centrales du G7 ont cherché des moyens de contenir la crise. Ils ont finalement proposé que les représentants de vingt pays importants dans les régions se réunissent à Berlin pour discuter des questions économiques et financières mondiales, ce qui a conduit à la création officielle du G20. Au départ, le G20 ne figurait pas en bonne place dans la diplomatie économique multilatérale, mais il a joué un rôle plus central après l'éclatement de la crise financière mondiale, d'abord aux États-Unis, en 2008. Le sommet annuel des chefs d'État et de gouvernement du G20, qui a débuté la même année, est devenu dès lors un forum majeur pour discuter de la coopération économique internationale. On pourrait dire que la crise économique a débouché sur la création et le développement du G20. Dans l'ère post-crise, la reprise économique mondiale continue de languir aujourd'hui, le commerce et l'investissement sont faibles, et les économies des pays développés et en développement sont confrontées à divers goulets d'étranglement. À ce moment-là, les membres du G20 doivent faire face à une question importante, à savoir comment transformer le G20 d'un mécanisme de gestion de crise en un mécanisme de gouvernance économique à long terme. La réponse réside dans l'action. En mettant en œuvre une série de plans et d'initiatives solides, le G20 envoie un signal clair de la direction que prend l'économie mondiale et joue un rôle important dans l'orientation et la promotion du développement économique.

En deuxième lieu, l'évolution du paysage mondial actuel et de la diplomatie multilatérale a donné au G20 une nouvelle mission. Depuis le début du siècle, la diplomatie multilatérale présente de nouvelles caractéristiques. D'une part, les économies en développement, en particulier les économies émergentes, ont connu une croissance rapide et modifient déjà en profondeur les institutions internationales existantes. La création du G20 est en soi un témoignage de la montée en puissance des économies en développement, qui bénéficient désormais d'une présence plus forte dans la gouvernance économique internationale. La tâche centrale consiste maintenant à prendre des actions concrètes pour apporter des changements réels. D'autre part, les questions mondiales telles que le changement climatique, les crises de réfugiés et le terrorisme ont pris de l'ampleur et figurent désormais parmi les principaux points à l'ordre du jour de la diplomatie multilatérale. Le G20, réunissant des dirigeants de ses pays membres, représente le plus haut niveau de la diplomatie multilatérale. Cette plateforme unique doit mettre en valeur au maximum ses atouts. Les dirigeants devraient l'utiliser pour faire passer les propositions liées à l'avenir de l'humanité du stade de slogans à celui de l'action.

En dernier lieu, l'action concrète est le principe auquel la Chine s'en tient toujours dans son passage de la périphérie au centre de la diplomatie internationale. De la fondation de la République populaire de Chine en 1949 au rétablissement du siège légitime aux Nations unies en 1971 ; de la proposition des Cinq principes de la coexistence pacifique à la poursuite d'un « développement pacifique », d'un « monde harmonieux » et d'une « communauté de destin pour l'humanité » ; de la création de l'Organisation de coopération de Shanghai et de l'adhésion de la Chine à l'Organisation mondiale du commerce en 2001 à la tenue de la réunion des dirigeants économiques de l'APEC en 2014 et du sommet du G20 à Hangzhou en 2016, la Chine avait au début peu de poids sur la scène internationale, puis elle a assumé des responsabilités limitées et, aujourd'hui, elle apporte la sagesse et la solution chinoises en tant que leader actif. La Chine a toujours défendu les principes du pragmatisme, du progrès et de l'importance d'être ancré dans la réalité. Parallèlement, elle a continué à promouvoir la démocratisation des relations internationales et le développement de la région et du monde entier.

La Chine et les États-Unis partagent un large éventail d'intérêts communs dans la région Asie-Pacifique. Les deux pays doivent maintenir une communication fréquente, s'engager dans une plus grande coopération et relever conjointement les défis. Nous devons travailler ensemble pour construire un « cercle d'amis » commun et non exclusif, et nous efforcer de construire et de maintenir la prospérité et la stabilité régionales.

— Discours prononcé par Xi Jinping lors de la cérémonie d'ouverture conjointe du 8e Dialogue stratégique et économique sino-américain et de la 7e Consultation de haut niveau sino-américaine sur les échanges entre les peuples, le 6 juin 2016

Construire un « cercle d'amis » commun et non exclusif

Établir un réseau mondial de partenariats et enrichir son contenu

Aujourd'hui, les gens utilisent de plus en plus souvent l'application de messagerie WeChat, très populaire, pour satisfaire leurs besoins en matière de réseaux sociaux. L'application comporte une fonction intégrée appelée « cercle d'amis », conçue pour aider les utilisateurs à rester en contact. Pour rejoindre le « cercle d'amis » d'une personne, il suffit de scanner un code QR et de s'ajouter mutuellement en tant qu'amis. À travers le cercle d'amis, vous pouvez savoir ce que vos amis font ou ressentent dans la vie quotidienne, et vous pouvez interagir en « likant » un message, en laissant un commentaire ou en partageant une pensée au hasard. La fonction « cercle d'amis » est devenue un nouveau mode de communication, qui rapproche les gens et enrichit les canaux d'échange entre amis.

Le terme « cercle d'amis », une notion profondément liée à notre vie quotidienne et aux échanges interpersonnels, a pris une nouvelle tournure lorsque Xi Jinping l'a appliqué dans le domaine diplomatique. Il a utilisé l'expression pour la première fois lors de la Conférence centrale sur les affaires étrangères en novembre 2014, et il est revenu sur ce concept dans certains discours de politique étrangère pendant les deux ans et demi suivants. Dans son allocution du Nouvel An 2016, Xi Jinping a annoncé que « la Chine accueillera toujours le monde à bras ouverts, elle fera de son mieux pour tendre la main à ceux qui sont en difficulté, et son cercle d'amis sera de plus en plus vaste. » Empruntant cette expression de la vie quotidienne, Xi Jinping a donné au monde un aperçu clair d'une mission importante de la diplomatie chinoise, à savoir le développement et le renforcement du cercle d'amis du pays.

Qu'entend-on exactement par le « cercle d'amis » ? Dans les échanges internationaux, un « cercle d'amis » fait référence au concept plus familier de « partenariat », qui est essentiellement le même que celui d'« amitié ». « Partenariat » est devenu le mot le plus fréquemment entendu dans la diplomatie chinoise depuis le milieu des années 1990. Ce terme et ses diverses collocations, telles que « partenariat coopératif », « partenariat stratégique », « partenariat coopératif global », et « partenariat stratégique global », ont été vivement remarqués par les médias et les gens ordinaires qui accordent une grande attention à la diplomatie chinoise depuis longtemps.

Il se pose alors une autre question : le terme « partenariat » étant si bien ancré dans l'esprit de beaucoup de monde, pourquoi proposer le concept du « cercle d'amis » dans la discussion ? La réponse peut être trouvée en revenant sur la première utilisation de ce terme par Xi Jinping. Fin novembre 2014, dans son discours à la Conférence centrale sur les affaires étrangères, Xi Jinping a déclaré que la Chine devait « se faire plus d'amis sans chercher à conclure des alliances afin d'établir un réseau de partenariats qui relie toutes les parties du monde. » La diplomatie chinoise dans la nouvelle ère consiste non seulement à forger des amitiés et des partenariats avec tous les pays, mais aussi à considérer les partenariats dans une perspective plus large et globale. Nous devons chercher à relier les relations de partenariats dans un réseau plus large au lieu de nous contenter de relations bilatérales ou de partenariats exclusifs. Nous devons chercher à dépasser les alliances exclusives et embrasser un cercle d'amis commun. Fruit des expériences diplomatiques acquises au cours des vingt dernières années, la proposition de Xi Jinping d'établir un réseau mondial de partenariats permet à la Chine d'envisager l'établissement de partenariats dans une perspective plus stratégique et globale.

Xi Jinping définit en outre le réseau de partenariats de la Chine comme un cercle d'amis « commun et non exclusif ». La Chine cherche à établir un réseau de partenariats au lieu de créer une sphère d'influence. C'est erroné et peu judicieux de considérer la diplomatie chinoise sous l'angle d'un jeu à somme nulle. Ce que la Chine cherche à faire, c'est établir des relations de partenariat avec d'autres pays fondées sur la poursuite d'intérêts communs, indépendamment de leurs systèmes sociaux et de leurs idéologies, d'où un cercle d'amis commun et non exclusif. La Chine prône les partenariats plutôt que les alliances. Cela constitue la condition préalable de la Chine pour établir un réseau mondial de partenariats.

Depuis que Xi Jinping a proposé d'établir un réseau mondial de partenariats, les efforts de la Chine pour élargir son cercle d'amis ont notablement augmenté en quantité et en qualité. D'une part, la Chine établit des partenariats avec un nombre croissant de pays. À la fin de 2014, lorsque Xi Jinping a annoncé cette idée pour la première fois, la Chine avait établi 72 relations de partenariats de formes et de tailles diverses avec 67 pays et 5 régions et organisations régionales. Fin 2016, le nombre de pays et d'organisations internationales en partenariat avec la Chine s'est élevé à 97, soit une augmentation de plus d'un tiers en moins de deux ans. En outre, le réseau de partenariats de la Chine a pris une dimension véritablement mondiale, passant d'une « couverture de base » des pays et régions clés en 2014 à une « couverture complète » des grandes puissances, des régions voisines et des pays en développement en 2016. Au cours de cette période, des pays d'Asie tels que l'Arabie saoudite, l'Iran et Singapour, des pays d'Europe tels que la Tchéquie et la Suisse, des pays d'Afrique tels que l'Égypte et le Soudan, et des pays d'Amérique tels que le Costa Rica ont conclu des partenariats avec la Chine et, de fait, ont rejoint le cercle d'amis de la Chine.

D'autre part, outre l'établissement de nouveaux partenaires, la Chine continue à enrichir le contenu des relations de partenariats. Ces dernières années, les partenariats définis par la Chine ont pris des formes plus variées. En 2014, la Chine a annoncé l'établissement d'un « partenariat de développement plus étroit » avec l'Inde et d'un « partenariat stratégique global » avec l'Allemagne. En 2015, la Chine et le Pakistan ont hissé leurs relations au niveau de « partenariat de coopération stratégique en toutes circonstances », et la Chine et le Royaume-Uni ont décidé de mettre en place un « partenariat stratégique complet et global » au cours du XXIe siècle. En 2017, la Chine et Israël ont établi un « partenariat global innovant », qui fait écho au partenariat « innovant » conclu entre la Chine et la Suisse en 2016. Ces évolutions montrent clairement que les relations de la Chine avec ses partenaires sont de plus en plus profondes et pragmatiques. Ces partenariats ne demeurent pas lettre morte. Ils s'appuient sur une riche expérience pratique et fournissent des inspirations profondes susceptibles d'enrichir les deux parties et de faire avancer leur partenariat.

Une fois identifiée la cause de la maladie, il faut prescrire un médicament approprié selon les symptômes. En tant que principal forum pour la coopération économique internationale, le G20 doit déterminer ses objectifs, définir la direction à suivre et exercer son leadership.

— Allocution sur l'économie mondiale prononcée par Xi Jinping lors de la première session du 10e Sommet des dirigeants du G20, le 15 novembre 2015

IMAGES ET MÉTAPHORES

Une fois identifiée la cause de la maladie, il faut prescrire un médicament approprié selon les symptômes

Promouvoir constamment le développement commun en comprenant les enjeux qui sous-tendent l'économie mondiale

Dans un discours intitulé « Une croissance innovante qui profite à tous », Xi Jinping a commencé par les mots d'Ouyang Xiu, un écrivain et historien renommé de la dynastie des Song du Nord (960-1125) : « On a dit que pour guérir une maladie, il faut en traiter la cause profonde ; pour régler un problème, il faut en identifier la source. » Cette phrase, tirée d'une lettre officielle datant de mai 1042, était à l'origine adressée à l'empereur Renzong en réponse aux problèmes de société de son époque. Lorsque Xi Jinping a cité cette ligne, il a remplacé le mot « identifier » par « résoudre ». Cela signifie que pour traiter une personne malade, il faut d'abord trouver la cause de la maladie ; pour résoudre un problème, il faut s'attaquer à la racine du mal. Le remplacement d'un simple mot signifie que la Chine travaille dur pour trouver une solution au ralentissement économique mondial. Selon un dicton chinois, « le plus grand des médecins peut guérir un pays », mais il ne s'agit pas seulement de médecine. À un moment où l'économie mondiale s'essouffle, Xi Jinping a « pris le pouls » du monde pour diagnostiquer ce qu'il se passe sous la surface. Comme il l'a dit, « une fois identifiée la cause de la maladie, il faut prescrire un médicament approprié selon les symptômes ».

On a déjà beaucoup parlé des raisons et des solutions pour l'atonie de la croissance économique qui affecte notre monde. Mais on a accordé beaucoup moins d'attention à l'identification de la source du problème, pour ainsi dire. Pour réaliser un diagnostic précis, nous avons besoin des sciences économiques qui peuvent nous aider à analyser les problèmes actuels. Mais ce n'est pas tout. Nous devons également avoir une vaste compréhension de l'histoire afin de découvrir les règles et de trouver les points communs à partir de différents épisodes de difficultés économiques. Enfin, nous devons coordonner nos politiques avec le reste du monde et rechercher un moyen pragmatique pour parvenir à un développement commun en nous rappelant ce qui est en jeu ici : le destin commun de l'humanité. Notre médicament, c'est-à-dire les politiques et les mesures que nous adoptons pour résoudre les problèmes de l'économie mondiale, doit cibler les symptômes et s'attaquer au cœur du problème tout en tenant compte des intérêts de toutes les parties. Nos efforts doivent être bien coordonnés, et nos mesures doivent être pratiques et faciles à mettre en œuvre.

Comme l'a indiqué Xi Jinping, l'économie mondiale est confrontée à une série de défis, notamment une croissance atone, une élévation du taux de chômage, une hausse des niveaux d'endettement, un marasme des échanges et des investissements, un ralentissement de l'économie réelle, un recours excessif à l'effet de levier et des turbulences sur les marchés financiers internationaux et les marchés des matières premières. Selon les statistiques publiées par le FMI, l'économie mondiale a connu une croissance moyenne de 3,99 % entre 2012 et 2016, soit une baisse significative par rapport au taux de croissance de 4,76 % enregistré entre 2003 et 2007. Le ralentissement a été particulièrement observé dans les pays développés, où la croissance a oscillé entre 1 et 2 %. Début 2017, le niveau d'endettement mondial avait bondi à 217 000 milliards de dollars américains, soit plus de trois fois le PIB mondial, et les chiffres continuent de grimper. Le marasme économique mondial peut être comparé à une personne qui tombe malade et a de la fièvre. On dirait que c'est un simple rhume, mais la cause profonde est quelque chose qui ne va pas dans le mécanisme du corps. Xi Jinping a mis le doigt sur les facteurs qui sous-tendent la croissance économique atone : « En examinant de plus près l'économie mondiale d'aujourd'hui, nous pouvons constater que l'élan généré par la dernière vague de la révolution scientifique et industrielle s'essouffle et que le potentiel de croissance du système économique et du mode de développement traditionnels diminue. En outre, le problème de la croissance déséquilibrée est loin d'être résolu, et des faiblesses apparaissent dans les mécanismes et structures de gouvernance économique existants. Ces facteurs ont affaibli la dynamique de la croissance mondiale et freiné la demande effective. » Des symptômes à la cause profonde, Xi Jinping a fait un bilan de la manière dont la Chine perçoit des turbulences économiques mondiales de ces dernières années.

Alors, il s'agit maintenant de prescrire un médicament approprié selon les symptômes. Xi Jinping a proposé une solution comportant quatre volets qui attaque le problème sur deux fronts : stimuler les moteurs internes du développement économique et innover les mécanismes économiques internationaux.

En ce qui concerne la stimulation des moteurs internes du développement économique, la solution de Xi Jinping comporte deux volets : promouvoir la réforme et l'innovation, et mettre en œuvre le Programme de développement durable à l'horizon 2030. Premièrement, la réforme et l'innovation contribuent à stimuler le développement à long terme de l'économie mondiale. Les progrès scientifiques et technologiques ont donné naissance à de nouvelles industries et de nouveaux produits, et la réforme institutionnelle pourrait insuffler un nouveau dynamisme et une nouvelle énergie créative. Ces forces ont été essentielles pour permettre à l'économie mondiale de se remettre des crises précédentes et de connaître une reprise. Une nouvelle vague de révolution technologique et industrielle crée des occasions historiques. De nouvelles idées et de nouveaux modèles commerciaux, tels que le modèle d'Internet Plus, l'économie du partage, l'impression 3D et la fabrication intelligente, stimulent d'énormes opportunités commerciales et une forte demande. Le potentiel est également énorme lorsqu'il s'agit de la mise à niveau des industries traditionnelles grâce aux nouvelles technologies. Selon Xi Jinping, nous devons coordonner nos efforts tant du côté de l'offre que de la demande, accélérer la transition entre les anciennes et les nouvelles forces motrices de la croissance, travailler ensemble pour créer une nouvelle demande mondiale à la fois efficace et durable, et définir l'orientation future de la croissance économique mondiale. Deuxièmement, en ce qui concerne la mise en œuvre du Programme de développement durable à l'horizon 2030, nous devons nous efforcer d'éliminer la pauvreté et la faim et de réaliser un développement équitable, ouvert, global et innovant. Cela constitue non seulement notre responsabilité morale commune, mais également offrira une quantité innombrable de demandes effectives. Xi Jinping a proposé que les membres du G20 élaborent leurs propres plans de mise en œuvre de ce programme, qui seront ensuite compilés dans un plan d'action global visant à promouvoir une croissance puissante, durable et équilibrée de l'économie mondiale.

En ce qui concerne l'innovation des mécanismes économiques internationaux, Xi Jinping a présenté deux propositions : renforcer la communication et la coordination des politiques macroéconomiques, et construire une économie mondiale ouverte et inclusive. Premièrement, comme le dit un proverbe chinois : « Les fardeaux sont lourds quand on les soulève seul ; les voyages sont plus faciles quand on avance avec d'autres. » À l'époque de la mondialisation économique, aucun pays ne peut prospérer en vase clos. La coordination et la coopération constituent un choix évident. Les principales économies développées doivent se concentrer sur la consolidation et le renforcement des efforts de relance, et les marchés émergents et les pays en développement doivent s'efforcer de surmonter les risques et les pressions à la baisse pour maintenir la croissance. Dans le même temps, nous devons accorder une attention particulière à la communication et à la coordination de nos politiques respectives afin d'éviter tout effet de débordement négatif. En particulier, les grands pays qui ont un poids important dans l'économie mondiale doivent tenir pleinement compte de l'impact de leurs politiques macroéconomiques sur les autres pays et accroître la transparence de leur processus d'élaboration des politiques. Deuxièmement, si l'économie mondiale est comparée au corps humain, le commerce et l'investissement peuvent être considérés comme du sang. Si les vaisseaux sanguins sont bloqués, la santé de l'économie mondiale sera en danger. Cela étant, nous devons lutter contre le protectionnisme, maintenir et renforcer le système commercial multilatéral afin d'offrir aux différents pays l'espace et les possibilités de se développer. Nous devons travailler ensemble pour que les accords régionaux de libre-échange profitent au système commercial multilatéral et ne lui nuisent pas.

En fournissant un diagnostic précis et des médicaments appropriés, nous pouvons aider une personne malade à se rétablir. Et il en va de même pour l'économie mondiale. À l'aide de cette métaphore, Xi Jinping a analysé et identifié certains des principaux problèmes de l'économie mondiale, ce qui témoigne non seulement de l'art du langage de Xi Jinping, mais aussi de la capacité croissante de la Chine à jouer un rôle de premier plan.

L'initiative « la Ceinture et la Route » et la connectivité régionale sont compatibles et se renforcent mutuellement. Si l'initiative « la Ceinture et la Route » peut être comparée aux deux ailes d'une Asie en plein essor, la connectivité incarne ses artères et ses méridiens.

— Discours prononcé par Xi Jinping lors du Dialogue sur le renforcement du partenariat de connectivité, le 8 novembre 2014

Les ailes et les artères

L'initiative « la Ceinture et la Route » constitue les ailes d'une Asie en plein essor, et la connectivité représente un maillon essentiel

Les ailes, parties placées de chaque côté du corps, permettent à quelques animaux ou objets fabriqués par l'homme de voler. Il est intéressant de noter que les mots pour dire « aile » ont des associations similaires dans presque toutes les langues, évoquant des images d'essor, d'élan, et de puissance. Comparer l'initiative « la Ceinture et la Route » à une paire d'ailes peut aider les gens, quelle que soit leur langue ou leur ethnie, à se souvenir de sa forme physique et du rôle qu'elle a joué.

Du point de vue géographique, l'initiative « la Ceinture et la Route » peut être considérée comme ayant une aile nord et une aile sud. L'aile nord est constituée de la Ceinture économique de la Route de la soie, qui s'étend le long du pont terrestre eurasien reliant l'Europe à l'Asie, et l'aile sud est constituée de la Route de la soie maritime, qui longe plusieurs côtes. La mythologie chinoise raconte l'histoire d'un géant poisson du nom de Kun qui peut prendre la forme d'un énorme oiseau sous le nom de Peng. L'immense taille de cette créature est décrite dans le chapitre d'ouverture « Vers l'idéal » du *Zhuangzi* : « Le dos de Peng était immense : il s'étalait sur des milliers et des milliers de lieues. Peng fusait, tel un éclat de foudre, déployant des ailes comparables aux nuages suspendus à l'azur. » Nous pouvons affirmer avec certitude que l'envergure des ailes de l'initiative « la Ceinture et la Route » est encore plus grande que celle de cette créature mythique.

En termes de développement économique, de nombreux pays le long de « la Ceinture et la Route » sont à la traîne et le revenu moyen est faible. Ce dont ils ont besoin plus que tout dans l'immédiat, c'est d'un développement rapide. C'est précisément l'objectif de « la Ceinture et la Route », soit insuffler l'élan nécessaire à ces économies pour favoriser un essor économique.

La médecine traditionnelle chinoise accorde une grande importance au concept des méridiens (un vaisseau reliant chaque partie du corps) et à l'importance de maintenir une libre circulation énergétique. Une bonne circulation est synonyme de bonne santé. Comparer l'interconnectivité aux méridiens du corps permet de souligner l'importance vitale des efforts visant à améliorer la connectivité régionale et mondiale.

On sait que la douleur peut être soulagée par l'amélioration de la circulation sanguine. À l'ère de la mondialisation, un pays ne peut développer son économie sans s'intégrer à l'économie mondiale et sans participer à la division internationale du travail. Pour nous intégrer à l'économie mondiale, nous devons d'abord établir une connectivité avec le reste du monde. Si nous ne le faisons pas, ou si notre connectivité est faible, nous manquerons d'importantes occasions de développement. Par exemple, l'Asie centrale est connue pour être un grand producteur de coton, mais l'industrie textile mondiale ne s'est pas déplacée vers l'Asie centrale. Une raison importante est liée à la mauvaise infrastructure routière, qui rend les transports difficiles. Conscients des obstacles causés par ce manque de connectivité, les pays d'Asie centrale ont commencé à investir massivement dans les infrastructures routières.

Depuis que l'initiative « la Ceinture et la Route » a été proposée, de nombreux progrès ont été réalisés en termes d'interconnectivité des infrastructures. Un réseau de connectivité vaste, global et multidimensionnel commence à prendre forme.

(1) Comme le disent souvent les Chinois : « Si vous voulez devenir riche, commencez par construire des routes ». De nombreux pays ont adopté cette idée et entrent en compétition pour devenir le centre logistique de leur région respective. Par exemple, l'Azerbaïdjan a construit deux corridors de transport internationaux, l'un allant du nord au sud et l'autre de l'est à l'ouest, dans le but de créer une plateforme logistique dans le Caucase. Le Kazakhstan a la même ambition de devenir une plaque tournante logistique pour les marchandises circulant entre l'Europe et l'Asie. De nombreux pays ont clairement pris conscience de l'importance des « ailes » et des « méridiens » du développement régional.

(2) Les travaux sur les six corridors économiques progressent bien. L'initiative « la Ceinture et la Route » comprend six grands corridors

économiques : le Corridor économique Chine-Mongolie-Russie, le Nouveau Pont continental eurasien, le Corridor économique Chine-Asie centrale-Asie de l'Ouest, le Corridor économique Chine-péninsule indochinoise, le Corridor économique Chine-Pakistan et le Corridor économique Bangladesh-Chine-Inde-Myanmar. Ces corridors économiques constituent les principales artères qui relient l'ensemble de l'Asie. Ces dernières années, d'importants progrès ont été réalisés dans toutes les directions. Par exemple, la Chine, la Russie et la Mongolie ont signé le « Programme de construction du Corridor économique Chine-Russie-Mongolie », qui établit une feuille de route pour la coopération. Le Corridor économique Chine-Pakistan progresse à un rythme encore plus rapide, avec la construction déjà en cours du port de Gwadar, de la phase II de l'autoroute de Karakoram, de l'autoroute Karachi-Lahore et d'autres grands projets. L'Iran, l'Asie centrale et l'Afghanistan suivent de près le Corridor Chine-Pakistan, dans l'espoir de bénéficier de ses effets positifs. Il est clair que ces artères principales jouent déjà leur rôle dans le développement régional.

(3) Des progrès ont été réalisés en matière d'infrastructures énergétiques. Si les ressources énergétiques sont le sang de l'industrie, les réseaux de distribution en sont les vaisseaux sanguins. Ces dernières années, un certain nombre de grands oléoducs et gazoducs ont été achevés, notamment les oléoducs Chine-Russie et Chine-Kazakhstan et les gazoducs Chine-Myanmar et Chine-Asie centrale. En même temps, les pays ont accéléré la construction du projet de gazoduc Chine-Russie Est et de la ligne D du gazoduc Chine-Asie centrale. La Chine a réussi à diversifier ses importations d'énergie, et ses partenaires disposent désormais d'un éventail plus large d'exportations énergétiques.

(4) Les réseaux de communication s'améliorent sans cesse, dotant « la Ceinture et la Route » d'un « système nerveux » bien développé. Fin 2016, le réseau international de câble optique maritime APG (Asia-Pacific Gateway), reliant la République de Corée, la Chine et l'Asie du Sud-Est, a été mis en service. En outre, des efforts accrus sont déployés pour faire progresser la construction de quatre réseaux de télécommunications terrestres reliant l'Asie du Nord-Est à l'Europe, l'Asie centrale et le Moyen-Orient à l'Europe, l'Asie du Sud à l'Europe et l'Asie du Sud-Est à l'Europe.

(5) De nombreux grands projets d'infrastructure sont prêts à être mis en œuvre. Par exemple, la voie ferrée Addis Abeba-Djibouti et la voie ferrée Mombasa-Nairobi sont désormais mises en service. En outre, la ligne

ferroviaire à grande vitesse Jakarta-Bandung, la ligne ferroviaire Chine-Laos, la ligne ferroviaire Hongrie-Serbie et le pont ferroviaire Tongjiang-Nizhneleninskoye sont maintenant en construction. La construction de la ligne ferroviaire à grande vitesse Chine-Thaïlande commencera sous peu et la ligne ferroviaire à grande vitesse Moscou-Kazan est entrée dans sa phase de conception. En plus des grandes lignes, un grand nombre de projets de moindre envergure sont également en cours de réalisation, notamment des autoroutes au Tadjikistan et la route reliant le Nord et le Sud du Kirghizstan. Ces infrastructures sont comme des « vaisseaux capillaires », assurant la circulation et la connectivité à l'intérieur du pays et dans les régions environnantes.

(6) Les conditions immatérielles d'investissement continuent de s'améliorer. Au cours des dernières années, la Chine a conclu plus de 130 accords de transit et de transport bilatéraux et régionaux avec les pays de « la Ceinture et la Route » dans plusieurs domaines, tels que les chemins de fer, les routes, le transport maritime et l'aviation. La Chine a maintenant des vols directs vers 43 pays le long de « la Ceinture et la Route », avec plus de 4 200 vols par semaine. Le passeport chinois est de plus en plus apprécié, puisque plus de 60 pays proposent désormais aux citoyens chinois des voyages sans visa ou des visas à l'arrivée. Pour la plupart des Chinois, voyager à l'étranger n'a jamais été aussi facile.

Alors que la diplomatie chinoise continue de se concentrer sur les pays voisins, la Chine est plus que jamais déterminée à éliminer le goulet d'étranglement de la connectivité régionale. Une connectivité renforcée ouvrira la voie à une allocation optimale des ressources et à une circulation efficace des personnes et des biens, ce qui permettra aux économies de la région de trouver leurs ailes et de prendre leur essor.

L'ouverture de la Chine n'est pas un spectacle solo. C'est une invitation ouverte à tous. Elle ne vise pas à établir une sphère d'influence propre à la Chine, mais à soutenir le développement commun de tous les pays. La Chine ne souhaite pas construire un jardin dans son arrière-cour, mais veut partager un parc fleuri avec tous les pays.

— Discours liminaire prononcé par Xi Jinping lors de la cérémonie d'ouverture du sommet du B20, le 3 septembre 2016

« Jardin d'arrière-cour » ou « parc fleuri »

L'initiative « la Ceinture et la Route » cherche à poursuivre un développement commun plutôt que des sphères d'influence

L'une des principales différences entre un jardin d'arrière-cour et un parc fleuri est que, tout simplement, l'un est privé tandis que l'autre ne l'est pas. En tant que propriété privée, un jardin d'arrière-cour ne présente que peu d'intérêt pour les personnes extérieures, aussi beau soit-il. Si l'on applique cette métaphore au domaine des relations internationales, on peut imaginer que le jardin d'arrière-cour est la sphère d'influence d'un certain pays. À l'époque de l'impérialisme, lorsque certaines puissances occidentales étaient déterminées à dominer le monde, elles se sont appuyées sur la politique de la canonnière et l'avantage économique pour transformer d'autres pays en colonies ou semi-colonies, et ont revendiqué des droits exclusifs sur des terres qui ne leur appartenaient pas. Ces pays ont fait du mal aux autres pour leurs propres intérêts. Leurs sphères d'influence étaient le résultat de l'hégémonie et de la mentalité du jeu à somme nulle. Cette mentalité persiste encore aujourd'hui lorsque certains pays cherchent à exercer une influence particulière sur la politique, l'économie et la sécurité d'autres pays. Un parc fleuri est tout à fait différent. Dans le « parc fleuri » composé de différents pays, chacun d'entre eux est considéré comme égal, quelle que soit sa taille. Les différentes civilisations cherchent à se compléter et à apprendre les unes des autres. « Une seule fleur ne fait pas le printemps, tandis que cent fleurs en pleine floraison apportent le printemps au jardin. » Ici, on ne laisse aucune place à la mentalité du jeu à somme nulle. Tout le monde est invité à y participer et à en partager les bénéfices. La mentalité du « gagnant remporte tout » a elle aussi été abandonnée. Le respect mutuel et la coopération gagnant-gagnant sont des principes de base, et nos aspirations partagées sont le développement commun, la prospérité commune, l'équité et la justice. En outre, le terme « parc fleuri » nous rappelle que le développement durable est la meilleure voie à suivre. En coopération avec d'autres pays, la Chine s'est engagée à promouvoir une économie verte dans laquelle les gens travaillent et vivent d'une manière circulaire, durable et à faible émission de carbone. De cette façon, tous les pays pourront prospérer tout en conservant leurs eaux claires et leurs montagnes luxuriantes.

Comme le montre l'histoire moderne, la lutte pour l'établissement de sphères d'influence a donné lieu à d'innombrables tragédies. Les deux guerres mondiales ont été déclenchées par des puissances impérialistes désireuses de redéfinir leurs sphères d'influence. Le prix de la guerre pèse de plus en plus lourd, 70 millions de vies ayant été perdues au cours de la seule Seconde Guerre mondiale. Il est donc tout à fait naturel que le monde passe de la loi de la jungle à un système de gouvernance mondiale. La création de l'ONU et la signature de la Charte des Nations unies ont été des événements marquants, et de nombreuses anciennes colonies ont successivement gagné leur indépendance. En 1945, au moment de sa fondation, l'ONU ne comptait que 51 États membres. Aujourd'hui, ce nombre a atteint 193.

Cependant, certaines puissances occidentales n'acceptent pas la perte d'influence notable. L'interventionnisme et l'hégémonie se retrouvent dans presque tous les coins du monde. Au fur et à mesure de la montée en puissance de la Chine, de plus en plus d'entreprises chinoises sortent du pays, l'Occident doit faire face à une nouvelle vague de concurrence. En réponse, les médias occidentaux ont crié au scandale, accusant la Chine de s'engager dans le néocolonialisme, de s'emparer des ressources et d'exporter la pollution, et certains ont même suggéré que l'initiative « la Ceinture et la Route » était un stratagème de la Chine pour s'imposer sur de nouveaux marchés. Mais imputer de tels motifs à la Chine relève de l'étroitesse d'esprit et de l'hypocrisie, c'est signe que certains sont encore contrôlés par la chose même qu'ils dénoncent – la soif d'influence.

Plusieurs raisons expliquent pourquoi la Chine tient à construire un parc fleuri plutôt qu'un jardin d'arrière-cour, notamment les blessures historiques du pays, ses valeurs philosophiques et la tendance de l'époque.

Premièrement, la Chine était autrefois une semi-colonie des puissances occidentales, car ces puissances affluaient en Chine pour tracer leurs sphères d'influence respectives – la baie de Jiaozhou était revendiquée par l'Allemagne, le Japon occupait Taiwan, l'Empire russe prenait le contrôle de Lüshun et Hong Kong était cédé à la Grande-Bretagne. Ayant été victime de l'impérialisme, la Chine a ressenti profondément la douleur causée et s'oppose donc fermement à l'hégémonie, à la politique du plus fort et aux sphères d'influence.

Deuxièmement, les Chinois ont une philosophie et un système de valeurs qui leur sont propres. « Si une personne est pauvre, elle doit travailler dans la solitude pour se rendre parfaite ; si une personne est dans la prospérité et les honneurs, en se perfectionnant elle-même, elle rend tous les autres hommes parfaits. » « L'homme honorable cultive l'harmonie et non le conformisme. » « Quand la Voie céleste prévaut, l'esprit public règne sur Terre. » Ce ne sont que quelques-uns des innombrables dictons qui illustrent l'esprit d'inclusion et d'humanité qui a caractérisé les Chinois tout au long de son histoire. Ces dernières années, la Chine s'est concentrée fortement sur le développement, contribuant pour plus de 30 % à la croissance économique mondiale. Dans la mesure où elle le peut, la Chine est heureuse et désireuse de prêter main-forte aux autres pays afin qu'ils puissent bénéficier des fruits du développement économique et social de la Chine.

Troisièmement, en cette ère de mondialisation économique, le monde est fortement intégré et interdépendant. Les pays comptent davantage les uns sur les autres et partagent leurs succès et leurs échecs. Lorsqu'une crise économique mondiale éclate, aucun pays n'en sort indemne. Mais l'inverse est également vrai. Par exemple, la Chine a tout à gagner lorsque ses pays voisins connaissent une croissance rapide. Sur le plan de la sécurité, aucun pays ne peut obtenir la stabilité de l'agitation d'un autre pays. La vérité toute simple est que le développement, dans son sens le plus strict, doit être inclusif.

Quatrièmement, nous vivons dans un monde très diversifié qui est considéré comme un parc fleuri. Historiquement, les plus grandes périodes de prospérité sociale ont eu tendance à coïncider avec des époques où les débats intellectuels et les échanges culturels étaient largement répandus. Au vu de l'état actuel des relations internationales, on peut affirmer que l'unipolarité est en voie de disparition et que la tendance à la multipolarisation s'est accentuée. Tout comme le monde naturel regorge d'une grande diversité d'espèces, il est tout à fait naturel d'avoir différents types de modèles de développement et de systèmes politiques. L'objectif de construire un parc fleuri correspond à la tendance mondiale au développement diversifié.

L'initiative « la Ceinture et la Route » de la Chine est un vaste projet de développement qui vise à revitaliser l'économie régionale par la poursuite d'un développement et d'une prospérité communs. « La Chine ne recherchera pas une position dominante dans les affaires régionales ni ne tentera de créer des sphères d'influence. » Ces mots, prononcés par Xi Jinping lorsqu'il a proposé pour la première fois l'initiative « Ceinture économique de la Route de la soie », représentent l'un des principes de base de la diplomatie chinoise.

Basée sur le principe d'amples consultations, de contribution conjointe et de bénéfice partagé, l'initiative « la Ceinture et la Route » n'est pas exclusive et fermée, mais inclusive et ouverte. Ce n'est pas un solo de la Chine, mais un chœur de tous les pays riverains.

— Discours prononcé par Xi Jinping à la conférence annuelle 2015 du Forum de Bo'ao pour l'Asie, le 28 mars 2015

Un « chœur », pas un « solo »

L'initiative « la Ceinture et la Route » consiste à travailler ensemble par le biais d'amples consultations, de contribution conjointe et de bénéfice partagé

Un solo est une œuvre vocale ou instrumentale qui met en vedette un seul interprète, tandis qu'un chœur est un effort de collaboration composé de plusieurs voix et parties. Dans un spectacle solo, une seule voix ou un seul instrument occupe le devant de la scène, tandis qu'un spectacle choral fait appel à la puissance collective, chaque voix étant soigneusement disposée pour produire une harmonie émouvante. C'est l'image du spectacle choral, et non du solo, qui doit être utilisée pour expliquer l'initiative « la Ceinture et la Route », qui suit le principe d'amples consultations, de contribution conjointe et de bénéfice partagé. Cette métaphore comporte plusieurs niveaux d'interprétation, que nous examinerons successivement.

Premièrement, l'initiative « la Ceinture et la Route » ressemble à un spectacle choral en ce sens qu'il s'agit d'une plateforme de coopération ouverte, facultative et inclusive. Elle n'est pas conçue avec des barrières d'entrée pour exclure certains pays, mais accueille la participation de tous. Deuxièmement, tout comme chaque membre d'une chorale qui a la possibilité de chanter, « la Ceinture et la Route » donne à chaque participant le droit de faire entendre sa voix. Les décisions sont prises conjointement au lieu d'être faites par la Chine seule. Tous les pays et toutes les régions sont invités à la table des négociations, où ils peuvent avoir leur mot à dire et exprimer leurs idées et leurs conseils. Troisièmement, chaque pays, qu'il soit grand ou petit, a un rôle à jouer. Chaque participant fait partie intégrante de l'initiative « la Ceinture et la Route » et a la possibilité de contribuer au développement et à la prospérité de la région.

L'ouverture et l'inclusion, les caractéristiques les plus saillantes de l'initiative « la Ceinture et la Route », sont en phase avec l'époque. En passant en revue l'histoire, nous pouvons constater que le progrès humain est le résultat de l'apprentissage mutuel et de l'intégration. La Route de la soie a permis à la Chine antique de partager ses « quatre grandes inventions » avec le reste du monde, et a également permis aux autres civilisations de partager leurs réalisations avec la Chine antique. Les échanges et l'apprentissage mutuels profitent à tout le monde. Dans un contexte de mondialisation, les pays et les personnes sont étroitement interconnectés et dépendent les uns des autres. Malgré certaines réactions hostiles à la mondialisation, aucun pays ne se lancera vraiment dans la « démondialisation » ni fermera sa porte au reste du monde. Nous ne pouvons pas nous permettre de le faire. L'humanité est confrontée à un nombre croissant de problèmes mondiaux, tels que le terrorisme et le changement climatique, qu'aucun pays ne peut résoudre tout seul. Le monde doit rester ouvert d'esprit et inclusif dans la poursuite du développement économique et des progrès culturels.

Les principes directeurs de l'initiative « la Ceinture et la Route » sont les amples consultations, la contribution conjointe et le bénéfice partagé. L'initiative « la Ceinture et la Route » permet de mettre en commun davantage de ressources et de promouvoir un développement plus équilibré dans la région. De nombreux Chinois connaissent la Cantate du Fleuve Jaune, une œuvre chorale composée pendant la Guerre de résistance contre l'agression japonaise. La chanson, célèbre pour son harmonie étonnante et majestueuse, constitue un exemple éloquent de ce qui peut être accompli lorsque plusieurs voix s'unissent. Cette synergie est précisément l'objectif de l'initiative « la Ceinture et la Route », soit un plus un peut être plus grand que deux.

D'amples consultations sont fondées sur le principe du respect mutuel. À travers des négociations justes et équitables, tous les pays sont encouragés à rechercher des points d'intérêt convergents. Le processus de consultation permet à chaque membre d'avoir son mot à dire pour s'assurer que la voie et le rythme de coopération répondent aux besoins du pays. En mai 2017, plus de 100 pays et organisations internationales avaient exprimé leur volonté de participer à l'initiative « la Ceinture et la Route », et certains projets de développement ont été intégrés dans des résolutions importantes adoptées par l'Assemblée générale et le Conseil de sécurité de l'ONU. La Chine a signé des accords de coopération dans le cadre de l'initiative « la Ceinture et la Route » avec plus de 40 pays et organisations internationales, et a lancé des projets de coopération institutionnalisée en matière de capacité de production avec plus de 30 pays. Le chœur continue de se développer et de s'étendre, c'est signe que l'engagement de la Chine à mener d'amples consultations a connu un succès retentissant.

La contribution conjointe signifie que toutes les parties doivent faire un effort concerté pour mettre en œuvre chaque projet dans l'intérêt commun. Cela permet également de créer un système mieux adapté aux besoins et aux intérêts de toutes les parties. Il y a trois points essentiels concernant la contribution conjointe qu'il convient de prendre en considération. Tout d'abord, la contribution conjointe ne consiste pas à faire table rase des systèmes existants ou retourner à la case départ ; elle vise plutôt à aligner des projets de développement tout en restant attaché aux coopérations existantes, comme le montrent la stratégie économique kazakhe « Nurly Zhol » (« Chemin lumineux » en kazakh) et le projet turc « Corridor du milieu ». Ensuite, l'initiative « la Ceinture et la Route » rassemble un groupe diversifié d'entités participantes, telles que des gouvernements, des entreprises, des institutions financières internationales et des capitaux privés, et toutes ne sont pas situées dans la même région. Par exemple, l'oléoduc et le gazoduc Chine-Myanmar constituent un projet de coopération auquel participent six entreprises de Chine, de République de Corée, du Myanmar et d'Inde. Enfin, un système unifié de normes et de réglementations s'est progressivement établi. Un tel système garantit que les normes utilisées pour les systèmes de mesure, d'inspection, de quarantaine et les systèmes techniques sont cohérentes ou compatibles entre elles et peuvent être appliquées identiquement dans toute la région. Les réalisations de « la Ceinture et la Route » ont été impressionnantes. Entre 2014 et 2016, un grand nombre de projets ont été mis en place pour améliorer la connectivité régionale. Les échanges commerciaux de la Chine avec les pays riverains de « la Ceinture et la Route » ont dépassé les 3 000 milliards de dollars américains, et les investissements chinois dans ces mêmes pays ont dépassé les 50 milliards de dollars américains. Divers événements sur le thème de la Route de la soie ont été organisés, notamment des échanges culturels, des activités liées à « l'Année du tourisme » et des festivals d'art. En outre, plusieurs ligues internationales entre les groupes de réflexion, les médias et les théâtres ont été créées.

Le bénéfice partagé signifie que toutes les parties participantes bénéficieront des projets de développement de « la Ceinture et la Route ». Les premiers projets de coopération ont déjà porté leurs fruits, au bénéfice des habitants des pays le long de « la Ceinture et la Route ». Par exemple, les entreprises chinoises ont créé 56 zones de coopération économique et commerciale dans les pays riverains, générant près de 1,1 milliard de dollars américains de recettes fiscales pour les pays hôtes et créant 180 000 emplois locaux. La centrale numéro 2 de Douchanbé, construite par la Chine, est capable de fournir de l'électricité et du chauffage en hiver à 70 % des habitants de la capitale du Tadjikistan. Au fur et à mesure que davantage de projets seront achevés, davantage de personnes bénéficieront des fruits apportés par « la Ceinture et la Route ».

À l'époque, la Chine avait également des doutes sur la mondialisation économique et craignait de rejoindre l'Organisation mondiale du commerce. Cependant, nous pensons que l'intégration est la tendance générale de l'histoire. Si la Chine veut se développer, elle doit nager dans l'océan du marché mondial. Sinon, nous risquons de nous noyer dans l'eau. Ainsi, la Chine a courageusement adhéré au marché mondial. Dans ce processus, nous avons bu la tasse, nous avons rencontré des tourbillons et des vagues déferlantes. Mais nous avons appris à nager en nageant. C'est le bon choix stratégique.

— Discours liminaire prononcé par Xi Jinping lors de la cérémonie d'ouverture de la Conférence annuelle 2017 du Forum économique mondial, le 17 janvier 2017

IMAGES ET MÉTAPHORES

Apprendre à nager en nageant

*Fendre les vagues et aller de l'avant dans l'océan
de la mondialisation économique*

Début 2017, lors du Forum économique mondial à Davos, en Suisse, Xi Jinping a prononcé un discours qui a attiré l'attention du monde entier. En évoquant certaines difficultés auxquelles la mondialisation économique est confrontée aujourd'hui, Xi Jinping a mis en garde contre le fait de la rejeter en bloc : « Le fait d'attribuer des problèmes qui perturbent le monde à la mondialisation économique n'est ni conforme à la réalité, ni utile pour trouver des solutions. » Son discours a fait l'objet de discussion parmi les médias et les experts occidentaux, qui ont déclaré que la Chine était désormais prête à prendre les rênes de la mondialisation économique. Revenant sur la décision audacieuse de la Chine de mettre en œuvre la politique de réforme et d'ouverture et de s'ouvrir à la mondialisation économique, Xi Jinping a exprimé, dans un langage très imagé : « Nous avons appris à nager en nageant. »

L'ère de la mondialisation remonte aux expéditions maritimes des XVIe et XVIIe siècles. Au fil du temps, l'océan est devenu la scène où se sont réalisés les rêves de l'humanité pour des échanges culturels, et les voyages en mer sont devenus le principal moyen de relier les différentes parties du monde. La Chine a eu également sa part d'odyssées maritimes. Zheng He, navigateur chinois célèbre sous la dynastie des Ming (1368-1644), s'est lancé dans sept expéditions maritimes et a laissé l'empreinte de la Chine dans les pays qu'il a visités en route. À l'ère moderne, d'innombrables Chinois sont partis à l'étranger pour faire des études ou des affaires dans l'espoir de servir leur patrie. La principale direction de la réforme et de l'ouverture de

115

la Chine au cours des 40 dernières années a également été, au sens figuré, vers le vaste océan, puisque les Chinois considèrent l'océan comme tourné vers l'avenir, un symbole d'espoir. En embrassant le vaste océan, l'économie chinoise a embrassé le monde.

Dans le processus de réforme et d'ouverture, la Chine a connu quelques hésitations et divergences. D'une part, la Chine a reconnu que le seul moyen d'éliminer les goulets d'étranglement qui empêchaient son développement était de se lancer sur le vaste marché mondial, car la pression concurrentielle qui s'y exerçait permettrait de favoriser la réforme et l'innovation au niveau national. D'autre part, le fait d'ouvrir la porte au monde extérieur signifiait s'éloigner du parapluie protecteur et du filet de sécurité auxquels le pays s'était habitué. La Chine a pris conscience qu'elle aurait du mal à trouver sa place sur le marché mondial, mais elle savait que c'était la seule voie à suivre si le pays espérait être compétitif et parvenir à une plus grande croissance. La Chine devait répondre à quelques questions pressantes. Comment doit-elle mettre en valeur ses atouts pour augmenter sa compétitivité mondiale ? Quelles mesures le pays doit-il prendre pour s'ouvrir au monde, et comment doit-il s'organiser ? Existe-t-il un moyen pour la Chine de promouvoir la réforme économique sans compromettre ses intérêts nationaux ? Il n'y a pas de réponses toutes faites à cette série de questions. Notre approche est d'apprendre par la pratique. La détermination inébranlable de la Chine à s'ouvrir et à s'intégrer à l'économie mondiale s'est traduite par des actions concrètes.

En juillet 1986, la Chine a présenté une demande pour reprendre son statut de partie contractante originelle à l'Accord général sur les tarifs douaniers et le commerce (GATT). En juillet 1995, la Chine a demandé officiellement à adhérer à l'Organisation mondiale du commerce (OMC), et puis a signé le protocole d'adhésion à l'OMC en novembre 2001. Son adhésion est devenue effective le mois suivant. Après 15 ans de négociations souvent difficiles, la Chine a montré sa détermination à se lancer dans le vaste océan de l'économie mondiale. Au terme de plusieurs années d'efforts persévérants, le pays est déjà passé d'un nageur débutant à un excellent nageur.

La roue de l'histoire continue de tourner. En septembre 2013, lors d'une visite au Kazakhstan, Xi Jinping a proposé de construire ensemble la Ceinture économique de la Route de la soie, et en Indonésie le mois suivant, il a proposé de construire la Route de la soie maritime du XXIe siècle. Ces

IMAGES ET MÉTAPHORES

deux propositions, désignées plus tard par une expression plus familière, soit l'initiative « la Ceinture et la Route », ont fait les gros titres dans le monde entier. En mai 2017, le premier Forum de « la Ceinture et la Route » pour la coopération internationale s'est tenu à Beijing, rassemblant des chefs d'État et de gouvernement et des chefs d'entreprise venus de différents pays. L'initiative « la Ceinture et la Route » représente le dernier engagement de la Chine à promouvoir l'ouverture et la mondialisation économique, non seulement dans les pays voisins riverains de l'ancienne Route de la soie, mais aussi en Amérique, en Europe, en Afrique et dans le reste du monde.

Sur le plan intérieur, la Chine doit trouver un équilibre entre la réforme et la stabilité et gérer la relation entre la croissance économique et l'allocation des ressources. Sur le plan international, la Chine continue à explorer les possibilités offertes par les marchés mondiaux et à promouvoir la libéralisation et la facilitation des échanges tout en défendant ses propres intérêts nationaux et économiques. On ne peut pas traverser des eaux périlleuses sans se mouiller les pieds. Il a fallu plus de trois décennies entre le moment où la Chine a demandé à reprendre son statut de partie contractante au GATT et celui où elle a accueilli son premier Forum de « la Ceinture et la Route » pour la coopération internationale. Si la Chine est considérée comme un nouveau-né dans l'économie mondiale il y a 30 ans, elle est désormais passée à l'âge adulte. Un dicton chinois dit que le cycle de la fortune alterne comme la rivière change son cours avec le temps. Le rôle de la Chine dans l'économie mondiale a pris un tournant fondamental. Elle a connu un miracle économique et se trouve aujourd'hui sur la crête des vagues, menant l'économie mondiale à travers les vagues déferlantes.

De « se mouiller les pieds » à « savoir nager », en passant par « essayer de garder la tête hors de l'eau », ce processus traduit clairement l'esprit des Chinois qui n'ont jamais reculé devant les difficultés et sont toujours prêts à relever de nouveaux défis. Les métaphores de Xi Jinping nous donnent également une image particulière de la diplomatie chinoise qui se montre notamment prévoyante, innovante et entreprenante. Au cours des 30 dernières années, la Chine n'a pas seulement appris à nager, elle est devenue très à l'aise dans l'eau, et est même devenue un « maître-nageur » aux yeux des autres pays. Comme nous pouvons le constater, une simple métaphore de Xi Jinping renferme de nombreuses vérités profondes.

La Chine continuera à poursuivre la stratégie d'ouverture marquée par le bénéfice mutuel et le gagnant-gagnant et à partager les opportunités de son développement avec les autres. Tous les pays du monde seront les bienvenus pour prendre le train du développement chinois.

— Discours prononcé par Xi Jinping à l'Office des
Nations unies à Genève, le 18 janvier 2017

IMAGES ET MÉTAPHORES

Bienvenue à bord du train de développement de la Chine

Faire profiter le monde de la croissance économique robuste de la Chine

Le covoiturage consiste en l'utilisation d'un véhicule partagé par le conducteur avec un ou plusieurs amis dans le but d'effectuer un trajet commun. Ce moyen contribue non seulement à réduire le trafic, mais il est également plus respectueux de l'environnement. En général, le covoiturage nécessite la participation de deux parties : l'une fournit et conduit le véhicule, l'autre monte à bord. Il faut disposer des bonnes ressources et des bonnes conditions pour faire un voyage réussi. Tout d'abord, le véhicule lui-même doit être maintenu dans de bonnes conditions et disposer d'une quantité suffisante de carburant. Ensuite, le conducteur doit être disposé à proposer un trajet et avoir une forte capacité de conduire.

En matière de relations internationales, l'analogie du covoiturage peut être utilisée en référence à un grand pays qui fournit des biens publics à une région ou au monde entier au profit de la population dans son ensemble.

Xi Jinping a, à de nombreuses reprises, invité le reste du monde à monter à bord du train de développement de la Chine. Ce geste est un signe clair que, alors que la Chine cherche à accélérer son propre développement, elle s'en tient aux principes d'ouverture et de coopération mutuellement bénéfique. Elle entend travailler main dans la main avec d'autres pays pour construire une communauté de destin pour l'humanité dans le but de partager les fruits de son propre développement avec le reste du monde.

Ces dernières années, un certain nombre de critiques dans les médias internationaux ont reproché à la Chine d'avoir « fait du stop » (bénéficiaire du développement d'autres pays sans contrepartie) au cours des 30 dernières

119

années. Ces accusations sont arbitraires, injustes et non fondées. L'expression « faire du stop » est utilisée pour décrire une personne qui obtient un avantage aux dépens d'une autre. En matière de relations internationales, cette expression implique qu'un pays profite unilatéralement des avantages du système international en se dérobant à ses responsabilités internationales et en ne fournissant pas de biens publics. Au cours des 30 dernières années, l'intégration de la Chine dans l'économie mondiale a été tout sauf un « auto-stop ». En réalité, c'est la Chine qui a laissé d'autres pays bénéficier de son développement. Premièrement, le développement de la Chine s'est déroulé sans incident. La croissance stable d'un pays de 1,3 milliard d'habitants s'est avérée être une aubaine économique pour toute la région et le monde dans l'ensemble. Deuxièmement, la Chine est devenue un moteur important pour la croissance mondiale tout en donnant un élan au développement économique de nombreux autres pays. Troisièmement, la Chine n'a pas fait des vagues partout dans le monde ni essayé de renverser l'ordre international établi, mais a soutenu une amélioration progressive de l'ordre international. Quatrièmement, la Chine a augmenté sa production de biens publics pour la communauté internationale.

En résumé, il est tout à fait faux et injuste de prétendre que la Chine a cherché à tirer parti des avantages de l'ordre international établi tout en refusant d'assumer les responsabilités et les coûts. Au cours des 30 dernières années, les relations de la Chine avec le reste du monde ont été caractérisées par une coopération mutuellement bénéfique ; la Chine n'a jamais cherché à profiter gratuitement du développement d'un autre pays. La croissance de la Chine dépend du monde, et le monde en bénéficie également. Maintenant que la Chine est profondément intégrée dans le monde, elle exerce aussi une influence profonde sur le monde.

Alors que la Chine invite le reste du monde à prendre le train de son développement, quelles occasions et quels biens publics a-t-elle à offrir ?

La Chine participe activement aux opérations de maintien de la paix et contribue au maintien de la paix et de la sécurité internationales dans l'esprit de la Charte des Nations unies. Depuis 1990, le gouvernement chinois a envoyé plus de 30 000 personnes dans 24 opérations différentes de maintien de la paix des Nations unies. Le président Xi Jinping a participé au Sommet des dirigeants sur le maintien de la paix au siège de l'ONU en 2015, où il s'est engagé à accroître le soutien aux opérations de maintien de la paix des Nations unies en rassemblant une force de maintien de la paix en attente composée de 8 000 soldats et en fournissant un soutien financier et technique pertinent.

La Chine a assumé davantage de responsabilités internationales en matière d'éradication de la pauvreté et s'est efforcée d'apporter un soutien plus concret aux pays en développement. En septembre 2015, à la table ronde de haut niveau sur la coopération Sud-Sud, Xi Jinping a annoncé que la Chine allait déployer sur les cinq ans à venir un programme d'aide désigné « six cents projets » au profit des pays en développement : 100 projets pour la réduction de la pauvreté, 100 projets pour la coopération agricole, 100 projets d'aide pour promouvoir le commerce, 100 projets pour la protection de l'environnement et la lutte contre le changement climatique, la construction de 100 hôpitaux et cliniques, l'ouverture de 100 écoles et centres de formation professionnelle. Lors du Sommet des Nations unies sur le développement durable, Xi Jinping a déclaré que la Chine allait mettre en place un « Fonds d'assistance pour la Coopération Sud-Sud », avec un engagement initial de 2 milliards de dollars américains pour soutenir les pays en développement dans la mise en œuvre du programme de développement pour l'après-2015. La Chine continuera d'accroître les investissements dans les pays les moins avancés, avec près de 12 milliards de dollars américains d'ici 2030. Xi Jinping a également indiqué l'annulation de la dette pour les pays les moins avancés concernés, les pays en développement sans littoral, les petits pays insulaires en développement, dans le cadre des prêts sans intérêt arrivant à échéance fin 2015. La Chine a déclaré qu'elle allouerait 20 milliards de yuans dans une déclaration présidentielle conjointe sino-américaine sur le changement climatique pour aider d'autres pays en développement.

La caractéristique principale du train de développement chinois est de faire appel à la construction conjointe de « la Ceinture et la Route » marquée par le respect du principe d'amples consultations, de contribution conjointe et de bénéfice partagé. Depuis que l'initiative a été proposée, la Chine a travaillé avec d'autres pays pour mettre au point des dizaines de grands projets de coopération qui promettent d'améliorer la vie des habitants de la région. Entre 2014 et 2016, les échanges commerciaux entre la Chine et les pays participant à l'initiative de « la Ceinture et la Route » ont dépassé les 3 000 milliards de dollars américains, et les investissements chinois dans ces mêmes pays ont dépassé les 50 milliards de dollars américains. Les entreprises chinoises ont créé 56 zones de coopération économique et commerciale dans plus de 20 pays, ce qui a généré près de 1,1 milliard de dollars américains de recettes fiscales pour les pays hôtes et créé 180 000 emplois locaux. La Banque asiatique d'investissement dans les infrastructures (BAII) contribue au financement des projets d'infrastructure et de développement économique dans divers pays, en accordant des prêts d'un montant de 1,7 milliard de dollars américains pour 9 projets et en fournissant plus de 4 milliards de dollars américains au Fonds de la Route de la soie.

Lors du Forum de « la Ceinture et la Route » pour la coopération internationale en mai 2017, Xi Jinping a annoncé l'engagement de la Chine à construire une communauté de destin en accordant 100 milliards de yuans supplémentaires au Fonds de la Route de la soie ; établissant des programmes de prêts spéciaux équivalant respectivement à 250 milliards de yuans et à 130 milliards de yuans par la Banque de développement de Chine et la Banque d'import-export de Chine pour soutenir la coopération de « la Ceinture et la Route » dans les infrastructures, la capacité industrielle et le financement ; fournissant une aide de 60 milliards de yuans au cours des trois ans à venir aux pays en développement et aux organisations internationales participant à l'initiative « la Ceinture et la Route », afin de lancer davantage de projets pour améliorer le bien-être du peuple ; fournissant une aide alimentaire d'urgence de 2 milliards de yuans aux pays en développement le long de « la Ceinture et la Route » et apportant une contribution supplémentaire d'un milliard de dollars américains au Fonds d'assistance pour la coopération Sud-Sud ; fournissant aux organisations internationales concernées un milliard de dollars américains pour mettre en œuvre les projets de coopération qui bénéficieront aux pays le long de « la Ceinture et la Route ».

Ce ne sont là que quelques aspects du train du développement chinois.

Le « train du développement » de la Chine contient le mot chinois « vent arrière » là-dedans, qui signifie une influence favorable ou un mouvement dans la même direction que le vent. Le train du développement chinois a été hautement apprécié pour un certain nombre de raisons : il incarne une conception correcte de la justice et des intérêts, respecte les besoins de développement d'autres pays et n'est assorti d'aucune condition politique. En septembre 2015, à l'issue du discours de Xi Jinping à l'Assemblée générale des Nations unies, des dizaines de chefs d'État ont attendu le président chinois dans le couloir pour lui serrer la main. Ceux qui avaient accepté l'invitation de la Chine et bénéficié du « vent arrière » du développement chinois ont dit avec une sincérité émouvante : « L'aide de la Chine, c'est de l'or pur » ; « La Chine fait preuve d'un grand pragmatisme. Les actions pèsent plus que les mots. » Des mots d'éloge ont également été prononcés par Ban Ki-Moon, ancien secrétaire général des Nations unies : « La Chine apporte des avantages réels et tangibles aux personnes les plus pauvres et les plus vulnérables du monde. »

EXPRESSIONS FAMILIÈRES

Nous nous efforçons de réaliser le rêve chinois du grand renouveau de la nation chinoise. Le fond du rêve chinois, par son essence, consiste à réaliser la prospérité du pays, le renouveau de la nation et le bonheur du peuple.

— Discours prononcé par Xi Jinping devant le Parlement fédéral australien, le 17 novembre 2014

La prospérité du pays, le renouveau de la nation et le bonheur du peuple

Le rêve chinois est un rêve de paix, de développement, de coopération et d'avantages pour tous

Selon un dicton chinois, « les pensées de la journée alimentent les rêves de la nuit ». Les rêves reflètent les pensées et les espoirs du rêveur et, par extension, peuvent être considérés comme les aspirations et les ambitions d'un individu et les idéaux sociaux de l'humanité. Chacun a ses propres idéaux, objectifs et rêves. Par son interprétation du rêve chinois, Xi Jinping a suscité des espoirs et des aspirations immenses de la population chinoise à l'égard du rêve chinois. Qu'est-ce que le rêve chinois ? Les Chinois de tous âges, de toutes professions et de tous niveaux d'éducation ont des réponses différentes. Pour certains, il peut s'agir des petites joies de mener une vie simple mais vertueuse ou de l'objectif noble de faire face à l'adversité avec une volonté d'acier. Pour d'autres, il peut s'agir de réaliser une réussite personnelle grâce à leur dur travail ou d'assumer la responsabilité de contribuer à la stabilité et à la prospérité de toute la société. Jamais le rêve chinois n'a été exprimé d'une manière aussi subtile, détaillée, vivante, profonde et impartiale que possible.

Selon Lu Xun, un grand écrivain moderne chinois, dans le roman *Le Rêve dans le Pavillon rouge* qui est évoqué avec une phrase célèbre « qui saura goûter le suc qu'il dissimule ? », « ceux qui étudient les livres confucéens voient l'influence du *Livre des Mutations*. Les moralistes confucéens le trouvent licencieux. Les érudits doués le considèrent comme émouvant.

Les révolutionnaires le considèrent comme un sentiment hostile à l'égard des Mandchous. Ceux qui répandent des rumeurs le voient comme une révélation des secrets du palais impérial... » Le texte est écrit par l'auteur, mais les lecteurs peuvent avoir leur propre façon de le comprendre, créant ainsi des commentaires de lecture très différents. De même, la communauté internationale a interprété le rêve chinois de manières très diverses : de ceux qui peuvent le comprendre et s'identifier à lui à ceux qui sont perplexes et l'interprètent mal. Il y a ceux qui apprécient beaucoup les réalisations remarquables de la Chine en matière de développement économique, l'augmentation du niveau de vie de la population, le riche patrimoine culturel et historique, et le renforcement de l'influence sur la scène internationale. D'autres encore associent le rêve chinois à des rêves d'empire céleste, de nationalisme, d'hégémonie militaire et de domination de l'Asie de l'Est pour exprimer leur propre sentiment de perte et d'impuissance, leurs soupçons à l'égard de la Chine et leur anxiété quant à l'avenir. Le rêve chinois s'est heurté à une pression politique et culturelle considérable de la part de la communauté internationale dans les efforts déployés par la Chine pour convaincre les gens par les faits et dissiper les doutes par la sincérité.

« Le bon vin ne peut pas être connu sans publicité lorsqu'il est loin d'être accessible. » À l'heure où l'opinion publique internationale est dominée par le discours occidental, nous ne pouvons plus nous permettre le luxe de croire que le temps séparera le bon grain de l'ivraie. Xi Jinping a ainsi lancé l'idée de « bien raconter les histoires de la Chine ». Depuis le 18e Congrès national du PCC, Xi Jinping a profité de ses visites à l'étranger pour expliquer et partager le rêve chinois, et, que ce soit à travers des discussions, des échanges, des articles ou des discours, ses propos sont explicites et convaincants. En faisant référence à la base historique du rêve chinois, il a déclaré : « La paix et l'harmonie universelles sont l'idéal que le peuple chinois chérit depuis des milliers d'années. » Il a également parlé de la signification fondamentale du rêve chinois : « La réalisation du rêve chinois du grand renouveau de la nation chinoise, par son essence, consiste à réaliser la prospérité du pays, le renouveau de la nation et le bonheur du peuple. » À travers la présentation des effets globaux du rêve chinois, il a précisé que « le rêve chinois est un rêve de paix, de développement, de coopération et d'avantages pour tous » et que le rêve chinois est « pour le bien-être des populations de tous les pays ». Grâce à leur clairvoyance et à leur souci du détail, ces interprétations ont permis au rêve chinois d'acquérir une meilleure compréhension et un plus grand soutien à l'échelle internationale.

« L'adversité forge le caractère tout comme on taille et polit des jades. » L'apparence saine d'une personne est indissociable de ses exercices physiques rigoureux. De même, le rêve chinois est le fruit des expériences acquises à travers le travail dur. D'une part, nous devons être aussi résolus que les montagnes si nous voulons réaliser le rêve chinois. Dans le rapport du 18e Congrès national du PCC, les objectifs des « deux centenaires » ont été proposés : construire une société modérément prospère à tous les égards d'ici 2021 (100 ans après la fondation du PCC) et édifier un pays socialiste moderne qui soit prospère, puissant, démocratique, culturellement avancé et harmonieux d'ici 2049 (100 ans après la fondation de la République populaire de Chine). Les objectifs des « deux centenaires » expriment la conception de haut niveau du rêve chinois et servent d'étoile polaire qui attire les gens à contempler et les incite à agir. D'une « puissance scientifique et technologique », d'une « puissance maritime » et d'une « puissance culturelle » à une « Chine forte et prospère », une « belle Chine » et une « Chine harmonieuse », le rêve chinois s'est transformé en un ensemble d'objectifs, de tâches et de voies réalistes. Si nous voulons « atteindre le sommet et avoir une vue panoramique de toutes les montagnes », nous devons profiter de chaque moment et maintenir le courage de surmonter les difficultés en privilégiant les actions concrètes par rapport aux vieilles routines, en résolvant les problèmes réels au lieu de prononcer des discours creux, en nous unissant dans notre lutte et en développant de nouvelles idées.

En définitive, le rêve chinois est étroitement lié au développement du pays, à la dignité nationale et au bonheur personnel. Il s'agit d'une synthèse concise de la philosophie sous-tendant la gouvernance collective du Comité central du PCC : le Parti doit jouer un rôle de premier plan et suivre la voie chinoise à partir de la réalité chinoise. Il doit faire rayonner l'esprit chinois et unir les forces de la Chine. Le rêve chinois représente aussi l'éveil et l'amélioration de soi d'une ancienne nation, et incite les Chinois à faire preuve d'une plus grande imagination et d'une plus grande créativité pour aller de l'avant. Il offre la possibilité à tous les Chinois de mener une vie enrichissante et de réaliser leurs rêves. Solidement ancré dans le sol chinois, le rêve chinois a vu le jour grâce à d'innombrables rêves d'emploi, d'éducation, de logement, d'assurance médicale et de culture.

« Ne croyez pas qu'il soit de fer ce défilé puissant. Maintenant à grands pas, nous franchissons ses crêtes[1]. » Lorsque le prix Nobel a été décerné à des écrivains et scientifiques chinois, lorsque le plus grand radiotélescope à réflecteur unique du monde a été mis en service en Chine, lorsque notre avion de ligne C919 s'envole vers le ciel bleu, lorsque le Forum de « la Ceinture et la Route » pour la coopération internationale s'est tenu à Beijing, lorsque les bonnes nouvelles deviennent de plus en plus nombreuses, l'objectif de réaliser le grand renouveau de la nation chinoise prend racine, et devient plus visible, plus clair, plus concret, et plus profondément ancré dans le cœur des gens.

---

1. *La passe Loushan*, poème écrit par Mao Zedong en 1935. — NdT

La Chine ne convoite pas les droits et les intérêts des autres pays et n'est pas jalouse de leurs réalisations, mais nous ne renoncerons jamais à nos droits et intérêts légitimes. Aucune menace ne peut effrayer les Chinois. La Chine ne cause pas de problèmes, mais elle n'en a pas peur. Aucun pays étranger ne doit s'attendre à ce que nous échangions nos intérêts fondamentaux. Nous ne laisserons pas notre souveraineté, notre sécurité et nos intérêts de développement être sapés.

— Discours prononcé par Xi Jinping lors de la Conférence célébrant le 95e anniversaire de la fondation du PCC, le 1er juillet 2016

EXPRESSIONS FAMILIÈRES

Le peuple chinois ne cause pas de problèmes, mais lorsqu'ils surviendront, le peuple chinois ne reculera pas

La poursuite du développement pacifique et la protection des intérêts nationaux fondamentaux constituent un tout indivisible

« La Chine ne convoite pas les droits et les intérêts des autres pays et n'est pas jalouse de leurs réalisations, mais nous ne renoncerons jamais à nos droits et intérêts légitimes. » Par ces mots, Xi Jinping montre la détermination inébranlable et l'engagement constant de la Chine à suivre la voie de développement pacifique. Cela signifie que la Chine n'échangera jamais ses droits et intérêts légitimes ou ses intérêts nationaux fondamentaux contre un développement pacifique. Les autres pays doivent s'abstenir d'adopter une vision biaisée de la voie du développement pacifique et éviter de croire, à tort, que la Chine fera des compromis sur des questions importantes touchant à ses intérêts fondamentaux en échange d'un environnement international stable dans lequel elle pourra poursuivre son développement. En outre, aucun pays ne doit interpréter à tort toute mesure visant à protéger les intérêts fondamentaux de la Chine comme une déviation de la voie du développement pacifique déclarée par la Chine. Pour la Chine, la poursuite du développement pacifique et la défense des intérêts nationaux fondamentaux constituent un tout indivisible. Il n'est donc absolument pas question de l'un ou l'autre.

Xi Jinping a ajouté : « La Chine ne cause pas de problèmes, mais elle n'en a pas peur. Aucun pays étranger ne doit s'attendre à ce que nous échangions nos intérêts fondamentaux. Nous ne laisserons pas notre souveraineté, notre sécurité et nos intérêts de développement être sapés. » Cette position ferme ne peut être plus claire ni plus compréhensible. Xi Jinping a non seulement déclaré au monde que la Chine suivrait fermement la voie du développement pacifique, mais il a également précisé où se situent la ligne de fond et la ligne rouge, aidant ainsi la communauté internationale à acquérir une compréhension globale et profonde de la poursuite de la Chine pour un développement pacifique, de peur que les intentions et les principes de la Chine ne soient mal interprétés.

La Chine « ne cause pas de problèmes ». Elle choisit d'agir dans le cadre du droit international et de la Charte des Nations unies. La Chine ne provoque jamais de conflits internationaux, ne tire pas de profits aux dépens des autres et ne déplace pas les problèmes ailleurs. Bien qu'elle soit un grand pays, la Chine ne recherche jamais l'hégémonie. Elle ne supplante pas les grands pays, n'intimide pas les petits pays et n'impose pas sa volonté aux autres. La Chine n'empiète pas sur la souveraineté territoriale des autres pays ; elle ne veut pas un pouce de terre étrangère. Lorsque des questions controversées se posent, la Chine s'engage à trouver une solution par les négociations. Elle propose de mettre de côté les différends qui ne peuvent être résolus à court terme pour éviter de nuire à des coopérations dans d'autres domaines. Par exemple, la Chine n'est à l'origine d'aucun des récents incidents survenus dans ses alentours.

La Chine n'a pas peur des problèmes. Elle ne fera absolument pas preuve de tolérance ni de concessions sur des questions qui vont à l'encontre de ses principes. Bien que la paix et le développement demeurent les deux thèmes majeurs de notre époque, la dureté de la lutte politique à l'échelle internationale s'accentue dans certains domaines. La possibilité que certains pays et certaines forces politiques cherchent à nuire aux intérêts fondamentaux de la Chine existe toujours, et nos bonnes intentions en faveur du développement pacifique ne la dissiperont pas. Le développement pacifique est une voie idéale, mais il y a encore beaucoup d'obstacles en cours de route. En particulier aujourd'hui, alors que la Chine est en train de monter en puissance, les façons dont nous répondons aux défis internationaux, et même notre capacité à le faire, peuvent s'accroître, mais la pression étrangère pour contenir la Chine augmente au même rythme. Au cours de la poursuite d'un développement pacifique, il faut absolument avoir recours à la coopération et à la confrontation. En respectant les principes de la vérité, des avantages et de la modération, la Chine a permis au monde de comprendre plus facilement ses objectifs diplomatiques et sa ligne de fond. Nous devons transmettre un message sans équivoque au reste du monde : la Chine poursuivra résolument la voie du développement pacifique sans menacer qui que ce soit ni tolérer que quiconque menace la Chine. La communauté internationale doit être prête à développer des échanges et des coopérations avec la Chine sans se sentir surprise lorsque celle-ci défend ses intérêts fondamentaux.

« Aucune menace ne peut effrayer les Chinois. » La Chine a la confiance, la capacité et la détermination nécessaires pour relever tous les défis. De la Guerre de résistance contre l'agression japonaise à la Guerre de libération, de la Guerre de résistance à l'agression américaine et d'aide à la Corée à la lutte contre l'hégémonisme, de la sauvegarde de la souveraineté des îles Diaoyu à la défense de notre souveraineté et de nos droits maritimes sur les îles et les récifs en mer de Chine méridionale, de la lutte contre les trois forces que sont le terrorisme, le séparatisme et l'extrémisme à l'amélioration de notre capacité à remporter des guerres locales dans le contexte de l'informatisation, le peuple chinois n'adopte jamais de position ambiguë quant à la défense de la souveraineté, de la sécurité nationale et des intérêts de développement. La Chine ne cause pas de problèmes, mais elle n'en a pas peur. Au contraire, elle s'appuie sur ses principes, sa détermination et sa puissance globale croissante. Les pays arriérés ont toujours été la cible d'attaques. L'expérience d'être un pays arriéré est profondément ancrée dans la mémoire collective des Chinois. Alors que la Chine ne provoque pas de troubles, certains pays sont déterminés à provoquer la Chine ou à semer le trouble à la périphérie de la Chine. La Chine ne craint aucun problème, car elle s'appuie sur une puissance nationale croissante et des capacités d'alerte précoce. La Chine a renforcé sa défense nationale, étendu son réseau mondial de partenariats et amélioré sa capacité à façonner les environnements voisins et international.

À l'avenir, la tendance dominante au plan mondial sera le développement pacifique, et la stratégie de développement pacifique de la Chine s'inscrit dans cette tendance. Nous avons pleinement confiance en notre capacité à atteindre nos objectifs de développement et à poursuivre avec succès le développement pacifique. En effet, le développement pacifique jette les bases solides de la sauvegarde des intérêts nationaux fondamentaux de la Chine, ce qui élimine les obstacles au développement pacifique. La poursuite d'un développement pacifique favorise les amitiés avec d'autres pays. La sauvegarde des intérêts fondamentaux ne constitue jamais un obstacle à de véritables amitiés.

La Chine suit la voie du développement pacifique et invite les autres pays à suivre la même voie. Ce n'est que lorsque tous les pays agiront de la sorte qu'ils seront en mesure d'atteindre un développement commun et une coexistence pacifique.

— Discours prononcé par Xi Jinping lors de la présidence de la troisième session d'étude en groupe du Bureau politique du 18e Comité central du PCC, le 28 janvier 2013

La Chine invite les autres pays à suivre la même voie

Promouvoir une bonne interaction entre la Chine et le monde

Suivre fermement la voie du développement pacifique est un choix straté-gique et un objectif de nos efforts. « La poursuite du développement paci-fique dépend dans une large mesure de la transformation des opportunités qui existent dans d'autres pays en opportunités pour la Chine, et vice versa, permettant ainsi à la Chine et à tous les autres pays d'aller de l'avant dans un environnement marqué par la bonne interaction et le bénéfice mutuel. » Les remarques de Xi Jinping, axées sur la paix et le développement, expriment clairement les relations entre la Chine et le reste du monde.

Comme il l'a souligné, la communauté internationale a connu des changements spectaculaires au cours des dernières décennies. La paix, le développement, la coopération et les avantages mutuels sont devenus les tendances majeures de notre époque, et les pays sont plus interconnectés et interdépendants que jamais. Pourtant, l'humanité fait toujours face à des difficultés et des défis. C'est dans ce contexte que Xi Jinping a mis l'accent sur la nécessité de mieux intégrer le développement intérieur à l'ouverture sur le monde extérieur, de lier le développement de la Chine à celui de tous les autres pays, et d'associer les intérêts du peuple chinois à ceux des peuples du monde entier. En bref, « la Chine suit la voie du développement pacifique et invite les autres pays à suivre la même voie. Ce n'est que lorsque tous les pays agiront de la sorte qu'ils seront en mesure d'atteindre un développement commun et une coexistence pacifique ».

La Chine suit la voie du développement pacifique et invite les autres pays à suivre la même voie, les deux se conditionnent et se renforcent mutuellement. La Chine partage des intérêts communs avec le reste du monde. La sauvegarde des intérêts de la Chine peut être intégrée à la promotion des intérêts communs du monde pour éviter le jeu à somme nulle. En liant plus étroitement le développement de la Chine à celui de tous les autres pays et en intégrant les intérêts du peuple chinois aux intérêts communs de tous les peuples, on créera plus d'espace pour le développement pacifique de la Chine et plus d'opportunités pour celui du monde.

Alors, comment tous les pays peuvent-ils parvenir à suivre la voie du développement pacifique ?

En premier lieu, nous devons résoudre le problème de perception en soulignant que le terrain d'entente et la coopération font partie intégrante du développement pacifique. Le développement pacifique n'est pas l'affaire d'un seul pays. Dans le monde actuel, il est difficile d'imaginer de jouir de la sécurité alors que d'autres n'en ont pas, de prospérer alors que d'autres se trouvent dans l'impasse, ou de mener une vie heureuse alors que d'autres vivent dans la misère. De nos jours, le monde est loin d'être tranquille : le développement est entravé par de nombreux éléments, et les problèmes mondiaux ne sont que trop visibles. Ce n'est pas une lutte qu'un pays, aussi fort soit-il, peut mener seul. Les effets d'un événement qui a eu lieu dans un pays peuvent facilement avoir des répercussions au-delà de ses frontières. Le mépris envers les objectifs et les principes de la Charte des Nations unies, la poursuite de l'hégémonisme et de la politique du plus fort, l'ingérence irrationnelle dans les affaires intérieures d'autres pays, la course aux armements et le maintien d'une politique de deux poids deux mesures à l'égard des trois forces (le terrorisme, le séparatisme et l'extrémisme) ont un impact très négatif sur le développement pacifique du monde. Les menaces conventionnelles et non conventionnelles pour la sécurité se sont entremêlées, ce qui fait que la sauvegarde de la paix mondiale et la promotion du développement commun resteront une tâche ardue pour les années à venir. Nos intérêts nationaux et ceux de la communauté internationale sont mieux servis lorsque tous les pays sont solidaires dans les moments difficiles, profitent des avantages partagés et assument des responsabilités communes.

En second lieu, nous devons coordonner les stratégies de développement en gérant les différences et en trouvant davantage de terrains d'entente. Les réalités de chaque pays étant différentes, leurs besoins et priorités respectifs en matière de développement, ainsi que leurs positions et attitudes vis-à-vis des questions internationales, peuvent également différer. Les différences doivent servir de moteur à la recherche des terrains d'entente, et non d'obstacles à une coopération mutuellement bénéfique. La Chine recherche et développe des domaines d'intérêt communs avec d'autres pays. Toutefois, parmi tous les domaines qui se chevauchent, le plus stratégique, le plus durable et le plus prometteur est d'intégrer la stratégie de développement de la Chine à celles des pays et régions concernés. Cela est devenu un moyen particulièrement efficace pour la Chine de pratiquer une diplomatie axée sur la coopération mutuellement bénéfique. Les réalités et les besoins de différents pays peuvent être pris en compte lors de la mise en relation des stratégies de développement. Cette approche qui facilite progressivement la coopération mutuellement bénéfique permettra aux peuples de tous les pays de partager les fruits du développement pacifique et de la coopération gagnant-gagnant et augmentera la dynamique de la poursuite du développement et de la sécurité communs de tous les pays. Selon Xi Jinping, le paysage international en pleine évolution et la difficulté d'obtenir la participation du monde entier signifient que tous les pays doivent promouvoir conjointement la construction d'un nouveau type de relations internationales basées sur la coopération mutuellement bénéfique. En outre, les peuples du monde entier doivent travailler ensemble pour sauvegarder la paix mondiale et promouvoir le développement commun.

Les échanges entre la Chine et le reste du monde se font à un rythme plus rapide, ce qui renforce les influences mutuelles. La poursuite acharnée de la Chine en matière de développement pacifique sera une grande contribution pour toute l'humanité, car elle permet à un cinquième de la population mondiale de mener une vie relativement aisée et stable. De même, encourager davantage de pays à suivre la voie du développement pacifique sera une aubaine pour tous les pays, car cela favorise la bonne interaction entre la Chine et le reste du monde, renforçant ainsi le développement pacifique pour tous.

Nous devons construire un partenariat global aux niveaux international et régional et tracer un nouveau chemin pour l'organisation des relations interétatiques, celui de développer le dialogue et le partenariat plutôt que la confrontation et l'alliance. Les grands pays sont appelés à éviter l'affrontement et la confrontation entre eux, à se respecter et à coopérer pour le gagnant-gagnant.

— Discours prononcé par Xi Jinping au débat général de la 70e session de l'Assemblée générale des Nations unies, le 28 septembre 2015

Privilégier le dialogue et le partenariat, plutôt que les confrontations et les alliances

Développements importants de la politique de non-alliance de la Chine

Le mot chinois signifiant « partenaire » est dérivé du terme « huo ban ». Dans les anciennes pratiques militaires, cinq personnes formaient une rangée, et deux rangées formaient un huo (littéralement « feu »), c'est-à-dire dix personnes regroupées partageant un feu de cuisson. Les personnes qui utilisaient le même feu de cuisson étaient connues sous le nom de *huo ban* (littéralement, « compagnons de feu »), qui désignait les soldats du même camp militaire. Un autre exemple de *huo ban* apparaît dans cette ligne de l'ancienne chanson folklorique *La Ballade de Mulan*, « elle sort voir ses compagnons d'armes (*huo ban*), ses compagnons sont très étonnés ». Par extension, le terme *huo ban* peut désigner les compagnons qui vivent ou travaillent ensemble, c'est-à-dire les partenaires. Le mot chinois signifiant « alliance », *tong meng*, a une histoire encore plus longue. Ce mot apparaît dans le chapitre « Année 9 du Duc Xi » du *Commentaire de Zuo sur les Annales des Printemps et Automnes*, « en automne, le marquis de Qi conclut l'alliance avec les princes à Kuiqiu, en disant : comme nous sommes unis dans ce *tong meng*, nous serons réconciliés entre nous par la suite. » Ici, le terme *tong meng* fait référence à la coutume consistant à s'enduire les lèvres de sang pour prêter serment. Cette coutume était pratiquée par les seigneurs féodaux des anciens royaumes pour conclure une alliance. De nos jours, il fait référence à une alliance conclue entre des pays ou des personnes.

Dans les relations internationales modernes, un partenariat est une relation indépendante de coopération internationale entre pays. Sur la base d'intérêts communs, il est établi pour atteindre des objectifs communs par des actions conjointes. Une alliance est une union forgée pour la sécurité militaire. Il s'agit d'une relation politique et militaire à long terme établie entre deux ou plusieurs pays pour renforcer la sécurité en rassemblant leurs forces nationales. Dans les environnements internationaux où l'hégémonisme et la politique du plus fort prévalent, l'histoire montre de manière éloquente que les alliances ont tendance à exacerber les tensions dans les relations internationales. La politique de non-alliance vise à éviter ces conséquences négatives. Alors qu'il s'adressait à la 70e session de l'Assemblée générale des Nations unies le 25 septembre 2015, Xi Jinping a proposé de privilégier les partenariats plutôt que les alliances. Les partenariats préservent la paix et le développement dans le monde entier et créent un environnement de sécurité international favorable.

Le choix de privilégier les partenariats plutôt que les alliances peut être attribué à la politique de non-alliance de la Chine. En mai 1984, alors que Deng Xiaoping résumait les principes directeurs de la diplomatie chinoise dans la nouvelle ère, il a indiqué : « La Chine a adopté une politique extérieure d'indépendance et de paix, qui représente véritablement la non-alliance. » En d'autres termes, cette politique consiste en une non-alliance, un non-isolement, une non-confrontation et ne cible aucune tierce partie. La Chine s'engage pleinement dans une diplomatie fondée sur la non-alliance. Cette politique a résulté d'une décision délibérée de poursuivre le développement et de sauvegarder l'indépendance dans l'affrontement entre deux superpuissances, les États-Unis et l'Union soviétique. Elle était aussi le résultat de l'ajustement et de la remise en question de l'alliance avec l'Union soviétique. Après la guerre froide, la Chine a continué à mener la politique de non-alliance, considérant que les alliances représentaient une mentalité de guerre froide et un concept de sécurité dépassé. Dans le cadre de cette politique, la diplomatie chinoise a véritablement fait progresser la paix et la coopération avec les autres pays et a créé un environnement extérieur favorable pour promouvoir la modernisation de la Chine.

Depuis le 18e Congrès national du PCC, les circonstances internationales continuent de subir des changements compliqués et profonds. La volonté de créer un monde plus multipolaire qui existe dans une ère de paix, de développement et de coopération est de plus en plus forte, mais les conflits et les guerres régionaux font toujours rage, et les problèmes de développement ne sont toujours pas résolus. Dans le même temps, la puissance nationale globale et l'influence internationale de la Chine continuent de croître. Dans ce contexte, la manière dont la Chine s'engage dans le système mondial, s'y intègre et le façonne a suscité l'attention de tous, l'alliance et la non-alliance constituant l'un des sujets de débats en matière de politique diplomatique. Ceux qui sont favorables à l'alliance trouvent que, loin d'être une mentalité de guerre froide, l'alliance est un moyen d'équilibrer les pouvoirs. Pour eux, c'est la seule option pour se faire des alliés fidèles et répondre à la pression militaire de certains pays. Or, ceux qui sont favorables à la non-alliance estiment que la ligne séparant les ennemis des amis s'estompe, que la mondialisation progresse et que la concurrence à l'égard de la puissance nationale globale s'intensifie, ce qui diminue l'importance de la puissance militaire. En outre, l'alliance non seulement entraverait le développement de la Chine, mais aussi dégraderait son environnement sécuritaire.

La proposition de Xi Jinping de conclure des partenariats plutôt que des alliances permet de combler le fossé entre les deux parties. En se faisant des « amis fidèles » sur la base de non-alliance, la Chine maintient son indépendance et gagne des amis fiables. Elle pourra compter sur des partenaires fiables pour faire face à des périodes difficiles sans s'empêtrer dans un dilemme sécuritaire. Le choix de conclure des partenariats plutôt que des alliances incarne une nouvelle vision de la diplomatie chinoise dans ce nouveau paysage, une vision conforme à un concept de la paix vieux de plusieurs siècles et à une position politique appropriée pour un pays socialiste. Le choix de conclure des partenariats plutôt que des alliances représente une évolution importante de la politique de non-alliance de la Chine, qui trace une nouvelle voie pour les échanges avec l'étranger et un nouveau type de relations internationales basé sur la coopération mutuellement bénéfique.

Le choix de conclure des partenariats plutôt que des alliances est la réponse de la Chine à l'évolution du paysage international et un élément constitutif de la diplomatie de grand pays à la chinoise. Premièrement, la diplomatie de non-alliance n'est pas une diplomatie équidistante. Il s'agit plutôt de rendre la diplomatie plus inclusive, multidimensionnelle et ciblée. La diplomatie chinoise actuelle peut être caractérisée comme étant à la fois globale et ciblée. L'objectif d'une diplomatie globale est d'améliorer les relations avec les pays voisins, ce qui passe par l'établissement d'un nouveau modèle de relations entre grands pays et par la valorisation des pays en développement et des économies de marché émergentes. Deuxièmement, la diplomatie de non-alliance consiste à se faire plus d'amis et à augmenter le nombre de partenaires sur la base de la non-alliance. Lors de sa visite au Bangladesh, Xi Jinping a réitéré les célèbres paroles d'un homme d'État bangladais : « Main tendue à tous, haine envers personne. » Cette vision est mise en pratique par la diplomatie chinoise. À ce jour, la Chine a établi des partenariats avec une centaine de pays, de régions et d'organisations régionales, dont la plupart des grands pays et des régions importantes du monde. Troisièmement, la diplomatie de non-alliance implique des partenariats diversifiés. Plutôt que de conclure des partenariats également étroits avec chaque pays, la Chine cherche à établir un large éventail de partenariats qui s'étendent sur une grande variété de domaines en fonction du niveau de coopération, du domaine d'intérêt, de la portée et du degré de proximité. Ainsi, les partenariats « en toutes circonstances », « global », « complet », « amical et coopératif » démontrent la diversité des relations diplomatiques entre la Chine et d'autres pays.

En bref, ce sont les partenariats, et non les alliances, qui dépassent la mentalité de la guerre froide, éliminent l'hégémonisme, accueillent tous les pays sur une base d'égalité et évitent de former des cliques. Les partenariats, et non les alliances, affichent clairement des « caractéristiques chinoises », « style chinois » et « attitude chinoise ».

Nous devons construire ensemble un partenariat Asie-Pacifique basé sur la confiance mutuelle, l'inclusion, la coopération et le bénéfice mutuel. Ceux qui partagent les mêmes idées et suivent la même voie peuvent être des partenaires. Ceux qui recherchent un terrain d'entente tout en mettant les divergences de côté peuvent également être des partenaires. Plus d'amis, plus d'opportunités.

— Discours prononcé par Xi Jinping lors de la cérémonie d'ouverture du Sommet des chefs d'entreprise de l'APEC, le 9 novembre 2014

Ceux qui partagent les mêmes idées et suivent la même voie peuvent être des partenaires ; ceux qui recherchent un terrain d'entente tout en mettant les divergences de côté peuvent également être des partenaires

Transcender les systèmes sociaux et les idéologies pour construire un monde harmonieux

« Ceux qui partagent les mêmes idées et suivent la même voie peuvent être des partenaires. » Les partenaires sont des personnes qui partagent des aspirations, des intérêts, des idéaux et des convictions similaires. « Ceux qui recherchent un terrain d'entente tout en mettant les divergences de côté peuvent également être des partenaires. » En 1955, le Premier ministre Zhou Enlai a proposé cette idée pour aborder les questions internationales lors de la Conférence de Bandung. Le 9 novembre 2014, Xi Jinping a combiné ces deux idées et les a enrichies d'une nouvelle signification dans un discours qu'il a prononcé lors de la cérémonie d'ouverture du Sommet des chefs d'entreprise de l'APEC. Dans une perspective dialectique, il a utilisé un langage facile à comprendre pour exposer la politique diplomatique de la Chine, qui consiste à ne pas se fonder sur des systèmes sociaux et des idéologies, à ne pas permettre aux forts d'opprimer les faibles ni aux riches d'intimider les pauvres, à respecter la diversité du monde et à inviter tous les pays à construire ensemble un monde harmonieux.

À l'époque de la guerre froide, les États-Unis et l'Union soviétique représentaient les deux pôles du spectre politique international. Ces deux superpuissances, confiantes dans leurs propres modèles politiques et voies de développement, pensaient que leurs systèmes politiques et leurs modèles de développement économique respectifs étaient appropriés à d'autres pays et régions. Après la guerre froide, les États-Unis ont finalement mondialisé son hégémonie économique, politique et militaire et, dans une certaine mesure, ont monopolisé le droit de parole en matière de valeurs et de culture. Ses tentatives persistantes d'imposer ses valeurs et son modèle de développement à l'échelle mondiale constituent une source de tension dans de nombreux pays et régions.

Il s'avère que le choix de l'idéologie et du système politique d'un pays est façonné par la lutte et les efforts prolongés de son peuple. En outre, c'est aussi le résultat de son développement historique et de son choix rationnel. La concurrence permet aux différentes cultures et aux différents systèmes sociaux de s'améliorer en apprenant les uns des autres. Le processus de recherche d'un terrain d'entente tout en mettant les divergences de côté offre des possibilités de se développer ensemble. Le fait de ne pas tenir compte des réalités nationales et du stade de développement de chaque pays et de contraindre tous les pays à adopter la même idéologie et le même système politique, ne respecte ni les traditions historiques ni les réalités nationales. Cela ne peut que conduire à la catastrophe. Il suffit pour s'en convaincre de regarder la crise en Ukraine et le chaos qui règne dans une grande partie du Moyen-Orient.

La philosophie et les valeurs traditionnelles chinoises mettent l'accent sur des concepts tels que « la paix est primordiale », « les différentes cultures doivent coexister » et « rechercher l'harmonie sans uniformité ». Xi Jinping fait preuve de réalisme à l'égard de la communauté internationale lorsqu'il propose : « Ceux qui partagent les mêmes idées et suivent la même voie peuvent être des partenaires. Ceux qui recherchent un terrain d'entente tout en mettant les divergences de côté peuvent également être des partenaires. » Le respect et la défense de la diversité du monde offrent une nouvelle perspective sur la manière dont la diplomatie chinoise gère correctement les relations entre les intérêts nationaux et les systèmes sociaux et idéologiques. Cela fournit également un nouvel argument théorique à la Chine pour développer des relations de coopération amicale avec tous les pays et tous les acteurs internationaux.

En effet, la diplomatie chinoise est cohérente avec la proposition de Xi Jinping. En poursuivant des coopérations amicales et en transcendant les différences de systèmes sociaux et d'idéologies, les relations fondées sur le bon voisinage, l'amitié et la coopération entre la Chine et ses pays voisins sont à leur meilleur niveau depuis la fondation de la République populaire de Chine en 1949. La Chine a également bénéficié d'une amélioration significative de ses relations avec les pays développés occidentaux. L'établissement d'un nouveau type de relations entre les puissances que sont la Chine et les États-Unis et l'approfondissement du partenariat stratégique global entre la Chine et l'UE reflètent l'effet positif de la proposition de Xi Jinping. La voie du renforcement de la coopération amicale entre la Chine et les pays en développement d'Asie, d'Afrique et d'Amérique latine s'est élargie pour non seulement consolider les liens traditionnels d'amitié, mais aussi assurer un approfondissement des relations bilatérales. Il est également important de noter que les liens amicaux entre le PCC et divers types de partis politiques dans le monde ont progressé de manière significative en vertu de ce principe directeur. Le PCC entretient des relations amicales avec les partis au pouvoir et les partis d'opposition. Par exemple, après avoir éliminé les clivages idéologiques, le PCC s'est montré de plus en plus amical avec les partis nationalistes des pays en développement. Le PCC a également établi des échanges amicaux avec certains partis traditionnels de droite des pays développés en Occident. En outre, conformément au consensus international pour le respect et la sauvegarde de la diversité du monde, l'approche de l'APEC et l'esprit de Shanghai cultivés par toutes les parties concernées démontrent pleinement le rôle prépondérant que la Chine, en tant que puissance régionale et mondiale, joue dans la démocratisation des relations internationales et la diversification des modèles de développement.

En bref, la nouvelle interprétation de Xi Jinping sur « la recherche d'un terrain d'entente tout en mettant les divergences de côté » représente un nouveau développement de la théorie marxiste en relations internationales. Correspondante aux tendances et aux exigences des relations internationales contemporaines, cette nouvelle interprétation guide la pratique diplomatique actuelle et la construction d'un ordre international plus juste et plus raisonnable.

Il y a un proverbe arabe qui dit : « Ceux qui voyagent seuls vont vite, mais ceux qui voyagent en compagnie vont loin. » Les Chinois ont un proverbe similaire : « Un voyage est plus facile avec plus d'amis ». En effet, ce sont des descriptions parfaitement appropriées pour la Chine et les pays arabes alors que nous voyageons ensemble pour relever conjointement les défis sur la route qui nous attend.

— Article signé par Xi Jinping publié dans le quotidien
égyptien *Al-Ahram*, le 19 janvier 2016

Ceux qui voyagent seuls vont vite, mais ceux qui voyagent en compagnie vont loin

*Renforcer les partenariats mondiaux et relever ensemble
les défis du développement mondial*

Il y a un proverbe arabe qui dit : « Ceux qui voyagent seuls vont vite, mais ceux qui voyagent en compagnie vont loin. » S'il est interprété littéralement, il désigne une personne agissant seule, sans entrave et sans l'influence des autres. Une personne libre de tout fardeau extérieur se déplace naturellement à un rythme plus rapide. Lorsque plusieurs personnes marchent ensemble, la vitesse de marche de chaque individu affecte la vitesse globale du groupe. Toutefois, la force du nombre permet au groupe de relever facilement les défis en cours de route et de marcher plus loin que n'importe quelle personne isolée. Cela est aussi vrai pour les pays. Au sein de la communauté internationale, ce n'est qu'en renforçant la coopération et la solidarité que les pays peuvent se protéger contre les risques extérieurs communs et promouvoir leur propre développement. Dans un article intitulé « Que l'amitié sino-arabe progresse comme le Nil », publié dans le quotidien égyptien *Al-Ahram*, Xi Jinping a cité le proverbe arabe ci-dessus pour souligner la nécessité pour la Chine et les pays arabes de voyager ensemble, quoi qu'il arrive. En outre, il a réitéré au monde entier le rejet ferme par la Chine de la mentalité dépassée du jeu à somme nulle. La Chine est prête à « avancer ensemble » avec tous les pays en s'accordant mutuellement assistance, en coopérant pour atteindre des objectifs communs et en relevant ensemble les défis auxquels l'humanité est confrontée.

Si un monde de plus en plus globalisé et multipolaire crée des occasions rares qui sont saluées par tous, il apporte également un nombre croissant de problèmes pour le développement mondial, notamment le changement climatique, la dégradation de l'environnement, la sécurité énergétique, les crises financières, l'aggravation des disparités économiques entre le Nord et le Sud, et la propagation du terrorisme. Face à ces défis, aucun pays ne peut rester sur la touche ou tenter de relever seul les défis. Toutefois, en raison de différents stades de développement et intérêts nationaux, les pays ne parviennent pas toujours à s'accorder sur la manière de relever ensemble les défis mondiaux ou sont en désaccord sur certains aspects de leurs actions communes de réponse. Par exemple, la montée du protectionnisme dans les pays développés, le retrait des États-Unis du Protocole de Kyoto et de l'Accord de Paris, et la politique de deux poids deux mesures des pays occidentaux en matière de lutte contre le terrorisme sont préjudiciables non seulement à la résolution des problèmes mondiaux, mais aussi au développement des pays respectifs. Afin d'améliorer l'environnement international et de réduire au minimum l'impact des problèmes mondiaux sur le développement de tous les pays, y compris la Chine, nous devons élargir notre cercle d'amis et renforcer le développement et la coopération entre les partenariats mondiaux pour résoudre conjointement ces problèmes.

« Ceux qui voyagent seuls vont vite, mais ceux qui voyagent en compagnie vont loin. » En quelques mots, Xi Jinping a souligné que la réponse de la Chine aux défis qui limitent le développement mondial est une pratique de la diplomatie de partenariat ainsi qu'un moteur de son action. Comme l'a dit Xi Jinping, « un voyage est plus facile avec plus d'amis ». La pratique de la diplomatie de partenariat permet d'élargir le champ des activités diplomatiques de la Chine, de résoudre les problèmes mondiaux et de maintenir et promouvoir la paix et le développement dans le monde. Cela constituera un moteur important pour la diplomatie de grand pays à la chinoise et donnera un nouvel élan à la diplomatie chinoise dans la nouvelle ère.

La Chine a toujours lié son propre développement au progrès commun de l'humanité. D'une part, nous saisissons les occasions offertes par le développement pacifique mondial pour notre propre développement, d'autre part, nous mettons à profit notre propre développement pour mieux défendre la paix mondiale et promouvoir le développement commun. Ces dernières années, la Chine s'est appuyée sur des partenariats pour renforcer la communication et la coordination sur des préoccupations majeures pour la communauté internationale et fournir davantage de biens publics favorisant la paix, la stabilité et la prospérité dans le monde. Dans le même temps, la Chine a également adhéré au concept de bénéfice mutuel en renforçant les coopérations pratiques dans tous les domaines, en élargissant le sens et la portée de la coopération, en travaillant ensemble pour obtenir des résultats qui répondent aux attentes des peuples et en relevant conjointement les défis du développement mondial. Par exemple, la Chine a pris l'initiative de créer des mécanismes de coopération, tels que le Forum sur la Coopération sino-africaine et le Forum sur la coopération sino-arabe. Le renforcement du dialogue et de la coopération collectifs avec les pays en développement a non seulement favorisé l'amélioration globale de la coopération avec les pays africains et arabes, mais a également atténué les difficultés économiques des pays en développement. En outre, la Chine participe activement à la coopération dans le cadre du G20. Alors qu'elle accueillait le sommet du G20 à Hangzhou en 2016, la Chine a fait une contribution active à la communication efficace entre les pays développés et les pays en développement, ce qui a conduit au consensus de Hangzhou qui a concentré les efforts pour résoudre les problèmes économiques mondiaux. La Chine a également proposé l'initiative « la Ceinture et la Route », qui non seulement fait progresser le développement commun des pays situés le long de « la Ceinture et la Route », mais constitue également une plateforme importante pour la promotion de la coopération internationale, encourageant ainsi tous les pays à relever ensemble les défis mondiaux.

Dans la longue histoire de l'humanité, les destins des peuples du monde entier n'ont jamais été aussi étroitement liés qu'aujourd'hui. Le même objectif nous unit ensemble alors que les mêmes défis exigent de nous une étroite solidarité. « Ceux qui voyagent seuls vont vite, mais ceux qui voyagent en compagnie vont loin. » Nous avons un proverbe similaire en chinois : « Les fardeaux sont lourds lorsqu'on les soulève seul ; les voyages sont plus faciles lorsqu'ils sont partagés avec d'autres. » La Chine continuera à coopérer avec les autres pays et à prendre des mesures concrètes afin de construire un monde harmonieux de paix durable et de prospérité commune.

Dans l'avenir, la Chine continuera d'observer le principe consistant à concilier la justice et les intérêts tout en privilégiant la première. Elle œuvrera à réaliser, de concert avec tous les autres pays, le programme de développement pour l'après-2015.

— Discours prononcé par Xi Jinping au Sommet de l'ONU
sur le développement durable, le 26 septembre 2015

EXPRESSIONS FAMILIÈRES

Concilier la justice et les intérêts
tout en privilégiant la première

Une diplomatie de grand pays guidée par la conception
correcte de la justice et des intérêts

Du 22 au 28 septembre 2015, Xi Jinping a effectué une visite d'État aux États-Unis et a participé aux sommets marquant le 70ᵉ anniversaire de la création de l'ONU. Le 26 septembre, il a prononcé un important discours lors du Sommet de l'ONU sur le développement durable, intitulé « Rechercher un développement durable commun et bâtir un partenariat de coopération gagnant-gagnant », dans lequel il a expliqué le principe adopté par la Chine, qui consiste à concilier la justice et les intérêts tout en privilégiant la première, et a exprimé la volonté de la Chine d'être guidée par ce principe dans sa coopération avec d'autres pays pour promouvoir un développement inclusif, réciproque et durable.

Le débat sur le lien entre *yi* (justice ou droiture) et *li* (intérêts ou bénéfices) a une longue histoire. Dans le chapitre IV des *Entretiens*, Confucius (vers 551-479 av. J.-C.) explique : « Les richesses et les honneurs sont très ambitionnés des hommes ; si vous ne pouvez les obtenir qu'en sacrifiant vos principes, ne les acceptez pas. La pauvreté et l'abjection sont en horreur aux hommes ; si elles vous viennent, même sans aucune faute de votre part, ne les fuyez pas. » Ces principes constituent la norme pour déterminer s'il faut accepter ou rejeter les intérêts, c'est-à-dire pour déterminer ce qui est juste. Dans l'« Explication des Canons II » du *Mozi*, le philosophe chinois Mo Zi (vers 468-376 av. J.-C.) a écrit : « Être bienveillant, c'est aimer ; Être juste, c'est faire du bien. » Ici, il a clarifié la relation dialectique entre

155

l'intérêt public et la justice. Dans le chapitre I de « Gao Zi » du *Mencius*, le philosophe chinois Mencius (vers 372-289 av. J.-C.) a écrit : « J'aime la vie, et j'aime aussi la justice. Si je ne puis garder les deux à la fois, je sacrifierai ma vie, et je garderai la justice. » Ici, il a fait prévaloir la justice sur la vie. Ces exemples indiquent que la philosophie traditionnelle chinoise ne rejette pas le concept de la poursuite des intérêts pour soi-même lorsqu'elle fait face à la justice et aux intérêts. Au contraire, elle souligne que la justice doit être placée au-dessus des intérêts. On devrait même pouvoir renoncer à ses propres intérêts pour la justice. Ces idées représentent les normes éthiques et le code de conduite respectés par la nation chinoise depuis des milliers d'années.

Après la fondation de la République populaire de Chine, alors que notre propre économie était faible, nous avons fait passer la justice avant nos propres intérêts en fournissant une aide aux pays d'Asie, d'Afrique et d'Amérique latine pour soutenir leur lutte contre l'oppression et le colonialisme et en les aidant à accéder à l'indépendance et à la libération. La ligne ferroviaire Tanzanie-Zambie et l'aide médicale aux pays étrangers ne sont que deux des innombrables témoignages de la détermination de la Chine à faire ce qui est juste. Depuis la mise en œuvre de la politique de réforme et d'ouverture, la puissance nationale globale de la Chine n'a cessé de croître, tout comme l'envergure, la qualité et l'efficacité de l'aide aux pays étrangers. Le bénéfice mutuel et le développement commun ont toujours guidé la coopération de la Chine avec les pays en développement. Ne se contentant pas de « donner du poisson à un homme », la Chine s'attache davantage à « apprendre à un homme à pêcher », ce qui lui vaut les louanges des populations des pays partenaires. Ces actes d'altruisme et de bénéfice mutuel nous ont permis de jouir du respect et de la confiance des pays en développement tout au long de décennies de relations internationales malgré les aléas conjoncturels. Ils n'ont jamais hésité à soutenir notre position sur les questions d'importance majeure qui concernent les intérêts fondamentaux de la Chine, comme Taïwan et le Tibet.

« Concilier la justice et les intérêts tout en privilégiant la première. » C'est le noyau essentiel de la juste conception de la justice et des intérêts dans la nouvelle ère. Xi Jinping a donné une interprétation exhaustive : « La recherche de la justice, inscrite dans l'idée des communistes et des pays socialistes, reflète notre ligne de conduite. Seulement une certaine partie des gens dans ce monde mènent une vie heureuse, et le reste de la population s'appauvrit davantage. C'est inacceptable pour nous. Le véritable bonheur est partagé au profit de tous. Nous espérons que tous les pays, en particulier les pays en développement, profiteront pleinement des avantages du développement commun. La poursuite des intérêts doit être alignée sur le principe du bénéfice mutuel, au lieu de s'affronter dans un jeu à somme nulle, elle doit profiter à toutes les parties. Nous avons l'obligation d'aider les pays pauvres par tous les moyens possibles. Cela signifie qu'il faut parfois renoncer à nos propres intérêts pour la justice. Nous ne devons pas être calculateurs et guidés uniquement par les bénéfices. » Il faut adopter la conception correcte de la justice et des intérêts dans le travail diplomatique de la Chine. « Sur le plan politique, il faut défendre l'équité, la justice et le traitement égal entre tous les pays ; respecter les principes fondamentaux des relations internationales ; s'opposer à l'hégémonisme et à la politique du plus fort ; rejeter la recherche des intérêts égoïstes au détriment des autres et l'atteinte à la paix et à la stabilité régionales. Sur le plan économique, il faut observer les principes du bénéfice mutuel et du développement commun. Nous devons tenir compte des intérêts des pays voisins et des pays en développement qui sont depuis longtemps amis avec la Chine mais qui sont confrontés à un grand défi dans leur propre développement. Nous devons nous abstenir de nous enrichir à leurs dépens ou d'appliquer la politique du chacun pour soi. »

La conception correcte de la justice et des intérêts, proposée par Xi Jinping, préserve la quintessence de la culture traditionnelle chinoise et les traditions diplomatiques de la Chine d'après 1949. Cette conception est conforme à la tendance de l'époque à la paix, au développement et à la coopération gagnant-gagnant et répond à la question de savoir comment un grand pays responsable doit mener à bien les affaires diplomatiques dans un monde chaotique et périlleux. Xi Jinping a proposé pour la première fois la conception correcte de la justice et des intérêts lors de sa visite en Afrique en mars 2013. Il a ensuite fait référence à cette conception plus de 40 fois dans ses discours publics et articles qui ont étoffé et approfondi sa signification. En même temps, la Chine a activement mis en œuvre la conception correcte de la justice et des intérêts. Lors du Sommet des Nations unies sur le développement durable, Xi Jinping a annoncé la création du « Fonds d'assistance pour la Coopération Sud-Sud » et l'accroissement des investissements dans les pays les moins avancés. Xi Jinping a également indiqué l'annulation de la dette pour les pays les moins avancés concernés, les pays en développement sans littoral, les petits pays insulaires en développement, dans le cadre des prêts sans intérêt arrivant à échéance fin 2015. Ces initiatives montrent que la Chine continue d'assumer pleinement ses responsabilités en tant que grand pays.

« Concilier la justice et les intérêts tout en privilégiant la première. » C'est une manifestation naturelle du concept de développement harmonieux de la Chine, ainsi que de sa confiance et de sa générosité en tant que grand pays. Cette approche s'oppose à l'égocentrisme et à l'égoïsme national et surmonte le double obstacle de l'utilitarisme et de l'éthique purement fondée sur le devoir. Elle part d'une communauté de destin pour l'humanité, évoluant d'une communauté qui accepte la diversité culturelle à une communauté qui respecte les autres cultures et apprécie l'importance de la diversité. Dans un monde en constante évolution, où les mouvements anti-mondialisation impliquent des menaces potentielles et où de nombreux pays en développement connaissent des revers, le chemin à parcourir semble d'autant plus tortueux. Dans cet environnement, nous ne pouvons maintenir la paix et la stabilité de la communauté internationale et défendre nos intérêts nationaux fondamentaux qu'en maintenant la conception correcte de la justice et des intérêts. Nous ne pouvons diriger et travailler avec d'autres pays pour sortir de la crise économique et des dilemmes de sécurité qu'en intégrant la prospérité commune à la poursuite de notre propre développement et en incorporant les intérêts communs de l'humanité à la réalisation des nôtres.

Le développement de la Chine représente une opportunité pour le monde. La Chine bénéficie de la mondialisation économique et y contribue. La croissance rapide de la Chine est un moteur durable et puissant pour la stabilité et l'expansion de l'économie mondiale.

— Discours liminaire prononcé par Xi Jinping lors de la cérémonie d'ouverture de la Conférence annuelle 2017 du Forum économique mondial, le 17 janvier 2017

Le développement de la Chine représente une opportunité pour le monde

Rechercher un développement ouvert

« Le développement de la Chine représente une opportunité pour le monde. » Largement citée en Chine et à l'étranger, cette opinion a été proposée par Xi Jinping lors de son discours d'ouverture à la Conférence annuelle 2017 du Forum économique mondial de Davos tenue en janvier 2017. Son langage simple transmet un message important impliquant la Chine et le monde, ainsi que le développement et les opportunités : la Chine a confiance en l'avenir, et elle espère également que le monde pourra avoir confiance en elle.

Les réalisations de la Chine en matière de développement sont l'un des plus grands miracles de l'histoire mondiale. Le monde a été impressionné par les réalisations de la Chine en matière de développement depuis la fondation de la République populaire de Chine en 1949, et plus particulièrement depuis la mise en œuvre de la réforme et de l'ouverture en 1978. L'économie chinoise a maintenu un rythme de croissance rapide, et la force nationale globale a continué à augmenter. En outre, le bien-être et le niveau de vie de la population se sont remarquablement améliorés. On a vu la montée en puissance plus évidente de la Chine au XXIᵉ siècle. Lorsque la crise financière de 2008 a enveloppé l'économie mondiale de nuages sombres, la Chine a percé l'obscurité pour faire avancer l'économie mondiale et a adopté une attitude plus ouverte pour jouer son rôle de plus en plus important sur la scène internationale.

Malgré certains indicateurs économiques montrant que la Chine a atteint le niveau d'une économie avancée, il reste encore beaucoup de choses à faire en matière de développement. Le nouveau cycle de révolution scientifique, technologique et de transformation industrielle, représentée par les initiatives « Internet Plus », a permis à certains industries et secteurs de la Chine de prendre de l'avance. Toutefois, le développement reste le principal problème auquel la Chine est confrontée. La Chine doit continuer à se développer pour améliorer le niveau de vie et répondre aux besoins matériels et culturels croissants de la population.

« L'arbre le plus haut risque d'être abattu par le vent. » Le développement rapide de la Chine s'accompagne de doutes et de critiques de la part du monde extérieur, notamment des pays occidentaux. Ces « bruits » minimisent les perspectives de développement de la Chine et contestent l'impact positif du développement de la Chine sur le monde. Ces dernières années, les perspectives économiques mondiales globales et la transformation en cours de sa propre architecture économique ont fait passer la Chine d'une croissance élevée à une croissance moyennement élevée. Tant qu'il y aura des « signes de troubles » infondés concernant l'économie chinoise, le risque d'un atterrissage brutal de l'économie chinoise fera l'objet d'un débat incessant en Occident. Et pourtant, l'Occident reste sceptique quant à la vision globale du développement de la Chine. L'Occident nourrit des doutes quant à l'ouverture au monde et à la mentalité « gagnant-gagnant » de la Chine. Il présume que la Chine se développer aux dépens des autres, et que l'ancien concept philosophique chinois de la « Grande unité » cache des motifs inavouables, etc. La déclaration de Xi Jinping, « le développement de la Chine représente une opportunité pour le monde », était une réponse globale à tous les « bruits » ci-dessus. Il a ainsi proposé un résumé simple mais éloquent : les bons fondements de l'économie chinoise restent inchangés et continueront de promouvoir le développement économique mondial. Les grands progrès réalisés par la Chine profiteront au monde entier. La Chine ne se contentera pas de poursuivre son propre développement, mais mettra également sa sagesse au service de la promotion d'un développement commun à l'échelle mondiale.

Les immenses opportunités que le développement durable de la Chine a créées pour le monde sont évidentes. Ces dernières années, les produits étrangers ont joué un rôle de plus en plus important dans la vie quotidienne des Chinois. On trouve des voitures allemandes dans les rues chinoises, des produits cosmétiques japonais et coréens appréciés des jeunes femmes chinoises et du bœuf néo-zélandais et australien offert par des restaurants pour attirer les clients chinois. Le nombre des touristes chinois voyageant à l'étranger augmente considérablement depuis quelques années seulement. Nous pouvons trouver des circuits d'initiation au Japon, en République de Corée, à Singapour, en Malaisie et en Thaïlande, des circuits haut de gamme dans les pays développés d'Europe et d'Amérique du Nord, et même des voyages personnalisés en petits groupes en Amérique latine et aux pôles Nord et Sud. Les différents types de touristes ont apporté des opportunités intéressantes pour beaucoup de régions du monde. Au fur et à mesure de l'amélioration du niveau de vie des Chinois et de l'ouverture plus large du marché chinois, un nombre croissant d'entreprises et d'industries étrangères vont trouver leur bonheur en Chine.

Cependant, les Chinois ne se contentent pas d'acheter des marchandises partout dans le monde. Au cours de ses 5 000 ans d'histoire, la civilisation chinoise était longtemps au premier rang mondial et a développé la philosophie suivante : « Si une personne était dans la prospérité et les honneurs, en se perfectionnant elle-même, elle rendait tous les autres hommes parfaits ». Après avoir pris du retard à l'époque moderne, le pays s'est efforcé de le rattraper. Les hauts et les bas ont fait comprendre au peuple chinois l'importance du développement et le processus difficile qu'il implique. La Chine espère partager son expérience en matière de développement afin de faire quelque chose de bien pour le monde.

Le monde d'aujourd'hui a besoin de davantage d'occasions de développement. Au cours de la dernière décennie, l'impact des goulets d'étranglement qui freinent le développement mondial devient de plus en plus évident : la reprise économique et le développement connaissent des revers ; les ressources sont distribuées et utilisées de manière inéquitable ; les économies des pays développés manquent de vitalité et la croissance des pays en développement manque de dynamisme. Le modèle de développement et les règles du jeu qui sont en place depuis longtemps sont confrontés à des changements. De nouveaux mécanismes et forces motrices, plus dynamiques et conformes aux règles qui régissent le développement de l'histoire humaine, sont nécessaires de toute urgence. La communauté de destin pour l'humanité doit s'orienter vers un développement sain et rapide.

Ces dernières années, la Chine a présenté divers programmes et initiatives qui reflètent pleinement son engagement envers les concepts et les approches nécessaires au développement commun avec le reste du monde. La Chine a promu la construction conjointe de « la Ceinture et la Route », et créé le Fonds de la Route de la soie et la Banque asiatique d'investissement dans les infrastructures afin de soutenir le développement commun de tous les pays et d'intégrer le développement chinois à celui d'autres régions pour promouvoir l'interconnectivité et l'intercommunication. Le concept et la philosophie de développement adoptés par la Chine sont différents de ceux des pays occidentaux. Ils constituent une réponse puissante de la Chine aux exigences du développement mondial.

La sécurité doit être universelle. Nous ne pouvons pas permettre à un pays d'être en sécurité alors que les autres ne le sont pas. Nous ne pouvons pas non plus permettre que certains pays soient en sécurité alors que d'autres ne le sont pas. En outre, nous ne pouvons pas rechercher notre propre sécurité « absolue » au détriment de celle des autres. Sinon, comme le dit si bien le proverbe kazakh, « celui qui souffle la bougie d'autrui brûlera sa propre barbe ».

— Discours prononcé par Xi Jinping lors du 4e Sommet de la Conférence pour l'interaction et les mesures de confiance en Asie, le 21 mai 2014

EXPRESSIONS FAMILIÈRES

Celui qui souffle la bougie d'autrui brûlera sa propre barbe

Promouvoir la sécurité commune

La sécurité commune est le premier point de la vision asiatique sur la sécurité proposée par Xi Jinping. En tant que caractéristique essentielle de la vision asiatique sur la sécurité, qui contraste fortement avec l'ancien concept de sécurité marqué par le système d'alliance et la distinction entre amis et ennemis, la sécurité commune offre un avantage indispensable.

Xi Jinping a favorisé la compréhension et la diffusion de la vision asiatique sur la sécurité en utilisant ingénieusement des proverbes et des dictons dans différentes occasions pour interpréter la sécurité commune sous de multiples angles.

Il a formellement présenté ce concept dans son discours liminaire lors du 4ᵉ sommet de la Conférence pour l'interaction et les mesures de confiance en Asie (CICA), qui s'est tenu à Shanghai le 21 mai 2014. Il a cité un proverbe kazakh pour illustrer son propos sur la sécurité commune : « Celui qui souffle la bougie d'autrui brûlera sa propre barbe ». Cette citation remet en cause la possibilité d'assurer sa propre sécurité aux dépens de celle des autres.

Il y a également de nombreuses expressions similaires en chinois, par exemple, « les choses sont étroitement liées dans leur développement et elles montent et chutent ensemble » et « soulever une pierre et se la laisser tomber sur le pied ». Alors pourquoi Xi Jinping a-t-il cité un proverbe kazakh ?

La CICA a été créée à l'origine sur la proposition du président kazakh Nursultan Nazarbayev, son secrétariat se trouve dans l'ancienne capitale kazakhe, Astana, et le Kazakhstan a présidé les deux premiers sommets de la CICA. La citation d'un proverbe kazakh témoigne du respect de la Chine envers les efforts déployés par le Kazakhstan en vue de la création de la CICA et reflète le principe dit « amitié, sincérité, réciprocité et inclusion » qui caractérise la diplomatie de voisinage de Xi Jinping. Il a également fait écho à la gratitude qu'il a exprimée au début de son discours liminaire pour la confiance et le soutien du Kazakhstan alors que la Chine assumait la présidence du sommet de la CICA. Son choix de citation non conventionnel a révélé ses émotions : la reconnaissance envers des principaux participants du sommet de la CICA et la démonstration de la stature de la Chine en tant que grand pays.

La sécurité commune signifie « respecter et assurer la sécurité de chaque pays » en s'attachant à rendre la sécurité universelle, égale et inclusive. Depuis la fin de la guerre froide, les pays asiatiques ont choisi des voies de développement différentes. En termes de sécurité, cependant, deux voies opposées ont émergé, l'une étant le système d'alliance dirigé par les États-Unis et l'autre le réseau de partenariats non allié dirigé par la Chine et fondé sur les Cinq principes de la coexistence pacifique. Le système d'alliance caractérisé par la distinction entre amis et ennemis donne la priorité aux ennemis et aux différences avant les amis et les similitudes. Ce système était peut-être valable pendant la période de la guerre froide marquée par les confrontations violentes, mais à l'ère de la paix et du développement de l'après-guerre froide, il s'est transformé en un système désuet et déconnecté de l'attente des populations. Dans le cadre du système d'alliance, les États-Unis sont hostiles juste pour le plaisir de l'être, allant même jusqu'à inventer des ennemis là où il n'y en a pas. Par conséquent, les anciennes menaces subsistent, mais elles sont maintenant aggravées par un nouveau chaos qui sème le malheur au sein des populations locales.

La sécurité commune va dans l'autre sens en transcendant la mentalité de la guerre froide et le jeu à somme nulle. Elle souligne que la sécurité dans cette nouvelle ère n'existe pas de manière isolée. Au contraire, la seule véritable sécurité est la sécurité commune. Continuer à recourir aux factions et à l'antagonisme ne permettra pas de vaincre des ennemis, mais plutôt d'éroder sa propre sécurité. Par conséquent, la Chine estime que pour garantir la sécurité régionale et la vie paisible des populations, les pays doivent s'abstenir de provoquer des troubles et de menacer de violence en échange de leur propre sécurité. Il faut adopter un état d'esprit ouvert et inclusif pour reconnaître que la véritable sécurité doit être maintenue et consolidée conjointement par la vision d'une communauté de destin pour l'humanité plutôt que d'être monopolisée ou contrôlée de manière exclusive.

En fait, la vision de sécurité commune proposée par Xi Jinping est à la fois l'héritage et l'innovation de la politique de sécurité adoptée par la Chine. La Chine reste attachée au respect des Cinq principes de la coexistence pacifique et affirme leur importance dans la coopération en matière de sécurité. Or, la Chine souligne également que les besoins en matière de sécurité se sont diversifiés au fur et à mesure du temps. Nous « ne pouvons pas vivre au XXIᵉ siècle tout en continuant à adopter un état d'esprit hérité de la guerre froide et la mentalité du jeu à somme nulle ». Une région aussi diverse que l'Asie ne peut être mesurée par un seul ensemble de normes ou un seul système. La diversité doit être transformée en un moteur inépuisable de la coopération.

Les progrès récents de la Chine et des pays de l'ASEAN en matière de coopération dans le domaine de l'application de la loi et de la sécurité constituent des pratiques importantes de la vision de sécurité commune. La Chine et les pays de l'ASEAN sont interdépendants, partagent des frontières terrestres et sont reliés par la mer. En raison des différences de capacités de gouvernance sociale, les coopérations entre les pays ne sont pas assez suffisantes, ce qui a permis à la criminalité transnationale organisée de trouver des points faibles où elle peut proliférer et faire des ravages. Par exemple, les problèmes liés à la drogue dans la région du Triangle d'Or et à la piraterie sur le Mékong ont depuis longtemps été le lot des pays concernés. Sous la direction de la vision asiatique de sécurité commune, la Chine a accueilli le dialogue ministériel Chine-ASEAN sur la coopération en matière d'application de la loi et de sécurité, dont le thème était « La sécurité pour la prospérité », ainsi que la réunion ministérielle sur la coopération en matière d'application de la loi et de sécurité le long du Mékong, qui se tient tous les cinq ans. La Chine s'est jointe au Laos, au Myanmar, à la Thaïlande, au Cambodge et au Vietnam pour mener des opérations anti-drogue dans le cadre du projet intitulé « Safe Mékong ». Elle a également collaboré avec le Vietnam pour mener des opérations de rapatriement des fugitifs et a coopéré respectivement avec le Vietnam et le Myanmar pour mener des opérations de lutte contre la traite des êtres humains. Ces exemples de coopération réussie ont non seulement redonné au Mékong son titre de « voie navigable d'or » et assuré la sécurité des frontières, mais aussi consolidé l'image de la Chine en tant que grand pays responsable.

167

En bref, la Chine continuera à adhérer à la vision de sécurité commune proposée par Xi Jinping en tant que vision de sécurité majeure. Le proverbe kazakh que Xi Jinping a cité dans son discours résume parfaitement la vision de sécurité commune et joue un rôle unique pour promouvoir sa diffusion et son acceptation universelle.

L'ordre international et le système de gouvernance mondiale qui sont les meilleurs pour le monde et ses habitants doivent être déterminés par tous les pays, plutôt que par un pays ou une petite minorité de pays.

— Discours prononcé par Xi Jinping lors de la Conférence célébrant le 95e anniversaire de la fondation du PCC, le 1er juillet 2016

L'ordre international et le système de gouvernance mondiale ne doivent pas être déterminés par un seul pays

Les peuples déterminent le destin du monde en promouvant conjointement la démocratisation des relations internationales

La démocratisation des relations internationales est un sujet que le président Xi Jinping a abordé à de multiples reprises. Dans un discours prononcé en 2014 à l'occasion de la conférence commémorant le 60ᵉ anniversaire de la publication des Cinq principes de la coexistence pacifique, il a déclaré : « Le destin du monde doit être déterminé par les peuples de tous les pays, et les affaires mondiales doivent être décidées à l'issue des consultations entre les gouvernements et les peuples de tous les pays. » Le 1ᵉʳ juillet 2016, lors de la Conférence célébrant le 95ᵉ anniversaire de la fondation du PCC, Xi Jinping a indiqué : « L'ordre international et le système de gouvernance mondiale qui sont les meilleurs pour le monde et ses habitants doivent être déterminés par tous les pays, plutôt que par un pays ou une petite minorité de pays. » Les questions qui concernent les peuples du monde entier devraient être discutées et décidées par les quelque 200 pays qui composent le monde. « Quand la Voie céleste prévaut, l'esprit public règne sur Terre. » Cette phrase, tirée du *Mémorial des rites (Liji)*, décrit une vision idéale du monde. Xi Jinping a également mentionné à plusieurs reprises le manque d'équité et de justice dans les relations internationales actuelles. Nous devons respecter le droit des peuples de tous les pays à choisir leur propre voie de développement et nous abstenir d'imposer notre volonté aux autres ou d'intimider les faibles, créant ainsi un environnement dans lequel tous les pays partagent les bénéfices.

EXPRESSIONS FAMILIÈRES

Le monde peut être comparé à une grande famille composée de pays qui, indépendamment de leur taille, de leur richesse ou de leur puissance, sont des membres égaux de la communauté internationale et ont le droit de participer aux affaires internationales. Alors que les affaires intérieures de chaque pays sont décidées par son gouvernement et son peuple, les affaires internationales sont résolues par le biais de consultations entre les gouvernements et les peuples de tous les pays. Il s'agit ici de la démocratisation des relations internationales. Ce que nous appelons la démocratie, c'est la souveraineté populaire. La démocratisation des relations internationales consiste en l'égalité souveraine de tous les pays et l'opposition à l'hégémonisme et à la politique du plus fort. L'ONU est le principal lieu de négociation des affaires internationales pour les États membres.

Depuis l'apparition des pays, la communauté internationale a longtemps été sous le règne de la loi de la jungle et liée à la pratique consistant à permettre aux forts de dominer les faibles dans un état d'anarchie. C'est ce qui s'est produit avec le système des relations internationales Versailles-Washington après la Première Guerre mondiale, puis avec l'affrontement américano-soviétique après la Seconde Guerre mondiale. Bien que l'effondrement de l'Union soviétique ait mis fin à la guerre froide et ait ouvert la voie à un ordre mondial multipolaire, les contraintes institutionnelles et l'hégémonie américaine sont restées intactes. Dès 1648, les traités de Westphalie ont établi l'égalité et la souveraineté comme base des règles régissant les relations internationales. Les luttes pour la libération nationale après la Première Guerre mondiale ont également éveillé la conscience démocratique de la communauté internationale, mais la fondation de l'ONU, marquant une étape essentielle de la démocratisation des relations internationales, n'a eu lieu qu'après la Seconde Guerre mondiale. Les pays en développement considéraient l'ONU comme une scène permettant de promouvoir la démocratisation des relations internationales et d'établir un nouvel ordre politique et économique international.

En 1955, la Conférence de Bandung a mentionné les Cinq principes de la coexistence pacifique, à savoir le respect mutuel de la souveraineté et de l'intégrité territoriale, la non-agression mutuelle, la non-ingérence mutuelle dans les affaires intérieures, l'égalité et les avantages réciproques, et la coexistence pacifique. Il s'agit d'une contribution importante à la démocratisation des relations internationales par les pays en développement. Après la guerre froide, les vestiges du système international bipolaire ont été remplacés par la mondialisation et la multipolarisation. D'une part, la mondialisation économique a renforcé l'interdépendance et l'interaction entre les pays, d'où la nécessité pour la communauté internationale d'établir un mécanisme démocratique de coordination et de gouvernance afin de résoudre les problèmes de développement communs. D'autre part, dans le contexte d'un monde multipolaire, la plupart des pays préconisent la démocratisation des relations internationales et l'établissement d'un nouvel ordre politique et économique international sur cette base. En 2000, le Forum sur la Coopération sino-africaine a adopté la Déclaration de Beijing. « Nous réaffirmons que les injustices et les inégalités dans le système actuel des relations internationales ne vont pas dans le sens du courant de notre époque en quête de la paix et du développement mondial, et qu'elles compromettent le développement des pays du Sud et menacent la paix et la sécurité internationales. Nous soulignons que l'établissement d'un nouvel ordre politique et économique international, juste et équitable, est indispensable pour la démocratisation des relations internationales et la participation effective des pays en développement au processus international de prise des décisions. » Cette déclaration explique le raisonnement suivi par la Chine et les pays africains en faveur de la démocratisation des relations internationales.

La démocratisation peut être résumée en quatre points. Le premier est le principe de l'égalité des États. Les pays peuvent différer en termes de taille et de puissance, mais aucun pays n'est au-dessus d'un autre. Tous les pays sont sur un pied d'égalité en matière de dignité nationale. Les affaires internationales sont résolues par la participation conjointe de tous les pays et ne doivent pas être manipulées et monopolisées par une ou deux grandes puissances. Nous ne pouvons pas permettre « aux grands d'intimider les petits, aux riches d'opprimer les pauvres, aux forts d'humilier les faibles ». Le deuxième est le respect de la souveraineté et la non-ingérence dans les affaires intérieures. Chaque pays a droit à l'indépendance, à la souveraineté et au choix de son propre système social et de son mode de développement. Ces droits inviolables ne doivent faire l'objet d'aucune ingérence ou atteinte infligée par un pays, de quelque manière que ce soit. Le troisième est le respect de la diversité des civilisations. Mencius a dit : « La variété est inhérente à la nature même des choses. » La diversité des civilisations est non seulement un fait objectif mais aussi un moteur du progrès humain. Les civilisations doivent s'engager dans l'inclusion et l'apprentissage mutuel et utiliser les points forts des autres pour compléter leurs propres faiblesses pour le bien de tous. Les civilisations ne doivent pas exclure ou tenter d'entrer en conflit avec les autres. Le quatrième est la coopération mutuelle et le développement commun. La démocratisation des relations internationales comprend la démocratisation des relations économiques internationales et des relations politiques internationales. La première demande à la communauté internationale de renforcer deux formes de coopération fondées sur l'égalité et le bénéfice mutuel, soit les coopérations Nord-Sud et Sud-Sud. Les pays développés ont l'obligation non seulement d'aider les pays en développement à atteindre leurs objectifs de développement, mais aussi d'éviter d'aggraver l'écart de richesse et les conflits Nord-Sud.

Notre poursuite d'un « monde de grande unité appartenant à tous » n'exclut ni ne nie l'importance des différences qui existent entre les pays, telles que les nationalités, les ethnies et les religions, et qui contribuent à constituer les identités et les sentiments d'appartenance des gens. Au contraire, notre but vise à transformer le monde en une grande famille, de sorte que chacun fasse partie d'une communauté de destin pour l'humanité. Ce processus exige que tous les pays travaillent ensemble pour résoudre les problèmes mondiaux par des consultations d'égal à égal et s'engagent dans la gouvernance mondiale. La démocratisation des relations internationales, c'est-à-dire l'opposition à la politique du plus fort et à l'unilatéralisme, répond à l'appel de l'époque et trace une voie importante vers la paix mondiale. Sans la démocratisation des relations internationales, la multipolarisation et la mondialisation dévieront de leur trajectoire, un nouvel ordre politique et économique international qui soit juste et équitable sera impossible, et les nobles objectifs de paix et de développement de l'humanité resteront hors de portée.

Nous devons non seulement participer à la gouvernance mondiale et assumer des responsabilités internationales, mais aussi faire tout ce qui est en notre pouvoir et agir dans les limites de nos compétences.

— Discours prononcé par Xi Jinping lors de la présidence de la 35e session d'étude en groupe du Bureau politique du Comité central du PCC, le 27 septembre 2016

EXPRESSIONS FAMILIÈRES

Il est vital de faire tout ce qui est en son pouvoir et d'agir dans les limites de ses compétences

Le rôle de la Chine dans la gouvernance mondiale

L'expression « faire tout ce qui est en son pouvoir » est dérivée de la phrase suivante, tirée du chapitre I de « Liang Hui Wang » du *Mencius* : « En poursuivant votre but par les moyens que vous employez, faites tout ce qui est en votre pouvoir. » Il s'agit d'appliquer plus de sagesse et de déployer le plus d'efforts pour atteindre un objectif spécifique. L'expression « agir dans les limites de ses compétences » est dérivée de la phrase suivante du chapitre « Année 15 du Duc Zhao » du *Commentaire de Zuo sur les Annales des Printemps et Automnes* : « Avancer quand je le peux et reculer quand je ne le peux pas, toujours agir dans les limites de mes compétences ». Il s'agit de fonder ses actions sur la réalité au lieu d'agir en dehors de ses compétences. Les expressions « faire tout ce qui est en son pouvoir » et « agir dans les limites de ses compétences » sont fondées sur le raisonnement dialectique et illustrent le fait que l'esprit d'initiative et le sens pratique à l'égard de toutes choses constituent un tout indivisible.

« Le système de gouvernance mondiale est façonné par le rapport de force international et, par conséquent, est transformé par les changements de ce rapport. » Alors que le mouvement anti-mondialisation est perceptible, le système de gouvernance mondiale connaît une transition cruciale du pouvoir. Les pays développés se retirent des positions de leader pour se protéger ou parce qu'ils peuvent à peine gérer leurs propres affaires, ce qui affaiblit leur volonté et leur capacité à prendre la tête de la gouvernance mondiale. La gouvernance économique mondiale, le changement climatique et d'autres domaines clés de la coopération risquent de perdre une main ferme à la barre. La communauté internationale, et les pays en développement en particulier, attendent de la Chine qu'elle joue un rôle plus actif en cette matière. Cela représente une occasion historique de changer le système de gouvernance mondiale et implique des responsabilités et des défis plus importants. Nous devons non seulement nous engager dans la gouvernance mondiale et assumer des responsabilités internationales, mais aussi « faire tout ce qui est en notre pouvoir » et « agir dans les limites de nos compétences ».

Pourquoi devons-nous « faire tout ce qui est en notre pouvoir » ? Deux raisons peuvent être invoquées.

La première consiste à défendre et à réformer le système de gouvernance mondiale afin de garantir la fourniture de biens publics mondiaux. La gouvernance mondiale concerne la manière dont les grands pays travaillent avec les acteurs non étatiques pour fournir à la communauté internationale des biens publics mondiaux destinés à résoudre les problèmes internationaux. Alors que les pays développés occidentaux se débattent avec la gouvernance intérieure chez eux, leur volonté et leur capacité à fournir des biens publics mondiaux ont diminué considérablement. Dans le contexte du déclin du leadership des pays développés occidentaux, la Chine s'engage activement et joue un rôle important dans les enjeux de gouvernance mondiale selon un nouveau concept d'amples consultations, de contribution conjointe et de bénéfice partagé. Cette approche permet non seulement de stabiliser la fourniture de biens publics mondiaux, de consolider les réalisations en matière de gouvernance mondiale et de garantir que les efforts fructueux ne sont pas gaspillés, mais aussi de favoriser un système de gouvernance mondiale de plus en plus ouvert, inclusif et équitable.

La seconde consiste à assurer le développement et la stabilité du pays. La mondialisation économique, le changement climatique, le terrorisme, la cybersécurité, la prolifération nucléaire et d'autres problèmes mondiaux sont liés aux affaires intérieures et étrangères, et leur nature même reflète une situation plus large. La sécurité et le développement d'un pays sont de plus en plus influencés par des facteurs transnationaux, et la Chine ne fait pas exception. La résolution des problèmes mondiaux et l'amélioration de la gouvernance mondiale favorisent l'image de la Chine en tant que grand pays responsable et restent le seul moyen d'approfondir les réformes nationales et de transformer le modèle de croissance économique.

EXPRESSIONS FAMILIÈRES

Pourquoi devons-nous « agir dans les limites de nos compétences » lorsque nous participons à la gouvernance mondiale ?

Premièrement, le propre développement et la consolidation de la puissance nationale resteront la tâche centrale de la Chine pendant longtemps encore. Après tout, la Chine est un pays en développement, et notre économie est toujours à la traîne par rapport aux pays développés occidentaux, notamment en termes d'indicateurs par habitant. Par conséquent, la Chine doit « agir dans les limites de ses compétences » pour tenir compte de la conjoncture tant intérieure qu'extérieure, en s'engageant dans la gouvernance mondiale dans le respect des valeurs culturelles chinoises.

Deuxièmement, l'intégration relativement récente de la Chine dans le système de gouvernance mondiale signifie qu'elle ne dispose pas de compétences et d'expérience suffisantes dans des domaines tels que la mise en place d'institutions et de règles internationales, le façonnement des valeurs et la coordination des questions internes et externes. Sur le long chemin qui l'attend, la Chine doit s'inspirer des expériences des autres pays et apprendre par la pratique. La Chine doit maintenir une grande fermeté dans ses stratégies et adopter les amples consultations et la contribution conjointe comme méthodes de prévention de la précipitation indue sur le plan stratégique.

Par conséquent, « faire tout ce qui est en son pouvoir » et « agir dans les limites de ses compétences » sont tous deux indispensables et complémentaires pour la gouvernance mondiale. En pratique, nous devons trouver un équilibre entre les deux et œuvrer au bien-être commun de toutes les populations mondiales en promouvant activement et méthodiquement la réforme du système de gouvernance mondiale.

Ces dernières années, la Chine a joué un rôle actif dans la gouvernance mondiale du changement climatique et est passée du statut de « suiveur » à celui de « leader ». L'UE et les États-Unis sous l'administration Obama avaient tous deux joué un rôle actif pour diriger la mise en place d'un mécanisme de gouvernance pour faire face au changement climatique. Mais dès lors que l'UE est embourbée dans des crises internes qui ont accaparé toute son attention, l'administration Trump a annoncé son retrait de l'Accord de Paris. Dans ce contexte, la Chine a assumé sans réserve la responsabilité de diriger la gouvernance mondiale du changement climatique. D'une part, la Chine a cherché à améliorer le système d'accords sur la gouvernance climatique en accroissant le droit à la parole et en soulignant l'importance de la protection environnementale et du développement durable dans l'initiative « la Ceinture et la Route ». D'autre part, la Chine s'est efforcée d'économiser l'énergie, de réduire les émissions et de passer à une économie verte et à faible émission de carbone, honorant ainsi ses responsabilités environnementales internationales et assurant son propre développement. Cette approche reflète pleinement la parfaite cohésion des deux expressions « faire tout ce qui est en son pouvoir » et « agir dans les limites de ses compétences ».

De nombreux visionnaires estiment que l'évolution du monde et la multiplication des défis transnationaux et mondiaux auxquels l'humanité est confrontée nécessitent l'ajustement et la réforme des systèmes et mécanismes de gouvernance mondiale. Plutôt que de démanteler les systèmes existants ou de retourner à la case départ, ces réformes visent à améliorer les systèmes de gouvernance mondiale par l'innovation. En Chine, nous avons un proverbe : « La nécessité entraîne le changement, et le changement entraîne l'amélioration. » Le dynamisme d'un pays ou du monde dépend de la capacité à s'adapter à son époque.

— Déclaration faite par Xi Jinping lors d'une interview publiée
dans le *Wall Street Journal*, le 22 septembre 2015

Ni démantèlement des systèmes existants ni retour à la case départ

Améliorer de manière constructive le système de gouvernance mondiale par l'innovation

Le « démantèlement des systèmes existants » consiste à balayer les anciennes structures et à en construire de nouvelles. Le « retour à la case départ » consiste à ne pas s'opposer aux anciens ordres et structures, ni à coopérer avec eux, mais à construire de nouveaux ordres complètement distincts. Dans le contexte de la gouvernance mondiale, le « démantèlement des systèmes existants » consiste à confronter, détruire et renverser les systèmes actuels de gouvernance mondiale dominés par l'Occident, puis à établir de nouveaux systèmes répondant à ses propres besoins. Le « retour à la case départ » consiste à construire les systèmes de gouvernance mondiale parallèles, incompatibles avec les systèmes actuels et qui leur font concurrence. Ce point de vue, évoqué par Xi Jinping lors d'une interview du *Wall Street Journal*, a défini les principes et la direction à suivre pour améliorer de manière constructive les systèmes de gouvernance mondiale par l'innovation.

Les systèmes de gouvernance mondiale existants, tels que le Groupe des 20 (G20), la Banque mondiale, le Fonds monétaire international, la Banque des règlements internationaux, le Conseil de stabilité financière et le mécanisme consultatif sur le changement climatique de l'ONU, ont été créés et dirigés par les États-Unis et d'autres pays développés occidentaux. Cela a jeté les bases permettant à la communauté internationale de relever les défis mondiaux, mais les systèmes restent très imparfaits, notamment

EXPRESSIONS FAMILIÈRES

dans leur capacité à représenter de manière adéquate les intérêts des pays en développement.

Ces dernières années, les limites et les défaillances des systèmes de gouvernance mondiale dirigés par l'Occident ont été mises à nu. Ces systèmes ont non seulement rendu difficile la résolution des problèmes mondiaux existants, mais aussi soulevé de nouveaux défis. Alors que la communauté internationale, et les pays en développement en particulier, réclament de plus en plus de réformes, le moment est venu de renforcer la gouvernance mondiale et de réformer les systèmes de gouvernance mondiale. Dans ce contexte, la Chine s'est engagée à transformer des accords injustes et irrationnels dans les systèmes de gouvernance mondiale. En toutes occasions, la Chine sauvegarde les intérêts des pays en développement et s'attache à augmenter leur représentation et leur voix. Ces dernières années, la Chine a contribué activement à l'achèvement des réformes du système des quotas et de la gouvernance au sein du FMI, a proposé l'initiative « la Ceinture et la Route » et a mis en place de nouveaux mécanismes de gouvernance financière multilatérale, tels que la Banque asiatique d'investissement dans les infrastructures. En outre, la Chine a contribué à l'élaboration de règles régissant les océans, les régions polaires, l'internet, l'espace extra-atmosphérique, la sécurité nucléaire, la lutte contre la corruption, le changement climatique et d'autres domaines émergents, et s'est efforcée de promouvoir la réforme des accords injustes et irrationnels dans les systèmes de gouvernance mondiale, devenant ainsi une force constructive dans la réforme de ces systèmes. Cependant, ces réformes ne « démantèlent pas les systèmes existants » ni ne « retournent à la case départ ». Au contraire, elles s'adaptent à l'époque tout en améliorant les systèmes de gouvernance existants par l'innovation, et ajustent les systèmes et mécanismes de gouvernance mondiale pour mieux répondre aux défis mondiaux.

Au cours de ce processus, la Chine s'est montrée ouverte et franche, privilégiant le dialogue et la coopération, plutôt que les confrontations et le travail de sape. La Chine espère parvenir à une coopération pratique et à l'inclusion. Plutôt que de rechercher un leadership exclusif ou de construire des systèmes parallèles rivaux, la Chine souhaite établir des mécanismes inclusifs qui favorisent l'égalité et le bénéfice mutuel par le dialogue et la consultation. Comme en témoigne le Forum de « la Ceinture et la Route » pour la coopération internationale qui s'est tenu en mai 2017, l'initiative « la Ceinture et la Route » a joué son rôle en consultation et en coopération étroites avec les mécanismes existants, tels que le Fonds monétaire international et la Banque mondiale, démontrant ainsi que les nouveaux mécanismes de gouvernance sont compatibles avec les mécanismes existants. Par ailleurs, la Chine a adopté une attitude constructive qui privilégie la réforme progressive à la révolution globale. La réforme complète et améliore les mécanismes internationaux actuels dans le but de parvenir à une coopération mutuellement bénéfique, de s'adapter aux nouvelles circonstances et de se conformer aux nouvelles exigences afin de mieux relever les défis mondiaux qui nous attendent.

Certes, les systèmes et mécanismes de gouvernance mondiale dominés par l'Occident sont défectueux, mais ils ne peuvent ni ne doivent être complètement renversés. La Chine est l'un des acteurs participant aux systèmes et mécanismes actuels. Le démantèlement des systèmes existants serait un signe d'hostilité ouverte envers l'Occident, ce qui va à l'encontre de notre stratégie à long terme et nuit à notre propre développement global. Dans la mesure où ils jouent un rôle indispensable, le démantèlement des systèmes actuels compromettrait également toute réalisation en matière de gouvernance mondiale. De même, le « retour à la case départ » serait un exercice risqué et infructueux car il découragerait la plupart des soutiens extérieurs. Inévitablement, les soupçons concernant la théorie d'une prétendue « menace chinoise » et la « sphère d'influence chinoise » se feront plus forts.

« L'océan accueille tous les courants grâce à son immensité. » Telle est la vision stratégique nécessaire pour réformer les systèmes de gouvernance mondiale. Cette réforme exige que nous abandonnions la mentalité du jeu à somme nulle consistant à « démanteler les systèmes existants » ou à « retourner à la case départ » et que nous réunissions le plus de soutien possible, élargissions le champ de la coopération et recherchions des bénéfices mutuels. Cette réforme exige en outre l'adoption d'une mentalité consistant à faire preuve d'objectivité et de réalisme et à se concentrer sur les problèmes réels, ainsi que l'approche consistant à comprendre de manière dialectique les systèmes et mécanismes actuels de gouvernance mondiale, à séparer le bon grain de l'ivraie, puis à entreprendre de les réformer et de les améliorer.

La gouvernance économique mondiale doit être guidée par un esprit d'ouverture et s'adapter aux changements de circonstances par l'ouverture des concepts, des politiques et des mécanismes. Elle doit être réceptive aux conseils, recommandations et appels émanant de toute la société et encourager l'engagement et l'intégration actifs de toutes les parties. La gouvernance économique mondiale doit s'opposer aux accords exclusifs et se prémunir contre les mécanismes de gouvernance fermés et les règles fragmentées.

— Discours liminaire prononcé par Xi Jinping lors de la cérémonie d'ouverture du sommet du B20, le 3 septembre 2016

S'opposer aux accords exclusifs

*L'ouverture et le bénéfice mutuel font partie inhérente des nouveaux
mécanismes de gouvernance économique mondiale*

Lors du sommet du G20 de Hangzhou en septembre 2016, du sommet des chefs d'entreprise de l'APEC en novembre 2016 et du Forum de « la Ceinture et la Route » pour la coopération internationale en mai 2017, Xi Jinping a proposé à plusieurs reprises « l'opposition aux accords exclusifs » à l'égard des principes de la gouvernance économique mondiale, du cadre de la coopération économique dans la région Asie-Pacifique et de l'initiative « la Ceinture et la Route ». Bien que les lieux et les publics aient pu différer, le message de Xi Jinping a toujours été clair : la mise en place de tout mécanisme dans le système de gouvernance économique mondiale doit être « effectuée dans un esprit d'ouverture » et « s'engager au bénéfice mutuel dans l'ouverture et la coopération ».

Les accords exclusifs, quels qu'ils soient, sont contraires aux demandes inhérentes à la mondialisation économique. L'histoire et l'expérience démontrent que la mondialisation économique accélère considérablement la circulation transfrontalière des marchandises, des technologies, de l'information, des services, des devises, des personnes et d'autres facteurs de production et permet de répartir les ressources de manière plus raisonnable et plus efficace à l'échelle mondiale. Ce fait inévitable est dû à l'augmentation de la productivité et aux progrès technologiques, ce qui conduit à une économie mondiale en plein essor. Entre 1950 et 2015, le PIB mondial a plus que triplé pour atteindre plus de 74 000 milliards de dollars américains. Dans l'ensemble, la plupart des économies du monde ont bénéficié de la mondialisation économique. La politique de réforme et d'ouverture de la Chine a été mise en œuvre à la fin des années 1970, à une époque où la mondialisation économique s'accélérait. Le développement de la Chine et la mondialisation économique se renforcent mutuellement. La Chine bénéficie de la mondialisation économique et y contribue. La Chine continue de jouer un rôle de premier plan dans la croissance économique régionale et mondiale. Depuis la crise financière mondiale de 2008, certains pays développés occidentaux ont imputé les problèmes rencontrés dans le développement économique mondial à la mondialisation économique, soutenant et adoptant des politiques et mesures protectionnistes « anti-mondialisation » qui menacent la reprise de l'économie mondiale. Xi Jinping a répondu en soulignant que les mesures protectionnistes et autres accords exclusifs adoptés par certains pays « cherchant à couper artificiellement les flux de capitaux, de technologies, de produits, d'industries et de personnes entre les économies sont voués à l'échec et à l'encontre des courants de l'histoire ».

Tout arrangement exclusif est préjudiciable à une véritable coopération économique dans la région Asie-Pacifique. Bien qu'elle soit la région la plus dynamique en matière de croissance économique mondiale, la région Asie-Pacifique a également rencontré des obstacles sur la voie de la coopération économique régionale. Les mécanismes fermés et les règles fragmentées posent des problèmes depuis longtemps. En particulier, le TPP promu par les États-Unis et le Japon illustre plus clairement une mentalité d'exclusion et l'a même exacerbée pendant un certain temps. Le président Donald Trump a annoncé le retrait des États-Unis du TPP peu après son entrée en fonction. Les principales économies de la région Asie-Pacifique sont confrontées au dilemme suivant : faut-il continuer à faire progresser la coopération économique régionale et à promouvoir le développement économique et social, et comment le faire ? Le Japon, l'Australie et d'autres pays poursuivront le TPP et étudieront la possibilité de l'aligner sur les autres mécanismes, mais les résultats restent à voir. Les négociations relatives à l'accord de Partenariat économique global régional (RCEP en anglais) ont été prolongées à plusieurs reprises et il est peu probable qu'elles aboutissent à court terme. La Zone de libre-échange Asie-Pacifique est composée de nombreux membres présentant des différences frappantes, ce qui rend très difficile toute avancée. L'ouverture est la ligne de vie de l'économie de la région Asie-Pacifique. Quel que soit le mécanisme, il faut toujours encourager l'engagement et l'intégration actifs de toutes les parties de la région Asie-Pacifique et ne faut pas constituer un arrangement exclusif. La réponse de Xi Jinping a été d'affirmer la position de la Chine : « La Chine a toujours soutenu les accords régionaux de libre-échange qui sont ouverts, transparents et mutuellement bénéfiques, par opposition à ceux qui ressemblent à un petit cercle dont les membres sont exclusifs et fragmentés. »

Les accords exclusifs ne sont pas une option pour l'initiative « la Ceinture et la Route ». En mai 2017, la Chine a accueilli le Forum de « la Ceinture et la Route » pour la coopération internationale, qui a présenté les réalisations de la Chine depuis que Xi Jinping a proposé l'initiative « la Ceinture et la Route » et a mis en évidence un modèle d'ouverture orienté vers le monde extérieur et le développement commun. En septembre 2017, plus de 100 pays et organisations internationales ont soutenu activement l'initiative « la Ceinture et la Route » et s'y sont engagés, la Chine ayant signé des accords de coopération avec plus de 70 pays et organisations internationales et établi des coopérations industrielles institutionnalisées avec plus de 30 pays. De 2014 à 2016, les échanges commerciaux entre la Chine et les autres pays le long de « la Ceinture et la Route » ont dépassé 3 000 milliards de dollars américains, et les investissements de la Chine dans ces pays ont dépassé 50 milliards de dollars américains. Cependant, certains Occidentaux ont exprimé une inquiétude et un scepticisme croissants à l'égard de l'initiative « la Ceinture et la Route » de la Chine. Alors que certains affirment, par exemple, que la Chine utilise l'initiative « la Ceinture et la Route » comme un prétexte pour transférer des capacités de production d'acier, de ciment et d'autres produits obsolètes vers d'autres pays, d'autres estiment que la Chine crée sa propre version du plan Marshall, qui cherche à exclure d'autres pays ou nourrit de mauvaises intentions. Ces doutes et ces soupçons sont totalement infondés. Depuis son lancement, l'initiative « la Ceinture et la Route » est une plateforme ouverte et inclusive de coopération entre tous les pays. La Chine n'a jamais envisagé ni tenté de s'approprier cette initiative pour son propre compte ou de l'utiliser pour établir une sphère d'influence. L'initiative « la Ceinture et la Route » fait partie de la contribution de la Chine à la gouvernance économique mondiale. Il s'agit d'un produit public qui permet à tout pays ou région de suivre le principe d'amples consultations, de contribution conjointe et de bénéfice partagé. Lors de la table ronde des dirigeants du Forum de « la Ceinture et la Route » pour la coopération internationale, Xi Jinping a clairement indiqué que l'initiative « la Ceinture et la Route » est ouverte à tous les pays ; elle « ne tient pas les autres à l'écart, n'érige pas de barrières élevées et ne s'engage pas dans des accords exclusifs ».

La gouvernance économique mondiale doit être axée sur le partage. Il est important d'encourager la participation de tous et les avantages pour tous. Plutôt que d'établir la suprématie ou adopter une approche dite « gagnant remporte tout », la gouvernance économique mondiale doit rechercher des intérêts communs et réaliser des avantages mutuels.

— Discours liminaire prononcé par Xi Jinping lors de la cérémonie d'ouverture du sommet du B20, le 3 septembre 2016

EXPRESSIONS FAMILIÈRES

Ne pas établir la suprématie ni adopter une approche dite du « gagnant remporte tout »

Mettre en place un système de gouvernance économique mondiale fondé sur l'égalité, l'ouverture, la coopération et le partage

Le 3 septembre 2016, Xi Jinping a prononcé un discours liminaire lors de la cérémonie d'ouverture du sommet du B20 à Hangzhou, intitulé « Un nouveau point de départ pour le développement de la Chine et un nouveau plan pour la croissance mondiale ». Quant aux perspectives et aux attentes pour le système de gouvernance économique mondiale, il a déclaré : « La gouvernance économique mondiale doit être axée sur le partage. Il est important d'encourager la participation de tous et les avantages pour tous. Plutôt que d'établir la suprématie ou adopter une approche dite "gagnant remporte tout", la gouvernance économique mondiale doit rechercher des intérêts communs et réaliser des avantages mutuels. »

Le discours de Xi Jinping était significatif et profond. La crise financière de 2008, qui a débuté à Wall Street, a dévasté le développement économique et social en balayant le monde entier. Dans le même temps, elle a une fois de plus mis à nu les défauts et les déséquilibres du système actuel de gouvernance économique mondiale, notamment ses actions lentes et inefficaces en matière de prévention et de lutte contre les risques financiers.

Le système actuel de gouvernance économique mondiale est fondé sur l'ordre économique international établi après la Seconde Guerre mondiale. Il comporte les systèmes de monnaie, de commerce, de division du travail, etc. Cet ordre a joué un rôle important dans la reprise et le développement de l'économie mondiale autrefois dévastée par la guerre et a

189

fourni des garanties institutionnelles de base pour les vagues ultérieures de mondialisation économique. Cependant, un état d'anarchie internationale rend la communication et la coordination entre les mécanismes peu efficaces. De plus, cet ordre construit et dominé par les puissances occidentales repose sur une mentalité du jeu à somme nulle qui a longtemps donné la priorité à la protection des intérêts d'une minorité de puissances occidentales et à la consolidation de leur leadership. Cet avantage établi a permis à quelques puissances occidentales d'exercer leur emprise sur l'élaboration des règles économiques et commerciales internationales pour obtenir des bénéfices excessifs, tout en profitant de leur statut de monopole. Il leur a également permis d'utiliser des règles du jeu injustes pour restreindre et étouffer les demandes raisonnables des pays émergents et des pays en développement, d'empêcher toute remise en cause de l'ordre et du système établi, et de ne chercher rien d'autre qu'à continuer d'établir leur suprématie ou d'adopter une approche dite « gagnant remporte tout ».

Depuis les années 1950, les écueils du système de gouvernance économique mondiale font l'objet de critiques régulières. En particulier, lorsque la crise financière de 2008 a éclaté, les puissances occidentales ont adopté des politiques et des pratiques égoïstes, abandonné leurs responsabilités et même exporté la crise, déclenchant ainsi un tollé général. Au cours de la dernière décennie, les principales économies mondiales sont sorties de ce creux et sont entrées dans la phase de reprise. Cependant, ce processus reste à la fois lent et fragile. Pendant ce temps, le protectionnisme gagne du terrain dans certains pays développés occidentaux. Le système actuel de gouvernance économique mondiale ne peut plus garantir le retour de l'économie mondiale à une croissance durable. Les appels lancés par les pays émergents et les pays en développement pour s'adapter à l'époque et réformer le système de gouvernance économique mondiale n'ont jamais été aussi nombreux.

Xi Jinping a profité du G20, une plateforme principale pour la coopération économique internationale, pour exposer la vision chinoise d'un système de gouvernance économique mondiale : « La gouvernance économique mondiale doit être fondée sur l'égalité afin de mieux refléter la nouvelle réalité de l'économie mondiale, d'accroître la représentation et la voix des pays émergents et des pays en développement, et de garantir l'égalité des droits, des chances et des règles pour tous les pays qui s'engagent dans la coopération économique internationale. » Notamment, le sommet du G20 de Hangzhou n'a pas seulement été accueilli par la Chine, le plus grand pays en développement et économie émergente du monde, mais a également été suivi par le Laos, le Tchad, l'Égypte, le Kazakhstan, la Thaïlande et d'autres pays en développement, créant ainsi un environnement favorable pour amplifier les voix des pays en développement. Il s'agit également d'une réponse à la réalité objective selon laquelle la croissance économique mondiale s'est déplacée vers les pays émergents et les pays en développement ces dernières années. En tant que pays hôte et présidente du sommet, la Chine a non seulement joué son rôle de leader mais a également servi de pont. Sous l'impulsion de la Chine, les représentants des pays développés et en développement ont discuté des principes de base, du cadre et de l'orientation du futur système de gouvernance économique mondiale et ont proposé de se concentrer sur quatre thèmes clés de la gouvernance : la finance, le commerce et les investissements, l'énergie et le développement. Au lieu d'établir la suprématie ou d'adopter une approche dite « gagnant remporte tout », ces thèmes ont pour but de créer un nouvel ordre économique international fondé sur l'égalité, l'ouverture, la coopération et le partage et, en définitive, de jeter les bases d'une prospérité commune à l'échelle mondiale.

En promouvant la réforme du système de gouvernance économique mondiale, les pays en développement comme la Chine ne cherchent nullement à créer un nouvel ordre dominant ou à remplacer l'ancienne hégémonie par une nouvelle, comme le spéculent certains en Occident. La conception proposée par Xi Jinping sur le futur système de gouvernance économique mondiale reflète le courage et le sens des responsabilités que la Chine, en tant que grand pays responsable au sein de la communauté internationale, a incarnés en apportant sa sagesse et sa solution en matière de gouvernance économique mondiale. Contrairement aux systèmes de gouvernance précédents, la solution chinoise mettra fin à la loi de la jungle qui régit depuis longtemps les relations internationales, et défendra un nouveau système qui « s'appuie sur des partenariats et adhère au concept de bénéfice mutuel », c'est-à-dire qui « consulte largement au sujet des règles, contribue conjointement à l'établissement des mécanismes et relève ensemble des défis ». Les conceptions et les mécanismes que la Chine a proposés pour la gouvernance économique mondiale comprennent l'initiative « la Ceinture et la Route », le Fonds de la Route de la soie, la Banque asiatique d'investissement dans les infrastructures, la Zone de libre-échange de l'Asie-Pacifique et la Nouvelle Banque de développement. Fondés sur le principe de la création de partenariats avec les pays concernés, ces conceptions et mécanismes ont gagné le respect et le soutien de la communauté internationale.

« Tout comme les membres d'une famille se souhaitent le meilleur, les pays voisins font de même. » En appliquant le principe dit « amitié, sincérité, réciprocité et inclusion », et la politique diplomatique de bon voisinage et de partenariat avec ses voisins, la Chine s'attache à promouvoir la construction d'un « voisinage amical, sûr et prospère », et à faire en sorte que son développement profite aux pays asiatiques.

— Discours prononcé par Xi Jinping lors du 4e Sommet de la Conférence pour l'interaction et les mesures de confiance en Asie, le 21 mai 2014

Tout comme les membres d'une famille se souhaitent le meilleur, les pays voisins font de même

Un nouveau chapitre dans la diplomatie de voisinage fondée sur le principe dit « amitié, sincérité, réciprocité et inclusion »

Dans la culture traditionnelle chinoise, les bonnes relations avec les voisins ont toujours été un but visé par les Chinois. Il y a un dicton populaire qui dit : « Tout comme les membres d'une famille se souhaitent le meilleur, les pays voisins font de même. » Cela reflète non seulement l'harmonie, l'amitié et la solidarité qui existent entre parents, amis et voisins, mais aussi l'importance que les Chinois accordent aux bonnes relations avec leurs voisins. Ce dicton s'applique tant aux pays qu'aux individus. Dans un langage simple et clair, il met en lumière l'importance accordée par la Chine au bon voisinage et la politique étrangère chinoise en matière de diplomatie de voisinage.

Partageant ses frontières terrestres avec plus de 14 pays, la Chine a plus de pays voisins que presque tous les pays du monde. Que ce soit en termes de situation géographique, d'environnement naturel ou de liens mutuels, le voisinage revêt toujours une grande importance stratégique pour la Chine et constitue un soutien essentiel pour la stabilité et la prospérité de la Chine. Sur le plan politique, la paix et la stabilité des pays voisins profitent à la stabilité politique et sociale de la Chine. Sur le plan économique, les pays voisins sont des partenaires importants pour la Chine en matière d'ouverture au monde extérieur et de coopération commerciale et économique internationale. En termes de sécurité, les pays voisins de la Chine constituent un important rempart pour le maintien de la stabilité nationale et de la solidarité ethnique et pour la réussite de toutes les causes.

Le peuple chinois a attaché depuis longtemps une grande importance au développement de liens d'amitié entre la Chine et les pays voisins et appliqué fermement des concepts d'harmonie tels que « la paix est primordiale » et « promouvoir le bon voisinage à l'intérieur et à l'extérieur des frontières de la Chine ». Depuis la fondation de la République populaire de Chine en 1949, le Comité central du PCC a accordé une grande importance à la diplomatie de voisinage et proposé une série de pensées stratégiques et politiques majeurs, notamment « la politique diplomatique de bon voisinage et de partenariat avec ses voisins » et la construction d'un « voisinage amical, sûr et prospère », qui ont créé un environnement voisin globalement favorable à la Chine.

Depuis le 18e Congrès national du PCC, le Comité central du PCC avec le camarade Xi Jinping comme noyau dirigeant s'est attaché à mettre en place une diplomatie tous azimuts et a mis en évidence l'importance et la primauté d'un bon voisinage dans le développement global et la diplomatie. Lors de la Conférence sur le travail diplomatique à l'égard des pays voisins tenue en octobre 2013, Xi Jinping a souligné que la politique fondamentale de la diplomatie de voisinage de la Chine était de poursuivre l'amitié et le partenariat avec ses voisins, et de construire un voisinage amical, sûr et prospère, en mettant en avant le principe d'amitié, de sincérité, de réciprocité et d'inclusion.

L'« amitié » implique de persévérer dans le bon voisinage et l'entraide, de multiplier les visites dans les pays voisins, et de réaliser plus de projets répondant aux besoins des peuples, afin de permettre à la Chine d'obtenir plus de soutiens, de jouir d'une influence accrue, et de susciter une adhésion croissante autour de ses initiatives. La « sincérité » implique de traiter sincèrement les pays voisins et d'utiliser la sincérité pour gagner leur respect, leur confiance et leur soutien, qu'ils soient grands ou petits, puissants ou faibles, riches ou pauvres, afin de gagner davantage d'amis ou de partenaires. La « réciprocité » implique de coopérer avec les pays voisins conformément au principe de réciprocité, de porter l'intégration des intérêts bilatéraux à un niveau plus élevé, de permettre aux pays voisins de bénéficier de notre développement, mais également à notre pays de tirer parti du développement commun de ceux-ci. L'« inclusion » implique de préconiser une pensée inclusive et de promouvoir la coopération régionale avec un esprit plus ouvert et une attitude plus active.

Le principe dit « amitié, sincérité, réciprocité et inclusion » représente un nouveau concept de la diplomatie de voisinage. Proposé par le Comité central du PCC avec le camarade Xi Jinping comme noyau dirigeant, ce principe intègre la culture et la sagesse traditionnelles chinoises à partir d'une analyse stratégique de la nouvelle situation de la diplomatie de voisinage. Le principe susmentionné ne fait pas que résumer la politique chinoise de bon voisinage et de partenariat avec ses voisins mise en vigueur depuis longtemps, mais il déclare également l'engagement de la Chine dans l'amitié et le partenariat avec ses voisins à un nouveau point de départ historique, afin que son développement profite davantage aux pays voisins.

La Chine met activement en pratique le principe « amitié, sincérité, réciprocité et inclusion » pour construire et enrichir tous les types de partenariats avec les pays voisins. Nous entretenons des échanges de haut niveau à l'instar des « visites familiales » et coopérons étroitement à tous les niveaux avec les pays voisins dans divers domaines, renforçant ainsi le lien profond entre les personnes qui partagent la même région. Nous participons à la coopération économique régionale et améliorons le cadre pour un bénéfice mutuel afin de développer une nouvelle phase plus ouverte et inclusive de la coopération régionale Asie-Pacifique avec les pays voisins et régionaux. En tant que membre important de la région Asie-Pacifique, la Chine stimule et stabilise la croissance économique régionale en mettant en valeur son développement pour stimuler celui de ses pays voisins, de la région Asie-Pacifique et du monde. Comme nous le savons, « les tiges de patate douce s'étendent dans toutes les directions, mais les tubercules restent fermement en place sous terre. » De même, pour la Chine qui est enracinée dans la région Asie-Pacifique, elle cherche à développer et à étendre les avantages à la région Asie-Pacifique. Au fil des ans, la Chine est devenue le premier partenaire commercial, le premier marché d'exportation et une importante source d'investissement pour de nombreux pays voisins. Dans le cadre de l'initiative « la Ceinture et la Route », la Chine a mis l'accent sur l'apprentissage mutuel et la coexistence harmonieuse, qui sont au cœur de l'ancienne Route de la soie. Elle a également préconisé le principe d'amples consultations, de contribution conjointe et de bénéfice partagé, et travaillé avec d'autres pays riverains pour créer une plateforme d'ouverture et de coopération. En outre, la Chine a fondé la Banque asiatique d'investissement dans les infrastructures, a contribué à développer l'interconnectivité régionale et s'est efforcée de construire un réseau connecté intégré, sûr et efficace pour assurer le développement durable de la région Asie-Pacifique.

Ces dernières années, une Chine plus forte et de plus en plus développée tisse des liens encore plus étroits avec les pays voisins, et la façon dont ces derniers perçoivent la Chine évolue progressivement. L'accroissement de la coopération, des échanges et de l'interdépendance a engendré de plus en plus de problèmes entre la Chine et les pays voisins sur le plan de la sécurité, du territoire, de l'économie et du commerce. Dans ce contexte, la Chine maintient fermement la politique diplomatique de bon voisinage et de partenariat avec ses voisins et s'engage à promouvoir la construction d'un voisinage amical, sûr et prospère. La Chine s'efforce de mettre en pratique le principe « amitié, sincérité, réciprocité et inclusion », et recherche une sécurité commune, globale, coopérative et durable en Asie. Ces mesures représentent les efforts que la Chine a déployés pour s'adapter à l'évolution de l'environnement voisin et démontrent sa volonté de renforcer les liens d'amitié, le traitement honnête, les avantages mutuels et le développement inclusif dans les échanges avec les pays voisins. Elles proposent également une nouvelle piste de réflexion pour développer les relations entre la Chine et les pays voisins, et jettent les bases pour la construction d'une « communauté de destin pour le voisinage » et la réalisation de la paix, de la stabilité et de la prospérité dans la région Asie-Pacifique.

Les cinq dernières années ont démontré que les voix harmonieuses résonnent les unes avec les autres et que les natures similaires se cherchent. Malgré les grandes distances qui séparent nos cinq pays, nous sommes tous liés par des aspirations communes, ni les montagnes ni les mers ne peuvent obstruer notre chemin.

— Discours prononcé par Xi Jinping lors du
6e sommet des BRICS, le 15 juillet 2014

EXPRESSIONS FAMILIÈRES

Des natures similaires se cherchent
et sont liées par des aspirations communes

La coopération et le développement des pays des BRICS
reposent sur une aspiration commune

« Les voix harmonieuses résonnent les unes avec les autres et les natures similaires se cherchent. » Cette phrase tirée de l'hexagramme *Qian* du *Livre des mutations (Zhouyi)* suggère que les personnes ayant des valeurs et des mentalités similaires ont plus de facilité à parvenir à une compréhension mutuelle. En citant cette phrase, le président Xi Jinping a illustré le fait que les cinq pays des BRICS se trouvent dans une phase de développement similaire et ont des idées et des besoins similaires. L'utilisation de la citation ci-dessus pour décrire les BRICS reflète le soutien mutuel et les liens étroits qui unissent les cinq pays dans leur poursuite du développement commun.

Acronyme issu d'un concept économique, les pays BRIC étaient initialement composés du Brésil, de la Russie, de l'Inde et de la Chine. Ces pays ont été regroupés parce qu'ils sont représentatifs des pays émergents, qu'ils possèdent des territoires étendus dotés de riches ressources et de vastes populations, et qu'ils affichent une croissance rapide de leur économie et de leur influence. Officiellement lancé en 2006, le mécanisme des BRIC a été étendu à l'Afrique du Sud en 2010 pour devenir BRICS.

« Nous sommes tous liés par des aspirations communes, ni les montagnes ni les mers ne peuvent obstruer notre chemin. » Cette citation extraite d'un ancien proverbe chinois affirme qu'avec suffisamment d'ambition, on est sûr d'atteindre sa destination, quelle que soit la longueur ou la difficulté du voyage. Xi Jinping a cité ce proverbe pour décrire le développement futur des cinq pays des BRICS, soulignant que seules les convictions inébranlables peuvent maintenir l'engagement des pays à réaliser l'intention initiale du mécanisme des BRICS. Comme il l'a mentionné dans son discours, la croissance durable et la coopération économique tous azimuts constituent les aspirations communes des pays des BRICS. La création d'un environnement extérieur favorable, la promotion de la démocratisation des relations internationales et la diffusion de l'énergie positive constituent nos idéaux inébranlables.

« Des natures similaires se cherchent et sont liées par des aspirations communes. » Avec ces quelques mots, Xi Jinping a touché au cœur du processus de création et du développement prospectif du mécanisme des BRICS. Les pays des BRICS représentent 42,6 % de la population mondiale et près d'un tiers de la surface terrestre de la planète. En tant que premier et unique mécanisme entièrement composé de pays émergents, les BRICS ont déjà pris des mesures solides pour obtenir des résultats extraordinaires. Premièrement, il s'agit de l'établissement d'une série de mécanismes de travail, y compris des réunions au sommet, des conférences ministérielles, des réunions de groupes de travail sur divers sujets et des forums sur divers domaines. Deuxièmement, la coopération financière se renforce sans cesse. En particulier, la Nouvelle Banque de développement basée à Shanghai, qui a été fondée en 2015, est devenue la première banque multilatérale de développement de l'histoire à être créée et dirigée par des pays à économie de marché émergents. Troisièmement, il s'agit de coordonner les positions en matière de diplomatie économique multilatérale et de continuer à s'exprimer pour que la voix et l'influence des économies en développement soient renforcées dans la gouvernance économique mondiale. Les pays des BRICS se rencontrent fréquemment lors des grands événements multilatéraux de la diplomatie, notamment de l'ONU et du G20. Les appels répétés des pays des BRICS, qui représentent les pays émergents, ont convaincu le FMI d'accroître la représentation et la voix des pays émergents et des pays en développement. Quatrièmement, il implique de continuer à faire progresser la démocratisation des relations internationales et de profiter des occasions d'accueillir des sommets pour mener des dialogues avec d'autres pays de la région. Cela a favorisé des dialogues et des coopérations éventuelles avec des pays d'Afrique et d'Amérique du Sud, ainsi qu'avec des organisations telles que l'Union économique eurasienne, l'Organisation de coopération de Shanghai et l'Initiative de la baie du Bengale pour la coopération technique et économique multisectorielle. Cinquièmement, il implique de continuer à élargir les domaines de coopération en parlant d'une seule voix du côté des pays en développement sur les questions transnationales, telles que le terrorisme, la cybercriminalité et le changement climatique, et sur les questions régionales brûlantes, telles que l'Afghanistan, la Syrie et l'Ukraine. La coopération, qui avait été fortement axée sur les domaines économiques, s'est élargie pour accorder une importance égale aux domaines politique, sécuritaire, social et culturel.

Bien sûr, le chemin à parcourir n'est pas sans difficultés, car il reste « des montagnes et des mers » à franchir. Sur le plan extérieur, la reprise économique mondiale reste lente. Alors que le protectionnisme gagne du terrain dans les pays développés, les pays des BRICS seront confrontés à des défis plus importants en matière d'utilisation des marchés extérieurs et d'allocation des ressources à l'échelle mondiale. Sur le plan interne, les pays des BRICS dans leur ensemble se trouvent à un stade de croissance quantitative et extensive, et doivent donc s'engager dans l'ajustement structurel et l'innovation. Dans le même temps, il existe un isomorphisme commercial et une concurrence entre les pays des BRICS. Comment réussir la transformation économique, éviter le jeu à somme nulle et poursuivre un développement commun sont des questions urgentes que les pays des BRICS doivent résoudre sans tarder.

L'économie de la Chine, qui se positionne à la deuxième place du monde, est supérieure à la somme combinée des économies des quatre autres pays des BRICS. Cela affecte l'orientation générale et l'évolution future du développement du mécanisme des BRICS. En outre, la Chine a contribué à la création du mécanisme des BRICS, qui constitue un mécanisme de coopération Sud-Sud, et continue à y jouer un rôle essentiel. L'amélioration et l'influence croissante du mécanisme des BRICS ont fourni un soutien solide à la participation de la Chine aux activités économiques et diplomatiques internationales, un appui institutionnel permettant à la Chine de parler au nom des pays en développement du monde entier, et une plateforme organisée permettant à la Chine de s'engager dans la coopération pour relever les défis mondiaux. Dans ses échanges avec les autres pays des BRICS, la Chine a donc toujours tenté de trouver un terrain d'entente tout en mettant leurs divergences de côté. À la fois grand pays en développement et économie émergente, la Chine est en harmonie avec les autres pays des BRICS et entre en résonance avec eux. Dans le même temps, la Chine poursuit des aspirations communes et se concentre sur le développement en tant que fil conducteur qui transcende les vieux jeux d'alliances politiques et militaires entre les pays, la vieille conception par rapport à des lignes idéologiques, et la vieille mentalité du jeu à somme nulle ou du « gagnant remporte tout ». Nous nous engageons dans le progrès commun.

« Le temps viendra de fendre les vagues au gré du vent, alors je hisserai les voiles et franchirai les vastes étendues marines. » Partageant les mêmes préoccupations et les mêmes aspirations, les cinq pays des BRICS sont appelés à jouer un rôle encore plus important dans la diplomatie multilatérale.

Le développement de la Chine ne se fera pas au détriment des autres pays. La Chine travaillera avec d'autres pays pour surmonter les défis sur le chemin à parcourir. Les routes du monde entier ne deviennent plus larges que lorsque davantage de personnes les empruntent.

— Discours prononcé par Xi Jinping lors d'un dîner organisé
par le lord-maire de la ville de Londres, le 21 octobre 2015

Les routes du monde entier ne s'élargissent que lorsque davantage de personnes les empruntent

Établir des partenariats et promouvoir les intérêts communs

Les Chinois connaissent bien la phrase suivante : « Sur la terre, il n'y avait pas de routes ; elles ont été faites par le grand nombre de passants. » Même ceux qui ne savent pas qu'elle provient du *Pays natal*, l'une des nouvelles de Lu Xun tirée du recueil *Cris*, savent l'utiliser pour commenter les choses du monde. Cette citation a même été incluse dans l'examen d'entrée à l'université, qui demandait aux candidats de rédiger une dissertation sur le thème « Les gens et les routes », démontrant ainsi son importance dans la langue chinoise moderne.

Lors de son discours à l'occasion d'un dîner organisé par le lord-maire de la ville de Londres en octobre 2015, le président Xi Jinping a habilement invoqué cette citation pour illustrer la relation entre « les pays et les routes. » Il a dit : « Les routes du monde entier ne deviennent plus larges que lorsque plus de personnes les empruntent. » En effet, la question que les pays se posent aujourd'hui n'est pas de savoir comment trouver une route, mais quelle direction et quelle route suivre. Le discours de Xi Jinping a offert au monde une réponse claire. Malgré de nombreuses voies de développement parmi lesquelles les pays, voire le monde, peuvent choisir, le choix devrait se porter sur la voie de la promotion des intérêts communs, car ce n'est que lorsque davantage de pays sont désireux et capables de promouvoir les intérêts communs que cette voie de développement peut être plus élargie. Nous devons clarifier notre orientation et nous concentrer sur l'efficacité afin d'emprunter la bonne voie. Nous devons également accorder l'attention nécessaire à la manière dont nous avançons et nous demander si elle est fondée sur l'équité afin que davantage de pays suivent la même voie. Depuis que Xi Jinping a présenté au monde sa description de la bonne voie à suivre, les appels à soutenir les mouvements anti-mondialisation et le protectionnisme ont été assourdissants. Les pays se trouvent à un carrefour où ils doivent choisir entre la voie de la mondialisation et celle de l'anti-mondialisation et déterminer la meilleure façon de promouvoir la mondialisation. Les paroles clairvoyantes de Xi Jinping servent de feuille de route aux décideurs politiques du monde entier.

Alors, que faut-il faire pour promouvoir les intérêts communs ? Construire des partenariats et établir un réseau de partenariats mondial, telle est la « solution chinoise » proposée par Xi Jinping. La poursuite de la coopération pacifique, de l'égalité de traitement, de l'ouverture, de l'inclusion et du bénéfice mutuel est la clé des partenariats proposés par la Chine et une exigence pour promouvoir les intérêts communs. D'une part, le processus de construction d'un partenariat encourage les pays à s'accommoder et à s'entendre pour trouver et renforcer les intérêts communs ; le processus de coopération les encourage à trouver les domaines où leurs intérêts se chevauchent et à respecter mutuellement les intérêts fondamentaux et les préoccupations majeures. La recherche d'un terrain d'entente tout en mettant leurs divergences de côté offre des possibilités d'avancer ensemble, et la coopération permet de créer un gros « gâteau » qui sera partagé et apprécié par les deux pays, atteignant ainsi les objectifs d'amples consultations, de contribution conjointe et de bénéfice partagé. D'autre part, l'établissement d'un réseau de partenariats mondial permet aux pays de participer au système de gouvernance mondiale, d'apporter leur sagesse pour promouvoir la mondialisation et de faire avancer les intérêts communs à l'échelle mondiale. Les partenariats préconisés par la Chine mettent fin à la politique du plus fort dans les relations internationales qui permet aux grands d'intimider les petits, aux forts d'humilier les faibles ou aux riches d'opprimer les pauvres. Ces partenariats défendent le droit de tous les pays à participer aux affaires internationales sur un pied d'égalité et contribuent à amplifier les voix et à faire entendre les préoccupations des pays en développement et sous-développés dans le processus d'élaboration des règles afin que les intérêts des pays en développement soient véritablement intégrés aux intérêts communs.

L'établissement d'un réseau de partenariats mondial s'inscrit non seulement dans la diplomatie chinoise qui avance en phase avec l'époque, mais aussi favorise une meilleure mise en œuvre des initiatives pragmatiques de la Chine. Comme Xi Jinping l'a mentionné dans son discours, la Chine « travaillera avec d'autres pays pour surmonter les défis sur le chemin à parcourir ». Ce sont des initiatives concrètes et des actions pragmatiques qui ont permis à la Chine d'enrichir le contenu des partenariats et de créer un réseau de partenariats. L'initiative « la Ceinture et la Route » en est un excellent exemple. Depuis sa proposition par Xi Jinping en 2013, de nombreux pays et organisations internationales ont participé à l'initiative « la Ceinture et la Route » et y ont mis du leur. Grâce à cette initiative, la Chine a approfondi les liens avec les pays, les régions et les organisations internationales et a progressivement commencé à établir le réseau de partenariats. Comme Xi Jinping l'a expliqué en novembre 2016 lors du Sommet des chefs d'entreprise de l'APEC à Lima, au Pérou, la Chine a utilisé l'initiative « la Ceinture et la Route » pour créer un cercle d'amis caractérisé par le partage des mêmes objectifs, la confiance mutuelle et le dynamisme. Par exemple, la Russie, la Mongolie, l'Asie centrale, l'Asie du Sud-Est et l'Asie du Sud comptent 26 pays qui se sont engagés dans l'initiative « la Ceinture et la Route », parmi lesquels 23 pays ont établi des partenariats de différents types avec la Chine. En mai 2017, les dirigeants de 30 pays et les responsables de l'ONU, de la Banque mondiale et du Fonds monétaire international se sont réunis à Beijing pour assister au Forum de « la Ceinture et la Route » pour la coopération internationale. Leur présence a démontré qu'un nombre croissant de pays et d'organisations internationales sont désireux de rejoindre le cercle d'amis de la Chine et de construire ensemble l'initiative « la Ceinture et la Route ». La participation active de toutes les parties concernées a permis le succès de l'initiative « la Ceinture et la Route » et la création d'une route que Xi Jinping a proposée dans son discours ce jour-là, à savoir une route vers la paix, la prospérité, l'ouverture, l'innovation et la civilisation. On pourrait dire que l'initiative « la Ceinture et la Route » ne prendra de l'ampleur que lorsque davantage de personnes y prendront part.

Nous devons rester attachés à l'esprit des objectifs de Bogor et au régionalisme ouvert. On ne doit pas « laisser chacun balayer la neige qui est devant sa porte et ne pas s'embarrasser de la gelée blanche qui est sur le toit de son voisin ». Les pays membres développés doivent donner le bon exemple en ouvrant davantage leurs marchés, en donnant la priorité à la coopération économique et technologique et en aidant les pays membres en développement à devenir plus compétitifs.

— Discours prononcé par Xi Jinping sur le paysage économique mondial et le système commercial multilatéral lors de la première session de la réunion des dirigeants économiques de l'APEC, le 7 octobre 2013

On ne doit pas « laisser chacun balayer la neige qui est devant sa porte et ne pas s'embarrasser de la gelée blanche qui est sur le toit de son voisin »

Promouvoir un climat d'assistance mutuelle, établir des partenariats et résoudre ensemble les problèmes mondiaux

« Que chacun balaie la neige qui est devant sa porte et ne s'embarrasse pas de la gelée blanche qui est sur le toit de son voisin » et « un brave a besoin du soutien de trois autres personnes » sont des expressions courantes dans la vie quotidienne, et pourtant elles font référence à deux attitudes totalement opposées en matière de comportement. Bien qu'une version légèrement différente (Que chacun balaie la neige sur le pas de sa porte et ne tienne pas compte de la gelée blanche sur la maison du voisin) ait été notée pour la première fois dans le *Shilin Guangji*, un ouvrage de référence commun publié à la fin de la dynastie des Song du Sud (1127-1279), le dicton populaire que nous citons aujourd'hui (Que chacun balaie la neige qui est devant sa porte et ne s'embarrasse pas de la gelée blanche qui est sur le toit de son voisin) est apparu pour la première fois dans l'opéra *Guanyuan Ji* de Zhang Fengyi pendant la dynastie des Ming (1368-1644). Dans l'article intitulé « Proverbes », tiré du recueil *Nan qiang bei diao ji* de Lu Xun, il met en lumière ce vieux dicton : « Apprenez aux gens à servir le public, à payer leurs impôts et à faire des contributions ; apprenez-leur à ne pas négliger les autres, à ne pas les traiter injustement et, surtout, à ne pas se mêler des affaires des autres ». En chinois moderne, le sens littéral est de persuader les gens de ne s'occuper que de leurs propres affaires lorsqu'ils traitent des questions. À l'inverse, l'expression « un brave a besoin du soutien de trois autres personnes » encourage les gens à faire exactement le contraire : s'offrir une assistance mutuelle. C'est ce qui ressort des paroles suivantes de la chanson *Le monde a besoin de votre enthousiasme* : « Tout comme une clôture a besoin du soutien de trois piquets, un brave a besoin du soutien de trois autres personnes. Pour que tout le monde soit heureux, le monde a besoin de votre enthousiasme. »

Dans son discours, Xi Jinping a cité ces expressions pour aller au cœur de ce qu'implique la construction d'un réseau de partenariats mondial. Le ralentissement économique mondial prolongé et l'aggravation des turbulences régionales ont permis au protectionnisme, à l'isolationnisme et à d'autres mouvements anti-mondialisation de gagner du terrain, ce qui a donné lieu à des appels à « laisser chacun balayer la neige qui est devant sa porte et ne pas s'embarrasser de la gelée blanche qui est sur le toit de son voisin » à l'échelle mondiale. En effet, ces appels sont de plus en plus pressants dans un grand nombre de puissances traditionnelles et de pays développés. Cependant, ce comportement égocentrique, qui consiste à appliquer la politique de « chacun pour soi », n'apporte pas grand-chose à la lutte contre la dépression de l'économie mondiale, aux défis de la gouvernance mondiale et à de nombreux autres problèmes. De plus, l'histoire a prouvé que cette façon de penser ne fonctionne pas. Pendant la crise financière mondiale entre 1929 et 1933, les grands pays ont mis en place la politique de la porte fermée qui a perduré jusqu'au déclenchement de la Seconde Guerre mondiale, lorsque le monde a subi les pires malheurs de l'histoire de l'humanité. À l'heure de la mondialisation, le pouvoir d'un seul pays est limité. Ce n'est qu'en travaillant ensemble que les pays peuvent faire face efficacement aux risques régionaux croissants et aux défis mondiaux. Les mouvements anti-mondialisation ne servent qu'à accroître les risques et les défis. En effet, « un brave a besoin du soutien de trois autres personnes ». Ce n'est donc qu'en favorisant un climat d'entraide que tous les pays, indépendamment de leur taille, de leur richesse ou de leur force, sont en mesure de participer à la résolution des problèmes et de poursuivre conjointement des plans ambitieux de développement mondial, donnant ainsi un nouvel élan à la mondialisation.

Le concept d'assistance mutuelle est profondément ancré dans la culture chinoise, qui l'a adopté depuis longtemps. La langue chinoise est riche en expressions qui soulignent l'importance de l'entraide, notamment « l'union fait la force, la division fait la faiblesse », « quand tout le monde ajoute du bois, les flammes montent plus haut », « si des frères partagent la même vision, leur force peut couper le métal » et la phrase déjà citée « un brave a besoin du soutien de trois autres personnes ». La promotion d'un climat d'assistance mutuelle a également été mise en évidence dans la diplomatie chinoise depuis la fondation de la République populaire de Chine en 1949. Depuis lors, la Chine a continué à mener une politique étrangère indépendante et pacifique et a cherché à développer une coopération amicale avec tous les pays sur la base des Cinq principes de la coexistence pacifique. C'est pourquoi on dit souvent que « nos frères d'Afrique ont fait entrer la Chine dans l'ONU ». Les partenariats que la Chine propose de construire aujourd'hui représentent une continuation et un développement des concepts et pratiques diplomatiques de la Chine depuis 1949. Xi Jinping a cité les deux expressions, soit « que chacun balaie la neige qui est devant sa porte et ne s'embarrasse pas de la gelée blanche qui est sur le toit de son voisin » et « un brave a besoin du soutien de trois autres personnes », pour guider l'établissement d'un réseau de partenariats mondial qui s'aligne sur le paysage mondial actuel et indiquer la voie à suivre pour le travail diplomatique.

L'esprit d'assistance mutuelle est ancré dans la culture chinoise et l'établissement d'un réseau de partenariats mondial a été proposé par la Chine. Toutefois, cela n'implique pas que la Chine soit au centre du réseau, ni qu'elle souhaite diriger le monde. À l'instar d'Internet, ce réseau de partenariats s'interconnecte et s'entrecroise. Plutôt que de tourner autour d'un seul pays, il s'agit d'un réseau polycentrique et multidimensionnel de coopération mondiale et régionale. À l'ère de l'« Internet Plus », ce type de réseau de partenariats mondial permet aux pays de partager leur expérience en matière de développement, d'interconnecter leurs expériences et leurs ressources, et de créer de nouveaux modèles d'apprentissage mutuel et de coopération pour parvenir à un développement commun. Le réseau de partenariats mondial ne doit plus être analysé et interprété sur la base de l'ancienne mentalité des freins et contrepoids et du jeu à somme nulle. À l'ère d'Internet, la décentralisation du pouvoir est devenue une caractéristique de la réalité. L'établissement de la suprématie et l'adoption de l'approche dite « gagnant remporte tout » ne sont plus adaptés au monde d'aujourd'hui, et ne marcheront plus. « Ce dont le monde a besoin, ce n'est pas d'un héros solitaire, mais de partenaires coopératifs ayant des intérêts communs. » Ce n'est que lorsque les pays commenceront à s'unir que nous pourrons vraiment résoudre les problèmes du monde.

On dit souvent que les intelligents s'occupent des affaires concrètes, tandis que les sages gouvernent les institutions. Face à l'évolution du paysage économique mondial, la gouvernance économique mondiale doit s'adapter à son époque.

— Discours liminaire prononcé par Xi Jinping lors de la cérémonie d'ouverture du sommet du B20, le 3 septembre 2016

Les intelligents s'occupent des affaires concrètes, tandis que les sages gouvernent les institutions

Développer une gouvernance économique mondiale plus équitable, plus ouverte et plus juste

Après la crise financière mondiale de 2008, le G20 est devenu une plateforme majeure pour la gouvernance économique internationale. Les principales économies mondiales dépendent d'elle pour se consulter sur les politiques concernant l'économie, le commerce, la finance et la capacité de production au niveau mondial et pour coordonner les intérêts de toutes les parties. Lors du sommet du G20 à Hangzhou en 2016, la gouvernance économique mondiale a été mise à l'« heure chinoise ». Le sommet a braqué les projecteurs sur cette ville ancienne, où des chefs de gouvernement et des entrepreneurs du monde entier ont proposé des stratégies et des politiques coordonnées pour améliorer la gouvernance économique mondiale et stimuler l'économie mondiale. « Les intelligents s'occupent des affaires concrètes, tandis que les sages gouvernent les institutions. » Dans son discours liminaire lors de la cérémonie d'ouverture du sommet du B20, le président Xi Jinping a fait valoir que la sagesse et la solution chinoises pouvaient être appliquées à la résolution de problèmes et aux négociations. Il s'est inspiré du raisonnement dialectique sur des « intelligences » et des « sagesses » pour stimuler une réflexion approfondie de ceux qui tentent de déchiffrer l'économie mondiale. À mesure que l'économie mondiale se développe, la « sagacité » est sans aucun doute nécessaire pour résoudre les problèmes concrets. Toutefois, lorsqu'il s'agit de s'attaquer à la structure et au processus de la gouvernance économique mondiale, la « sagesse » est nécessaire pour définir les responsabilités et les obligations des différentes grandes puissances et des acteurs étatiques et non étatiques, et pour établir les systèmes et mécanismes qui promeuvent des actions communes et des modèles de coopération. La sagesse n'est pas simplement une collection de décisions intelligentes. Elle découle non seulement d'une réflexion globale et dialectique, mais aussi se caractérise par sa vision, ses ambitions et ses limites.

Le coefficient de Gini pour le monde entier a atteint environ 0,7, ce qui est supérieur au seuil d'alerte reconnu de 0,6. Cela implique que le monde est confronté à un écart de richesse croissant qui a conduit à un développement déséquilibré. La stabilité mondiale est intenable lorsque la moitié de la population jouit d'une grande richesse et que l'autre moitié vit dans le dénuement le plus total, sans parler d'un développement économique et social sain. À ce titre, la mise à jour du concept de développement de l'économie mondiale et l'innovation des mécanismes et des plateformes de gouvernance économique mondiale sont apparues comme les principales priorités pour dynamiser l'activité économique mondiale.

Xi Jinping a profité du sommet du B20 pour proposer le développement d'une économie mondiale fondée sur l'innovation, l'ouverture, l'interconnexion et l'inclusion, ce qui correspond également à la voie de la reprise économique mondiale tracée par les dirigeants chinois. L'innovation est la clé pour dynamiser la croissance. Motivée par l'innovation et revigorée par les réformes, l'économie mondiale doit saisir les opportunités historiques offertes par la révolution technologique, la transformation industrielle et l'économie numérique pour augmenter le potentiel de croissance mondiale à moyen et long terme. L'ouverture nous permet d'avancer, et l'isolement nous fait prendre du retard. Les pays doivent renforcer les mécanismes de commerce et d'investissement, élaborer des stratégies en matière de croissance du commerce mondial et des lignes directrices concernant l'investissement mondial, consolider les mécanismes commerciaux multilatéraux et s'opposer au protectionnisme. La prospérité commune ne peut être atteinte que par un développement interconnecté. Les pays doivent donc accroître le niveau d'interconnexion des politiques, des infrastructures et des bénéfices mutuels. Le développement inclusif et durable est une obligation morale qui entraînera des demandes effectives massives. Les pays doivent entreprendre des actions conjointes pour mettre en œuvre le Programme de développement durable à l'horizon 2030 et pour soutenir l'industrialisation des pays africains et des pays les moins avancés.

La gouvernance économique mondiale a pour but d'assurer le développement de l'économie mondiale. Grâce à la coopération internationale dans les domaines de la finance, du commerce, de l'investissement et d'autres domaines, la gouvernance économique mondiale élabore des règles régissant le fonctionnement, la surveillance, l'alerte avancée et la gestion des crises de l'économie mondiale et coordonne la mise en œuvre de politiques économiques conformes à l'intérêt commun afin d'assurer le développement et la prospérité communs à l'échelle mondiale. Pour orienter l'économie mondiale sur la voie d'un développement innovant, ouvert, interconnecté et inclusif, la gouvernance économique mondiale doit s'adapter à son époque.

Compte tenu du paysage économique mondial actuel, Xi Jinping a souligné que la gouvernance économique mondiale devrait être guidée par l'esprit d'ouverture et s'en tenir à l'ouverture des concepts, des politiques et des mécanismes. Elle doit être motivée par la coopération afin de tenir compte des préoccupations de tous les pays, de procéder à d'amples consultations sur les règles, de contribuer conjointement à l'établissement des mécanismes et de travailler ensemble pour relever les défis. Enfin, elle doit s'attacher à rechercher des intérêts communs plutôt que de s'engager dans l'établissement de la suprématie ou l'adoption de l'approche dite « gagnant remporte tout ». Au fur et à mesure que les pays émergents augmentent leur part dans l'économie mondiale, la gouvernance économique mondiale doit mieux refléter la réalité de l'économie mondiale et accroître la représentation et la voix des pays émergents et des pays en développement. Elle doit également s'opposer aux accords exclusifs et se prémunir contre les mécanismes de gouvernance fermés et les règles fragmentées. De cette manière, la gouvernance économique mondiale peut véritablement garantir l'égalité des droits, des chances et des règles pour tous les pays, préservant ainsi les intérêts des pays en développement dans l'établissement d'un ensemble de règles et de mécanismes économiques internationaux et promouvant le développement et la prospérité communs à l'échelle mondiale.

Les pays ne soutiendront les réformes des mécanismes de gouvernance que si elles apportent de solides avantages à l'économie mondiale. Il faut pour cela intégrer certains éléments dans les politiques qui offrent des avantages importants à court terme et favorisent le développement durable. Plus précisément, la gouvernance financière mondiale doit être plus juste et donner du poids aux voix des économies émergentes dans les institutions et mécanismes financiers internationaux. La gouvernance mondiale en matière d'investissement et de commerce doit être plus ouverte et transparente, maintenir les mécanismes multilatéraux de libre-échange existants et offrir un vaste marché libre pour le développement commun de tous les pays. La gouvernance mondiale de l'énergie doit être plus verte et à faible émission de carbone. Elle doit combiner la garantie de la sécurité des approvisionnements énergétiques et des prix avec la réduction des gaz à effet de serre et le développement d'une économie propre et verte, fournir des emplois à grande échelle et faire évoluer l'industrie énergétique. La gouvernance mondiale du développement doit être plus inclusive et interconnectée. Elle doit donner un nouvel élan à l'économie mondiale en favorisant la prospérité commune des pays d'Asie, d'Afrique et d'Amérique latine.

La mondialisation économique a posé de nouveaux problèmes, mais ce n'est pas une raison pour la rejeter en bloc. Au contraire, nous devons nous adapter à la mondialisation économique, la gérer et minimiser son impact négatif afin que ses avantages soient étendus à tous les pays et à tous les peuples.

— Discours liminaire prononcé par Xi Jinping lors de la cérémonie d'ouverture de la Conférence annuelle 2017 du Forum économique mondial, le 17 janvier 2017

EXPRESSIONS FAMILIÈRES

Il n'y a aucune raison de rejeter en bloc la mondialisation économique

Parvenir à un meilleur développement de la société humaine grâce à la dialectique de la sagesse politique

L'expression « rejeter en bloc » signifie que l'on désapprouve absolument quelque chose. En revanche, l'ajout d'« aucune raison » dans cette phrase fait montre d'une attitude inverse et dialectique. Cette expression courante n'implique pas de choisir entre le noir et le blanc, mais d'examiner complètement un concept social et une tendance mondiale à partir d'une approche dialectique fondée sur l'histoire et le développement. Le concept de mondialisation économique a été largement accepté depuis longtemps par la communauté internationale, mais il a été remis en question ces dernières années. Par l'utilisation habile de cette expression courante, Xi Jinping a exprimé clairement et précisément la voix de la Chine à la communauté internationale et a reflété la largeur d'esprit et la clairvoyance inhérentes au dirigeant d'un grand pays.

L'idée de la mondialisation économique est née dans les années 1980, après des décennies de développement, elle est devenue le consensus de la communauté internationale. Les progrès scientifiques et technologiques, combinés à la mondialisation, ont conduit le monde à un niveau de spécialisation sans précédent. À mesure que les économies, les marchés, les technologies et les communications se mondialisent, les pays deviennent de plus en plus dépendants les uns des autres. La libéralisation du commerce international et des investissements a favorisé l'émergence des marchés mondiaux.

La mondialisation économique permet la circulation et la distribution optimale des capitaux, des technologies et d'autres facteurs de production à l'échelle mondiale, ce qui favorise la spécialisation et la coopération afin de stimuler le développement global de l'économie mondiale. Ayant une voix plus forte dans l'établissement des règles commerciales, les pays développés sont devenus les principaux bénéficiaires de la mondialisation économique. Dans le même temps, les pays en développement ont continué à moderniser leurs structures industrielles en introduisant des technologies avancées et une expérience de gestion et en utilisant pleinement les capitaux extérieurs. Ils ont également tiré pleinement parti des importantes réserves de main-d'œuvre pour augmenter la compétitivité et promouvoir le développement social et économique global.

Puisque la mondialisation économique a gagné la confiance unanime et a donné des résultats remarquables, pourquoi certains envisagent-ils de « rejeter en bloc la mondialisation économique » ? En fait, après des années de développement, la mondialisation économique a rencontré des difficultés, en particulier, l'expansion des effets négatifs déclenchés par les « maladies systémiques » qui sont à son cœur. Les pays développés ont concentré la plupart de leurs critiques sur la « fuite des emplois manufacturiers ». Avec la mondialisation économique, la rentabilité inhérente au capital a été considérablement amplifiée et étendue, et les industries traditionnelles de transformation et de fabrication, les industries à forte intensité de main-d'œuvre et d'autres ont été occupées par les pays en développement en raison de leur abondance de main-d'œuvre bon marché. Bien qu'ils se situent plus en aval dans la chaîne industrielle, ces emplois sont idéaux pour absorber la main-d'œuvre excédentaire. L'exode des emplois manufacturiers s'est traduit par une hausse du chômage pour les travailleurs ordinaires dans certains pays développés, laissant de nombreux ménages se battre pour survivre. Dans le même temps, la situation n'est pas vraiment rose dans les pays en développement, qui doivent faire face à des effets négatifs encore plus importants. Beaucoup se sont battus pour s'échapper de la « cage » de la fabrication de produits bas de gamme, et un développement anormal durable a réduit leurs structures industrielles nationales à des fabricants d'équipements d'origine pour les pays développés. Les industries de produits bas de gamme, très polluantes, à forte intensité énergétique et peu rentables, entravent leur progrès social durable depuis des années. Dans un certain sens, la mondialisation économique, en conduisant à une division internationale du travail plus spécialisée, fait stagner le développement dans tous les pays et intensifie la pression sur les familles issues de milieux socio-économiques défavorisés dans les pays développés.

Depuis 2016, le mécontentement social, fomenté par les effets négatifs du marasme économique prolongé, émerge sous la forme de changements politiques plus radicaux dans les pays du monde entier, alimentés par le populisme. En particulier, les pays occidentaux traditionnellement libéraux ont été témoins d'une montée généralisée du conservatisme, du populisme et du néo-isolationnisme. Aux États-Unis, par exemple, le président Donald Trump n'a cessé de critiquer la mondialisation économique depuis le début de sa course à la Maison Blanche. Peu après son entrée en fonction, il a annoncé que les États-Unis se retiraient du TPP et réexaminaient leurs accords de libre-échange existants afin de mener des politiques anti-mondialisation telles que le prélèvement de taxes aux frontières. L'approche de Donald Trump a été généralement soutenue par de nombreux ménages à faibles revenus qui espèrent qu'elle leur ouvrira des possibilités d'emploi et les aidera à sortir de la pauvreté.

En fait, aucun concept de développement n'est jamais parfait au départ. Même le plus prometteur a besoin des conseils de la communauté internationale pour sa mise en œuvre afin de mieux servir le développement commun de tous les pays. Face à la mondialisation économique qui est confrontée aux difficultés, nous devons aborder directement la question, essayer de comprendre les préoccupations raisonnables des populations des pays concernés, et améliorer les conditions déraisonnables sur la base de l'égalité et du bénéfice mutuel. Comme l'a expliqué le président Xi Jinping, « nous devons nous adapter à la mondialisation économique, la gérer et minimiser son impact négatif afin que ses avantages soient étendus à tous les pays et à tous les peuples. » Nous devons identifier et résoudre les problèmes au lieu de lever les bras au ciel ou de les rejeter en bloc. La Chine est prête à apporter sa contribution à la communauté internationale pour une meilleure mondialisation.

La communauté internationale doit travailler ensemble pour renforcer la coopération en matière de lutte contre le terrorisme en respectant les buts et principes de la Charte des Nations unies et les autres normes fondamentales régissant les relations internationales. Il faut s'attaquer à la fois aux symptômes et aux causes profondes du terrorisme et rejeter la politique de deux poids deux mesures.

— Discours prononcé par Xi Jinping lors de la réunion informelle des dirigeants des BRICS, le 15 novembre 2015

S'attaquer à la fois aux symptômes et aux causes profondes du terrorisme et rejeter la politique de deux poids deux mesures

La tâche colossale de la coopération en matière de lutte contre le terrorisme exige de construire une communauté de sécurité partagée de manière responsable

S'attaquer à la fois aux symptômes et aux causes profondes signifie qu'une maladie doit être traitée en se concentrant sur les causes de la maladie plutôt que sur les seuls symptômes. Dans son discours, le président Xi Jinping a cité cette expression pour mettre en lumière les objectifs et les stratégies qui doivent être au cœur de la lutte contre le terrorisme.

S'il n'y a pas de consensus international sur la définition du terrorisme, on s'accorde sur ses caractéristiques communes : le recours à la violence ou à la menace de violence, le fait de blesser sans discernement des civils et le but ultime d'atteindre ses objectifs politiques et religieux. Le terrorisme constitue l'un des points centraux actuels de la gouvernance internationale. Contrairement aux menaces de sécurité conventionnelles, les attaques terroristes peuvent se produire dans n'importe quel pays, et même les sociétés apparemment paisibles et sûres ne sont pas à l'abri. Depuis des décennies, les populations locales visées par des attaques terroristes ont subi de grands malheurs. Ces dernières années surtout, l'instabilité permanente dans le monde a fait grandir les organisations terroristes et leur a permis de se décentraliser davantage. En outre, il est presque impossible de se défendre contre les attaques terroristes perpétrées par des « loups solitaires ». Ces attaques impitoyables ont transpercé le cœur de toutes les personnes honnêtes et continuent de bafouer la conscience de l'humanité. Alors que le terrorisme fait rage, des questions se posent sur l'efficacité et la faisabilité des politiques et de la coopération en matière de lutte contre le terrorisme, qui concernent directement la sécurité de tous les pays.

S'attaquer à la fois aux symptômes et aux causes profondes est la meilleure option pour éradiquer le terrorisme. Ce n'est pas un monde paisible. Les régions en proie à des troubles constituent un terrain fertile pour la prolifération du terrorisme. Les déséquilibres dans le développement social, ainsi que la pauvreté, l'oppression et le manque d'éducation, ont favorisé la propagation du terrorisme. En endoctrinant les défavorisés vivant dans des régions agitées avec des idées extrémistes, les organisations terroristes encouragent les personnes en grande difficulté à se tourner vers des idéologies extrémistes. Ensuite, ceux qui ont subi un lavage de cerveau sont recrutés pour rejoindre des organisations terroristes et lancer des attaques terroristes. Dans la lutte contre le terrorisme, nous devons traiter les symptômes en renforçant les campagnes de lutte contre les organisations terroristes existantes et en interdisant les comportements qui permettent la diffusion d'idées extrémistes. Nous devons traiter les causes profondes en atténuant les affrontements armés dans les régions instables et en favorisant le développement social et économique des zones sous-développées. En outre, nous devons redoubler d'efforts pour dénoncer les dangers du terrorisme, freiner la propagation des idéologies extrémistes et promouvoir le respect de la vie afin de faire reconnaître que chacun a le droit de mener une vie digne et pleine de sens.

Face aux menaces communes, les gouvernements ont adopté diverses mesures pour lutter contre le terrorisme. Les forces du bien et du mal sont constamment en lutte les unes contre les autres. Alors que les stratégies de lutte contre le terrorisme s'améliorent, la façon dont les terroristes organisent et lancent leurs attaques évolue également. La lutte contre le terrorisme ne doit pas se limiter au traitement des symptômes. La prévention doit être privilégiée dans les régions confrontées à de graves menaces terroristes. Le renforcement des frappes militaires est essentiel dans les points chauds de l'activité terroriste. Toutefois, la lutte contre le terrorisme exige des mesures plus ambitieuses. S'attaquer à la fois aux symptômes et aux causes profondes du terrorisme signifie mettre en place des mesures plus actives et priver les organisations terroristes de leur soutien. Les politiques antiterroristes qui éliminent les divers terreaux qui alimentent le terrorisme constituent l'approche la plus sensée.

La lutte contre le terrorisme est un maillon important de la gouvernance internationale, et l'application de deux poids deux mesures à cet égard rend la tâche encore plus difficile. Toute réponse au terrorisme qui implique une violence aveugle contre des civils, quelle qu'en soit la raison, est intolérable. La communauté internationale doit être d'accord sur ce point. Certains pays ont révélé une grande partialité dans la façon dont ils traitent les attaques terroristes dirigées contre eux-mêmes et d'autres pays, en fonction de facteurs tels que les préjugés politiques, les conflits religieux et les hostilités ethniques. Soit ils sont condescendants et simplifient la situation à l'extrême, soit ils déforment les opérations antiterroristes menées par d'autres pays sous prétexte de « droits de l'homme », de « liberté religieuse » et d'« oppression ethnique », soit ils prennent souvent pour cible des civils innocents sous prétexte de « dégâts collatéraux » et font preuve d'une indifférence à l'égard de la vie humaine. De telles actions ne sont pas en phase avec la coopération internationale en matière de lutte contre le terrorisme.

Aucun pays ne peut faire face aux menaces terroristes à lui seul. La communauté internationale doit s'unir pour lutter contre le terrorisme. Comment concilier les positions de diverses parties qui ont des idées différentes sur la lutte contre le terrorisme est devenu un sujet épineux pour la communauté internationale. La Charte des Nations unies et les autres normes fondamentales régissant les relations internationales constituent les pierres angulaires idéologiques de la coopération internationale en matière de lutte contre le terrorisme. La coopération internationale en matière de lutte contre le terrorisme a toujours fait l'objet de l'application de deux poids deux mesures, en raison de divers facteurs humains. Dans ce contexte, les pays se sont trouvés profondément divisés sur la définition du terrorisme. La confiance mutuelle entre les forces antiterroristes a été ébranlée et la sécurité des populations locales visées par les attaques terroristes a été compromise.

La lutte contre le terrorisme est une entreprise très complexe qui consiste à s'attaquer à la fois aux symptômes et aux causes profondes du terrorisme et à rejeter la politique de deux poids deux mesures. La coopération en matière de lutte contre le terrorisme est une tâche ardue. Dans ce contexte, aucun pays ne doit porter atteinte aux efforts internationaux visant à lutter contre le terrorisme pour son propre intérêt. La Charte des Nations unies et les normes régissant les relations internationales énoncent les principes de la coopération en matière de lutte contre le terrorisme international. C'est sur cette base que la communauté internationale doit aller de l'avant pour construire une communauté de sécurité partagée.

Là où l'initiative « la Ceinture et la Route » s'étend, se trouvent les lieux d'échanges dynamiques entre les peuples. La compréhension mutuelle entre les peuples exige des efforts inlassables pour un succès durable.

— Discours prononcé par Xi Jinping au siège de la
Ligue des États arabes, le 21 janvier 2016

Des efforts inlassables sont nécessaires pour un succès durable

La promotion de la compréhension mutuelle requiert de la persévérance

L'expression « des efforts inlassables sont nécessaires pour un succès durable » signifie que la persévérance est la clé pour bien faire quelque chose et obtenir de bons résultats. Elle indique ici que « la compréhension mutuelle entre les peuples » requiert de la persévérance et des efforts acharnés pour que l'arbre de l'amitié reste vert. Cette expression explique précisément comment promouvoir la compréhension mutuelle entre les peuples : plutôt qu'une campagne, il s'agit d'un travail minutieux et qualifié qui est urgent mais ne peut être précipité, et qui requiert non seulement de la patience, de la détermination, de la persévérance et de la sagesse, mais aussi des efforts concertés du gouvernement, des groupes de réflexion, des entreprises et du public. En outre, la compréhension mutuelle entre les peuples jette les bases de la permanence et de la stabilité, créant ainsi des possibilités de récompenses énormes.

La compréhension mutuelle entre les peuples couvre un large éventail de domaines que l'on peut hiérarchiser. Au niveau le plus bas, l'objectif est de renforcer la compréhension mutuelle et d'éviter des malentendus. C'est la base pour développer la bonne volonté, l'amitié fraternelle et la confiance stratégique mutuelle. Au plus haut niveau, l'objectif est de parvenir à une reconnaissance mutuelle, ouvrant ainsi la voie à un consensus sur des questions telles que les règles de gouvernance mondiale et la construction d'une communauté de destin pour l'humanité. Il s'agit d'objectifs ambitieux qui ne peuvent être atteints du jour au lendemain. Nous devons être pleinement conscients des défis à relever. Premièrement, l'Eurasie est le lieu où les civilisations convergent et où les conflits s'entrecroisent. On trouve ici les principales religions du monde. Elle est composée de pays qui conservent des traditions, des réalités nationales et des systèmes différents. Les pays d'Eurasie ont une histoire d'échanges amicaux, mais aussi une longue histoire de rivalités et de vieilles rancunes. L'Eurasie abrite les principaux points chauds du monde, ce qui est en soi un signe des relations géopolitiques complexes qui existent ici. Deuxièmement, notre voix est encore faible sur la scène internationale. Les médias occidentaux sont une force dominante qui couvre un large éventail de domaines et ont tendance à coller des étiquettes sur la Chine, par exemple en qualifiant la coopération économique entre la Chine et l'Afrique de « néo-colonialisme » et en exploitant la situation en mer de Chine méridionale pour spéculer sur la théorie d'une prétendue « menace chinoise ». Les provocations et les calomnies de ce type déforment la perception de la Chine par le grand public, car les pays le long de « la Ceinture et la Route » obtiennent la plupart de leurs informations auprès des médias occidentaux. Troisièmement, nous avons un fossé linguistique. Malgré le nombre croissant d'apprenants de langue chinoise, l'anglais est de loin la langue la plus dominante. La barrière de la langue peut rendre difficile la compréhension de la culture chinoise. Quatrièmement, les offres culturelles de la Chine ne sont pas encore assez fortes. Tout le monde sait que les États-Unis influencent le monde avec trois outils : le dollar américain, les porte-avions et Hollywood. Les films américains recueillent 50 % du temps total de projection alors qu'ils représentent moins de 10 % des films produits dans le monde. Les valeurs américaines se répandent rapidement dans le monde entier grâce à ses importants produits de l'industrie culturelle. La Chine peut être fière de son riche patrimoine culturel, mais elle ne dispose pas d'une offre culturelle forte, telle que celle d'Hollywood, qui développe une audience mondiale.

Néanmoins, si « la promotion de la compréhension mutuelle » peut sembler difficile, ce n'est pas le cas. Chacun peut jouer son rôle, car la compréhension mutuelle se reflète dans les échanges de toute nature. Chacun a quelque chose à apporter. Il peut s'agir d'un voyage personnel, d'une brève salutation de simple politesse, d'un sourire aimable ou d'un acte d'aide à quelqu'un d'autre. La patience, la confiance, l'amour et la persévérance permettent une compréhension mutuelle par des influences imperceptibles.

On peut dire avec certitude qu'après de nombreuses années de travail acharné, des progrès ont été réalisés et se manifestent en grande partie de la manière suivante. Premièrement, nous avons noué des liens d'amitié étroits avec le Pakistan et les pays africains. Cette riche expérience est le résultat de nos efforts persistants pour maintenir la communication avec les populations de ces pays et représente nos compréhension et affection mutuelles. Deuxièmement, l'intérêt croissant pour l'apprentissage du chinois donnera naissance à plus d'experts de la Chine. Le premier Institut Confucius a été fondé en 2004. Fin 2016, on comptait 512 Instituts Confucius répartis dans 140 pays et régions du monde. En 2016, le nombre d'étudiants étrangers en Chine a atteint 442 000, soit une augmentation de 126 % au cours de la dernière décennie. Dans le cadre de l'initiative « la Ceinture et la Route », le gouvernement chinois offrira également 10 000 bourses d'études gouvernementales par an aux étudiants des pays intéressés. Ceux qui maîtrisent la langue chinoise auront plus de facilité à saisir l'essence de la culture chinoise. Troisièmement, les habitants des pays le long de « la Ceinture et la Route » disposent d'un nombre croissant de plateformes pour communiquer. Par exemple, nous avons mis en place des projets visant spécifiquement à promouvoir les échanges et la coopération des pays le long de « la Ceinture et la Route », notamment l'année de la culture et du tourisme, le festival d'art, le pont du cinéma et de la télévision, et le forum de coopération des médias. Nous avons également créé une alliance des groupes de réflexion sur l'initiative « la Ceinture et la Route », une alliance stratégique des universités, une alliance internationale des théâtres, etc. Quatrièmement, des entreprises jouent un rôle de plus en plus important. Ici, citer un bon exemple d'entreprise d'investissement vaut mieux que de raconter cent histoires, et ces exemples sont de plus en plus nombreux. Un médecin du projet pakistanais de la China Road and Bridge Corporation, Peng Jianguo, a été salué comme un médecin éminent par des habitants locaux, et plusieurs chefs d'entreprise et membres du personnel chinois ont été honorés en tant que chefs de tribu au Nigeria. Plus ancrées dans la vie quotidienne, les entreprises d'investissement deviennent le moteur de la promotion de la communication avec les habitants des pays le long de « la Ceinture et la Route ». Cinquièmement, d'autres projets en matière de promotion de la compréhension mutuelle sont en préparation dans le cadre de l'initiative « la Ceinture et la Route ». Par exemple, nous prévoyons de mettre en œuvre la construction de 100 projets pour un foyer heureux,

EXPRESSIONS FAMILIÈRES

100 projets pour la réduction de la pauvreté et 100 projets en matière de rétablissement de la santé dans les pays le long de « la Ceinture et la Route ».

La promotion de la compréhension mutuelle entre les peuples n'est pas aussi facilement quantifiable que les investissements. Cependant, l'application du principe dit « amitié, sincérité, réciprocité et inclusion » dans tous les aspects de la vie des populations des pays le long de « la Ceinture et la Route » peut apporter des influences positives incommensurables.

La tendance du monde va de l'avant. Ceux qui suivent la tendance prospéreront, et ceux qui vont à l'encontre de celle-ci périront. Tout au long de l'histoire mondiale, nous pouvons constater que ceux qui ont lancé l'agression ou recherché l'expansion par la force se sont tous soldés par un échec. C'est la loi de l'histoire.

— Discours prononcé par Xi Jinping lors de la présidence de la troisième session d'étude en groupe du Bureau politique du 18ᵉ Comité central du PCC, le 28 janvier 2013

EXPRESSIONS FAMILIÈRES

La tendance du monde va de l'avant

Le développement de la Chine et la paix mondiale
se renforcent mutuellement

Une philosophie excellente coule dans les veines de la culture chinoise : regarder le monde sans s'attarder sur les difficultés immédiates ni courir après des intérêts temporaires. Cette pensée stratégique consistant à suivre la tendance générale a eu un impact considérable sur le cours de l'histoire de la Chine. Dans le chapitre I de « Li Lou » du *Mencius*, il est écrit : « Celui qui se soumet à la volonté du Ciel ne périt pas ; celui qui résiste au Ciel se perd lui-même. »

La période entre la fin de la dynastie des Qing (1644-1911) et les débuts de la République de Chine (1912-1949) a marqué une période critique de l'histoire chinoise. Sun Yat-sen a voyagé dans le monde entier pour étudier les différences entre la Chine et l'Occident et promouvoir l'idée du républicanisme démocratique, ce qui a valu à la Chine d'entrer dans l'histoire comme la première république démocratique en Asie. Sa ferme croyance en une révolution démocratique moderne est liée étroitement à ses observations et réflexions sur les tendances mondiales. « La tendance du monde va de l'avant. Ceux qui suivent la tendance prospéreront, et ceux qui vont à l'encontre de celle-ci périront. » Ces mots célèbres de Sun Yat-sen en sont un résumé très pertinent.

En tant que successeur de Sun Yat-sen pour poursuivre la révolution et revitaliser la Chine, le PCC représente les intérêts fondamentaux de la plus grande majorité de la population. Il est tout à fait naturel que le relais du grand renouveau de la nation chinoise ait été passé au PCC. Au cours des 30 années après la fondation de la République populaire de

Chine en 1949, le PCC a conduit le peuple à suivre le cours de l'histoire dit « indépendance nationale » qui a déferlé sur le monde entier, à défendre l'indépendance et la dignité du pays et à établir une économie nationale autonome. Grâce aux 40 années de réforme et d'ouverture, le PCC a acquis une connaissance approfondie des tendances mondiales et a estimé que la paix et le développement sont devenus les deux thèmes majeurs de l'époque. Fort de sa confiance politique, le PCC a changé de stratégie pour intégrer pleinement la Chine dans l'économie mondiale, lui permettant ainsi de bénéficier de la mondialisation.

Le président Xi Jinping a présidé la troisième session d'étude en groupe du Bureau politique du 18e Comité central du PCC en janvier 2013. C'était une période charnière où la Chine commençait sa montée en puissance malgré la crise financière mondiale incessante. Depuis le 18e Congrès national du PCC, la Chine a mis en avant les objectifs des « deux centenaires » et la réalisation du rêve chinois du grand renouveau de la nation chinoise. Alors que le peuple chinois s'inquiète de savoir combien de temps durera la période d'un développement pacifique, les populations d'autres pays s'inquiètent de ce que la montée en puissance de la Chine signifie pour le monde.

Abordant ces préoccupations d'un point de vue historique, Xi Jinping a souligné que le développement pacifique se conforme à la tendance irrésistible de l'époque et que l'expansion militaire ne mènera qu'à creuser sa propre tombe. La Chine respecte la loi de l'histoire, poursuit inébranlablement la voie du développement pacifique et profite des occasions propices pour se mettre en position de réussite à long terme. Cependant, on n'atteint pas la paix simplement en l'attendant ou en la demandant. Bien au contraire, il faut la défendre, s'efforcer de l'obtenir, voire la créer de nos propres mains. En d'autres termes, nous devons créer et prolonger activement la période propice au développement pacifique.

La Chine poursuit fermement la voie du développement pacifique et s'engage à défendre la paix mondiale. « Rendons notre pays plus fort et plus prospère tout en gérant bien nos propres affaires. » De cette manière, nous avons renforcé notre capacité en matière de défense de la paix mondiale. Nous défendrons résolument nos droits et intérêts légitimes et ne permettrons jamais que nos intérêts nationaux fondamentaux soient compromis. Nous avons établi notre limite et délimité la ligne rouge à ne pas franchir. Nous avons pris l'initiative sur les questions relatives aux intérêts nationaux majeurs et déployé de grands efforts pour éviter les conflits, gérer les crises et réduire l'incertitude, permettant ainsi à la Chine de devenir un défenseur de la paix régionale et mondiale et un fournisseur de biens publics.

Le développement de la Chine représente également une opportunité pour le monde. Depuis la mise en œuvre de la réforme et de l'ouverture, la Chine est passée du statut de bénéficiaire de la mondialisation à celui de participant actif et de leader de la mondialisation. La Chine est désormais le premier partenaire commercial de plus de 100 économies. L'économie chinoise a des répercussions sur celle du monde entier, et les produits estampillés « Fabriqué en Chine » se sont parfaitement intégrés dans la vie quotidienne des gens partout dans le monde, faisant ainsi de la Chine un moteur majeur pour l'économie mondiale. La mesure dans laquelle l'économie chinoise est associée à la prospérité et à la stabilité mondiales est sans précédent. Le développement de la Chine représente une occasion historique pour toutes les populations du monde.

Aujourd'hui, la répartition des intérêts de la Chine s'est mondialisée et continue de se développer rapidement. Le monde attend davantage d'une Chine de plus en plus forte, qui s'impose comme un grand pays ayant une influence mondiale. Cela nous oblige à penser stratégiquement dans une perspective globale et à étudier le monde tout en portant notre regard sur l'intérieur. Nous devons tenir compte des tendances et de l'orientation du développement futur tout en gardant les pieds sur terre.

Grâce à une pensée stratégique, Xi Jinping a permis à la Chine, un grand pays imprégné de milliers d'années de civilisation, de suivre la tendance mondiale et d'ajouter des éléments chinois forts de caractéristiques à l'histoire de la civilisation humaine.

Les Chinois aiment le thé et les Belges aiment la bière. Pour moi, le buveur de thé modéré et l'amateur passionné de bière représentent deux façons de comprendre la vie et de connaître le monde, et je les trouve aussi gratifiantes l'une que l'autre. Boire mille verres avec un véritable ami est peu. Or, lorsque de bons amis se réunissent, ils peuvent également choisir de s'asseoir tranquillement et de boire du thé en discutant de leur vie.

— Discours prononcé par Xi Jinping au Collège d'Europe à Bruges, en Belgique, le 1er avril 2014

La dégustation de la bière rapproche les amis, la dégustation du thé aromatique permet aux amis de réfléchir à la vie

Différentes cultures peuvent être compatibles et complémentaires

Si l'on porte un regard sur les poèmes chinois au fil des siècles, l'alcool joue depuis longtemps un rôle dans la culture chinoise. Par exemple, le vers suivant, tiré du poème de Li Bai (701-762) intitulé *Chanson à boire*, montre son défi aux autorités et son état d'esprit débridé : « Que votre serviteur échange ces objets contre du bon vin, et nous noierons notre chagrin interminable dans l'alcool. » Dans le poème *Chanson de Liangzhou*, Wang Han (687-726) exprime une attitude inébranlable et impassible devant la mort : « Beau vin de raisin dans la coupe de clarté-nocturne. J'allais en boire, le cistre des cavaliers m'appelle. » Les vers suivants, tirés du poème de Su Shi (1037-1101), *Shui Diao Ge Tou*, traduisent la solitude et la nostalgie engendrées par le regard porté sur la lune : « Aura-t-on à nouveau une lune si brillante ? Un verre de vin à la main, je demande au ciel bleu. » Et dans son poème intitulé *En apprenant que l'armée impériale a reconquis les terres au nord et au sud de la rivière*, Du Fu (712-770) écrit à propos de l'intérêt du peuple pour sa ville et son pays : « Ma chanson résonne alors que je m'adonne au vin. Avec la verdure du printemps, il est temps de rentrer à la maison. » La place particulière de l'alcool dans la culture chinoise a été considérablement renforcée parce qu'il apporte de la joie, soulage l'anxiété, donne du courage et renforce la volonté. Plutôt que d'être liée au vin dans une coupe, cette admiration s'inscrit dans le riche paysage mental des Chinois.

Le thé a une relation très étroite avec la culture chinoise. Les Chinois prennent la consommation de thé au sérieux, et accordent une grande importance à la cérémonie du thé et à l'art du thé. La culture du thé chinoise consiste à rechercher ce qui est simple, exquis et serein. Pendant la période des Wei, des Jin et des Dynasties du Sud et du Nord (220-581), on faisait souvent l'éloge du thé qui « favorise l'intégrité des fonctionnaires ». Dans son ouvrage *Classique du thé*, Lu Yu (733-804), de la dynastie des Tang, a mis en avant la cérémonie du thé consistant à pratiquer la frugalité. De la dynastie des Song (960-1279) à celles des Ming (1368-1644) et des Qing (1644-1911), le thé était servi aux invités comme un moyen d'accueil convivial. Au fil du temps, cette culture s'est transformée en une riche culture du thé qui a donné naissance à des associations de thé, à des amitiés de thé et à des cérémonies de thé et a encouragé la consommation de thé pour promouvoir l'intégrité, la moralité et le bon comportement.

Tout au long de l'histoire de la Chine, les cultures distinctes associées à l'alcool et au thé ont été considérées comme compatibles et complémentaires. Alors que l'ardeur débordante de l'alcool et la subtilité intime du thé semblent s'opposer, la théorie de Xi Jinping sur la bière et le thé montre qu'ils sont appréciés parce qu'ils permettent d'obtenir des résultats similaires par différents moyens et qu'ils se complètent bien. Un homme vertueux peut trouver la nourriture spirituelle tant dans l'alcool que dans le thé. Quel que soit le liquide qui remplit sa tasse, les saveurs et les arômes imprègnent l'air pendant qu'un homme vertueux réfléchit sur la meilleure façon de se cultiver. L'alcool éveille une passion qui rapproche les personnes qui boivent ; le thé engendre un sentiment de calme qui résonne entre les âmes des personnes qui communiquent. L'alcool et le thé sont tous capables de créer des liens empathiques.

Au Collège d'Europe dans l'ancienne ville de Bruges, Xi Jinping a présenté sa théorie sur la bière et le thé pour illustrer la relation harmonieuse et complémentaire entre les cultures de la Chine et de l'Europe. L'Eurasie peut être considérée comme un pont terrestre reliant la Chine et l'Europe. L'interdépendance entre les deux anciennes civilisations offre une interprétation de la diversité de la culture humaine et des civilisations du monde.

Il y a longtemps, les navires naviguaient sur la mer et le bruit des clochettes des chameaux résonnait le long de l'ancienne Route de la soie. C'était une route qui ne servait pas seulement au commerce mais aussi aux échanges culturels entre les civilisations. Non seulement le thé, la soie et la porcelaine ont été transportés vers l'Europe par l'ancienne Route de la soie, mais les quatre grandes inventions de la Chine (la boussole, la poudre à canon, la fabrication du papier et l'imprimerie) ont également permis de ramener en Chine de nouvelles cultures commerciales, des horloges mécaniques, etc. Le confucianisme a été révéré par des penseurs européens tels que Leibniz et Voltaire. Le voyage de Marco Polo en Orient a dévoilé le mystère d'une terre ancienne pour les Occidentaux. À l'époque moderne, la Chine et l'Europe se sont engagées dans l'apprentissage mutuel dans toute une série de domaines, notamment la politique, l'économie, la diplomatie et les échanges entre les peuples. Cela a accéléré la libre circulation des capitaux, des technologies, des personnes et d'autres facteurs de production et a permis de partager des biens, des ressources, des services et d'autres avantages par-delà les régions et les frontières nationales, favorisant ainsi le bien-être des peuples, la prospérité des sociétés et le développement des pays.

Depuis l'établissement d'un partenariat stratégique global en 2003, la Chine et l'UE ont favorisé une coopération globale, à plusieurs niveaux et de large envergure, guidée par une réunion au sommet annuelle et reposant sur trois piliers : la politique, l'économie et le commerce, ainsi que les échanges entre les peuples. La Chine et l'UE, respectivement le pays émergent le plus représentatif et la communauté des pays développés, ont abouti à un consensus stratégique sur la construction d'un monde multipolaire et restent les deux principales forces de sauvegarde de la paix mondiale. La Chine et l'UE représentent plus d'un tiers de la production économique mondiale, et constituent les deux principaux marchés qui contribuent à un développement commun. En tant que représentant important de la civilisation orientale et berceau de la civilisation occidentale, la Chine et l'Europe combinées représentent un quart de la population mondiale et sont les deux grandes civilisations qui font progresser l'humanité. Sans conflits d'intérêts fondamentaux, les points communs entre la Chine et l'UE sont bien plus importants que les différences existantes. Toutes deux parvenues à un stade critique de la réforme et du développement, les relations entre la Chine et l'UE sont confrontées à une nouvelle occasion historique. L'approfondissement d'un partenariat stratégique global caractérisé par le bénéfice mutuel entre la Chine et l'UE accélérera le développement de chacun et contribuera de manière significative à la paix et à la prospérité mondiales. À l'avenir, les échanges et la coopération donneront plus d'élan à ces deux grandes civilisations et permettront de parvenir à un développement et à une prospérité plus importants qui profiteront aux deux parties.

À l'avenir, nous devons passer de la recherche d'un terrain d'entente tout en mettant nos divergences de côté à la consolidation d'un terrain d'entente tout en aplanissant les différences. Nous devons faire converger les intérêts et les responsabilités communs, relever ensemble les défis et résoudre les différences découlant des différentes idéologies, des systèmes politiques et des stades de développement, en forgeant un nouveau type de relations entre partis politiques qui évolue avec son temps.

— Allocution prononcée par Xi Jinping lors de sa rencontre avec le président du Parti social-démocrate allemand et vice-chancelier Sigmar Gabriel, le 15 juillet 2015

Passer de la « recherche d'un terrain d'entente tout en mettant nos divergences de côté » à la « consolidation d'un terrain d'entente tout en aplanissant les différences »

Développement et évolution de la « solution chinoise »

En chinois, « recherche d'un terrain d'entente tout en mettant nos divergences de côté » est une expression à quatre caractères qui a une grande signification.

En fait, cette expression a marqué une nouvelle époque dans la diplomatie chinoise. La Conférence Asie-Afrique, également connue sous le nom de Conférence de Bandung, s'est tenue du 18 au 24 avril 1955 à Bandung, en Indonésie. La Chine a participé avec enthousiasme à la Conférence de Bandung afin de maintenir un environnement international pacifique en faveur de la construction du pays, et le Premier ministre Zhou Enlai, qui était également ministre des Affaires étrangères, a dirigé la délégation chinoise. Bien que l'écrasante majorité des délégations présentes à la conférence aient partagé la même aspiration à la paix et à l'amitié dans leurs discours, certaines ont profité de l'occasion pour exprimer des doutes sur la Chine. Zhou Enlai a réagi en distribuant des copies de son discours préparé et a préféré faire un discours improvisé complémentaire. Il a déclaré que la délégation chinoise était venue à la conférence pour rechercher l'unité, et non la discorde, et a souligné le souhait de « rechercher un terrain d'entente », et non de « créer des divergences ». Il a affirmé que l'existence d'idéologies et de systèmes sociaux différents n'empêchait pas les

EXPRESSIONS FAMILIÈRES

pays asiatiques et africains de rechercher un terrain d'entente et une plus grande unité. Il a ensuite annoncé que la Chine était prête à normaliser ses relations avec tous les pays asiatiques et africains sur la base des Cinq principes de la coexistence pacifique. L'interprétation pleine de sagesse de Zhou Enlai a non seulement calmé le débat, mais a également gagné le respect et l'approbation de toutes les personnes présentes, brisant ainsi les préjugés du monde extérieur à l'égard de la Chine nouvelle et produisant un changement positif dans l'atmosphère de la conférence. Adoptée à l'issue de la conférence, la *Déclaration sur les mesures en faveur de la paix et de la coopération mondiales* a proposé les célèbres « Dix principes de Bandung » comme base de la coexistence pacifique et de la coopération amicale entre les pays concernés. Ces dix principes sont essentiellement une extension des Cinq principes de la coexistence pacifique. Énoncés pour la première fois par Zhou Enlai lors d'une rencontre avec une délégation indienne en 1953, les Cinq principes sont le respect mutuel de la souveraineté et de l'intégrité territoriale, la non-agression mutuelle, la non-ingérence dans les affaires intérieures des autres pays, l'égalité et les avantages réciproques, et la coexistence pacifique. Plus d'un demi-siècle plus tard, l'esprit de Bandung, qui appelle à s'opposer au colonialisme, à sauvegarder la paix mondiale, à favoriser la coexistence pacifique et à promouvoir la coopération amicale entre les pays d'Asie et d'Afrique, est devenu un principe important largement reconnu dans les relations internationales.

Les Cinq principes de la coexistence pacifique, qui sont axés sur la « recherche d'un terrain d'entente tout en mettant leurs divergences de côté », sont inextricablement liés aux principes de la Charte des Nations unies, et leur contenu est étroitement aligné. Les Cinq principes de la coexistence pacifique incarnent l'esprit de la Charte des Nations unies, et le complètent et développent davantage. Ils sont des éléments qui contribuent à former les principes du droit international contemporain.

Le mot clé qui distingue les expressions « recherche d'un terrain d'entente tout en mettant leurs divergences de côté » et « consolidation du terrain d'entente tout en aplanissant les différences » se trouve dans le mot « aplanir ». Dans les relations internationales, la « consolidation du terrain d'entente tout en aplanissant les différences » est un raffinement et un développement de la « recherche d'un terrain d'entente tout en mettant leurs divergences de côté ». En pratique, la première consiste à ne pas se

241

contenter de reconnaître les désaccords sur les idéologies, les systèmes politiques, les stades de développement et d'autres sujets, mais à tenter de résoudre activement et efficacement les problèmes.

Grâce au renforcement de sa puissance nationale globale et à l'augmentation de sa position internationale, la Chine joue un rôle de plus en plus important dans les affaires régionales et mondiales. La Chine aborde les questions régionales et internationales brûlantes en assumant activement la « responsabilité chinoise » et en proposant avec courage la « solution chinoise ». La Chine est profondément attachée à la paix et à la stabilité sur la péninsule coréenne et à sa dénucléarisation, elle a accueilli avec succès la 4e Réunion des ministres des Affaires étrangères du Processus d'Istanbul sur l'Afghanistan et s'est fortement impliquée dans les négociations sur la question nucléaire iranienne. La Chine a chargé des envoyés spéciaux de mener une diplomatie de la navette sur une série de questions brûlantes concernant le Moyen-Orient et a lancé la « négociation spéciale pour soutenir le processus de paix au Soudan du Sud sous l'égide de l'IGAD ». La Chine a tiré parti de sa position géopolitique pour soutenir le processus de réconciliation nationale au Myanmar, ce qui a été bénéfique tant pour la paix et la stabilité à long terme du Myanmar que pour la région frontalière entre la Chine et le Myanmar. En ce qui concerne l'Ukraine, la Chine a appelé au dialogue et à la réconciliation, insisté sur le respect de son indépendance, de sa souveraineté et de son intégrité territoriale, et rejeté toute ingérence de forces extérieures dans ses affaires intérieures, tout en espérant qu'une solution politique puisse être trouvée de manière pacifique.

La « solution chinoise » s'attache à la « consolidation du terrain d'entente tout en aplanissant les différences ». Axée sur le développement pacifique et centrée sur une coopération mutuellement bénéfique, cette solution met en évidence les caractéristiques et la pensée philosophique de la diplomatie chinoise. Lors du Forum sur le développement de la Chine en 2015, le ministre des Affaires étrangères chinois, Wang Yi, a indiqué que la Chine préconisait et mettait en œuvre les trois principes suivants pour résoudre les questions brûlantes : les pays ne doivent pas s'ingérer dans les affaires intérieures des autres pays ni imposer leur volonté aux autres, les pays doivent agir de manière objective et impartiale et s'abstenir de tout intérêt égoïste, et les pays doivent rechercher des solutions politiques et rejeter le recours à la force.

Le monde du XXIᵉ siècle est confronté à des défis mondiaux tels que le terrorisme, l'extrémisme et l'hégémonisme. En conséquence, les pays doivent trouver des moyens plus efficaces de traduire le concept de « consolidation du terrain d'entente tout en aplanissant les différences » en pratiques plus fructueuses. L'ancienne philosophie chinoise a donné un nouvel élan à ce concept. La sagesse chinoise, qui s'est traduite par la célèbre citation « si nous apprenons à apprécier les mérites des autres cultures comme nous apprécions les nôtres, nous construirons ensemble un monde de grande unité », a présenté au monde une solution aux caractéristiques chinoises.

Les relations entre peuples sous-tendent les relations entre États. Pour mener à bien une coopération productive dans les domaines susmentionnés, nous avons besoin du soutien de nos peuples. Nous devons encourager des échanges amicaux entre nos peuples pour renforcer la compréhension mutuelle et l'amitié traditionnelle, et construire un solide soutien public et une base sociale élargie pour la coopération régionale.

— Discours prononcé par Xi Jinping à l'Université Nazarbayev du Kazakhstan, le 7 septembre 2013

EXPRESSIONS FAMILIÈRES

Les relations entre peuples sous-tendent les relations entre États

La diplomatie publique renforce la coopération internationale

Le 7 septembre 2013, le président Xi Jinping a prononcé un discours intitulé « Promouvoir l'amitié entre les peuples et travailler ensemble pour créer un meilleur avenir » à l'Université Nazarbayev du Kazakhstan. Dans son discours, il a évoqué l'histoire des liens amicaux entre la Chine, le Kazakhstan et d'autres pays d'Asie centrale, et a envisagé les perspectives de développement de leur coopération mutuellement bénéfique. Xi Jinping a spécifiquement affirmé : « Les relations entre peuples sous-tendent les relations entre États. » Il a ajouté : « Pour mener à bien une coopération productive dans les domaines susmentionnés, nous avons besoin du soutien de nos peuples. Nous devons encourager des échanges amicaux entre nos peuples pour renforcer la compréhension mutuelle et l'amitié traditionnelle, et construire un solide soutien public et une base sociale élargie pour la coopération régionale. »

La citation de Xi Jinping sur l'amitié est un vieux dicton assez connu qui exprime de manière concise une idée profonde. En effet, Xi Jinping a souligné cette idée, directement ou indirectement, à de multiples occasions.

Dans le monde entier, au cours des longues années qui ont suivi le début de la diplomatie moderne, elle était considérée comme le privilège de quelques personnes au sommet. À l'époque, les diplomates prétendaient être de noble naissance, bien éduqués et pleins de sagesse. Ils pouvaient communiquer directement avec les chefs d'État, gérer les relations entre États et participer aux affaires internationales par le biais de pourparlers, de

245

négociations et d'autres moyens pacifiques au nom de leur pays et de leur gouvernement. La diplomatie restait hors de portée des gens ordinaires.

Les développements technologiques et les avancées politiques ont transformé le monde en un « village planétaire », de sorte que les pays sont plus interdépendants que jamais. Outre les contacts limités dus aux guerres, au commerce et au prêche, l'insuffisance des transports et des communications empêchait les gens ordinaires d'accéder au monde extérieur dans les anciens temps. Depuis lors, le monde a connu des changements historiques. De nombreuses familles, y compris ici en Chine, ont des parents et des amis qui travaillent, étudient, vivent ou voyagent à l'étranger. Quel que soit l'endroit où nous nous trouvons, nous avons toujours facilement accès à des informations sur ce qui s'est passé ailleurs dans le monde. C'est dans ce contexte que les pays recherchent un terrain d'entente tout en mettant leurs divergences de côté, tirent parti de leurs expériences respectives et ouvrent des possibilités d'échanges et d'interactions, aboutissant à un consensus sur la coopération et le développement. Cependant, la mondialisation est une arme à double tranchant. Tout en permettant aux gens du monde entier de mener des vies plus riches et plus pratiques, elle a permis aux pays d'étendre leur portée politique, économique et culturelle bien au-delà de leurs frontières. Le processus de prise de décision et de mise en œuvre d'un pays est souvent influencé par d'autres pays et, dans le même temps, ce processus affecte également la prise de décision et la mise en œuvre d'autres pays.

Cela a donné naissance à la diplomatie publique. Fondamentalement, la diplomatie publique est une campagne de relations publiques entreprise par un gouvernement pour s'acquérir la compréhension et le soutien des populations d'autres pays. Contrairement à la diplomatie traditionnelle, les missions diplomatiques ne s'impliquent pas directement dans la diplomatie publique en faisant des représentations officielles sur des affaires spécifiques. Au lieu de cela, de nombreuses institutions concernées sont guidées par le gouvernement pour influencer les populations d'autres pays de manière flexible et diverse, ce qui à son tour influence les politiques de leurs gouvernements. Les organes exécutifs de la diplomatie publique comprennent, sans s'y limiter, les services fonctionnels diplomatiques ainsi que les services de publicité, les médias, les associations et autres institutions. De manière plus générale, les échanges culturels, artistiques et sportifs avec l'étranger, l'aide financière accordée aux étudiants étrangers d'origines diverses, et même les interactions informelles avec des populations d'autres pays peuvent tous être considérés comme faisant partie de la diplomatie publique. La diplomatie publique ne cherche ni les bénéfices instantanés ni l'endoctrinement forcé. Elle se concentre plutôt sur des efforts modérés mais persévérants pour s'infiltrer dans la conscience publique et exercer une influence subtile.

Un pays n'est pas un concept abstrait. La coopération et les échanges entre États sont menés par des citoyens spécifiques qui tiennent pleinement compte de l'opinion publique de leur propre pays. Un vieux dicton chinois dit : « Celui qui gagne les cœurs et les esprits du peuple gagne le pays ». L'influence mondiale de la Chine s'est considérablement accrue dans le contexte des changements complexes et profonds du paysage international actuel. Dans l'intérêt du développement pacifique dans le monde entier et d'une prospérité de notre pays, nous devons transmettre davantage d'énergie positive aux peuples du monde afin de les encourager à mieux comprendre et à apprécier la Chine, à être plus disposés à se référer à l'avis de la Chine dans les affaires internationales et à promouvoir une coopération plus approfondie et plus étendue avec la Chine.

La diplomatie publique est un investissement émotionnel qui peut prendre du temps pour produire des résultats ou qui doit être ajusté s'il ne répond pas aux attentes. Cependant, son rôle est à la fois durable et profondément enraciné. Comme une première impression, il est difficile de la modifier une fois qu'elle a été établie. Lorsque des personnes de différents pays sont liées par l'amitié et l'affection, il est certain qu'elles ont un effet positif sur les relations et la coopération entre États, ce qui permet à de nombreuses choses de se mettre naturellement en place. La patience est donc la clé du succès de la diplomatie publique. Nous ne pouvons pas laisser quelques obstacles la faire dérailler. En fait, les pays développés comme les États-Unis ont consacré des ressources massives à la diplomatie publique, avec des rendements intéressants.

La diplomatie publique exige que nous ouvrions nos esprits, que nous fassions bon usage de toutes sortes de ressources et que nous soyons plus créatifs et flexibles dans nos méthodes. Les dirigeants peuvent révéler leur charme culturel qui est normalement absent de leur image politique afin de manifester une plus grande affinité pour le peuple et de gagner la bienveillance en retour. Les gens ordinaires peuvent également jouer leur rôle en utilisant leurs propres expériences pour raconter des histoires de la

Chine. Dans son discours, Xi Jinping a fait référence à Zhang Qian (164-114 av. J.-C.), qui a servi d'envoyé impérial à l'époque de la dynastie des Han dans les Contrées occidentales et a ouvert la Route de la soie. Il a également évoqué la profonde amitié entre le compositeur chinois Xian Xinghai et son homologue kazakh Bakhitzhan Baykadamov, ainsi que la symphonie de Xian composée pour le peuple kazakh. À travers des exemples concrets, Xi Jinping a fait revivre l'amitié traditionnelle entre les deux pays et a rapproché les peuples chinois et kazakh, transformant ainsi son discours en une plateforme d'amitié et de compréhension.

Les grandes visions ne peuvent se concrétiser que par les actions. La construction de la communauté de destin pour l'humanité passe par des actions concrètes. Pour atteindre cet objectif, la communauté internationale doit œuvrer notamment dans l'établissement des partenariats, la préservation de la sécurité, le développement économique, les échanges entre civilisations et la protection de l'environnement.

— Discours prononcé par Xi Jinping à l'Office des Nations unies à Genève, le 18 janvier 2017

Les grandes visions ne peuvent se concrétiser que par les actions

Une diplomatie souple et pragmatique

Le 18 janvier 2017, le président Xi Jinping a prononcé un discours intitulé « Construire ensemble une communauté de destin pour l'humanité » à l'Office des Nations unies à Genève. Il a dit : « Les grandes visions ne peuvent se concrétiser que par les actions. La construction de la communauté de destin pour l'humanité passe par des actions concrètes. Pour atteindre cet objectif, la communauté internationale doit œuvrer notamment dans l'établissement des partenariats, la préservation de la sécurité, le développement économique, les échanges entre civilisations et la protection de l'environnement. »

« Les grandes visions ne peuvent se concrétiser que par les actions. » Cette expression, écrite dans un langage clair et concis, reflète un sens profond propre à la culture chinoise. En ce qui concerne la diplomatie, cette maxime nous met en garde contre le risque de nous perdre dans le dédale des affaires internationales. Au lieu de cela, nous devons essayer de découvrir et de suivre les lois fondamentales et l'essence des choses au fur et à mesure de leur développement et prendre des mesures concrètes. Par la pratique, nous ajustons, innovons et élargissons constamment le champ des échanges et de la coopération internationale.

Premièrement, l'action réelle est menée en fonction des conditions réelles, en portant des jugements justes et objectifs sur les développements internationaux et nationaux, sur la base d'une approche basée sur les faits. En particulier, les changements complexes et profonds du paysage international nous exigent de porter des jugements concis, justes et objectifs sur les tendances du développement mondial. En novembre 2014, Xi Jinping a indiqué : « Nous devons tenir pleinement compte de la complexité de l'évolution du paysage international, en partant du principe que la multipolarisation du monde ne fera que se poursuivre. Nous devons tenir pleinement compte de la difficulté des ajustements économiques à l'échelle mondiale en partant du principe que la mondialisation économique ne fera que se poursuivre. Nous devons tenir pleinement compte de l'intensité des conflits et des luttes internationales en partant du principe que la paix et le développement demeureront les deux thèmes majeurs de notre époque. Nous devons tenir pleinement compte de la durabilité des différends concernant l'ordre international en partant du principe que la direction de la réforme du système international ne changera pas. » En même temps, les relations entre la Chine et le reste du monde sont également en train de changer. Les échanges entre la Chine et les pays étrangers sont de plus en plus étroits, et la Chine se trouve plus que jamais aussi proche du centre de la scène mondiale. Xi Jinping a en outre expliqué que « la Chine est entrée dans une phase critique de la réalisation du renouveau de la nation chinoise. » Il a ajouté : « Tout en observant et en planifiant la réforme et le développement, nous devons adopter une approche globale en tirant parti des marchés, des ressources et des règles qui existent en parallèle à l'échelle nationale et internationale. » Xi Jinping a décrit avec précision la phase de développement actuelle de la Chine et a tracé la voie et les grandes lignes des principes de base de nos différentes tâches.

Deuxièmement, l'action réelle signifie qu'il faut se débarrasser des objectifs irréalistes et vides de sens et veiller à ce que les plans soient mis en œuvre par l'ajustement nécessaire des actions en fonction des changements de circonstances. Alors que la Chine entre dans une nouvelle ère de développement, elle offre un bien public à la communauté internationale, soit l'initiative « la Ceinture et la Route ». Basé sur le principe d'amples consultations, de contribution conjointe et de bénéfice partagé, l'objectif de cette initiative est de renforcer la coopération mutuellement bénéfique entre la Chine et les autres pays. Objectivement parlant, transformer un plan directeur stratégique en un plan d'action concret est vraiment un défi. Alors que Xi Jinping présidait la 8e réunion du Groupe dirigeant central chargé des affaires financières et économiques en 2014, il a souligné : « Nous devons faire progresser des dispositions d'ensemble de l'initiative "la Ceinture et la Route" en fixant le plus tôt possible le calendrier et la feuille de route pour les prochaines années et en déterminant des plans et des domaines pour les premiers résultats. Dans la promotion de l'initiative "la Ceinture et la Route", nous devons commencer par les tâches les plus faciles et les plus accessibles avant de passer à celles qui sont plus difficiles et plus ardues. Nous devons commencer par des projets isolés, puis les relier entre eux et enfin les étendre à de vastes domaines. Nous devons développer des coopérations économiques et commerciales de manière pragmatique, faire progresser la construction des projets pilotes et nous concentrer sur des progrès solides et constants. » En moins de quatre ans, les fruits de l'initiative « la Ceinture et la Route » ont largement dépassé les attentes. Selon les statistiques du ministère chinois du Commerce, les entreprises chinoises avaient créé 56 zones de coopération économique et commerciale dans plus de 20 pays le long de « la Ceinture et la Route » à la fin de 2016, générant un flux d'investissement cumulé de plus de 18,5 milliards de dollars américains et produisant près de 1,1 milliard de dollars américains de recettes fiscales et 180 000 emplois pour les pays hôtes. Ces résultats substantiels ont permis de dissiper les doutes concernant l'initiative « la Ceinture et la Route », de lever les hésitations et de réfuter les critiques.

Troisièmement, l'action réelle exige de libérer la pensée et de promouvoir l'innovation sur la forme et le fond en fonction des changements de circonstances et de la nécessité diplomatique. La visite aux États-Unis de Xi Jinping en juin 2013, peu après son entrée en fonction, a attiré l'attention du monde entier. Il est peut-être surprenant de voir que la rencontre entre les dirigeants de la Chine et des États-Unis a été organisée au Sunnylands et s'est distinguée par l'absence de cérémonie de bienvenue, de salve de 21 coups de canon ou de cravates. Deux entretiens, un dîner et quelques promenades étaient peut-être informels, mais cela a profité aux conversations plus approfondies. L'amitié et la confiance personnelles qui se sont développées entre les deux dirigeants constituent la base du développement de la confiance stratégique entre leurs deux pays, ce qui permet non seulement de maintenir la stabilité des relations sino-américaines, mais aussi de les développer davantage. En février 2014, Xi Jinping a assisté à la cérémonie d'ouverture des 22e Jeux olympiques d'hiver de Sotchi. C'était la première fois qu'un chef d'État chinois assistait à la cérémonie d'ouverture d'un grand événement sportif international organisé hors de Chine. Comme les sports ne connaissent pas de frontières nationales, ils constituent une passerelle essentielle pour promouvoir les échanges et l'amitié entre les populations de différents pays. En participant à ces événements, les dirigeants nationaux favorisent non seulement le maintien de relations amicales entre leur pays et celui qui accueille l'événement, mais gagnent également la bienveillance des populations d'autres pays. Mais ce n'est pas tout ce qui s'est passé à Sotchi. Xi Jinping a profité de cette occasion pour assister à 12 événements bilatéraux et multilatéraux sur une courte période de 43 heures, tout en rencontrant des dirigeants étrangers et des responsables d'organisations internationales. Ce type de visite de courte durée, dans un seul pays, qui donne des résultats rapides, est un exemple d'approche « ponctuelle ». Elle intègre le sport à la diplomatie et permet de mener en parallèle des activités bilatérales et multilatérales. Cette approche, très efficace pour atteindre plusieurs objectifs à la fois, est une nouvelle innovation de la diplomatie chinoise.

CITATIONS DES CLASSIQUES

Le rêve chinois consiste à contribuer au monde. « Si une personne était pauvre, elle devait travailler dans la solitude pour se rendre parfait ; si une personne était dans la prospérité et les honneurs, en se perfectionnant elle-même, elle rendait tous les autres hommes parfaits. » Cette maxime démontre le sens de la moralité et de la générosité que les Chinois ont chéri au fil des siècles. La bonne gestion de ses propres affaires est la responsabilité de la Chine envers son peuple et sa contribution au monde. Au fur et à mesure de son développement, la Chine continuera à faire tout ce qui est en son pouvoir pour contribuer à la paix et au développement du monde.

— Discours prononcé par Xi Jinping à l'occasion du 50e anniversaire de l'établissement des relations diplomatiques entre la Chine et la France, le 27 mars 2014

Si une personne était pauvre, elle devait travailler dans la solitude pour se rendre parfaite ; si une personne était dans la prospérité, en se perfectionnant elle-même, elle rendait tous les autres hommes parfaits

Le rêve chinois est étroitement lié aux beaux rêves des peuples du monde entier

Les phrases suivantes sont extraites du chapitre I de « Jin Xin » du *Mencius* : « Lorsque les sages de l'Antiquité obtenaient ce qu'ils désiraient, à savoir les charges publiques, ils répandaient leurs bienfaits sur le peuple. Lorsqu'ils n'obtenaient pas l'objet de leurs désirs, ils se perfectionnaient eux-mêmes, et devenaient ainsi illustres dans le monde. Si une personne était pauvre, elle devrait travailler dans la solitude pour se rendre parfait ; si une personne était dans la prospérité et les honneurs, en se perfectionnant elle-même, elle rendait tous les autres hommes parfaits. » En d'autres termes, ceux qui étaient accomplis agissaient avec bienveillance envers le peuple, et ceux qui n'avaient pas encore réalisé leurs ambitions pratiquaient la maîtrise de soi pour donner l'exemple au peuple. Lorsqu'ils étaient pauvres, ils maintenaient leur intégrité, et, lorsqu'ils avaient réussi, ils traitaient tout le monde avec gentillesse. Ces quelques lignes démontrent l'acte magnanime des anciens philosophes chinois et suggèrent une sorte d'idéalisme et de poursuite d'un noble but. Elles incarnent une attitude philosophique à l'égard de la vie et une idéologie fondée sur le souci du pays et de son peuple, devenant ainsi une maxime qui enseigne aux Chinois comment se comporter en société depuis plus de deux mille ans.

Des pensées et des sentiments similaires ont été également exprimés dans d'autres citations. Du Fu (712-770) a demandé : « Comment pourrions-nous trouver d'innombrables logis spacieux pour abriter tous les lettrés pauvres et leur apporter de la joie ! » Et Fan Zhongyan (989-1052) conseillait : « Inquiétez-vous avant que les gens ne soient inquiets et ressentez de la joie après que les gens soient joyeux. » Ces citations célèbres révèlent que les auteurs se comportent selon l'idée suivante : « Ne pas exercer de fonction officielle si le peuple est absent de votre cœur. » Leur esprit ouvert et leur caractère noble manifestés par leur souci du peuple s'inscrivent dans la culture traditionnelle chinoise.

Le président Xi Jinping a souligné à plusieurs reprises que « la culture traditionnelle chinoise constitue l'élément vital de la nation chinoise ». La pensée et la culture traditionnelles sont ancrées dans l'identité du peuple chinois. Elles constituent les racines culturelles du rêve chinois et influencent profondément la perception que le monde a de la Chine. Dès le XVIIIᵉ siècle, le penseur français des Lumières Voltaire a indiqué : « La Chine est la plus ancienne nation du monde et fait autorité en matière d'éthique et de gouvernance. » Étant donné qu'ils sont mieux placés pour améliorer le bien-être du peuple, les communistes chinois doivent se fixer des objectifs plus ambitieux que leurs ancêtres. Ils doivent rester fidèles à l'engagement initial, garder toujours à l'esprit la mission, tenir constamment compte du bien-être du peuple et rester déterminés à bien gérer les affaires de la Chine. Avec une vision globale et un esprit ouvert, ils doivent agir de manière pragmatique et responsable pour mettre en valeur le charme unique du rêve chinois sur la scène internationale et apporter une contribution au monde.

Mao Zedong (1893-1976) a écrit : « Le même chaud et le même froid couvrent toute la planète. » Chaque pays ou nation a son propre rêve. Le contenu de ce rêve et la manière de l'atteindre peuvent varier en fonction de l'histoire, de la culture, des traditions politiques et du stade de développement de chaque pays, mais la poursuite de ce rêve reste une force puissante qui motive les efforts de toutes les populations. Afin d'obtenir la compréhension et le soutien d'un plus grand nombre de pays, Xi Jinping a profité de ses visites sur les cinq continents pour interpréter à plusieurs reprises la signification du rêve chinois et souligner son importance mondiale. Il a souligné que le rêve chinois est un rêve de paix, de développement, de coopération et de bénéfice mutuel, et a annoncé que le processus de sa réalisation donnerait plus de vigueur au développement des autres pays.

Le rêve chinois est un lien spirituel entre le passé et l'avenir et entre la Chine et le reste du monde. Xi Jinping a proposé de nouveaux concepts tels que « le rêve chinois est interconnecté avec les rêves des autres pays » et la construction d'une « communauté de destin pour l'humanité ». En été 2013, il a lié le rêve chinois à celui américain lors de sa rencontre avec Barack Obama au Sunnylands. Sur les rives du lac Yanqi, dans le district de Huairou à Beijing, durant l'automne 2014, il a mis en avant l'idée de « poursuivre conjointement le rêve pour l'Asie-Pacifique ». En 2015, lors d'un événement célébrant le 60e anniversaire de la Conférence de Bandung, il a appelé à l'intégration du rêve chinois avec le « rêve de renouveau pour l'Asie et l'Afrique » et, lors de sa visite au Moyen-Orient début 2016, il a associé le rêve chinois au « rêve de développement du Moyen-Orient ». Ces efforts représentent une approche pragmatique pour construire des ponts de compréhension mutuelle et intégrer le rêve chinois dans les beaux rêves des peuples du monde entier.

Cependant, l'un des obstacles à la réalisation du rêve chinois de « rendre tous les autres hommes parfaits » est que certains pays occidentaux ont l'habitude d'imposer leurs valeurs aux autres et ont des préjugés à l'égard de la Chine. Faire comprendre aux pays étrangers le rêve chinois est un défi. Il faut que la paix, le développement, la coopération et les avantages mutuels tournent autour du rêve chinois et se superposent aux beaux rêves des peuples de tous les pays.

Nous pouvons atteindre le succès et réaliser nos rêves en prenant des mesures concrètes et en allant de l'avant. « L'entreprise importante commence par de petits détails. » C'est avec cette approche pratique que Xi Jinping a invité le monde à prendre le train du développement chinois, à renforcer les échanges et la coopération en matière de gouvernance et dans d'autres domaines, et à promouvoir la mise en œuvre de projets de coopération que les populations peuvent voir et en bénéficier. Il a en outre souligné que le peuple chinois croit en la maxime « ne fais pas à autrui ce que tu ne veux pas que l'on te fasse à toi-même » et rejette l'idée qu'un pays n'a pas d'autre choix que de rechercher l'hégémonie lorsqu'il devient fort. Il a poursuivi en expliquant que les opportunités ne se limitent pas à la Chine, « la réalisation du rêve chinois profitera non seulement au peuple chinois mais aussi aux peuples du monde ».

À l'avenir, le rêve chinois et les autres symboles de la Chine seront de plus en plus visibles dans le monde. Dans cette nouvelle ère où « la Chine ouvre ses yeux sur le monde » et « le monde ouvre ses yeux sur la Chine », nous pensons que des interactions significatives entre la Chine et les autres pays permettront au concept du rêve chinois de devenir plus mature, plus enrichissant et plus complet.

Un vieux dicton africain dit : « Un seul tronc d'arbre ne permet pas de construire une maison. » Nous avons un dicton similaire en chinois : « Les fardeaux sont lourds quand on les soulève seul ; les voyages sont plus faciles quand on avance avec d'autres. » En renforçant une coopération mutuellement bénéfique, les pays d'Asie et d'Afrique peuvent accomplir bien plus qu'ils ne pourraient le faire indépendamment.

— Discours prononcé par Xi Jinping lors du
Sommet Asie-Afrique, le 22 avril 2015

CITATIONS DES CLASSIQUES

Les fardeaux sont lourds quand on les soulève seul ; les voyages sont plus faciles quand on avance avec d'autres

Remplacer la mentalité du jeu à somme nulle
par une coopération gagnant-gagnant

« Les fardeaux sont lourds quand on les soulève seul ; les voyages sont plus faciles quand on avance avec d'autres. Un morceau de bois ne peut pas retenir un mur penché ; une motte de terre ne peut pas arrêter une rivière en crue. » Cette expression est tirée du chapitre VIII de « Zhi Pian » du *Mo Gu*, qui a été écrit par Wei Yuan (1794-1857), un érudit de la fin de la dynastie des Qing. La première phrase de cette expression suggère que le succès ne peut être atteint seul. Lorsque des personnes s'unissent pour atteindre un objectif commun, elles peuvent obtenir de bons résultats avec peu d'effort. Lors du Sommet Asie-Afrique de 2015, le président Xi Jinping a comparé cette expression à un proverbe africain, « un seul tronc d'arbre ne permet pas de construire une maison », pour appeler les pays asiatiques et africains à se serrer les coudes, à s'offrir une assistance mutuelle, à relever les défis et à saisir les opportunités dans le nouveau paysage politique.

Une coopération gagnant-gagnant est dans l'intérêt commun de tous les pays. La communauté internationale est composée de pays qui diffèrent par leur taille, leur puissance, leurs systèmes politiques, leurs traditions culturelles et leurs idéologies. Et pourtant, les gens de tous les pays sont unis dans leur quête du bien-être commun. Tous les gens, quelle que soit leur nationalité, veulent mener une vie de prospérité et de sécurité. Tous les pays recherchent le développement économique, la stabilité sociale, la paix mondiale et le respect des autres pays. Parallèlement, le changement climatique, la pollution de l'environnement, le terrorisme et d'autres problèmes de sécurité non conventionnels sont de plus en plus mondiaux et doivent être traités par des efforts conjoints. Les différences entre les systèmes sociaux, les stades de développement et les ressources naturelles créent un environnement qui encourage les pays à s'inspirer de l'expérience des autres et à réunir des forces complémentaires. Le capital et la technologie des pays développés, par exemple, peuvent être intégrés aux ressources naturelles et à la main-d'œuvre des pays en développement pour multiplier les résultats économiques positifs. En outre, l'expérience des pays développés en matière de développement peut offrir de précieux enseignements aux pays en développement.

Il est à noter que, contrairement à la coopération gagnant-gagnant, la mentalité du jeu à somme nulle ou du « gagnant remporte tout » persiste. Comme l'a souligné Xi Jinping, certains pays « entrent au XXIᵉ siècle mais pensent encore au passé », ce qui les rend inadaptés à l'évolution de l'époque. La mentalité du jeu à somme nulle est un vestige de l'expansion coloniale qui n'est pas compatible avec le nouveau paysage international après la guerre froide. Sur le plan économique, cette mentalité sert les intérêts d'un pays au détriment des autres et cherche à développer sa propre économie au préjudice des autres, ce qui conduit à l'isolationnisme et laisse passer des occasions de développement. Sur le plan sécuritaire, un pays qui renforce sa propre sécurité au détriment d'un autre est une approche infructueuse qui ne fera qu'aggraver les dilemmes sécuritaires. Sur le plan culturel, une mentalité consistant à ne pas respecter les autres pays et civilisations, à affirmer sa propre domination culturelle et à exporter aveuglément sa propre culture ne fera qu'attiser l'antipathie, intensifier les affrontements et provoquer sa propre destruction.

La Chine ne se contente pas d'introduire le concept de coopération gagnant-gagnant, elle le met également en pratique. D'une part, la Chine a invité tous les pays du monde à partager les bénéfices du développement en utilisant son propre développement pour stimuler celui du monde, et rien ne l'illustre mieux que l'initiative « la Ceinture et la Route ». Cette initiative promeut l'esprit d'apprentissage mutuel et de coexistence harmonieuse qui est au cœur de l'initiative « la Ceinture et la Route » et met l'accent sur le principe d'amples consultations, de contribution conjointe et de bénéfice partagé sur la base de l'égalité et de coopération gagnant-gagnant. L'objectif est de réaliser un développement et une prospérité communs pour tous les pays le long de « la Ceinture et la Route ». En septembre 2017, plus de 100 pays et organisations internationales ont répondu à l'initiative, et plus de 70 ont signé des accords de coopération avec la Chine pour former un réseau initial de coopération internationale sur les capacités de production qui s'étend à l'Asie, l'Afrique, l'Europe et l'Amérique du Sud. D'autre part, avec d'autres pays émergents, la Chine a fait évoluer l'ordre international dans une direction plus juste et plus raisonnable en promouvant la réforme du système monétaire international, en conduisant le G20 à une transition vers des mécanismes de gouvernance mondiale à long terme, en renforçant le système international sur la base de la Charte des Nations unies, en participant activement à l'élaboration de règles et d'institutions pour les domaines émergents, etc. Ces efforts ont visé l'égalité des droits, des chances et des règles afin de créer une distribution plus équilibrée des fruits du développement et de renforcer l'attractivité de la coopération internationale.

« Les fardeaux sont lourds quand on les soulève seul ; les voyages sont plus faciles quand on avance avec d'autres. » Cette expression reflète un fait simple du côté positif et du côté négatif : l'union fait la force, et l'action collective est plus puissante que tout acte individuel. C'est un truisme universellement reconnu, tant en Chine que dans le monde entier. À plusieurs reprises, Xi Jinping a réaffirmé la nécessité d'élargir la coopération dans tous les pays et régions. Par exemple, lors de la conférence annuelle 2013 du Forum de Bo'ao pour l'Asie, il a cité un extrait de *La sagesse des anciens aphorismes* : « Une seule fleur ne fait pas le printemps, tandis que cent fleurs en pleine floraison apportent le printemps au jardin. » Il a souligné que tous les pays devaient tenir compte des intérêts de chacun au cours du développement et s'efforcer de parvenir à un développement commun. Dans un discours prononcé en 2014 à l'occasion du 60ᵉ anniversaire de la publication des Cinq principes de la coexistence pacifique, il a cité une expression du *Guanzi* : « L'union fait la force, la division fait la faiblesse. » À cet égard, il a souligné que tous les pays devraient aborder les questions internationales en établissant une nouvelle vision qui profite à toutes les parties et en rejetant l'ancienne mentalité du jeu à somme nulle et du « gagnant remporte tout ». Ces expressions imagées et riches en contenu reflètent la compréhension précise de Xi Jinping sur des tendances historiques et sa détermination inébranlable dans son idéologie directrice de la diplomatie.

« Un arbre d'une grande circonférence est né d'une racine aussi déliée qu'un cheveu ; une tour de neuf étages est sortie d'une poignée de terre. » Pour que l'arbre de l'amitié Chine-ASEAN reste toujours vert, le sol du soutien social de nos relations doit être fertile.

— Discours prononcé par Xi Jinping devant le Conseil représentatif du peuple d'Indonésie, le 3 octobre 2013

Un arbre d'une grande circonférence est né d'une racine aussi déliée qu'un cheveu

Renforcer le soutien social aux relations d'État à État

« Un arbre d'une grande circonférence est né d'une racine aussi déliée qu'un cheveu ; une tour de neuf étages est sortie d'une poignée de terre. » Cette citation est tirée du chapitre 64 du *Laozi*. En 2013, le président Xi Jinping a cité cette phrase dans son discours au Conseil représentatif du peuple d'Indonésie pour souligner que les échanges entre la Chine et les pays de l'ASEAN doivent être fondés sur le lien étroit entre leurs peuples. Ce lien est indissociable de la compréhension mutuelle et de l'amitié apportées par les échanges entre les jeunes, les groupes de réflexion, les assemblées législatives, les organisations non gouvernementales et les groupes sociaux, et aussi inséparable des échanges dans les domaines de l'éducation, de la science, de la culture et de la santé. Ce n'est qu'en « multipliant les échanges et en approfondissant les liens amicaux que les gens peuvent se rapprocher les uns des autres ». Par contre, dans son discours devant le Sénat mexicain, Xi Jinping a cité la phrase suivante, tirée du chapitre « Vers l'idéal » du *Zhuangzi* : « Si l'eau n'est pas assez profonde, elle ne sera pas capable de porter un grand bateau. » Il adopte ici une perspective différente pour révéler que le contact direct entre les peuples est le moyen le plus efficace d'approfondir les amitiés d'État à État, et que les liens amicaux entre les peuples sont une force inépuisable favorisant le développement durable des relations d'État à État.

Aucun succès des grandes entreprises ne peut être réalisé sans se faire progressivement à partir de petites choses. Les relations entre la Chine et les autres pays peuvent être comparées à un arbre majestueux, à une terrasse élevée ou à un navire de mer. Les interactions entre les peuples sont le germe de l'arbre, la fondation de la terrasse et la mer qui soutient le navire. Les pays ne peuvent établir un nouveau type de relations internationales basées sur le respect mutuel, l'équité, la justice et la coopération mutuellement bénéfique que s'il existe une confiance mutuelle, des avantages mutuels et une expérience de coopération entre leurs peuples. Tous ces éléments doivent être établis progressivement par des échanges effectifs qui favorisent la compréhension mutuelle.

Depuis la mise en œuvre de la politique de réforme et d'ouverture, le développement des relations de la Chine avec d'autres pays s'est réalisé sur cette accumulation progressive. En 1991, par exemple, l'année où la Chine et l'ASEAN ont entamé un dialogue formel, le commerce bilatéral s'élevait à 7,96 milliards de dollars américains et les investissements bilatéraux atteignaient à peine 500 millions de dollars américains. En 2016, le commerce bilatéral a atteint 472,2 milliards de dollars américains, soit une multiplication par près de 60, et les investissements bilatéraux cumulés ont dépassé 160 milliards de dollars américains, soit une multiplication par plus de 300. En 2016, la Chine a été le premier partenaire commercial de l'ASEAN pendant sept années consécutives, et l'ASEAN a marqué sa cinquième année consécutive en tant que troisième partenaire commercial de la Chine. Au cours de cette période, les échanges interpersonnels entre la Chine et les pays de l'ASEAN ont augmenté en fréquence. En 2016, plus de 190 000 étudiants ont participé à des programmes d'échange Chine-ASEAN, plus de 23 millions de visiteurs ont voyagé entre la Chine et les pays de l'ASEAN, et la Chine est devenue la première source de touristes pour les pays de l'ASEAN. Ces coopérations s'alignent sur les besoins de développement de toutes les parties et apportent des avantages réels à leurs populations. Les racines profondes établies par les interactions économiques et sociales entre la Chine et les pays de l'ASEAN ont jeté les bases solides pour le développement progressif de leurs relations, notamment le partenariat de consultations, le partenariat global de coopération amicale, ainsi que le partenariat de bon voisinage et de confiance mutuelle. En octobre 2003, l'établissement d'un partenariat stratégique Chine-ASEAN pour la paix et la prospérité a été annoncé. Les grands progrès réalisés dans les relations Chine-ASEAN au cours des deux dernières décennies ont favorisé vivement la paix, la stabilité et la prospérité régionales.

« Les amitiés fondées sur le profit ou le pouvoir ne dureront pas longtemps sans eux ; seules les amitiés fondées sur la sincérité peuvent durer longtemps. » Pour construire un nouveau type de relations internationales, la Chine doit s'élever au-dessus de la diplomatie traditionnelle basée sur la puissance dure. Il faut que la Chine s'engage directement auprès des peuples du monde pour les persuader qu'elle place la coopération mutuellement bénéfique au cœur des échanges internationaux, favorisant ainsi la compréhension mutuelle et évitant l'écueil de jeu à somme nulle. Depuis le 18e Congrès national du PCC, la Chine n'a cessé de mettre en œuvre le consensus de « promotion de la diplomatie publique et des échanges interpersonnels » en essayant de bien raconter les histoires de la Chine et d'aider les amis internationaux à mieux comprendre la Chine. De 2013 à 2015, la Chine a exporté à l'étranger un total de 52 349 100 exemplaires de livres, de périodiques et de journaux, pour un montant d'environ 174 millions de dollars américains, soit une augmentation annuelle moyenne de 14 % par rapport à la période 2008-2012. Au cours de cette même période, l'audience des programmes télévisés exportés à l'étranger a atteint 68 292 heures. De 2012 à 2016, le nombre d'Instituts Confucius est passé de 400 à 511 dans le monde, le nombre de salles de classe Confucius a bondi de plus de 500 à 1 073, et le nombre d'étudiants est passé de 650 000 à 2,1 millions dans 140 pays. En 2016, le nombre d'étudiants internationaux en Chine a dépassé les 440 000 personnes, soit une augmentation de 35 % par rapport à 2012. Cela a fait de la Chine la destination la plus populaire en Asie pour les étudiants internationaux. Grâce à des échanges internationaux à plusieurs niveaux et de large envergure, la Chine a fait preuve d'une volonté et d'une capacité accrues à s'engager au niveau international et a vu son influence sur la scène mondiale s'accroître régulièrement. Ces progrès ont renforcé la compréhension et la confiance des populations d'autres pays à l'égard de la Chine et ont suscité un soutien général en faveur de la promotion d'un nouveau type de relations internationales en jouant un rôle actif et constructif.

Néanmoins, une racine déliée qui devient un arbre majestueux, une terrasse qui pousse à partir de mottes de terre, et de l'eau qui porte un bateau dépendent tous de la « réalité ». En d'autres termes, les choses doivent s'accumuler au-delà d'un point de basculement pour qu'il y ait un saut qualitatif. Xi Jinping a cité les célèbres mots de Lao Zi et Zhuang Zi pour refléter la compréhension claire de la philosophie traditionnelle chinoise envers cette loi objective. Sur la base du respect mutuel, de l'équité, de la justice et de la coopération gagnant-gagnant, la Chine promeut un nouveau type de relations internationales qui n'est ni une rhétorique vide ni une exagération. Il s'agit plutôt d'un souhait sincère pour tous les peuples de partager les fruits du développement et de construire une coopération entre les pays sur la base du bénéfice mutuel, de la confiance mutuelle et de l'amitié. C'est la véritable incarnation de l'ancien dicton : « Les relations entre peuples sous-tendent les relations entre États, et la promotion de la compréhension mutuelle est essentielle au rapprochement des peuples. »

Poursuivre une coopération mutuellement bénéfique. « Ne pas tenir compte des intérêts égoïstes mais des intérêts de tous les peuples du monde. » La Chine est prête à s'ouvrir davantage aux pays de l'ASEAN sur la base de l'égalité et des avantages mutuels, afin que notre développement puisse mieux servir tous les pays de l'ASEAN.

— Discours prononcé par Xi Jinping devant le Conseil
représentatif du peuple d'Indonésie, le 3 octobre 2013

Ne pas tenir compte des intérêts égoïstes mais des intérêts de tous les peuples du monde

Être une voix forte pour un bénéfice mutuel

L'expression « ne pas tenir compte des intérêts égoïstes mais des intérêts de tous les peuples du monde » est tirée d'un couplet chinois que Yu Youren (1879-1964), qui était un membre éminent du Kuomintang, a présenté à Chiang Ching-kuo (1910-1988). Le couplet complet se lit comme suit : « Ne tenez pas compte des intérêts égoïstes mais des intérêts de tous les peuples du monde ; n'aspirez pas à la gloire éphémère mais à la réputation durable. » Le couplet utilise un langage clair et direct pour refléter la pensée confucéenne qui donne la priorité aux intérêts publics par rapport aux intérêts privés. Yu Youren voulait persuader Chiang Ching-kuo que son nom serait gravé dans les annales de l'histoire s'il s'abstenait de poursuivre ses intérêts égoïstes au détriment de ceux du peuple. Ce couplet est devenu la devise de Chiang Ching-kuo. En 1982, Liao Chengzhi (1908-1983), vice-président du Comité permanent de l'Assemblée populaire nationale de Chine, a cité ce couplet dans une lettre ouverte à Chiang Ching-kuo pour l'inciter à œuvrer en faveur de la réunification nationale.

Du 2 au 8 octobre 2013, le président Xi Jinping a effectué des visites d'État en Indonésie et en Malaisie et a assisté au 21e Sommet des chefs d'entreprise de l'APEC à Bali. Le 3 octobre, Xi Jinping a cité ce couplet lors d'un discours prononcé devant le Conseil représentatif du peuple d'Indonésie, intitulé « Construire ensemble une communauté de destin Chine-ASEAN », dans lequel il a réaffirmé le principe de bénéfice mutuel respecté fermement par la Chine. Ici, « les intérêts de tous les peuples » ne font plus référence à un simple concept d'intérêts d'un seul pays, mais plutôt aux intérêts communs et aux avantages partagés des peuples du monde. Dans son discours, Xi Jinping a souligné : « La Chine est prête à élargir sa coopération pragmatique avec les pays de l'ASEAN dans tous les domaines afin de répondre aux besoins de chacun et de compléter les forces de chacun. Cela nous permettra de partager les occasions et de relever les défis dans l'intérêt du développement et de la prospérité de tous. » Il révèle de manière concrète et profonde ce qu'il faut faire pour « tenir compte des intérêts de tous les peuples » et « œuvrer en faveur des intérêts de tous les peuples ».

Sa visite coïncide avec le 10e anniversaire de l'établissement des liens diplomatiques entre la Chine et l'ASEAN et intervient à un moment charnière de leurs relations bilatérales. En moins de sept jours, Xi Jinping a assisté à près de 50 événements bilatéraux et multilatéraux, rencontré personnellement un large éventail de personnes, prononcé des discours importants et obtenu des résultats significatifs. Cette visite a non seulement élevé les relations de la Chine avec l'Indonésie et la Malaisie à un nouveau niveau et défini de nouveaux objectifs pour les relations entre la Chine et les pays de l'ASEAN, mais elle a également orienté les nouveaux développements de l'APEC et mis en lumière de nouvelles perspectives de développement économique chinois. Malgré toutes les innovations en cours, la Chine est restée déterminée à relier son propre développement à celui de tous les pays, à intégrer le rêve chinois au rêve de paix, de prospérité et de bonheur auquel aspirent tous les pays, et à partager davantage les résultats du développement avec l'ASEAN, l'Asie-Pacifique et le monde. Cela a fourni une base solide pour un développement constant des relations entre la Chine et l'ASEAN, après leur longue histoire mouvementée.

Il est à noter que cette visite a servi non seulement d'initiative stratégique importante pour créer une phase nouvelle de la diplomatie de bon voisinage et promouvoir la coopération régionale Asie-Pacifique, mais aussi de moment crucial de l'initiative « la Ceinture et la Route ». Dans son discours devant le Parlement indonésien, Xi Jinping a souligné que la Chine est prête à travailler avec les pays de l'ASEAN pour construire la Route de la soie maritime du XXIe siècle, ce qui, avec la Ceinture économique de la Route de la soie proposée au Kazakhstan le 7 septembre de la même année, constitue le cadre central de l'initiative « la Ceinture et la Route ». Dès le départ, l'initiative « la Ceinture et la Route » s'est concentrée sur le bénéfice mutuel, la poursuite des intérêts de toutes les parties et la recherche à la fois des points convergents et du plus grand dénominateur commun des intérêts communs. En pratique, la Chine s'occupe des besoins de développement et des besoins réels de ses pays partenaires, par la construction conjointe d'infrastructures pour aider les pays et régions sous-développés à exploiter leur capacité de développement durable. Ces concepts et pratiques montrent le véritable sens de l'expression « ne pas tenir compte des intérêts égoïstes mais des intérêts de tous les peuples du monde », réfutent les accusations occidentales selon lesquelles la Chine était un État « resquilleur » et prouvent que la Chine est devenue une voix forte pour la poursuite d'un développement équitable et commun à l'ère de la mondialisation.

Actuellement, la reprise économique mondiale stagne et l'avenir reste incertain. Le Brexit et le phénomène Trump montrent une tendance croissante au populisme et au protectionnisme. C'est le résultat des échecs à faire avancer la mondialisation économique et l'intégration régionale, qui à leur tour ont aggravé les incertitudes dans un moment difficile. Face aux défis, devons-nous recourir à la politique de « chacun pour soi » et ériger de hauts murs ou devons-nous nous unir pour surmonter ensemble les difficultés ? Xi Jinping a donné la réponse de la Chine. Tenir compte des intérêts de tous signifie s'adapter à la tendance de la mondialisation en relevant les défis sans aucune crainte. Nous devons nous engager à développer le libre-échange et les investissements mondiaux, à libéraliser et à faciliter les échanges commerciaux et les investissements en proclamant clairement le rejet du protectionnisme. En même temps, nous devons adhérer à un modèle de développement juste, inclusif, équilibré et durable pour que tous les pays puissent bénéficier d'opportunités et donner un nouvel élan à la reprise économique mondiale.

« Ne pas tenir compte des intérêts égoïstes mais des intérêts de tous les peuples du monde. » De la pensée confucéenne à la coopération gagnant-gagnant entre la Chine et l'ASEAN et aux avantages partagés de tous les pays au cours de la recherche d'un développement commun, la conception de la justice et des intérêts fondée sur les normes morales sous-tendant la culture traditionnelle chinoise a une plus grande pertinence et une plus grande importance internationale à l'époque moderne. L'histoire nous a montré que la possibilité de paix et de développement dépend de la prise en compte des intérêts de toute l'humanité, ce qui est exactement ce que chaque pays devrait prendre en considération et mettre en œuvre.

Nous devons tenir compte tant des intérêts que de la justice dans la coopération internationale. Le peuple chinois croit toujours que « l'homme honorable considère la droiture comme l'essence » et souligne que « les richesses et les honneurs obtenus injustement me paraissent comme des nuages qui passent ».

— Discours prononcé par Xi Jinping à l'Université nationale de Séoul en République de Corée, le 4 juillet 2014

Les richesses et les honneurs obtenus injustement me paraissent comme des nuages qui passent

S'opposer aux « actes injustes » qui ne recherchent que le profit

Le 4 juillet 2014, le président Xi Jinping a prononcé un discours intitulé « Créer conjointement l'avenir de la coopération sino-coréenne et travailler pour restaurer la prospérité en Asie » à l'Université nationale de Séoul en République de Corée. Dans son discours, il a cité la phrase suivante : « Les richesses et les honneurs obtenus injustement me paraissent comme des nuages qui passent. » Il a également souligné que la conception correcte de la justice et des intérêts devrait jouer un rôle important dans la coopération avec les pays voisins, tout en s'opposant aux bénéfices obtenus au détriment des autres et à la mentalité du « gagnant remporte tout » dans les relations internationales.

La citation ci-dessus est tirée du chapitre VII des *Entretiens de Confucius*. Racontant ses propres aspirations de cette manière, Confucius a déclaré que les richesses et les honneurs obtenus injustement lui paraissaient comme des nuages en ce sens qu'ils ne devraient pas être poursuivis ni invoqués, montrant ainsi la valeur confucéenne que « les intérêts devraient être passés au second plan au profit de la justice ». Plutôt que de rejeter les intérêts, le confucianisme estime que les intérêts doivent être considérés de manière réaliste puisque « les richesses et les honneurs sont très ambitionnés des hommes » et « s'il convenait de chercher à amasser des richesses, fallût-il, pour y parvenir, remplir l'office de valet qui tient le fouet, je le remplirais ». Ici, « devenir riche » et « rechercher le profit » sont tous deux considérés comme « être présent dès la naissance » et ne doivent pas être étouffés. En ce qui

CITATIONS DES CLASSIQUES

concerne la relation dialectique entre la justice et le profit, le confucianisme ne rejette pas le profit en soi mais plutôt l'acte injuste d'abandonner la justice pour recherches le profit. Ce système de valeurs était reconnu par les anciens Chinois comme la norme la plus élevée en matière de conduite sociale.

Dans son discours, Xi Jinping a cité cette phrase pour exprimer son opposition aux « actes injustes » dans les échanges internationaux et pour décrire la manière dont le pays devrait se conduire par le système personnel de valeurs des sages. À travers un langage aussi concis et vivant, il a mis en lumière la position de la Chine sur le bénéfice mutuel et l'opposition à la recherche du profit sans scrupule, dotant la morale traditionnelle d'un nouveau sens contemporain. Depuis les temps modernes, des idées telles que « il n'y a pas d'amis permanents, seulement des intérêts permanents », « la force fait le droit » et « les intérêts passent avant tout » ont résonné dans le monde entier. Il existe une tendance troublante mais croissante sur la scène politique internationale à l'ingérence flagrante dans les affaires intérieures d'autres pays et à la priorité accordée aux intérêts privés d'un pays par rapport à l'amélioration de la communauté internationale. Le commerce, l'investissement et les mécanismes financiers inégaux ont permis à une minorité de personnes de faire des profits tandis que la majorité a souffert de graves revers, entravant ainsi le processus de mondialisation. Xi Jinping a cité l'expression « les richesses et les honneurs obtenus injustement me paraissent comme des nuages qui passent » pour réaffirmer la ferme opposition de la Chine. Dans les échanges internationaux, en particulier ceux qui impliquent les pays voisins et les pays en développement, « nous devons abandonner la mentalité obsolète du jeu à somme nulle. Nous ne pouvons pas simplement capitaliser sur les autres ou profiter à leurs dépens. Nous ne pouvons pas non plus croire que la perte d'un autre est notre gain ou qu'il est acceptable d'adopter la mentalité du "gagant remporte tout". » Par contre, « nous devrions pouvoir bénéficier d'une bonne vie et les autres devraient pouvoir le faire aussi. »

Les idées au cœur de l'expression, « les richesses et les honneurs obtenus injustement me paraissent comme des nuages qui passent », reflètent non seulement une attitude chinoise distincte, mais aussi le principe selon lequel la Chine pratique la diplomatie. Les pays voisins ont vu la Chine se renforcer. D'une part, ils cherchent à partager les dividendes générés par le développement de la Chine. D'autre part, ils craignent que la Chine ne domine l'Asie, n'empiète sur le potentiel de développement d'autres pays et ne suive certains pays forts dans la poursuite de l'hégémonisme. Cependant, loin de croire au jeu à somme nulle qui assimile la perte de l'autre à son propre gain, la Chine a fait preuve de beaucoup de patience et de sincérité pour venir en aide en période d'adversité et régler les différends par des moyens pacifiques, gagnant ainsi la compréhension et la confiance de la plupart des pays voisins. La crise financière de 1997 a fait rage en Asie, mais la Chine a résisté à la pression et a défié les pronostics. La Chine s'est efforcée de ne pas laisser le RMB se déprécier, apportant ainsi un soutien précieux aux pays d'Asie du Sud-Est et du Nord-Est pour surmonter la crise. En tant que pays qui dispose du plus grand nombre de voisins, la Chine est impliquée dans de nombreux différends concernant le territoire et les eaux territoriales. Cependant, la Chine ne souscrit pas à la mentalité selon laquelle les grands et les puissants intimident les petits et les faibles. Au lieu de cela, la Chine s'est efforcée de mettre de côté les différends en faveur de l'exploitation commune. Elle s'est engagée dans les négociations amicales avec les pays directement concernés pour trouver des solutions pacifiques et maintenir la paix et la stabilité en mer de Chine méridionale, ce qui lui a permis d'obtenir un large soutien dans le monde.

La Chine est un pays en développement et le restera longtemps. L'expression « les richesses et les honneurs obtenus injustement me paraissent comme des nuages qui passent » représente la position inébranlable de la Chine de se ranger du côté des pays en développement et de défendre les pays appauvris. Une expérience similaire du colonialisme a permis à la Chine de sympathiser avec d'autres pays en développement et a assuré qu'elle ne suivra pas la voie erronée des colonialistes ni ne tentera d'exploiter d'autres pays pour ses propres intérêts. Par exemple, la Chine fournit de l'aide aux pays africains sur la base du principe de « respect mutuel, égalité, observation des engagements et bénéfice mutuel ». L'aide qui s'est faite sans aucune condition politique démontre la générosité de la Chine, ce qui lui vaut le soutien et les éloges d'amis africains. L'Occident a faussement accusé la Chine de pratiquer le « néo-colonialisme » en Afrique, blâmant à tort que la Chine a ignoré le bien-être des Africains, pillé les ressources africaines et détruit l'environnement local malgré les nombreuses réfutations émises par les dirigeants africains. Xi Jinping a fait référence à la citation ci-dessus pour réfuter directement avec force la fausse accusation du « néo-colonialisme » à partir du point de vue de l'éthique traditionnelle et de la situation réelle chinoises.

À travers l'explication de Xi Jinping, les normes morales auto-imposées par des sages chinois sont devenues un facteur important de la conception correcte de la justice et des intérêts, ce qui est particulièrement pertinent à notre époque. La nation chinoise n'a aucun gène d'agression ou d'hégémonie. La Chine tient compte des intérêts et des besoins des pays voisins et en développement. Elle ne cherche pas seulement le profit ni ne brutalise les pays vulnérables. Cela reflète non seulement les valeurs chinoises traditionnelles, mais servira aussi de principe directeur à la diplomatie chinoise dans la nouvelle ère.

« Les amitiés fondées sur le profit ou le pouvoir ne dureront pas longtemps sans eux ; seules les amitiés basées sur la sincérité peuvent durer longtemps. » Le développement des relations entre États dépend finalement de la compréhension mutuelle des peuples des divers États.

— Discours prononcé par Xi Jinping à l'Université nationale de Séoul en République de Corée, le 4 juillet 2014

CITATIONS DES CLASSIQUES

Seules les amitiés basées sur la sincérité
peuvent durer longtemps

*Le rapprochement des peuples est nécessaire pour faire respecter
la justice tout en poursuivant des intérêts communs*

Dans un discours prononcé à l'Université nationale de Séoul en République de Corée le 4 juillet 2014, le président Xi Jinping a fait référence au concept selon lequel « seules les amitiés fondées sur la sincérité peuvent durer longtemps » pour souligner l'importance du rapprochement des peuples dans la promotion des relations entre États. Depuis lors, Xi Jinping a réaffirmé ce point de vue à plusieurs reprises. Dans un article signé publié le 21 novembre 2014, lors de sa visite d'État aux Fidji, Xi Jinping a de nouveau fait référence au concept pour démontrer que la Chine était un bon ami des pays insulaires du Pacifique, un ami qui partagerait leurs joies et leurs peines et offrirait l'aide et le soutien mutuels. Dans un autre article signé publié le 1er octobre 2016, cette fois dans les journaux bangladais *The Daily Star* et *Prothom Alo*, Xi Jinping a de nouveau fait référence au même concept pour indiquer que la Chine considérait le Bangladesh comme un véritable ami et partenaire de développement.

« Seules les amitiés fondées sur la sincérité peuvent durer longtemps » représente la quintessence de la philosophie chinoise sur la conduite sociale. En Chine, il est toujours déconseillé d'être vaniteux et malhonnête dans les interactions sociales. Comme indiqué dans le chapitre « Rites et musique » du *Zhong Shuo*, « les amitiés fondées sur le profit ou le pouvoir ne dureront pas longtemps sans eux ». Au contraire, c'est une « amitié entre les personnes intègres », c'est-à-dire une amitié fondée sur la sincérité et sans

281

faux-semblant, qui a été vénérée à travers les âges. Dans une lettre intitulée *Une réponse à Su Wu*, Li Ling (134-74 av. J.-C.) de la dynastie des Han a écrit : « La compréhension mutuelle est très importante dans les relations interpersonnelles », ce qui suggère que la communion d'esprit et de cœur constitue la clé des interactions humaines. Dans *Trois poèmes pour mes amis*, le poète de la dynastie des Tang Li Bai (701-762) a demandé : « Ce qui est le plus précieux dans la vie est un ami sincère. À quoi bon avoir de l'argent ? » Maître Zhi Yuan (976-1023) de la dynastie des Song du Nord a écrit un poème : « L'amitié sincère est comme un beau jade qui reste frais lorsqu'il est brûlé par le feu. L'amitié superficielle est comme un nuage flottant qui peut s'évanouir en un instant. Autrefois assis l'un en face de l'autre, maintenant nous sommes séparés ; autrefois si près, maintenant nous sommes loin. J'ai un ami sincère et nous ne nous sommes pas rencontrés depuis des lustres. » Ce poème exalte une précieuse amitié entre l'auteur et Lin Bu, un reclus érudit qui appréciait la compagnie des fleurs de prunier et des grues.

Xi Jinping a cité l'expression « seules les amitiés basées sur la sincérité peuvent durer longtemps » pour décrire les relations internationales. Si la philosophie chinoise traditionnelle sur la conduite sociale est mise en valeur et appliquée aux relations de la Chine avec les pays voisins et en développement, alors cette application peut naturellement être étendue du niveau interpersonnel au niveau national. Dans un langage simple et clair, il a en outre expliqué la conception correcte de la justice et des intérêts : la Chine s'engage à poursuivre la justice et les intérêts partagés, dont la première ayant la priorité. Contrairement aux normes occidentales sur les relations étrangères qui mettent l'accent sur les intérêts plutôt que sur la justice, la Chine a proposé une politique étrangère et une voie du grand pays consistant à fonder les amitiés sur la sincérité et à favoriser la communion d'esprit et de cœur entre les peuples. La Chine a toujours soutenu que les pays, quelle que soit leur taille, leur richesse ou leur force, sont des membres égaux de la communauté internationale. Ce n'est qu'en nouant des amitiés basées sur la sincérité que nous pouvons ressentir de l'empathie, garantir l'égalité, donner la priorité à la justice et fournir un soutien mutuel. Par conséquent, le développement commun et le bénéfice mutuel vont de pair.

Les pays voisins sont considérés comme une priorité quant à l'orientation de la politique étrangère de la Chine. Nouer des amitiés basées sur la sincérité et mettre l'accent sur la justice plutôt que sur les intérêts sont des valeurs renforcées sans cesse par le développement des relations avec les pays voisins. Par exemple, l'amitié traditionnelle entre la Chine et le Cambodge a été établie et développée par les générations précédentes de dirigeants. Quels que soient les aléas internationaux, les deux pays ont entretenu une amitié basée sur la sincérité pendant près de 60 ans. « Ils se rencontrent aussi souvent que de vieux amis et se rendent visite comme des parents. » Leur relation est toujours marquée par la compréhension mutuelle et le soutien total lorsque les deux pays ont abordé des questions impliquant leurs intérêts fondamentaux respectifs et leurs principales préoccupations. La visite de Xi Jinping au Cambodge en 2016 a donné un nouveau souffle à l'amitié traditionnelle sino-cambodgienne et a porté la coopération bilatérale à un nouveau niveau. Le lien durable entre les deux pays illustre l'idée que « seules les amitiés fondées sur la sincérité peuvent durer longtemps ».

Les pays en développement représentent la base de la diplomatie chinoise. Les principes consistant à échanger la sincérité contre la sincérité et à gagner la sincérité par la justice sont incarnés par les échanges qui ont lieu entre la Chine et les pays en développement. Xi Jinping a un jour clairement expliqué que la Chine resterait toujours un ami fiable et un partenaire sincère des pays en développement, quels que soient le niveau de développement de la Chine et les aléas internationaux. Par exemple, au cours des décennies qui ont suivi l'établissement des relations diplomatiques avec les pays insulaires du Pacifique, la Chine a respecté le principe de sincérité, de respect mutuel et de soutien mutuel. Ayant des expériences historiques similaires, la Chine comprend et respecte les systèmes sociaux et les voies de développement que les pays insulaires ont choisis compte tenu de leurs propres conditions nationales. En outre, la Chine soutient leur participation égale aux affaires internationales et régionales et leur défense de la souveraineté nationale et des droits au développement. Cette position en faveur de l'égalité sans discrimination a suscité les éloges et l'appréciation des populations des pays insulaires et a jeté les bases de leur soutien de longue date sur les questions impliquant les principaux intérêts fondamentaux de la Chine. C'est une illustration vivante de la priorité accordée à la sincérité et à la justice.

« Seules les amitiés fondées sur la sincérité peuvent durer longtemps. » Par cette expression éloquente et amicale, Xi Jinping a expliqué comment « poursuivre la justice et les intérêts partagés, dont la première ayant la priorité » et a enrichi le contenu de la conception correcte de la justice et des intérêts. Xi Jinping a cité l'expression ci-dessus pour étendre l'application d'un code d'éthique chinois de longue date en matière d'échanges interpersonnels à l'orientation politique de la Chine pour les relations avec les pays voisins et en développement. Par des mots simples et éloquents, il a clarifié la position constante de la Chine sur le traitement égal des grands et des petits pays et a montré l'intention de la Chine de favoriser la communion d'esprit et de cœur et de faire respecter la justice tout en poursuivant des intérêts communs.

Il n'y a pas d'oasis de sécurité absolue. La sécurité des uns ne peut pas être assurée au prix de l'instabilité des autres, car les menaces pour les uns peuvent un jour devenir les défis des autres. Quand un voisin est en difficulté, il nous faut lui donner la main et non penser seulement à consolider notre propre palissade. Comme dit un vieil adage chinois : seul, on est vulnérable ; ensemble, on est indestructible. Il est nécessaire d'adopter un concept de sécurité commune, intégrée, coopérative et durable.

— Discours prononcé par Xi Jinping à l'Office des
Nations unies à Genève, le 18 janvier 2017

Seul, on est vulnérable ; ensemble, on est indestructible

Promouvoir la sécurité par la coopération

Le 18 janvier 2017, le président Xi Jinping a prononcé un discours liminaire intitulé « Construire ensemble une communauté de destin pour l'humanité » à l'Office des Nations unies à Genève. Il a souligné : « Il n'y a pas d'oasis de sécurité absolue. La sécurité des uns ne peut pas être assurée au prix de l'instabilité des autres, car les menaces pour les uns peuvent un jour devenir les défis des autres. Quand un voisin est en difficulté, il nous faut lui donner la main et non penser seulement à consolider notre propre palissade. Comme dit un vieil adage chinois : Seul, on est vulnérable ; ensemble, on est indestructible. Il est nécessaire d'adopter un concept de sécurité commune, intégrée, coopérative et durable. »

Le discours de Xi Jinping a cité la phrase suivante du Volume 96 de l'*Histoire des Dynasties du Nord*, « Seul, on est vulnérable ; ensemble, on est indestructible. Conjuguez vos forces pour rendre le pays plus stable et plus fort. » Le texte original explique que la force seule est facilement affaiblie, mais que des forces combinées qui s'unissent en tant qu'une peuvent consolider un pouvoir politique. Cela incarne la sagesse politique des anciens Chinois. Dans le domaine de la sécurité internationale, le raisonnement derrière cette expression « seul, on est vulnérable ; ensemble, on est indestructible » est plus évident. La coopération mutuelle est le seul moyen pour les pays de mieux préserver leur propre sécurité et de mieux défendre la sécurité internationale.

De la résolution des questions de sécurité conventionnelles, telles que la prolifération nucléaire et les conflits internationaux, à la résolution de celles non conventionnelles, telles que le changement climatique, le terrorisme et les cybermenaces, du maintien de la sécurité intérieure à la promotion de la sécurité internationale, tout cela exige que les pays travaillent en étroite collaboration. Les enjeux de sécurité à dimension mondiale et transnationale, l'insuffisance des capacités d'un seul pays et l'interdépendance des menaces sécuritaires internes et externes ont fait de la coopération internationale un choix stratégique nécessaire pour tous les pays.

Dans la pratique, comment les pays doivent-ils coopérer en matière de sécurité ? D'abord, il faut tirer parti du dialogue et de la communication francs et approfondis pour renforcer la confiance stratégique, dissiper les suspicions mutuelles et rechercher un terrain d'entente tout en mettant les divergences de côté. Les relations internationales sont en proie à des conflits dus au manque de communication, aux informations contradictoires ou aux suspicions mutuelles entre les pays. Par conséquent, le dialogue et la communication sont essentiels pour établir progressivement une relation de confiance entre eux. Bien que le dialogue ne suffise pas à lui seul à dissiper les malentendus et les divergences, il peut atténuer, voire dissiper les méfiances réciproques, ce qui est propice au maintien de la paix et de la sécurité respectives. Par contre, la sécurité internationale serait impensable sans même une communication et un dialogue de base.

Ensuite, il faut se concentrer sur les intérêts de sécurité communs de tous les pays, commencer par des questions moins sensibles et favoriser un esprit de coopération pour relever les défis de sécurité. Il nous faut continuer d'élargir les domaines de coopération, d'innover les moyens de coopération et de rechercher la paix et la sécurité par la coopération. En réalité, la coopération n'est pas facile lorsque les méfiances et les doutes abondent. Cependant, nous pouvons commencer par des domaines moins sensibles et « politiques », en établissant progressivement la confiance par petites étapes et en explorant des moyens appropriés de coopération en matière de sécurité. Bien sûr, différents pays pourraient adopter des solutions différentes pour différentes questions politiques et même parfois puiser dans leur énergie créatrice pour trouver de nouveaux moyens et idées en matière de promotion de la coopération mutuelle. Un tel exemple est la diplomatie du ping-pong, qui a dégelé les relations entre la Chine et les États-Unis et demeure un sujet populaire même à ce jour.

Enfin, il nous faut insister sur le règlement pacifique des différends et nous opposer à l'utilisation ou à la menace d'utilisation de la force à tout bout de champ, à la provocation d'incidents ou à l'exacerbation des conflits à des fins privées, au recours à la politique du « chacun pour soi » ou à la recherche de profits aux dépens des autres. Plus précisément, les quatre approches traditionnelles pacifiques : négociation, médiation, conciliation et arbitrage. Les approches non pacifiques, y compris les conflits, la force militaire et la guerre, sont contraires aux principes relatifs au règlement pacifique des différends internationaux. Bien sûr, ces principes sont souvent ignorés dans la réalité, ce qui met parfois en péril la sécurité internationale ou même déclenche des troubles régionaux et des combats incessants. De nombreux points chauds dans le monde pourraient finalement éviter les conflits et s'orienter vers la coopération. La coopération ouvre la porte à la sécurité et à la paix.

La cybersécurité est un nouveau domaine émergent. La connectivité de l'internet et sa capacité de transcender les frontières, ainsi que la prévalence et la gravité des cybermenaces, montrent que la coopération internationale est un régulateur naturel de la gestion du cyberespace. La coopération internationale permet à un pays individuel de saisir les occasions, de relever les défis et de maintenir la sécurité dans le développement des réseaux. Cela s'applique à tous les pays, quelle que soit leur taille, leur puissance ou leur richesse. Les pays plus grands, plus puissants et plus riches ont tendance à être plus dépendants de l'internet, ce qui accroît leur vulnérabilité et donc leur besoin de coopération internationale. Sans coopération, tout pays, même un pays doté de capacités internet avancées comme les États-Unis, aura du mal à obtenir quoi que ce soit dans le cyberespace.

Le 21 mai 2014, Xi Jinping a prononcé un discours liminaire à Shanghai lors d'un sommet de Conférence pour l'interaction et les mesures de confiance en Asie (CICA). Dans ce discours, il a indiqué : « La coopération signifie le renforcement de la sécurité des pays individuels et de la région par le dialogue. » Il a ensuite fait référence à un proverbe kazakh : « La vraie force est dans les mains unies, pas dans les bras. » Ce simple proverbe touche au cœur de la coopération et de la sécurité.

La sécurité durable signifie que nous devons nous concentrer à la fois sur le développement et la sécurité, afin que la sécurité soit durable. « Pour qu'un arbre devienne grand, une racine forte et profonde est essentielle ; pour qu'une rivière atteigne le plus loin possible, une source sans obstacle est nécessaire. » Le développement est la base de la sécurité, et la sécurité est la condition préalable au développement. L'arbre de la paix ne pousse pas sur une terre stérile, et les fruits du développement ne peuvent pas être produits au milieu des flammes de la guerre.

— Discours prononcé par Xi Jinping lors du 4e Sommet de la Conférence pour l'interaction et les mesures de confiance en Asie, le 21 mai 2014

Un arbre à croissance rapide a des racines solides ; une rivière qui va loin a besoin d'une source sans obstacle

Assurer une sécurité durable

Le 21 mai 2014, dans un discours liminaire prononcé à Shanghai lors du sommet de la CICA, le président Xi Jinping a cité la phrase suivante de l'homme d'État de la dynastie des Tang, Wei Zheng (580-643) : « Pour qu'un arbre devienne grand, une racine forte et profonde est essentielle ; pour qu'une rivière atteigne le plus loin possible, une source sans obstacle est nécessaire. » Il a ainsi clarifié la relation dialectique entre le développement et la sécurité : Le développement est la base de la sécurité, et la sécurité est la condition préalable au développement. En un mot, la sécurité durable signifie que nous devons nous concentrer à la fois sur le développement et la sécurité, afin que la sécurité soit durable.

Dans *Dix pensées pour conseiller l'empereur Taizong des Tang*, Wei Zheng a indiqué : « J'ai entendu dire que pour qu'un arbre devienne grand, une racine forte et profonde est essentielle ; pour qu'une rivière coule le plus loin possible, une source sans obstacle est nécessaire ; pour qu'un pays soit stable, il lui faut devenir un bastion de moralité et de justice. » Il a ajouté : « Restez vigilant en temps de paix et abstenez-vous du luxe pour pratiquer la frugalité, sinon vous n'aurez pas le sens de l'éthique nécessaire pour être magnanime et la personnalité pour contrôler le désir ; c'est comme si vous déterriez les racines d'un arbre pour qu'il devienne grand ou si vous endiguiez une rivière pour qu'elle atteigne le plus loin possible. » En d'autres termes, si l'on ne peut pas prévoir le danger lorsqu'on vit dans l'aisance, ou si l'on ne peut pas troquer l'extravagance contre la sobriété, alors on ne peut pas devenir une personne ayant un sens moral élevé qui peut maîtriser ses désirs. Ce n'est pas différent de s'attendre à ce qu'un arbre grandisse après que ses racines ont été coupées ou de s'attendre à ce qu'une rivière coule sur des kilomètres après que sa source a été obstruée. Consolider les bases, draguer la source et rester vigilant en temps de paix sont des éléments pour constituer une stratégie à long terme visant à assurer le développement et la sécurité durables.

Comment parvenir à une sécurité durable ? Premièrement, nous devons comprendre la relation dialectique entre la sécurité et le développement et nous concentrer à la fois sur le développement et la sécurité. Les enjeux du développement durable sont évidents tant pour les individus que pour les pays. Depuis la mise en œuvre de la politique de réforme et d'ouverture, la Chine s'est développée à pas de géant, ce qui a amélioré tous les aspects de la vie des habitants. Le renforcement de la puissance nationale, l'amélioration du statut sur la scène internationale et le maintien de la sécurité nationale, en particulier, auraient été impossibles sans une croissance rapide à la suite de la réforme et de l'ouverture. Cela est vrai non seulement pour la Chine, mais aussi pour l'Europe. En effet, la paix et la sécurité dont jouit l'Europe peuvent être attribuées à son développement constant après la Seconde Guerre mondiale.

Par contre, la sécurité est également devenue une condition du développement. La paix durable après la Seconde Guerre mondiale a créé l'environnement nécessaire au développement durable. Comme l'a indiqué Xi Jinping, « l'arbre de la paix ne pousse pas sur une terre stérile, et les fruits du développement ne peuvent pas être produits au milieu des flammes de la guerre. » C'était exactement le cas en Europe après la Seconde Guerre mondiale. Pour la plupart des pays asiatiques, le développement reste la principale préoccupation en matière de sécurité et la clé de la résolution des problèmes de sécurité régionale. Le développement durable des pays asiatiques pourrait également jeter les bases d'une paix et d'une sécurité durables sur le continent asiatique.

Deuxièmement, si nous voulons construire une structure sûre capable de résister aux défis, nous devons nous concentrer sur le développement, améliorer la vie des gens, réduire les écarts de richesse et continuer de renforcer les bases de la sécurité. Au XXIe siècle, le monde est loin d'être tranquille, les crises internationales sont monnaie courante et les terroristes ne cessent de commettre des attentats. La résolution définitive des conflits internationaux, des crises internationales et des menaces terroristes dépend de notre volonté de nous attaquer à leurs causes profondes et, en particulier, de régler les problèmes liés aux moyens de subsistance et au développement. Bien que le développement ne garantisse pas nécessairement la sécurité, sans lui comme pierre angulaire, la sécurité n'est rien de plus qu'une rivière sans source ou un arbre sans racines. En d'autres termes, une structure sûre n'est durable et viable que si elle repose sur des fondations solides.

Troisièmement, nous devons faire progresser le développement commun et l'intégration régionale et encourager l'interaction bénéfique entre la coopération économique et sécuritaire régionale afin de promouvoir une sécurité durable grâce au développement durable. L'expert américain Thomas L. Friedman a déclaré un jour : « Le monde est plat. » Dans le monde « plat » d'aujourd'hui, un pays a du mal à survivre de manière isolée. Au contraire, il lui faut être en contact avec le monde extérieur ou, à tout le moins, avec les pays voisins. De même, l'extension de ce contact à la région où se trouve un pays donné générera un élan positif et des conditions favorables à un développement interconnecté. Cela profite également à la sécurité d'un pays. La sécurité et le développement se complètent et se renforcent mutuellement. En termes de technologies de l'information et de la communication, le développement de l'internet se traduit par un grand déséquilibre entre les pays, car il a été introduit dans différents pays à des moments différents. Pour de nombreux pays en développement, dont la Chine, le développement des réseaux est particulièrement essentiel pour garantir que tout le monde profite des dividendes du développement de l'internet. Dans le même temps, le maintien de la cybersécurité a également été une priorité pour tous les pays. Sans sécurité, la souveraineté numérique ne compterait pour rien, et le développement serait difficile à soutenir. En bref, la cybersécurité et le développement informatique vont de pair comme les ailes d'un oiseau ou les roues d'un chariot.

Le 14 novembre 2014, Xi Jinping a publié un article signé dans le journal *The Australian Financial Review* intitulé « Ouvrir un nouveau chapitre dans les relations sino-australiennes ». Dans cet article, il fait une nouvelle fois référence à la phrase « pour qu'un arbre devienne grand, une racine forte et profonde est essentielle ; pour qu'une rivière atteigne le plus loin possible, une source sans obstacle est nécessaire », cette fois pour exprimer son espoir de voir les relations entre les deux pays se stabiliser et se renforcer. Si tous les pays s'efforçaient de « consolider les racines » et de « draguer la rivière » dans leurs relations mutuelles, nous pourrions espérer que les relations internationales et la sécurité internationale soient durables. Avec le temps, le monde deviendrait un lieu où « l'eau limpide qui remplit l'étang coule d'une source éternelle » !

« Les choses du monde se développent sans rivalité, et les quatre saisons alternent sans contradiction. » Nous devons respecter la diversité des civilisations et inciter les différentes civilisations à s'engager dans des échanges et des dialogues afin qu'elles puissent vivre en coexistence pacifique et en harmonie. Nous ne pouvons pas chercher à dominer ou à rabaisser les autres civilisations et peuples.

— Discours prononcé par Xi Jinping lors de la conférence commémorant le 60e anniversaire de la publication des Cinq principes de la coexistence pacifique, le 28 juin 2014

CITATIONS DES CLASSIQUES

Les choses du monde se développent sans rivalité, et les quatre saisons alternent sans contradiction

L'égalité et l'inclusion doivent être au cœur de la gouvernance mondiale

L'expression « les choses du monde se développent sans rivalité, et les quatre saisons alternent sans contradiction » est tirée du chapitre « L'invariable milieu » dans le *Mémorial des rites* (*Liji*, compilé par Dai Sheng). La première partie de la citation dessine un portrait vivant de la biodiversité naturelle, et la seconde partie fait référence aux orbites des corps célestes, tels que le soleil et la lune, et à la façon dont ils sont capables de tourner simultanément sans se gêner mutuellement. Cet adage bien connu reflète la compréhension qu'avaient les anciens Chinois de l'univers et des lois naturelles, notamment la recherche de l'inclusion et de l'harmonie sans uniformité qui est inhérente à la civilisation chinoise. Le 28 juin 2014, le président Xi Jinping a cité cette phrase lors de la conférence commémorant le 60e anniversaire de la publication des Cinq principes de la coexistence pacifique et lui a donné une nouvelle signification dans une nouvelle ère.

« Les choses du monde se développent » et « les quatre saisons alternent » renvoient à la compréhension de la diversité du monde, c'est-à-dire au fait de reconnaître que chaque pays a son propre système social, ses propres valeurs et sa propre façon de penser, et de croire que l'existence de ces différences, et la diversité elle-même, sont l'état normal du monde. « Sans rivalité » et « sans contradiction » font référence à l'acceptation de la diversité du monde, c'est-à-dire au respect du droit des peuples de chaque pays à choisir leur propre voie de développement, au respect de la diversité des civilisations, ainsi qu'à la promotion d'un esprit d'égalité, de confiance

295

mutuelle, d'inclusion, d'apprentissage mutuel et de coopération gagnant-gagnant afin de promouvoir la démocratisation des relations internationales. La manière dont la civilisation chinoise comprend et embrasse la diversité du monde est différente de la pensée binaire de l'Occident et du zèle religieux qui impose l'uniformité.

Avec l'évolution du paysage politique international de l'après-guerre froide et l'expansion accélérée de la mondialisation, les pays ont atteint des niveaux d'interconnexion, d'interdépendance et d'intégration sans précédent. L'humanité se transforme en une communauté d'avenir partagé, dans laquelle chacun est concerné par les intérêts des autres. Les défis transnationaux et mondiaux deviennent de plus en plus évidents dans les domaines économique, sécuritaire, environnemental et technologique. « De nombreux problèmes ne sont plus confinés à un seul pays, et de nombreux défis dépassent désormais le pouvoir d'un seul pays. Les défis mondiaux ne peuvent être résolus que par les efforts concertés de tous les pays. » La diversité et la consultation sont devenues des tendances dans la gouvernance des affaires mondiales et la résolution des problèmes mondiaux. Plus précisément, les entités de toutes tailles, des grands pays aux organisations non gouvernementales et aux groupes sociaux multinationaux, constitueront une part importante de la gouvernance mondiale. Les programmes de gouvernance spécifiques ne peuvent plus réussir sous le monopole d'un pouvoir hégémonique ou d'un groupe de pays qui excelle dans la politique du plus fort. Au lieu de cela, ils doivent passer par des négociations entre des entités de gouvernance à plusieurs niveaux. En d'autres termes, la gouvernance mondiale vise à traiter les questions et les défis qui sont communs à tous les pays. En tant que tel, il doit inclure la participation des gouvernements du monde, des organisations internationales, des groupes sociaux et d'autres entités diverses afin qu'ils puissent s'engager dans des consultations sur la base de l'égalité. La recherche et la promotion de l'égalité et de la tolérance sont au cœur de la gouvernance mondiale.

Le 12 octobre 2015, Xi Jinping a proposé le principe dit d'« amples consultations, contribution conjointe et bénéfice partagé » lors de la 27e session d'étude en groupe du Bureau politique du Comité central du PCC. Ce principe a une signification riche et profonde. Par exemple, les « amples consultations » soulignent que tous les participants à la gouvernance mondiale s'engagent dans des consultations sur la base de l'égalité, mettent en commun leur sagesse et favorisent la démocratisation des relations internationales par le biais du processus de gouvernance mondiale. « Nous devons rester attachés à l'égalité, à la démocratie et à l'inclusion, respecter le droit des peuples de tous les pays à choisir leur propre système social et leur propre voie de développement, et respecter la diversité des civilisations. Nous devons veiller à ce que tous les pays, quelles que soient leur taille, leur richesse et leur puissance, soient des membres égaux de la communauté internationale. En outre, nous devons nous assurer que les affaires intérieures d'un pays sont gérées par son peuple et que les affaires internationales sont gérées par tous les pays par le biais de consultations. »

Le respect de la diversité du monde et la recherche de consultations fondées sur l'égalité et la coopération mutuellement bénéfique permettent de remonter à la source du manque persistant de la fourniture de biens publics internationaux. La promotion des programmes de gouvernance mondiale a longtemps dépendu d'organisations et de mécanismes internationaux établis par des puissances hégémoniques. Avec l'évolution des politiques et l'affaiblissement de la puissance nationale des pays occidentaux développés, comme les États-Unis, le fonctionnement de ces organisations et mécanismes internationaux est confronté à une incertitude croissante. Lorsque les pays et les autres entités de gouvernance adoptent un esprit d'égalité et d'inclusion, ils soutiennent, alimentent et réforment les organisations et mécanismes internationaux existants par le biais du principe dit d'« amples consultations, contribution conjointe et bénéfice partagé ». Cela permet d'éviter le manque de leadership politique et le dysfonctionnement des biens publics internationaux qui découlent de la montée et de la chute des hégémonies.

« Un pays doit réduire les droits de douane, améliorer les routes, faciliter les transactions commerciales et assouplir la politique agricole. » C'est la bonne façon de développer une économie mondiale ouverte.

— Discours liminaire prononcé par Xi Jinping lors de la cérémonie d'ouverture du sommet du B20, le 3 septembre 2016

CITATIONS DES CLASSIQUES

Un pays doit réduire les droits de douane, améliorer les routes, faciliter les transactions commerciales et assouplir la politique agricole

Maintenir et développer une économie mondiale ouverte

Le 3 septembre 2016, le président Xi Jinping a assisté à la cérémonie d'ouverture du sommet du B20 à Hangzhou, où il a prononcé un discours liminaire intitulé « Un nouveau point de départ pour le développement de la Chine et un nouveau plan pour la croissance mondiale ». En réponse à la montée du protectionnisme dans certains grands pays, Xi Jinping a espéré que les gouvernements resteraient ouverts à la mise en œuvre de mesures visant à « réduire les impôts, améliorer les routes, faciliter les transactions commerciales et assouplir la politique agricole ». La citation ci-dessus est tirée du chapitre « Jin Yu » du texte classique chinois *Discours des royaumes* (*Guoyu*). Au cours de la période des Printemps et Automnes (770-476 av. J.-C.), les États vassaux ont adopté des politiques, notamment en réduisant les impôts et en facilitant les transports, afin de développer l'agriculture et le commerce et de renforcer les échanges économiques. Xi Jinping a utilisé cette vive allusion historique pour appeler tous les pays à ne pas revenir en arrière, c'est-à-dire à ne pas ériger de barrières tarifaires élevées et à ne pas provoquer de conflits commerciaux. Au contraire, il faut prendre des mesures concrètes pour maintenir et développer une économie mondiale ouverte.

Telle est la solution chinoise proposée par Xi Jinping pour résoudre les faiblesses chroniques de l'économie mondiale. Depuis qu'elle a été fortement frappée par la crise financière, l'économie mondiale a émergé des

299

profondeurs de la récession pour ensuite s'acheminer vers la reprise. Les contradictions sont entremêlées et même recouvertes de dangers cachés, ce qui indique qu'il est toujours possible de perdre à nouveau l'élan de croissance. Les pays du G20 représentent 85 % du PIB mondial et 80 % du commerce mondial. Le G20 sert de plateforme aux pays développés et en développement du monde entier pour participer à la gouvernance économique mondiale. La communauté internationale espère que le G20 fera preuve de responsabilité en luttant contre la crise ensemble afin de guider l'économie mondiale sur la voie d'une croissance durable. La réalité est que certains pays développés occidentaux ont choisi de donner la priorité à leurs propres intérêts en renforçant, ou en tentant de renforcer, les politiques et mesures protectionnistes qui reportent leurs problèmes sur les autres, rendant ainsi plus difficile pour la communauté internationale la résolution des problèmes économiques mondiaux par la coopération. À l'occasion de la première tenue du sommet du G20 en Chine, Xi Jinping a pleinement exposé les idées et la solution chinoises pour relever les défis mondiaux et a inscrit la libéralisation du commerce et la facilitation des investissements à l'ordre du jour afin de maintenir et de développer une économie mondiale ouverte.

L'objectif fondamental du maintien et du développement d'une économie mondiale ouverte est de réaliser des avantages mutuels et un développement durable dans tous les pays. Dans son discours, Xi Jinping a souligné que le partage des opportunités et des bénéfices du développement ne serait possible que si les pays développaient une économie mondiale ouverte. Au cours des 40 ans de réforme et d'ouverture, et en particulier depuis son adhésion à l'Organisation mondiale du commerce (OMC), la Chine a pleinement démontré que l'ouverture mène au progrès et l'isolement au recul. Le PIB de la Chine était de 1 300 milliards de dollars américains avant son adhésion à l'OMC. En 2016, ce chiffre a dépassé les 10 800 milliards de dollars américains. Sans tenir compte de l'appréciation du yuan, cette différence représente une multiplication par plus de 8 depuis l'adhésion de la Chine à l'OMC. Actuellement, la Chine est devenue la deuxième plus grande économie du monde, la première puissance commerciale, la première destination des investissements étrangers et la deuxième source d'investissements étrangers. Malgré un processus difficile et compliqué, la Chine s'est pleinement intégrée à l'économie mondiale. Comme l'a dit Xi Jinping, c'est en nageant qu'on apprend à nager. Dans le même temps, le développement de la Chine a profité aux partenaires commerciaux et a stimulé la croissance mondiale. La Chine a contribué davantage à la croissance économique mondiale que tout autre membre de l'OMC. En 2001, la Chine n'a contribué que pour 0,53 % à la croissance économique mondiale. En 2016, ce nombre est passé à plus de 30 %, soit la contribution la plus élevée au monde. Aujourd'hui, avec les progrès solides de l'initiative « la Ceinture et la Route », le principe dit d'« amples consultations, contribution conjointe et bénéfice partagé » proposé par une Chine de plus en plus ouverte a gagné le soutien public et créé de nouvelles opportunités pour le développement économique et social de tous les pays.

Une économie mondiale ouverte est maintenue et développée grâce au respect des règles du libre-échange mondial. La Chine soutient fermement le nouveau cycle de mondialisation économique. Ces dernières années, le mouvement anti-mondialisation et le protectionnisme ont joué un rôle de plus en plus important dans l'élaboration des politiques économiques et commerciales de certains pays, ce qui a menacé le fondement du système commercial multilatéral actuel. Xi Jinping a profité de multiples occasions pour proposer de consolider les systèmes commerciaux multilatéraux représentés par l'OMC et de former un modèle de gouvernance ouvert et transparent pour le commerce et les investissements mondiaux. Les principes de base établis par l'OMC ont constitué le fondement du système commercial multilatéral mondial, notamment ceux de non-discrimination, de transparence, de libre-échange et de concurrence loyale. Ces principes restent la garantie fondamentale pour développer de nouveaux moteurs de la croissance économique mondiale et assurer le succès du nouveau cycle de mondialisation économique. Bien sûr, le système commercial multilatéral actuel et ses principes sont des biens publics importants qui nécessitent une amélioration constante pour s'adapter à l'époque. C'est la bonne façon de développer une économie mondiale ouverte et cela représente une priorité majeure en matière de gouvernance économique mondiale. En s'appuyant sur la nouvelle réalité du cadre économique mondial et sur le développement du système commercial multilatéral, la Chine a encouragé l'établissement de stratégies et de lignes directrices pour la croissance du commerce et des investissements à l'échelle mondiale et a fourni ses propres solutions pour revitaliser le commerce et les investissements afin de stimuler la croissance.

Évidemment, les incertitudes sont nombreuses dans le monde. Le maintien et la construction d'une économie mondiale ouverte sont une initiative majeure, à laquelle la Chine participe et joue un rôle de premier plan, pour la réforme du système de gouvernance économique mondiale. Il s'agit d'une entreprise qui continuera à faire face à de nouveaux défis de taille. En particulier, les subtilités de la situation géopolitique actuelle et l'émergence continue de problèmes régionaux et mondiaux brûlants ont fait peser une grande incertitude sur la reprise économique et la croissance durable de tous les pays. Un environnement pacifique et stable est essentiel pour créer des occasions favorables au développement du libre-échange. Représentant la Chine sur la scène mondiale, Xi Jinping a exhorté les pays à rechercher un terrain d'entente tout en mettant les divergences de côté, à encourager la construction d'une communauté de destin pour l'humanité et à établir un nouveau type de relations internationales. C'est la garantie fondamentale pour maintenir et construire une économie mondiale ouverte et conduire le monde vers un nouveau cycle de prospérité.

Liées par des montagnes et des rivières, la Chine et la Russie sont de bons voisins, de bons partenaires et de bons amis. Le bon voisinage est un trésor national.

— Discours prononcé par Xi Jinping lors de la cérémonie d'ouverture de l'« Année du tourisme russe » en Chine, le 22 mars 2013

Le bon voisinage est un trésor national

Promouvoir des relations sino-russes globales, de qualité et solides

La culture traditionnelle chinoise valorise depuis longtemps le rôle que joue la moralité dans les relations entre les personnes, les communautés et les pays. Il considère le fait de traiter les autres avec gentillesse et de s'engager dans des interactions harmonieuses comme une manifestation de la norme morale la plus élevée : la bienveillance et la droiture. La culture chinoise valorise également les relations de voisinage générées par la proximité géographique, souvent résumées par l'expression « mieux vaut un voisin proche qu'un parent éloigné ». Dans la vie sociale, les Chinois ont toujours intégré la recherche éthique de la « bienveillance et de la droiture » à la promotion de bonnes relations avec les voisins, ce qui a donné lieu à une forte valeur de « bon voisinage ». Cette valeur est motivée non seulement par les bénéfices mutuels trouvés dans les relations interpersonnelles, qui facilitent les besoins de la vie quotidienne et offrent une aide et une protection mutuelles dans les moments difficiles, mais aussi par la paix durable entre voisins, qui forme des liens communautaires harmonieux et un foyer spirituel commun.

L'idée de « bon voisinage » ne se limite pas aux relations interpersonnelles et communautaires. Dans la culture chinoise, il s'applique également à la gouvernance d'un pays dans le cadre des relations internationales. Le « bon voisinage » est la clé pour créer un monde dans lequel le pays est en paix et où tous les pays vivent en harmonie et dans la prospérité. Cette idée se reflète dans l'expression « le bon voisinage est un trésor national », tirée d'un classique confucéen intitulé *Commentaire de Zuo sur les Annales des Printemps et Automnes*. Selon ces récits, l'État de Chen a envahi l'État de

CITATIONS DES CLASSIQUES

Zheng pendant la période des Printemps et Automnes (770-476 av. J.-C.). L'État de Chen a ensuite refusé d'accepter les appels à la paix de l'État de Zheng. Pendant ce temps, un mandarin de l'État de Chen a fait des remontrances au roi en utilisant les mots suivants : « Le bon voisinage est un trésor national », ce qui signifie que la bienveillance, la droiture et les relations amicales avec les pays voisins sont une formule magique pour fonder un pays ! Malheureusement, le roi a ignoré les conseils de son mandarin et subi des représailles précipitées de l'État de Zheng.

Ce vieux dicton cité par Xi Jinping pour exprimer ses espoirs pour les relations entre la Chine et la Russie, qui sont les plus grands voisins l'un de l'autre, n'aurait pu être plus approprié ni plus imagé. La Chine et la Russie partagent une frontière commune de plus de 4 300 kilomètres de long. Les deux pays sont liés non seulement par des montagnes et des rivières, mais aussi par des liens historiques et culturels étroits. Ils entretiennent des échanges commerciaux dynamiques ainsi que de fréquentes interactions entre les populations. Malgré une histoire compliquée, les relations entre la Chine et la Russie après la guerre froide ont bénéficié des efforts inlassables des deux parties, qui ont conduit leurs relations à une période de développement stable et d'interaction positive.

En termes de relations politiques, la Chine et la Russie ont désigné les relations de partenariat et d'amitié comme la priorité des relations bilatérales sur la base du principe de « bon voisinage ». En 2001, les deux pays ont signé le Traité de bon voisinage et de coopération amicale Chine-Russie. Le traité stipule explicitement que « sur la base de la tradition historique des relations de bon voisinage et d'amitié entre les peuples de Chine et de Russie », « [les deux pays] s'engagent à élever leurs relations à un nouveau niveau et sont déterminés à transmettre aux générations futures l'amitié qui existe entre leurs peuples ». Les relations bilatérales n'ont jamais été aussi bonnes, la Chine et la Russie s'étant engagées dans des interactions de haut niveau et des échanges politiques ces dernières années. En mars 2013, la Russie a été le premier pays que Xi Jinping a visité après son entrée en fonction. C'est à l'occasion de cette visite que Xi Jinping a prononcé un discours liminaire sur le thème du « bon voisinage », qui a ouvert un nouveau chapitre dans les relations sino-russes. Au mois de juillet 2017, Xi Jinping s'était rendu six fois en Russie et avait rencontré Vladimir Poutine plus de 20 fois. La Chine et la Russie continuent d'approfondir leur partenariat stratégique global de coordination et de promouvoir le

Traité de bon voisinage et de coopération amicale Chine-Russie, ce qui a renforcé leur confiance mutuelle.

En ce qui concerne les liens commerciaux et économiques entre les deux pays, la Chine et la Russie se sont engagées dans une vaste coopération pour les relations de voisinage amical et prospère. Alors que la Russie était entravée par des sanctions extérieures, le commerce entre la Chine et la Russie a enregistré une croissance en inversant la tendance à la baisse pour atteindre 69,5 milliards de dollars américains en 2016. La Russie a été la première à réaliser la croissance positive parmi les dix premiers partenaires commerciaux de la Chine, et les deux pays continuent d'améliorer leur structure commerciale. Des avancées ont également été réalisées dans les domaines émergents et traditionnels du commerce électronique transfrontalier et de la coopération énergétique. La Chine et la Russie ont convenu de collaborer avec l'Union économique eurasienne pour promouvoir l'initiative « la Ceinture et la Route ». Ils ont également discuté d'une éventuelle coopération dans le domaine des voies navigables de l'Arctique en vue de la construction d'une « Route de la soie polaire », ce qui permet de lier plus étroitement leurs intérêts mutuels. La coopération économique et commerciale entre la Chine et la Russie illustre le concept d'un voisinage amical et prospère.

Face aux changements dans le paysage régional et international, la Chine et la Russie ont coordonné leurs activités internationales sur la base du principe d'aide et de protection mutuelles. Les deux pays ont renforcé la coordination sur les grandes questions internationales et régionales, relevé conjointement les défis internationaux et régionaux, guidé l'orientation pour résoudre les problèmes et joué un rôle stabilisateur dans un paysage international en mutation. Dans le même temps, la Chine et la Russie ont cherché à renforcer le soutien populaire à leurs relations bilatérales en continuant d'approfondir la compréhension mutuelle par des échanges culturels et sociaux étroits et en créant conjointement un consensus social et un environnement favorable aux relations de bon voisinage.

Selon les règles et pratiques inhérentes aux relations entre grandes puissances occidentales, il a toujours été considéré comme difficile d'échapper au « piège » de la concurrence et de la confrontation entre pays voisins, notamment la Chine et la Russie. Cela est dû au fait que les pays occidentaux fonctionnent sur le principe d'un jeu à somme nulle. Ils demandent : « Comment puis-je tolérer que d'autres ronflent à côté de mon

CITATIONS DES CLASSIQUES

lit ? » Cependant, les relations harmonieuses entre la Chine et la Russie, deux grands pays voisins, démontrent que tant que les pays adhèrent aux principes de coopération gagnant-gagnant et de bon voisinage, ils peuvent établir une confiance politique mutuelle, une coopération économique et commerciale mutuellement bénéfique et un soutien public basé sur le respect mutuel. Les pays peuvent bénéficier à leurs populations et fournir une source inépuisable d'énergie positive pour la stabilité et la prospérité de l'Eurasie et le développement pacifique de la communauté internationale.

« Les personnes sages recherchent un terrain d'entente, tandis que les personnes ignorantes ne se concentrent que sur les différences. » La Chine et l'Europe doivent se respecter mutuellement et se traiter sur un pied d'égalité, rechercher un terrain d'entente tout en mettant les divergences de côté, et poursuivre une coopération mutuellement bénéfique. Ce faisant, nous renforcerons notre dialogue et nos communications, trouverons le plus grand dénominateur commun de nos intérêts communs, partagerons les opportunités et relèverons les défis ensemble.

— Article signé par Xi Jinping publié dans le journal belge *Le Soir*, le 29 mars 2014

CITATIONS DES CLASSIQUES

Les personnes sages recherchent un terrain d'entente, tandis que les personnes ignorantes ne se concentrent que sur les différences

Les relations sino–européennes à la recherche constante de percées conceptuelles et de progrès dans la coopération

L'idée selon laquelle « les personnes sages recherchent un terrain d'entente tandis que les personnes ignorantes ne se concentrent que sur les différences » est répandue en Chine depuis les temps anciens. L'ouvrage *Classique interne de l'Empereur Jaune* (Partie *Suwen*), rédigé sous les dynasties des Qin (221-206 av. J.-C.) et Han (206 av. J.-C. - 220 apr. J.-C.), affirme qu'un homme sage a tendance à remarquer les similitudes entre les choses, tandis qu'un homme simple d'esprit a du mal à voir au-delà des différences. Selon ce texte, l'homme sage a « des yeux et des oreilles clairs » et garde toujours son sang-froid, ce qui lui permet de vivre plus longtemps ; l'homme simple d'esprit a tendance à s'énerver, ce qui a un impact négatif sur sa santé physique et mentale. Ce phénomène peut être observé dans les relations interpersonnelles. Différentes personnes gèrent les problèmes dans leur vie personnelle et professionnelle de différentes manières, et avec plus ou moins de succès, de sorte que la réalisation de nos objectifs, en particulier dans un contexte d'équipe, se résume souvent à notre capacité à surmonter nos différences de manière constructive.

En ce qui concerne les relations internationales, la plupart des organisations nationales et régionales partagent une mission commune de recherche du bonheur, de promotion du développement et de maintien de la paix, mais les acteurs internationaux proviennent souvent de milieux

309

culturels différents et souscrivent à des idéologies et des systèmes politiques différents. Le plus souvent, leur capacité à s'engager dans une coopération mutuellement bénéfique dépend de leur aptitude à comprendre et à surmonter leurs différences de manière raisonnable. Ceux qui n'apprennent jamais à bien gérer les différences et qui se concentrent toujours sur ces différences seront pris en otage par elles. C'est l'arbre qui cache la forêt. Ils passeront à côté des énormes avantages qui émanent de la poursuite des intérêts communs.

Le développement des relations entre la Chine et l'UE est un processus de recherche constante de percées conceptuelles et de progrès de la coopération dans un contexte de différences et de désaccords, mais aussi de points communs et de consensus. En tant que deux grandes économies mondiales, la Chine et l'Europe ont beaucoup en commun en ce qui concerne les efforts déployés pour développer leurs économies, ouvrir les marchés et promouvoir la multipolarité dans le monde, mais elles incarnent également des cultures, des idéologies, des régimes et des niveaux de développement économique différents. Après plus de 40 ans de croissance, la Chine est devenue le deuxième partenaire commercial de l'UE et l'UE a conservé sa position de premier partenaire commercial de la Chine, une relation commerciale qui a largement profité aux peuples des deux parties. Néanmoins, certaines voix au sein de l'UE s'efforcent de rechercher et d'amplifier les différences entre les deux parties. Dans le domaine de la coopération économique et commerciale, par exemple, il est difficile pour l'UE de s'affranchir de son rôle autoproclamé de « législateur », car elle impose souvent des politiques commerciales unilatérales pour restreindre les échanges économiques normaux. Sur le plan politique, l'Europe est influencée par l'idéologie dépassée dite « l'eurocentrisme », se posant en « professeur » sur des questions telles que les systèmes politiques et les droits de l'homme et prenant la liberté de critiquer et de s'immiscer dans les affaires intérieures de la Chine. Cette mentalité et cette orientation politique ont sapé la base politique du « respect mutuel et traitement égal » dans la coopération entre la Chine et l'UE et ont causé de temps à autre des dommages à des domaines représentant des besoins et des intérêts communs, tels que les échanges économiques et la coopération commerciale.

C'est dans ce contexte que le président Xi Jinping a effectué une visite historique au siège de l'UE en 2014. Au cours de sa visite, Xi Jinping a cité l'expression « les personnes sages recherchent un terrain d'entente, tandis que les personnes ignorantes ne se concentrent que sur les différences » pour résumer l'histoire des relations Chine-UE et encourager les deux parties à élargir leur terrain d'entente et à construire un consensus plus solide. Mettant l'accent sur leurs points communs, Xi Jinping a qualifié la Chine et l'UE de « deux grands marchés, deux grandes forces et deux grandes civilisations » et a partagé sa volonté de construire un partenariat entre les deux parties, défini par « la paix, la croissance, la réforme et le progrès culturel ». De manière générale, ces déclarations constituent une feuille de route pour l'avenir des relations Chine-UE.

Depuis 2014, les relations entre la Chine et l'UE n'ont cessé de se développer. L'Agenda stratégique de coopération Chine-UE 2020 a été mis en œuvre avec succès, et le nouveau consensus sur la synergie des stratégies de développement a débouché sur une coopération concrète. Les mécanismes de dialogue et de coopération entre la Chine et l'UE – qui impliquent plus de 70 départements dans tous les secteurs et sont soutenus par un dialogue stratégique, des discussions économiques et commerciales de haut niveau et des échanges interpersonnels de haut niveau – sont bien établis et stables, et servent de modèle exemplaire de coopération élargie entre les pays en développement et le groupe des pays développés.

À l'heure actuelle, alors que le paysage international se modifie et que les éléments d'instabilité et d'incertitude se multiplient, les différences et les désaccords entre les membres de la communauté internationale s'amplifient en raison des changements de politique dans certains pays ainsi que des défis internes et externes auxquels l'Europe est confrontée. Dans le même temps, le nationalisme et le protectionnisme commercial sont en hausse, et le consensus entre la Chine et l'Europe pour rechercher un terrain d'entente et promouvoir la coopération est mis à l'épreuve. En tant que bénéficiaires de la mondialisation et promotrices de la multipolarité, la Chine et l'UE partagent un large éventail d'intérêts communs : s'opposer à l'unilatéralisme, soutenir les mécanismes de coopération multilatérale, maintenir des marchés libres et ouverts et promouvoir la réforme de la gouvernance mondiale. Le fait que la Chine et l'Allemagne aient accueilli les sommets successifs du G20 sur le thème du « développement interconnecté » indique un consensus croissant entre la Chine et l'Europe.

Comme les différences et les divergences entre la Chine et l'Europe sont peut-être inévitables, on pourrait constater des hésitations et des retours en arrière de la part de l'UE et des différents États membres au cours de la coopération. Mais ces différences et ces divergences ne sont rien en comparaison des énormes bénéfices que l'on peut tirer de la coopération. La règle d'or de la coopération entre la Chine et l'UE consiste donc à rechercher un terrain d'entente tout en mettant les divergences de côté. Dans la mesure où ce principe est respecté, la coopération entre la Chine et l'UE sera bénéfique pour les deux parties.

Vous pouvez choisir des voisins, mais pas des pays voisins. « La Vertu ne va jamais seule ; elle attire toujours des imitateurs. » Tant que les peuples de Chine et du Japon seront sincères et s'efforceront de cultiver une amitié fondée sur la vertu, ils resteront amis pendant des générations.

— Discours prononcé par Xi Jinping lors de la Réunion d'échange d'amitié Chine-Japon, le 23 mai 2015

La Vertu ne va jamais seule ;
elle attire toujours des imitateurs

*La clé de relations sino-japonaises solides réside dans
la culture de la « vertu »*

Les mots suivants sont consignés dans le chapitre IV des *Entretiens de Confucius* : « La Vertu ne va jamais seule ; elle attire toujours des imitateurs. » La vertu fait référence aux normes universelles qui régissent la vie et la conduite d'une personne. Elle est synonyme de bonne moralité. Une personne aura des voisins, des compagnons et des amis tant qu'elle respectera les normes sociétales et se montrera une personne vertueuse et intègre. Cette idée de vertu occupe une place importante dans la culture traditionnelle chinoise. Des expressions telles qu'« un homme de vertu est très respecté » et « posséder à la fois le talent et la vertu » montrent l'importance de la conduite vertueuse.

Dans son discours, le président Xi Jinping applique le concept « vertu » à l'État, comparant les échanges interpersonnels à ceux entre les États. Selon Xi Jinping, un pays animé par la « vertu » a forcément des « voisins ». Premièrement, il est important de noter que le terme « voisin » n'est pas utilisé ici dans un sens purement géographique, mais fait référence à des pays partenaires qui s'entendent très bien et se soutiennent mutuellement. Deuxièmement, comment faut-il comprendre la « vertu » dans le contexte des relations internationales ? La « vertu » d'un pays peut être considérée comme la mesure dans laquelle il se conforme aux normes et standards internationaux. En d'autres termes, la « vertu » est jugée en fonction du fait qu'un pays fait ce qu'il doit faire et s'abstient de faire ce qu'il ne doit pas faire.

En tant que voisins géographiques permanents, la Chine et le Japon ont connu leur lot de tensions et de conflits, qui peuvent être attribués en grande partie à des problèmes de « vertu ». Comme nous le savons tous, la question concernant la vision de l'histoire reste un point de friction majeur dans les relations sino-japonaises. Les forces de la droite japonaise n'ont cessé de déformer, d'embellir ou de nier sa propre histoire d'agression pendant la Seconde Guerre mondiale, en prenant une série de mesures telles que la révision des manuels scolaires, la dissimulation de leur acte honteux consistant à contraindre les « femmes de réconfort » à servir d'esclaves sexuelles, l'hommage rendu au sanctuaire de Yasukuni par des ministres du cabinet du Premier ministre japonais et la négation de responsabilité pour le massacre de Nanjing. Ces dernières années, ces opinions et actes de droite ont porté une grave atteinte aux victimes du militarisme japonais, représentées par la Chine et la République de Corée, et les relations du Japon avec la Chine et la République de Corée en ont souffert. De nombreux Occidentaux se sentent déconcertés face à cette réalité. Ils ont du mal à comprendre pourquoi la Chine et la République de Corée ne veulent pas oublier les forfaits perpétrés par le Japon il y a plus de 70 ans, d'autant plus que ces sociétés occidentales ont réussi à se réconcilier. La réponse est liée à l'importance de la « vertu » dans les cultures orientales. Un pays qui refuse de reconnaître et d'assumer ses erreurs passées aura du mal à gagner la compréhension et le respect de ses voisins.

Le fait que le Japon est incapable de gérer diverses questions de manière vertueuse a également conduit à l'escalade du différend sur les îles Diaoyu, une autre épine dans le pied des relations sino-japonaises. Dans les années 1970, alors que la Chine et le Japon cherchaient à normaliser leurs relations, leurs dirigeants ont reconnu la complexité des différends relatifs à la souveraineté territoriale et ont convenu de mettre de côté ces questions pour se concentrer sur la promotion de la coopération dans d'autres domaines. Mais en 2010, lorsque deux navires de patrouille japonais sont entrés en collision avec un chalutier chinois en mer de Chine orientale, le Japon a abandonné ses pratiques traditionnelles et a arrêté et tenté de poursuivre le capitaine du chalutier chinois en vertu du droit japonais. En outre, le gouvernement japonais a cherché à « acheter » et à « nationaliser » les îles Diaoyu en 2012, malgré la forte opposition de la Chine. L'abus de confiance dans ces deux incidents, tentant d'imposer un fait accompli par des actions unilatérales, ont attisé le conflit sur des questions sensibles entre les deux pays. De tels actes de trahison sont incompatibles avec les principes de respect mutuel, d'égalité et d'amitié entre les pays, et ont suscité une forte désapprobation et une opposition de la Chine. Les relations sino-japonaises ont subi un coup dur et les tensions ont été vives pendant un certain temps, entraînant des retombées négatives dans de nombreux domaines, notamment les relations économiques et commerciales.

Selon Xi Jinping, les peuples chinois et japonais doivent être « sincères » et cultiver « l'amitié fondée sur la vertu ». Cette idée s'appuie sur l'histoire des relations sino-japonaises et les attentes de la Chine pour l'avenir. Les relations sino-japonaises ont une longue histoire, qui s'étend sur plus de 2 000 ans. Pendant la majeure partie de cette période, les relations sino-japonaises ont été marquées par l'harmonie et le développement commun, grâce au respect mutuel et aux échanges et à l'apprentissage mutuel. En réalité, la Chine ancienne a longtemps servi d'exemple pour le Japon et, à l'époque moderne, le Japon a été observé par les érudits chinois pour son expérience et son expertise dans les domaines de la réforme politique, de l'industrialisation et de la modernisation. Mais lorsque la crise économique a frappé le monde et que la politique japonaise a pris une forme différente, le Japon s'est engagé sur la voie de l'expansion militariste à l'étranger et a mené une guerre d'agression contre la Chine. Le peuple chinois a fermement résisté à l'invasion japonaise. Il a lutté avec acharnement contre le Japon pendant 14 ans, depuis l'Incident du 18 septembre 1931 jusqu'à la défaite du Japon en 1945.

Après le rétablissement des relations diplomatiques entre les deux pays en 1972, l'économie japonaise était déjà au premier rang en Asie. Depuis lors, le Japon a apporté son aide à la Chine et lancé divers projets de coopération économique. Ces projets, menés par le besoin du développement économique du Japon et par le sentiment de culpabilité de certains amis japonais face à la guerre, ont contribué à stimuler le développement de la Chine. Au cours d'une trentaine d'années qui ont suivi la réforme et l'ouverture, la Chine a réduit l'écart de développement avec le Japon. En 2010, les pays ont échangé leurs places en termes de PIB total et la Chine a officiellement dépassé le Japon en tant que deuxième économie mondiale. C'est à cette époque que le Japon a déclenché le différend sur les îles Diaoyu, plongeant les relations sino-japonaises à leur point le plus bas depuis le rétablissement de leurs relations diplomatiques. Il est généralement admis que cela avait un lien avec la stagnation du Japon et l'angoisse des Japonais face à la montée en puissance de la Chine.

En tant que voisins importants et deux économies de premier plan en Asie de l'Est, la Chine et le Japon ne pourront favoriser le développement et la prospérité de leurs peuples et régions respectifs que par le renforcement de la coopération amicale. En novembre 2014, ils sont parvenus à un accord de principe en quatre points sur l'amélioration des relations bilatérales, ce qui a amorcé le processus de réchauffement des relations. Cela a préparé le terrain pour le discours du président Xi Jinping devant la délégation japonaise non gouvernementale en mai 2015, dans lequel il a encouragé les deux pays à considérer le développement de chacun d'une manière objective et à s'engager sur la voie de coopération gagnant-gagnant en adoptant une attitude amicale et en se comportant de façon vertueuse.

Je voudrais partager avec mes amis indiens un dicton chinois : « La vertu d'humanité, c'est élever autrui comme on souhaiterait l'être soi-même ; c'est le faire parvenir là où on le voudrait soi-même. » Alors que nous poursuivons notre propre développement, la Chine espère sincèrement voir l'Inde devenir plus forte et plus prospère et se réjouit de progresser ensemble avec l'Inde.

— Discours prononcé par Xi Jinping au Conseil indien
des affaires mondiales, le 18 septembre 2014

CITATIONS DES CLASSIQUES

La vertu d'humanité, c'est élever autrui comme on souhaiterait l'être soi-même ; c'est le faire parvenir là où on le voudrait soi-même

La Chine espère travailler avec l'Inde pour réaliser le renouveau national des deux pays

Le passage suivant se trouve dans le chapitre VI des *Entretiens de Confucius* : « La vertu d'humanité, c'est élever autrui comme on souhaiterait l'être soi-même ; c'est le faire parvenir là où on le voudrait soi-même. Qui est capable de s'en faire le modèle offre la recette de cette vertu. » Ces lignes nous parlent de la « vertu », un fil conducteur qui traverse le tissu moral de la culture confucéenne. L'idée ici est que si quelqu'un veut s'établir, il doit aider les autres à s'établir, et si quelqu'un veut réussir, il doit aider les autres à réussir également. En d'autres termes, la vertu exige que l'on veille au bien-être des autres et que l'on se met à la place des autres. Cette idée est consignée également dans le chapitre XII des *Entretiens de Confucius* : « Ne fais pas à autrui ce que tu ne veux pas que l'on te fasse à toi-même. » En d'autres termes, nous ne devons pas traiter les autres d'une manière que nous ne voudrions pas être traités nous-mêmes. Ces deux dictons définissent ensemble des normes morales de la catégorie de la « vertu » – l'un d'un point de vue positif (ce que l'on veut) et l'autre d'un point de vue négatif (ce que l'on ne veut pas). En ce qui concerne les relations internationales, le rêve chinois représente le souhait de grand renouveau national des Chinois, et d'autres pays ont aussi leurs propres rêves de prospérité nationale. Ce dicton confucéen nous rappelle que si les Chinois poursuivent leur propre rêve de

319

renouveau national, nous devons également respecter et soutenir les autres peuples dans la réalisation de leurs propres rêves.

D'un autre point de vue, l'idée confucéenne « élever autrui comme on souhaiterait l'être soi-même » a une signification pragmatique. Personne, qu'il s'agisse d'un individu ou d'une nation, ne dispose des ressources nécessaires pour réussir par ses propres moyens. C'est là que réside l'importance de l'idée « élever autrui ». Premièrement, lorsque vous aidez une personne à réussir, vous renforcez sa confiance et son amitié et vous ouvrez la voie à une meilleure coopération à l'avenir. Deuxièmement, au fur et à mesure que l'autre personne devient plus forte, il y aura plus de place pour la coopération et vous trouverez en elle une source de soutien plus forte. Troisièmement, à mesure que vous aiderez un plus grand nombre de personnes à réussir, vous attirerez encore plus de personnes et, ce faisant, vous vous forgerez une excellente réputation en tant que noyau de cohésion pour de nombreuses personnes, ce qui, à son tour, assurera une plus grande stabilité et réussite. Comme le dit un proverbe chinois, « tout comme une clôture a besoin du soutien de trois piquets, un brave a besoin du soutien de trois autres personnes ». Et selon un proverbe arabe, « ceux qui voyagent seuls vont vite, mais ceux qui voyagent en compagnie vont loin ». Il s'agit de la force de l'unité et de la coopération. L'application de ce texte classique par le président Xi Jinping aux relations sino-indiennes revêt une signification profonde. L'Inde occupe clairement une place particulière parmi tous les voisins de la Chine. Selon Xi Jinping, les deux pays « se sont engagés dans les échanges et l'apprentissage mutuel depuis les temps anciens et ont surmonté ensemble les difficultés des temps modernes. Et aujourd'hui, nous poursuivons le même objectif de grand renouveau national ». L'Inde et la Chine sont toutes deux des civilisations anciennes avec une longue histoire. Il y a plusieurs décennies, les dirigeants des deux pays ont proposé conjointement les Cinq principes de la coexistence pacifique, posant ainsi un jalon dans l'histoire des relations internationales. De nos jours, la Chine et l'Inde sont toutes deux des économies émergentes à croissance rapide. Elles sont des membres importants des BRICS et entretiennent de bonnes relations de consultation et de coopération dans de nombreuses affaires internationales. La Chine et l'Inde inaugureront ensemble un véritable « siècle asiatique », qui aura de grandes influences sur la région et le monde en général.

Cependant, il existe encore quelques problèmes épineux entre les deux pays, qui entravent parfois l'ampleur et la profondeur de la coopération.

Premièrement, il existe toujours un différend de souveraineté territoriale entre les deux pays. Le conflit frontalier entre la Chine et l'Inde, qui a éclaté en 1962, a pris fin, mais les différends territoriaux se poursuivent. Deuxièmement, en raison des tensions de longue date entre l'Inde et le Pakistan, l'amitié de la Chine avec le Pakistan a été considérée comme une « épine dans le pied de l'Inde » et, pour aggraver encore les choses, l'Inde a utilisé ses liens spéciaux avec le dalaï-lama pour faire des manigances politiques et intensifier la pression sur la Chine. Troisièmement, l'Inde semble envier le développement chinois. Ces dernières années, alors que la croissance économique de la Chine est entrée dans une nouvelle normalité, l'Inde se vante souvent de sa croissance économique rapide et de sa structure démographique plus jeune. Le sous-entendu, aussi subtil soit-il, est que l'Inde se considère en concurrence avec la Chine. Dernièrement, l'Inde se considère comme une grande puissance et considère le sous-continent indien et l'océan Indien comme sa sphère d'influence. Lorsque la Chine a proposé son initiative « la Ceinture et la Route », l'Inde a été l'un des rares pays à adopter une attitude attentiste, signe que l'Inde reste méfiante à l'égard des intentions stratégiques de la Chine.

Bien que Xi Jinping ait prononcé ce discours en 2014, l'esprit de coopération et de développement commun est toujours d'actualité. La Chine est, et restera toujours, engagée sur la voie du développement pacifique et estime que son développement n'est pas une menace mais plutôt une opportunité pour le reste du monde. En proposant l'initiative « la Ceinture et la Route », la Chine cherche à tirer parti de ses atouts et de ses ressources en matière de capital, de technologie et de production pour s'associer aux stratégies et aux plans de développement d'autres pays et parvenir à une coopération gagnant-gagnant. En fin de compte, la Chine vise à concrétiser sa vision consistant à élever les autres et à leur permettre de réussir, tout en investissant dans son propre avenir. En tant qu'anciennes civilisations orientales, la Chine et l'Inde partagent un même rêve de renouveau national. Nous espérons que l'Inde mettra de côté son esprit de clocher et de compétition et cherchera plutôt à gérer ses différends avec la Chine de manière constructive. En reconnaissant et en poursuivant leurs intérêts communs, l'Inde et la Chine peuvent travailler ensemble pour le véritable essor de l'Asie.

L'engagement en faveur du développement pacifique est fermement ancré dans la culture chinoise, et une vision d'harmonie et de coexistence pacifique sous-tend la diplomatie de voisinage de la Chine.

— Discours prononcé par Xi Jinping à l'Université nationale de Singapour, le 7 novembre 2015

CITATIONS DES CLASSIQUES

La vision chinoise de l'harmonie et
de la coexistence pacifique

Établir les relations de bon voisinage pacifiques, stables et prospères

Les lignes suivantes sont consignées dans le *Mémorial des rites (Liji)* :
« Lorsque la grande voie de la vertu était fréquentée, le chef de l'empire ne
considérait pas le pouvoir souverain comme un bien appartenant en propre
à sa famille (et le cédait volontiers à un étranger) ; il choisissait pour son
successeur le plus digne et le plus capable (c'est ce que firent Yao et Shun).
Il s'efforçait d'acquérir une vertu véritable et entretenait la concorde. »
Ces mots soulignent l'importance de l'harmonie et de l'honnêteté. La
« coexistence pacifique entre toutes les nations », une expression apparentée,
est apparue pour la première fois dans le *Yao Dian* du *Shangshu (Livre des
Documents)*, l'un des classiques confucéens les plus connus. Le texte original
se lit comme suit : « Lorsque les grandes familles s'entendirent les unes avec
les autres, Yao procéda à l'unification des différents États. Il en résulta une
coexistence pacifique entre tous les peuples. » En d'autres termes, la bonne
gouvernance de Yao était assurée car il entretenait de bonnes relations avec
les autres seigneurs et favorisait l'amitié entre les peuples.

La vision chinoise de l'harmonie et de la coexistence pacifique est
ancrée dans les principes de sincérité, de paix, de solidarité et d'amitié
avec les voisins. Cette vision englobe les valeurs traditionnelles chinoises
de sincérité et d'harmonie, et reflète la politique étrangère indépendante et
pacifique du pays. En utilisant un langage qui sous-tend le riche héritage
culturel de la Chine, le président Xi Jinping a contribué à réduire la distance
psychologique entre la Chine, ses voisins et le reste du monde en matière

323

d'échanges et de coopérations fondés sur l'égalité. Cette vision témoigne du ferme engagement de la Chine en faveur de la paix et traduit le souhait du pays de voir un monde marqué par le pluralisme et la diversité culturels ainsi que par l'ouverture, l'inclusion et l'apprentissage mutuel.

Sous l'impulsion de la mondialisation économique et des progrès technologiques, le monde est de plus en plus interconnecté en tant que communauté d'avenir partagé. Les intérêts nationaux sont étroitement liés et les pays, pour le meilleur ou pour le pire, partagent les succès et les échecs des autres. Les pays voisins de la Chine sont très divers en termes de niveau de développement économique et social, et incarnent une riche diversité d'histoire, de culture et de religion. Comment des civilisations différentes peuvent-elles coexister et se développer pacifiquement ? Tout réside dans l'harmonie, c'est-à-dire la paix entre les pays, l'amitié entre les peuples et l'harmonie avec la nature. Cette harmonie fait partie inhérente de la culture chinoise. Elle incarne l'aspiration à la coexistence pacifique du peuple chinois depuis les temps anciens et reflète la valeur fondamentale de paix et de solidarité dans l'esprit national chinois.

Le peuple chinois tient en haute estime l'honnêteté et la sincérité. Depuis les temps anciens, les Chinois croient que « l'homme ne peut pas vivre sans honnêteté ». Il en va de même pour un pays, car l'honnêteté et la sincérité sont d'une importance vitale pour gérer l'image nationale. La nation chinoise n'a aucun gène d'agression ou d'hégémonie. Depuis plus de 5 000 ans, le peuple chinois attache une grande importance au bon voisinage, donne la priorité à la paix et défend l'idée d'une « harmonie sans uniformité ». Mais la Chine n'a pas promu la paix uniquement en paroles. Elle a cherché à maintenir la paix et le développement dans le monde par des actions concrètes. Après la fondation de la République populaire de Chine en 1949, la Chine, ainsi que l'Inde et le Myanmar, ont proposé conjointement les Cinq principes de la coexistence pacifique et sont restés fermement opposés à l'hégémonie et à la politique du plus fort. Tout cela constitue la base historique de l'engagement de la Chine à mettre en œuvre sa politique diplomatique de bon voisinage et de partenariat avec ses voisins, ainsi qu'à favoriser la construction d'un voisinage amical, sûr et prospère.

La Chine, comme de nombreux autres pays d'Asie, a souffert de la colonisation et de l'agression de la part des puissances occidentales. Ces expériences passées similaires ont permis à la Chine et à ses voisins de chérir plus profondément la paix. Ces dernières années, la croissance remarquable de la Chine et de ses pays voisins peut être attribuée en grande partie à deux facteurs : l'absence de conflit armé à grande échelle et la priorité donnée au développement. Au fur et à mesure de son développement, la Chine a offert de vastes opportunités de croissance aux pays voisins et a, à son tour, bénéficié du développement et de la prospérité des pays et régions voisins.

Le voisinage de la Chine peut être considéré comme le fondement de la sécurité, de la stabilité et de la prospérité du pays. Depuis le 18e Congrès national du PCC, le Comité central du PCC avec le camarade Xi Jinping comme noyau dirigeant, a donné la priorité absolue à la diplomatie de voisinage dans les relations étrangères, car le développement pacifique de la Chine commence dans une certaine mesure avec les pays voisins et en dépend. Le maintien d'un voisinage paisible et stable est un objectif important de la diplomatie chinoise. Il s'agit également d'une nécessité réelle pour la Chine qui cherche à atteindre ses objectifs des « deux centenaires » et le rêve chinois du grand renouveau de la nation chinoise. À de nombreuses reprises, les dirigeants chinois ont parlé de la culture d'« harmonie » de la Chine et de sa vision d'un monde où tous les pays vivent en harmonie les uns avec les autres. Ils ont expliqué les concepts de développement pacifique et de coopération gagnant-gagnant, et réaffirmé la détermination inébranlable de la Chine de s'engager sur la voie du développement pacifique. Ils ont également souligné que la Chine suivrait inébranlablement la voie du développement pacifique, qui est bon pour la Chine, pour l'Asie et pour le monde, et aucune force ne peut ébranler la conviction de la Chine en matière de développement pacifique.

L'engagement de la Chine en faveur du développement pacifique repose sur les valeurs traditionnelles chinoises d'honnêteté, de sincérité et de coexistence pacifique entre toutes les nations, et est fondé sur les réalités et les intérêts nationaux de la Chine. Compte tenu des tendances majeures de la paix, du développement et de la coopération mutuellement bénéfique de notre temps, le développement pacifique est un choix nécessaire et stratégique. La Chine s'engage à mettre en œuvre sa politique diplomatique de bon voisinage et de partenariat avec ses voisins, ainsi qu'à favoriser la construction d'un voisinage amical, sûr et prospère. La Chine continuera de renforcer les relations de bon voisinage, d'approfondir la coopération mutuellement bénéfique et de créer une situation gagnante pour toutes les parties. Conformément à ses valeurs traditionnelles d'honnêteté, de sincérité et de coexistence pacifique entre les nations, la Chine cherche à construire des communautés d'avenir partagé régionale et mondiale, afin que la lumière de l'excellente culture traditionnelle de la Chine puisse continuer de briller dans la nouvelle ère.

Mieux vaut apprendre à quelqu'un comment pêcher plutôt que de lui donner du poisson. La Chine mettra activement en œuvre le « Programme des talents africains » en vue de former, au cours des trois prochaines années, 30 000 talents africains, de fournir 18 000 bourses gouvernementales à des étudiants africains en échange, et d'accroître le transfert de technologies et le partage d'expériences vers l'Afrique.

— Discours prononcé par Xi Jinping au Centre de convention international Julius Nyerere en Tanzanie, le 25 mars 2013

Mieux vaut apprendre à quelqu'un à pêcher plutôt que de lui donner du poisson

Promouvoir la coopération sino-africaine en matière de ressources humaines et de transfert de technologies

Le poisson est une source importante d'alimentation pour l'homme, mais sa capture demande de l'habileté et de la pratique. C'est ce que reflète l'expression « mieux vaut apprendre à quelqu'un comment pêcher plutôt que de lui donner du poisson ». Ces mots nous renvoient à une réalité plus importante, à savoir que donner du poisson à quelqu'un qui a faim peut répondre aux besoins momentanés, mais lui apprendre à pêcher lui permettra d'avoir de la nourriture pour toute une vie. Une idée similaire est formulée dans le chapitre « Discours sur les forêts » du *Huainanzi*, un ouvrage philosophique compilé par Liu An (179-122 av. J.-C.) : « Je préfère rentrer chez moi pour tisser un filet de pêche que de rester au bord de la rivière à regarder les poissons passer ». De même, l'ouvrage *Livre des Han (Han Shu)* se lit comme suit : « Depuis l'instauration de la dynastie des Han (206 av. J.-C. – 220 apr. J.-C.), celui qui souhaite bien gouverner, mais n'y parvient pas, a ceci contre lui : il manque de capacité d'adaptation. Comme le dit un vieux dicton chinois, "Je préfère rentrer chez moi pour tisser un filet de pêche que de rester au bord de la rivière à regarder les poissons passer". » « Mieux vaut apprendre à quelqu'un à pêcher plutôt que de lui donner du poisson » est aussi un adage courant dans la langue chinoise.

Comme le dit un autre proverbe chinois, « de nombreux monticules de terre forment une montagne, et de nombreuses gouttes d'eau forment un océan ». En d'autres termes, si vous faites quelque chose avec persévérance, vous obtiendrez de meilleurs résultats et atteindrez un niveau supérieur. Xun Zi (313-238 av. J.-C.) a fait une déclaration similaire dans le chapitre « Les enseignements du Ru » de son ouvrage : « Par conséquent, les petits monticules de terre font les montagnes, et les gouttes d'eau qui s'accumulent font l'océan. » Et dans le chapitre « L'encouragement de l'apprentissage », il a écrit : « Si vous accumulez assez de terre pour former une montagne, la pluie et le vent y fleuriront. Si vous accumulez assez d'eau pour remplir un bassin, des dragons y naîtront. Si vous accumulez assez de bontés pour former la vertu, la clarté divine sera acquise et l'esprit d'un sage préparé. »

Le président Xi Jinping a cité deux de ces expressions – « mieux vaut apprendre à quelqu'un à pêcher plutôt que de lui donner du poisson » et « les petits monticules de terre font les montagnes, et les gouttes d'eau qui s'accumulent font l'océan » – pour décrire les relations sino-africaines. Le point de vue de Xi Jinping était qu'en plus d'offrir un soutien matériel aux pays africains, la Chine devrait les aider à devenir autonomes et autosuffisants en leur offrant des formations et des transferts de technologies, car les technologies obsolètes et les formations inadéquates font partie des principaux obstacles au développement de l'Afrique. Pertinents et précis, les propos de Xi Jinping constituent une feuille de route pour l'orientation des relations sino-africaines à l'avenir.

La formation des ressources humaines et le transfert de technologies envers l'Afrique ont toujours occupé une place importante dans les échanges sino-africains. Lors d'une visite au Ghana en février 1964, le Premier ministre Zhou Enlai a proposé les « huit principes de la Chine sur l'aide économique et technique à l'étranger ». De 1970 à 1976, la Chine a aidé la Tanzanie et la Zambie à construire la ligne ferroviaire Tanzanie-Zambie, qui s'étend sur plus de 1 860 km de Dar es Salaam à l'est à Kapiri Mposhi à l'ouest. Pour assurer son bon fonctionnement, la formation du personnel et le transfert de technologies ont été, dès le départ, un élément clé de la coopération entre la Chine, la Tanzanie et la Zambie. De 1972 à 1975, 200 étudiants de Tanzanie et de Zambie se sont inscrits à l'Université Jiaotong du Nord pour suivre leurs études dans les domaines du transport, des locomotives, de l'automobile, des communications, de la signalisation, de l'ingénierie ferroviaire et des finances. Depuis 1995, avec l'aide de la Compagnie Nationale du Pétrole de Chine (CNPC), le Soudan a construit une industrie pétrolière intégrée qui est complète, avancée et équipée. Dès le départ, la formation des talents a été une priorité absolue du partenariat

Chine-Soudan en matière d'industrie pétrolière. Depuis 1998, la CNPC a sélectionné plus de 35 enseignants et experts de l'Université de Khartoum au Soudan pour étudier le génie pétrolier en Chine. Tous ont obtenu un master et/ou un doctorat et sont devenus depuis des piliers de l'industrie pétrolière soudanaise. Actuellement, 95 % des projets de la CNPC au Soudan sont basés localement, et le taux de localisation des projets de construction pétrolière et des services techniques dans le pays a dépassé 75 %. Après la création du Forum sur la Coopération sino-africaine (FCSA) en 2000, la Chine a mis en place un fonds de développement des ressources humaines pour renforcer la formation des professionnels dans les pays africains.

Depuis 2013, la Chine cherche à maintenir la conception correcte de la justice et des intérêts. Elle s'est davantage attachée à « apprendre aux gens à pêcher » et à aider l'Afrique à améliorer ses infrastructures et à attirer les talents et les investissements étrangers, en vue de renforcer la capacité de développement autonome des pays africains. Par conséquent, l'Afrique occupe une place plus importante dans la politique étrangère de la Chine. De 2014 à 2015, les pays d'Afrique de l'Ouest, dont la Sierra Leone, le Liberia et la Guinée, ont été ravagés par une épidémie d'Ebola telle que le monde n'en avait jamais connu. En réponse, la Chine a pris les devants pour mettre en œuvre la plus grande opération de soutien médical d'urgence de son histoire. En plus de fournir quatre séries de soutien matériel pour un montant total de 120 millions de dollars américains et d'envoyer 1 200 membres du personnel médical dans 13 pays d'Afrique de l'Ouest, le gouvernement chinois a aidé les pays des zones touchées en améliorant leurs systèmes de santé publique, en construisant des laboratoires de biosécurité fixes et mobiles et en formant le personnel de santé publique local. La Chine a également envoyé plus de 30 équipes d'experts en santé publique, en médecine clinique et en tests de laboratoire en Sierra Leone, en Guinée, au Liberia et dans leurs pays voisins, et a formé 13 000 membres du personnel local de soins de santé et de prévention communautaire des épidémies pour les aider à lutter contre Ebola. La Chine a également apporté son soutien à la création des centres africains de contrôle et de prévention des maladies, qui relèvent de l'Union africaine, et a aidé les pays africains à mettre en place des systèmes de santé publique plus efficaces et plus adaptables.

Depuis 2016, la Chine partage activement sa technologie ferroviaire avec les pays africains. La mise en service de la ligne ferroviaire Abuja-Kaduna au Nigeria, de la ligne transfrontalière électrifiée Addis-Abeba-Djibouti et de la ligne à écartement normal Mombasa-Nairobi au Kenya représente une réalisation importante de l'initiative chinoise « la Ceinture et la Route » en Afrique. Dès le départ, le gouvernement et les entreprises chinoises ont donné la priorité à la formation et au transfert de technologies aux ouvriers et techniciens africains. Par exemple, le Kenya a envoyé un groupe de sept femmes en Chine pour suivre un programme de formation de six mois au Collège des techniciens ferroviaires de Baoji. Ces femmes sont devenues les premières conductrices de train de l'histoire du Kenya. Pour permettre au Kenya de gérer indépendamment la ligne ferroviaire Mombasa-Nairobi, China Communications Construction Company (CCCC) a prévu de subventionner 100 étudiants kenyans (en trois groupes) pour qu'ils suivent un programme de premier cycle de 4 ou 5 ans dans des disciplines liées au chemin de fer à l'Université Jiaotong de Beijing. En Éthiopie et à Djibouti, les agents de train, les conducteurs et les techniciens locaux reçoivent une formation standardisée à la chinoise en matière d'exploitation ferroviaire, afin de disposer des compétences et des capacités nécessaires pour gérer indépendamment la ligne Addis-Abeba-Djibouti.

En bref, la Chine a attaché une grande importance au transfert de technologies et à la coopération entre la Chine et l'Afrique. Selon le plan d'action de Johannesburg (2016-2018), adopté lors du Forum sur la Coopération sino-africaine en 2015, la Chine s'est engagée à renforcer le partage des connaissances et le développement des capacités avec l'Afrique dans un large éventail de domaines, notamment l'agriculture, l'industrie manufacturière, les infrastructures, les soins de santé, l'éducation et la gouvernance, et à fournir une expertise et des services consultatifs complets pour soutenir l'essor de l'Afrique. Reconnaissants envers la Chine pour son transfert de technologie et sa contribution au développement autonome de l'Afrique, les pays africains ont répondu favorablement à l'initiative « la Ceinture et la Route » et soutiennent fermement la Chine sur les questions concernant ses intérêts fondamentaux notamment en mer de Chine méridionale.

« Ni la montagne ni la mer ne peuvent séparer ceux qui partagent une vision commune. » Bien que la Chine soit située loin de l'Amérique latine et des Caraïbes, il existe une affinité naturelle entre nos peuples.

— Discours liminaire prononcé par Xi Jinping lors d'un sommet avec les dirigeants des pays d'Amérique latine et des Caraïbes à Brasilia, le 17 juillet 2014

Ni la montagne ni la mer ne peuvent séparer ceux qui partagent une vision commune

Travailler ensemble pour construire une communauté de destin Chine–Amérique latine

« Ni la montagne ni la mer ne peuvent séparer ceux qui partagent une vision commune. » Cette expression apparaît pour la première fois dans le *Baopuzi*, un ouvrage taoïste écrit par Ge Hong (284-364) sous la dynastie Jin de l'Est (317-420). Le texte original se poursuit : « Rien ne peut réunir des personnes, si proches soient-elles, qui ont des aspirations différentes. Il y en a qui sont prêts à parcourir ensemble des distances considérables, tandis que d'autres, pourtant proches, ne font jamais d'efforts pour se rencontrer. » Le président Xi Jinping a cité cette expression pour décrire les relations entre la Chine et l'Amérique latine. Bien qu'ils soient littéralement séparés par des océans, ces pays et ces peuples restent proches les uns des autres et partagent des passés historiques, des responsabilités et des aspirations similaires pour une meilleure gouvernance mondiale. Ils constituent une communauté de destin, unie par des liens commerciaux de plus en plus étroits, des objectifs communs et des perspectives de développement similaires. Depuis 2013, Xi Jinping a effectué trois visites en Amérique latine, ce qui témoigne de l'importance accordée par la Chine aux relations et à la coopération avec l'Amérique latine. Les pays d'Amérique latine et des Caraïbes ont répondu favorablement et travaillent ensemble avec la Chine pour ouvrir une nouvelle phase des relations Chine–Amérique latine, basées sur l'égalité, les bénéfices mutuels et le développement commun.

La coopération globale entre la Chine et l'Amérique latine s'est développée à partir de rien, et a ouvert un nouveau chapitre dans les relations Chine-Amérique latine. La Communauté des États d'Amérique latine et des Caraïbes (CELAC) a été créée en 2011. Depuis lors, la Chine a proposé une série d'initiatives visant à promouvoir la coopération avec l'Amérique latine et les Caraïbes, et a collaboré avec la CELAC pour mettre en place des dialogues réguliers entre les ministres des Affaires étrangères. En 2013, Xi Jinping a eu des entretiens avec les dirigeants de huit pays des Caraïbes lors de sa visite à Trinité-et-Tobago. En janvier 2014, la déclaration spéciale sur l'établissement d'un forum Chine-CELAC a été adoptée lors du 2e sommet de la CELAC, jetant les bases de la coopération chinoise avec les pays d'Amérique latine et des Caraïbes. En juillet 2014, Xi Jinping s'est rendu au Brésil et a tenu une réunion historique avec les dirigeants de 11 pays d'Amérique latine et des Caraïbes. Les parties ont convenu à l'unanimité d'établir le Forum Chine-CELAC. En janvier 2015, la première réunion ministérielle du Forum Chine-CELAC s'est tenue à Beijing, en présence de 29 chefs d'État et ministres du gouvernement. La coopération chinoise avec les pays d'Amérique latine et des Caraïbes est devenue une réalité et a ouvert une nouvelle ère de coopération basée sur le progrès mutuel et le développement commun. En novembre 2016, la Chine a publié son deuxième Document d'orientation politique sur l'Amérique latine et les Caraïbes, qui expose les plans de la Chine pour promouvoir la coopération avec les pays d'Amérique latine et des Caraïbes dans les domaines de la politique, de l'économie, du commerce, de la société, de la culture, de la coopération internationale, de la paix et de la sécurité. La 2e réunion ministérielle du Forum Chine-CELAC s'est tenue à Santiago, au Chili, les 21 et 22 janvier 2018. La tenue du forum en Amérique latine pour la première fois a été une étape importante pour consolider les réalisations du forum et approfondir la coopération Chine-CELAC. Plusieurs documents ont été adoptés lors de la réunion, notamment la Déclaration de Santiago, le Plan d'action commun pour la coopération dans les domaines prioritaires entre la Chine et les États membres de la CELAC (2019-2021) et la Déclaration spéciale sur l'initiative « la Ceinture et la Route », qui fournissent tous une orientation et des programmes d'action pour la coopération Chine-Amérique latine dans la nouvelle ère.

La Chine a démontré sa responsabilité en tant que grand pays en se tenant aux côtés des pays d'Amérique latine et des Caraïbes en cas de besoin.

Lorsqu'une catastrophe naturelle se produit, qu'il s'agisse d'un séisme, d'un ouragan ou d'un incendie, la Chine apporte toujours son aide dès que possible. En août et septembre 2015, lorsque la Dominique a été frappée par la tempête tropicale Erika et que le centre-nord du Chili a été secoué par un séisme de magnitude 8,4, la Chine a fourni une aide d'urgence en espèces. Lorsque la Dominique a été frappée par une catastrophe naturelle, la 6e équipe chinoise d'experts agricoles s'est jointe aux efforts de secours et a fourni une aide opportune aux agriculteurs locaux afin de préserver les semis précieux et de récupérer leur récolte. En janvier 2017, un incendie de forêt dévastateur a balayé le Chili, entraînant des pertes économiques directes de plus de 400 millions de dollars américains. Le gouvernement chinois, l'Ambassade de Chine au Chili, les entreprises à capitaux chinois et la Société de la Croix-Rouge de Chine ont réagi immédiatement en apportant une aide financière d'urgence et une aide matérielle. En avril 2016, l'Équateur a été frappé par un puissant tremblement de terre. En plus de fournir une aide financière d'urgence et des secours en cas de catastrophe, le gouvernement chinois et la Société de la Croix-Rouge de Chine ont utilisé la technologie de télédétection par satellite pour soutenir les efforts de secours locaux. Les entreprises à capitaux chinois et la communauté des ressortissants chinois locaux ont prêté leur concours, en coordonnant des machines et des équipements, en offrant du matériel de secours et en organisant des dons de sang. La Fondation chinoise pour la réduction de la pauvreté a dépêché une équipe de recherche et de sauvetage en Équateur pour aider les personnes touchées, luttant contre la catastrophe aux côtés de la population locale comme « des passagers à bord du même navire ». Après la catastrophe, la Chine a aidé l'Équateur à améliorer et à mettre à jour son système de sécurité publique et a prévu de construire un laboratoire conjoint de sécurité publique sino-équatorien. La Chine a également aidé le pays à reconstruire un hôpital dans la ville de Chone, détruit par le tremblement de terre, et a participé à la construction de la centrale hydroélectrique Coca-Codo-Sinclair. En novembre 2016, Xi Jinping s'est rendu à Quito et a été remercié par le président équatorien Correa, qui a fait remarquer : « L'aide de la Chine a changé le cours de l'histoire de l'Équateur. »

Lorsque les pays d'Amérique latine et des Caraïbes se tournent de plus en plus vers la Chine, la Chine les invite également à prendre le train du développement chinois. Depuis la crise financière de 2008, l'économie de l'Amérique latine a maintenu un taux de croissance relativement élevé, grâce notamment aux investissements et à l'aide de la Chine. Depuis des années, la Chine est devenue le deuxième partenaire commercial de l'Amérique latine et l'une des plus importantes sources d'investissements étrangers. On s'attend maintenant à ce qu'elle dépasse les États-Unis pour devenir le premier partenaire économique de l'Amérique latine. Les investissements chinois dans des domaines tels que les infrastructures, la connectivité, l'énergie, les mines, l'agriculture, l'industrie manufacturière et la finance occupent une place de plus en plus importante dans le développement économique de l'Amérique latine. Selon la Commission économique pour l'Amérique latine et les Caraïbes (CEPALC), chaque point de pourcentage de croissance de l'économie chinoise stimulera l'économie de l'Amérique latine de 0,5 %. Il va sans dire que la Chine est devenue un partenaire indispensable au développement de l'Amérique latine. Comme l'a fait remarquer Xi Jinping lors de sa troisième visite en Amérique latine en novembre 2016, les deux parties doivent prendre le pouls de l'époque, saisir les opportunités de développement et travailler sérieusement à la réalisation du rêve chinois et du rêve latino-américain et caraïbe. Ce faisant, nous élèverons notre partenariat global au niveau supérieur et forgerons une communauté de destin Chine-Amérique latine.

Nous devons nous efforcer d'être de bons partenaires par une coopération mutuellement bénéfique et un développement commun. « Le sage se garde d'amasser ; en se dévouant à autrui, il s'enrichit, après avoir tout donné, il possède encore davantage. »

— Article signé par Xi Jinping publié dans le *Fiji Times* et le *Fiji Sun*, le 21 novembre 2014

Plus on donne aux autres, plus on gagne pour soi-même

*Travailler sérieusement à la promotion du développement commun
des pays insulaires du Pacifique Sud*

Les lignes suivantes se trouvent dans le chapitre 81 du *Livre de la Voie et de la Vertu* de Lao Zi : « Le sage se garde d'amasser ; en se dévouant à autrui, il s'enrichit, après avoir tout donné, il possède encore davantage. » D'après cette idée, le sage n'accumule pas de richesse. Il prête de l'aide et donne généreusement aux autres, et se trouve enrichi en conséquence. Cela signifie que le fait d'apporter de l'aide et un soutien matériel aux autres ne nuit pas à celui qui donne, mais tend plutôt à lui être bénéfique.

Le président Xi Jinping a cité ces lignes aux Fidji, lors d'une rencontre avec les dirigeants des pays insulaires du Pacifique Sud ayant établi des relations diplomatiques avec la Chine. Cette citation par Xi Jinping démontre l'engagement inébranlable de la Chine à promouvoir le développement des pays insulaires du Pacifique Sud. La Chine est prête à faire tout ce qui est en son pouvoir pour soutenir de manière désintéressée ces pays insulaires et renforcer leur capacité de développement autonome et durable. En outre, Xi Jinping a clairement indiqué que l'intérêt de la Chine pour les pays insulaires du Pacifique Sud et ses investissements dans ces pays ne feront qu'augmenter. Ces déclarations montrent que l'engagement de la Chine envers les petits pays et les pays moins développés du Pacifique Sud n'est pas égoïste mais motivé par le souci de leur bien-être. Mais il ne s'agit pas d'une affaire de mots, car la Chine a soutenu son engagement envers le Pacifique Sud par des actions concrètes.

En 2006, lors du premier Forum de développement économique et de coopération entre la Chine et les pays insulaires du Pacifique, qui s'est tenu aux Fidji, la Chine s'est engagée à fournir 500 millions de dollars américains de prêts préférentiels aux pays insulaires du Pacifique ayant établi des relations diplomatiques avec la Chine pour de grands projets de production ainsi que pour des infrastructures et des programmes de bien-être social. En 2013, lors du 2e Forum de développement économique et de coopération entre la Chine et les pays insulaires du Pacifique, qui s'est tenu à Guangzhou, la Chine s'est engagée à accorder un milliard de dollars américains de prêts préférentiels à ces pays insulaires. En outre, la Chine a promis d'offrir un taux de droits de douane nul à 95 % des exportations des pays les moins développés de la région, et a exprimé son engagement à soutenir l'éducation, les soins médicaux et la formation des ressources humaines, ainsi qu'à aider ces pays insulaires à faire face au changement climatique et à renforcer la protection de leur environnement marin. Lors de sa visite aux Fidji, le président Xi Jinping a invité les pays insulaires du Pacifique Sud à « monter à bord du train de développement chinois » et a exprimé la volonté de la Chine d'approfondir la coopération avec la région dans les domaines du commerce, de l'agriculture, de la pêche, des océans, des ressources énergétiques et des infrastructures, ainsi que d'étendre le traitement d'un taux de droits de douane nul à 97 % des exportations des pays les moins développés de la région.

Dans le domaine agricole, la Chine travaille depuis 1998 à la construction d'une ferme de démonstration à Pohnpei, en Micronésie. L'exploitation couvre une superficie de 80 000 m^2, dont la moitié est constituée de terres arables. Les experts agricoles chinois ont fourni des conseils, des instructions et des démonstrations concernant l'amélioration des sols, les nouvelles parcelles de légumes, l'utilisation d'engrais organiques et la formation sur les techniques agricoles. Ils ont également planté avec succès diverses cultures telles que le chou, le concombre, le chou frisé et le tournesol. De 2014 à 2015, la Chine a lancé le projet Juncao et le projet de développement du riz des îles du Nord aux Fidji, qui ont contribué à promouvoir la culture de champignons comestibles, de fourrage pour le bétail et de riz dans ce pays. En outre, la Chine a mis en œuvre plusieurs projets de coopération en matière de technologie agricole sur l'île de Vava'u et dans une ferme de démonstration agricole du Tupou College, en fournissant un soutien et une formation en matière de serres de légumes, de culture en plein champ, d'élevage de porcs et d'utilisation du biogaz. De mai à août 2015, huit stagiaires du Vanuatu ont participé à un programme de formation sur la technologie du riz hybride, organisé par Yuan Longping High Tech Agriculture Co, Ltd, afin d'apprendre les techniques de la culture du riz pluvial. Un an plus tard, les stagiaires ont obtenu une excellente récolte de riz pluvial.

Au milieu des années 1980, la Chine a commencé à envoyer des équipes médicales à l'hôpital central de Port Vila, dans la capitale du Vanuatu, et à l'hôpital provincial du Nord, sur l'île de Santo, une pratique qui se poursuit depuis plus de 30 ans. En juillet 2014, l'hôpital Navua, financé par la Chine, a ouvert ses portes pour servir les 25 000 habitants de la région, et a depuis été reconnu comme le meilleur hôpital des Fidji. En octobre 2015, la première équipe médicale chinoise aux Tonga a apporté son soutien en obstétrique, gynécologie, dentisterie, psychiatrie et radiologie, et a été saluée par les patients locaux comme des « anges envoyés par Dieu ». D'août à septembre 2014, le navire-hôpital de la marine chinoise, connu sous le nom d'« Arche de la paix », a visité les Tonga, les Fidji, le Vanuatu et la Papouasie-Nouvelle-Guinée pour offrir des services médicaux gratuits aux populations locales. Au fil des ans, des équipes médicales de la province du Guangdong ont effectué des visites médicales, régulières ou intermittentes, au Vanuatu, aux Tonga et dans d'autres pays. Et pour aider à lutter contre le paludisme, la Chine a fait don de médicaments antipaludéens et de moustiquaires aux pays insulaires du Pacifique Sud pendant des années.

Dans le domaine des infrastructures, la Chine a récemment construit le Centre national de congrès, le bâtiment du bureau du Premier ministre et un petit stade couvert au Vanuatu ; une petite centrale hydroélectrique à Somosomo et la voie rapide de Buzabe aux Fidji ; le Centre international de congrès et le projet routier Usino Junction-Yamagi en Papouasie-Nouvelle-Guinée ; le pont de Kosrae en Micronésie ; le complexe sportif Apia Park et la modernisation de l'aéroport international de Faleolo à Samoa ; ainsi qu'un complexe gouvernemental et un stade pour les Jeux du Pacifique dans les Tonga. Ces installations ont permis d'offrir de meilleures conditions de travail aux administrations locales, d'améliorer la connectivité des réseaux de transports, de promouvoir le développement du tourisme et d'accroître la capacité de ces îles à accueillir des conférences internationales et des événements sportifs.

Il va sans dire que l'engagement de la Chine de promouvoir le développement des îles du Pacifique Sud n'est pas un simple slogan ou une parole en l'air, mais soutenu par de nombreux résultats tangibles. Comme nous l'avons vu, l'excellente tradition de la diplomatie chinoise, qui consiste à « traduire ses paroles en actes », se reflète de manière éclatante dans la région des îles du Pacifique Sud. Dans ce processus, la Chine a noué de nouvelles amitiés avec ces pays et a reçu de grands éloges, et a ainsi étendu son influence dans le Pacifique Sud. Les pays du Pacifique Sud sont en faveur de la position et des points de vue de la Chine dans les affaires régionales et internationales, et soutiennent la Chine dans ses préoccupations et intérêts fondamentaux. Ils sont impatients de voir la Chine jouer un rôle plus important et plus actif dans le Pacifique Sud et sont impatients de monter à bord du train à grande vitesse de développement chinois. Pour l'avenir, les perspectives de coopération mutuellement bénéfique entre la Chine et les pays du Pacifique Sud seront toujours plus brillantes.

« Quand la Voie céleste prévaut, l'esprit public règne sur Terre. » La justice est un objectif noble que tous les pays poursuivent dans les relations internationales. Cependant, nous sommes encore loin d'atteindre cet objectif.

— Discours prononcé par Xi Jinping lors de la conférence commémorant le 60e anniversaire de la publication des Cinq principes de la coexistence pacifique, le 28 juin 2014

CITATIONS DES CLASSIQUES

Quand la Voie céleste prévaut,
l'esprit public règne sur Terre

La Chine prend au sérieux ses responsabilités en tant que grand pays

« Quand la Voie céleste prévaut, l'esprit public règne sur Terre. » Cette citation, tirée du *Mémorial des rites (Liji)*, donne un aperçu de la manière dont les philosophes de l'Antiquité envisageaient la société idéale et son modèle de gouvernance, tant dans la pensée que dans la pratique. Ici, « la terre sous le Ciel » (*tianxia*) est un concept propre à la culture confucéenne, et se distingue de l'« État » ou du « monde ». Notre conception moderne de l'« État » remonte aux traités de Westphalie, un ensemble de traités rédigés au XVIIe siècle. L'existence d'un « État », au sens moderne du terme, présuppose des concepts tels que la « souveraineté » et les « frontières ». Mais le concept confucéen de *tianxia* transcende les « frontières » et englobe toutes les populations de toutes les civilisations. Contrairement à l'« État », terme froid et objectif à connotation politique, *tianxia* a une forte connotation morale, liée aux idéaux humains, et elle est centrée sur les gens ordinaires. Le pendant de *tianxia* est la « Voie céleste ». Dans la pensée confucéenne, la « Voie céleste » représente le concept, la théorie et l'idée les plus corrects et les plus largement applicables, et elle fonctionne également comme le mode de gouvernance idéal. Tout au long de l'histoire, la « Voie » a été adoptée par nombre des hommes politiques les plus éminents de Chine, dont Confucius, qui a un jour déclaré : « Si ma Voie n'était pas suivie, je monterais sur un radeau et me confierais aux flots de la mer. » La vision de la Chine de la « grande unité » – une société dans laquelle « l'esprit public règne sur Terre » et « les hommes sont honnêtes dans leurs paroles

343

et cherchent à cultiver l'harmonie » – ne sera réalisée que si la Voie céleste est suivie.

La citation de ces lignes par Xi Jinping dans son discours démontre le riche héritage culturel et l'enracinement historique de la diplomatie chinoise. Lors d'un discours prononcé à l'occasion de la conférence commémorant le 60e anniversaire de la publication des Cinq principes de la coexistence pacifique, Xi Jinping a associé le concept traditionnel chinois de « grande unité » à la poursuite de la justice et de l'équité de la communauté internationale, donnant un aperçu du riche héritage culturel de la Chine et rappelant au monde que la paix, la coopération et l'égalité font partie du patrimoine culturel de la Chine. À ce titre, l'adhésion de la Chine aux Cinq principes de la coexistence pacifique, qui est ancrée dans la longue tradition culturelle de la Chine, ne faiblira jamais.

Les Cinq principes de la coexistence pacifique sont nés du mouvement de décolonisation qui a suivi la Seconde Guerre mondiale. Alors que le monde a connu une vague d'anticolonialisme, d'anti-hégémonie, d'indépendance et d'émancipation, les États-nations naissants aspiraient à établir les relations étrangères fondées sur l'égalité avec d'autres pays. À ce moment critique de l'histoire, la Chine, l'Inde et le Myanmar ont suivi la tendance dominante de l'histoire et ont proposé les cinq principes fondamentaux, à savoir le respect mutuel de la souveraineté et de l'intégrité territoriale, la non-agression mutuelle, la non-ingérence mutuelle dans les affaires intérieures, l'égalité et les avantages réciproques, et la coexistence pacifique. À l'époque, l'Inde tenait en haute estime les Cinq principes de la coexistence pacifique et pensait que si ces principes étaient respectés par tous les pays, la grande majorité des guerres et des conflits pourraient être évités. Xi Jinping a qualifié ces principes d'« initiative majeure dans l'histoire des relations internationales et de contribution importante à la construction d'un nouveau type de relations internationales basées sur la justice et le bon sens ». Xi Jinping a ajouté : « Les Cinq principes de la coexistence pacifique ont jeté des racines profondes et se sont épanouis en Chine, en Inde et au Myanmar, et ils gagnent maintenant du terrain dans d'autres régions d'Asie et du monde. » Néanmoins, « nous sommes encore loin d'atteindre l'équité et la justice dans les relations internationales ». Les pays émergents et en développement ne disposent toujours pas de garanties fondamentales sur les droits de vote et de parole dans les grandes organisations internationales, et la pratique de deux poids deux mesures continue d'entraîner des injustices sur les grandes questions internationales. Le traitement différentiel fondé sur le système politique et la discrimination à l'égard des pays en développement restent de graves obstacles à la réalisation de l'équité et de la justice au sein de la communauté internationale.

L'amélioration de la gouvernance mondiale et la promotion de l'équité et de la justice au niveau international nécessiteront la participation de l'ensemble de la communauté internationale, et les grands pays devront faire preuve des capacités de direction à cet égard. Dans les années 1950, la Chine, en tant que nouveau membre de la communauté internationale, a contribué à orienter les relations internationales dans la bonne direction en proposant les Cinq principes de la coexistence pacifique. Maintenant que la Chine est la deuxième plus grande économie du monde, avec une position et une influence mondiales qui dépassent de loin celles de ses premières années, quel type de « solution chinoise » la Chine va-t-elle proposer ? Quel type de « biens publics » peut-elle fournir ? Ces questions ont suscité une grande attention au niveau international.

Xi Jinping estime que l'équité et la justice sont fondamentales pour construire un monde de « grande unité » et que les règles, normes et lois ne doivent pas être appliquées de manière sélective ou partiale. Il est encourageant de noter que l'amélioration de la gouvernance mondiale, le maintien de la paix internationale et la promotion de l'équité et de la justice sont devenus essentiels au développement de la Chine. Avec l'expansion rapide des intérêts de la Chine à l'étranger, toute perturbation du paysage international se répercute sur toute la Chine. À mesure que la Chine s'intègre davantage au reste du monde, le fait de garantir la paix à long terme et de parvenir à l'équité et à la justice au niveau international aura un lien de plus en plus étroit avec le rêve chinois du grand renouveau de la nation chinoise.

La Chine a atteint un stade de développement où la justice internationale est devenue à la fois une question de moralité internationale et d'intérêt national. Sous le regard du monde, on attend de la Chine, tant à l'intérieur qu'à l'extérieur, qu'elle assume les responsabilités d'un grand pays. La Chine jouera un rôle plus important dans les affaires internationales sous l'effet de facteurs tant internes qu'externes. Elle a activement promu la réforme du système de gouvernance mondiale et s'est efforcée d'accroître la voix et les droits de vote des pays en développement et des économies émergentes. En outre, la Chine a joué un rôle actif dans les opérations de maintien de la paix de l'ONU en envoyant, par exemple, plus de personnel dans les missions de maintien de la paix que tout autre membre permanent du Conseil de sécurité des Nations unies. La Chine a également travaillé avec les principaux pays développés pour promouvoir l'Accord de Paris, qui a contribué considérablement au développement durable de l'humanité face au changement climatique.

Les efforts de la Chine ont mis en évidence la responsabilité et le rôle des économies émergentes. De plus, ils ont fait comprendre au monde que la Chine n'est pas seulement un bénéficiaire de la mondialisation, mais qu'elle est aussi un contributeur majeur à l'économie et à la gouvernance mondiales.

L'océan accueille tous les courants grâce à son immensité. Les civilisations sont le fruit du travail et de la sagesse. Chacune est unique. Imiter servilement d'autres civilisations et imposer des solutions irréalisables est non seulement inepte mais aussi préjudiciable. Les réalisations de toutes les civilisations sont dignes de notre respect et de notre admiration.

— Discours prononcé par Xi Jinping au siège de l'UNESCO, le 27 mars 2014

L'océan accueille tous les courants grâce à son immensité

L'inclusion est le mot clé de la diplomatie chinoise

Après sa promotion au poste de gouverneur général du Guangdong et du Guangxi en janvier 1840, Lin Zexu, qui s'est battu pour mettre un terme au commerce de l'opium, a composé le couplet suivant, qui serait affiché dans son bureau : « L'océan accueille tous les courants grâce à son immensité. Les falaises s'élèvent très haut, elles se dressent parce qu'elles ne s'appuient sur rien. » Confrontée à un conflit qui s'intensifiait avec la Grande-Bretagne, la dynastie des Qing restait fermée au monde et ignorante des tendances mondiales. Lin Zexu, cependant, a observé le monde extérieur et a été étonné de découvrir à quel point l'armée chinoise était à la traîne de celle des puissances étrangères. Reconnaissant qu'un avenir sombre attendait une Chine inchangée, la première étape de Lin Zexu a été d'adopter une stratégie consistant à « apprendre des étrangers pour mieux les combattre ». Cela a entraîné une vague de pénétration du savoir occidental en Chine et un choc violent entre la civilisation chinoise ancienne et la civilisation occidentale moderne.

On pourrait faire valoir qu'un siècle d'exploration et l'expérience pratique des aspects positifs et négatifs ont façonné l'esprit d'inclusion de la Chine à l'égard des diverses civilisations, ce qui, à son tour, a jeté les bases conceptuelles de la participation de la Chine aux affaires mondiales et de son leadership dans l'agenda mondial. Après la fondation de la République populaire de Chine, la tentative de l'Occident d'isoler la Chine, ainsi que le parcours compliqué de la Chine en matière de développement, ont ralenti le rythme auquel la Chine a adopté la technologie et la culture occidentales avancées. Après la troisième session plénière du 11e Comité central du PCC en 1978, la deuxième génération de la direction du Parti a pris la grande décision de mettre en œuvre la réforme et l'ouverture avec une forte confiance politique. Au cours de cette période, des technologies de production avancées, des expériences de gestion et des concepts de gouvernance occidentaux ont été introduits en Chine. La réforme a encouragé une plus grande ouverture, qui à son tour a encouragé une plus grande réforme. Par conséquent, l'économie chinoise a été progressivement intégrée au système économique mondial, créant des interactions positives avec le reste du monde qui ont permis à la Chine de bénéficier de la mondialisation.

Dans son discours au siège de l'UNESCO le 27 mars 2014, le président Xi Jinping a expliqué : « Les réalisations de toutes les civilisations sont dignes de notre respect et de notre admiration. » « L'égalité est la condition préalable pour que les civilisations humaines puissent échanger et apprendre les unes des autres. » Il a poursuivi : « L'arrogance et les préjugés constituent le plus grand obstacle aux échanges entre les civilisations. » Outre le fait qu'il a évoqué le respect de la Chine pour les diverses civilisations, Xi Jinping a également exprimé ses inquiétudes à l'égard des préjugés et de l'arrogance.

La Chine a été la victime de l'arrogance et des préjugés. Par son arrogance et ses préjugés aveugles, la dynastie des Qing a entravé la possibilité pour la Chine de participer à la première révolution industrielle, rendant le pays semi-colonial sous l'agression des puissances occidentales. Après la fondation de la République populaire de Chine, l'Occident a abusé ses préjugés à l'encontre des pays socialistes pour isoler la Chine du reste du monde, la poussant ainsi plus loin que les pays avancés. La mise en œuvre de la réforme et de l'ouverture a permis l'intégration de la Chine dans l'économie mondiale et a donné lieu à un miracle économique qui a attiré l'attention du monde entier. Néanmoins, de nombreux Occidentaux ont minimisé le succès économique de la Chine et ont prôné une théorie de la « menace chinoise ». Cette méfiance et cette hostilité envers le système politique et l'idéologie de la Chine s'enracinaient dans un complexe de supériorité occidental qui glorifiait l'idéologie occidentale. Ils ont cru, à tort, que seul leur système politique était compatible avec l'économie de marché, tous les autres aboutissant soit à un développement économique non durable, soit à une catastrophe géopolitique.

Cette arrogance et ces préjugés font du « choc des civilisations » une réalité. La révolution industrielle a permis aux pays occidentaux de créer la civilisation la plus magnifique du monde, fondée sur la richesse matérielle.

Avec leur nouveau pouvoir, ils ont nourri une impulsion agressive qui exclut les civilisations et les systèmes de gouvernement différents. Par exemple, en 2003, les États-Unis ont envahi l'Irak pour renverser le gouvernement de Saddam Hussein. En 2011, une alliance occidentale a lancé des frappes aériennes contre la Libye pour renverser Mouammar Kadhafi. Ces dernières années, le plan de l'Occident visant à apaiser les terroristes de l'État islamique dans l'espoir de subvertir le président syrien Bachar el-Assad s'est retourné contre lui pour créer une menace encore plus grande. D'un point de vue culturel, des actes graves de subversion violente constituent un « choc des civilisations » entre le monde chrétien et le monde musulman. D'un point de vue géopolitique, elle fomente des misères telles que la crise des réfugiés en Europe et les menaces terroristes. Cette violence s'apparente à se tirer une balle dans le pied.

La Chine a toujours adhéré à un concept de développement ouvert et inclusif et reste déterminée à initier et à promouvoir les échanges entre les civilisations. Aux premiers jours de la République populaire de Chine, nous avons proposé les Cinq principes de la coexistence pacifique pour encourager la non-ingérence mutuelle dans les affaires intérieures des autres pays et le respect mutuel de la souveraineté et de l'intégrité territoriale. Après la mise en œuvre de la réforme et de l'ouverture, nous avons éliminé le débat sur la nature capitaliste ou socialiste des choses en définissant des critères de détermination : les trois favorables. Nous avons tiré de grands avantages du développement des pays capitalistes avancés, ce qui nous a permis de construire une économie socialiste. Nous avons également fait valoir que les relations entre les pays ne devraient ni dépendre de l'idéologie ni être limitées par le système social. Tout cela montre que le concept de développement de la Chine respecte la diversité des civilisations et favorise l'inclusion et l'apprentissage mutuel. Xi Jinping a axé l'initiative « la Ceinture et la Route » sur la compréhension mutuelle entre les peuples et la promotion des échanges entre les civilisations. La Chine a pris l'initiative de construire une communauté de destin pour l'humanité et a lutté contre la pratique de deux poids deux mesures et les préjugés culturels. Elle soutient la mondialisation et le libre-échange et reste attachée à une plus grande intégration du personnel, des matériaux, des informations et des cultures. Ses efforts ont conduit à un concept de gouvernance mondiale plus diversifié, plus développé et plus inclusif.

La Chine d'aujourd'hui se trouve plus que jamais aussi proche du centre de la scène mondiale, et la diplomatie chinoise a pris une dimension pratique plus forte. Grâce à un engagement profond dans les affaires mondiales, nous avons concrétisé nos concepts de gouvernance mondiale inclusive et de développement humain. Cependant, des idées dépassées, telles que les préjugés contre les différentes idéologies, l'établissement d'une civilisation dominante et la promotion de l'extrémisme religieux, n'ont pas disparu et continuent de contaminer l'environnement culturel et politique mondial. À l'avenir, un nouvel ordre politique et économique mondial qui soit véritablement juste, raisonnable, ouvert et inclusif ne sera possible que lorsque les pays du monde entier se joindront à l'adoption de l'inclusion comme pratique de gouvernance universellement acceptée.

« Les exploits sont forgés par les ambitions et les efforts persévérants. » Nous avons la confiance, les conditions et les capacités nécessaires pour atteindre notre objectif. Le fait que la Chine reste le plus grand pays en développement du monde rappelle également que la voie du progrès est semée de défis et de difficultés. Les efforts persévérants sont nécessaires si nous voulons améliorer la vie de tous les Chinois.

— Discours prononcé par Xi Jinping devant le Conseil
représentatif du peuple d'Indonésie, le 3 octobre 2013

Les exploits sont forgés par les ambitions
et les efforts persévérants

Réaliser le rêve chinois en gardant les pieds sur terre

La phrase « les exploits sont forgés par les ambitions et les efforts persévérants » est tirée de *Zhoushu* de l'ancien classique chinois *Shangshu (Livre des Documents)*, qui rapporte une conversation entre le roi Cheng de Zhou (?-1021 av. J.-C.) et ses ministres. Le roi a dit : « Prenez garde, mes ministres, les exploits sont forgés par les ambitions et les efforts persévérants. Les difficultés sont évitées grâce à l'esprit de décision. » Cette expression capture non seulement l'essence de la montée en puissance de la dynastie Zhou (1046-256 av. J.-C.), mais met également en évidence les conditions nécessaires à l'accomplissement des exploits.

Le président Xi Jinping a commencé à employer cette ancienne maxime lors de la première session de la 12ᵉ Assemblée populaire nationale, le 17 mars 2013. Le président chinois nouvellement élu a déclaré : « Les exploits sont forgés par les ambitions et les efforts persévérants. La Chine est encore au stade primaire du socialisme, où nous resterons longtemps. La poursuite continue du rêve chinois et d'une vie meilleure pour tous les Chinois exige le travail et les efforts de chacun d'entre nous. » Le 4 mai 2013, Xi Jinping a évoqué cette citation une fois de plus pour inspirer de jeunes représentants lors d'un entretien à l'Académie chinoise de technologie spatiale de la China Aerospace Science and Technology Corporation.

Les grandes ambitions et les efforts persévérants vont de pair. Nous devons d'abord identifier nos ambitions, puis faire preuve de persévérance pour les concrétiser. Nous ne pouvons pas aller loin sans ambition ; nous ne pouvons pas réussir sans persévérance. Toute grande entreprise commence par de grandes ambitions. Une fois qu'elles sont établies, nous avons un objectif clair à poursuivre. Une fois la source de motivation créée, nous pouvons jeter les bases de la réussite. Aujourd'hui, la population chinoise nourrit une grande ambition : réaliser le rêve chinois et améliorer la vie de tous les Chinois. En réponse à la tendance mondiale et aux aspirations du peuple, le Comité central du PCC avec le camarade Xi Jinping comme noyau dirigeant a également identifié cette grande ambition comme son objectif.

La diligence exige de faire volontairement tout ce qui est en notre pouvoir pour atteindre le succès. Bien que la diligence soit importante, la clé du succès réside dans le fait d'être consciencieux. Nous devons rester fidèles à nos objectifs bien établis dans le cadre de notre vie et de notre travail. Nous devons nous en tenir à la voie que nous avons choisie et rester engagés à assumer nos responsabilités. Aujourd'hui, notre grand objectif de développement, qui se résume aux objectifs des « deux centenaires », est à portée de main, et le rêve chinois du grand renouveau de la nation chinoise commence à prendre forme. Toutefois, nous devons également tenir compte de l'environnement complexe du développement et de l'évolution du paysage international. Sans se décourager, Xi Jinping a déclaré : « Il y a encore des montagnes glaciales à gravir, des prairies arides à traverser et des forteresses à attaquer si nous voulons remporter de nouvelles victoires dans cette grande lutte. » En effet, la clé de la réalisation du rêve chinois du grand renouveau de la nation chinoise réside dans la résolution des difficultés par des actions concrètes. La diligence, l'assiduité, le pragmatisme et la fiabilité constituent la seule voie vers le succès. Pour transformer notre rêve en réalité, nous devons « frayer de nouveaux chemins pour franchir les montagnes, construire des ponts pour traverser des rivières sauvages » et relever chaque défi quand il se présente.

Faisant preuve de clairvoyance politique, Xi Jinping a proposé une grande vision pour la construction d'une « communauté de destin pour l'humanité » comme moyen de façonner les relations de la Chine avec le reste du monde. Depuis le 18e Congrès national du PCC, Xi Jinping s'est efforcé de faire de sa vision une réalité en visitant plus de 50 pays en Asie, en Afrique, en Europe, en Amérique du Nord, en Amérique du Sud et en Océanie, réduisant ainsi la distance entre la Chine et le reste du monde. Il a également proposé l'initiative « la Ceinture et la Route » et d'autres initiatives qui offrent des avantages aux pays du monde entier, a engagé les pays et les régions à construire ensemble une communauté de destin pour l'humanité, et a mis en pratique le vieux dicton selon lequel « les exploits sont forgés par les ambitions et les efforts persévérants ».

Il faut savoir braver de grandes difficultés et mettre en œuvre le plan directeur jusqu'au bout. Grâce à un langage concis mais substantiel, la citation ci-dessus reconnaît non seulement l'importance de viser le succès, mais souligne également le rôle que jouent les ambitions et les efforts persévérants pour décider du succès ou de l'échec. Xi Jinping a dit un jour : « Ma vision de la gouvernance peut être résumée comme suit : servir le peuple et assumer les responsabilités qui doivent être assumées. » En Chine et à l'étranger, Xi Jinping a cité à plusieurs reprises l'expression « les exploits sont forgés par les ambitions et les efforts persévérants » pour encourager le peuple chinois et la communauté internationale. Cette citation reflète clairement l'idée de « faire un travail solide en faveur du redressement du pays », la détermination d'assumer de grandes responsabilités et la volonté de mener des actions concrètes. Le développement exige des actions concrètes, et non des rêveries et des discours creux. Il nous faut assumer nos responsabilités et garder les pieds fermement sur terre pour réaliser le rêve chinois du grand renouveau de la nation chinoise.

Selon un proverbe chinois, « un homme intelligent s'adapte à son époque, et un homme sage établit des règles en fonction des tendances qui se dessinent. » Il est inévitable que les situations évoluent et que les temps avancent. Si nous voulons suivre le rythme du progrès, nous ne pouvons pas vivre au XXIe siècle tout en conservant la mentalité déplacée de guerre froide et de jeu à somme nulle.

— Discours prononcé par Xi Jinping lors du 4e Sommet de la Conférence pour l'interaction et les mesures de confiance en Asie, le 21 mai 2014

CITATIONS DES CLASSIQUES

Un homme intelligent s'adapte à son époque, et un homme sage établit des règles en fonction des tendances qui se dessinent

La solution chinoise contribuant à la réforme du système de gouvernance mondiale

L'expression « un homme intelligent s'adapte à son époque, et un homme sage établit des règles en fonction des tendances qui se dessinent » est tirée du chapitre « L'inquiétude sur la sécurité des frontières » des *Discours sur le sel et le fer* rédigés par Huan Kuan de la dynastie des Han. En d'autres termes, les personnes intelligentes ajustent leurs stratégies pour se conformer à l'évolution des temps, et les personnes sages établissent des règles pour s'adapter aux changements dans un monde en évolution. Cette expression souligne l'importance essentielle du changement et encourage une approche flexible, axée sur le progrès et adaptée à l'évolution des circonstances, plutôt qu'une approche qui suit simplement les sentiers battus.

Le président Xi Jinping a cité cette expression dans un discours qu'il a prononcé lors du 4e Sommet de la Conférence pour l'interaction et les mesures de confiance en Asie, le 21 mai 2014. Il a ajouté : « Il est inévitable que les situations évoluent et que les temps avancent. Si nous voulons suivre le rythme du progrès, nous ne pouvons pas vivre au XXIe siècle tout en conservant la mentalité déplacée de guerre froide et de jeu à somme nulle. »

Nous vivons dans une ère de grand développement et dans un monde en pleine mutation. Le système actuel de gouvernance mondiale et le modèle de prise de décision, qui sont en place depuis plus de 70 ans, ne peuvent s'adapter à la nouvelle situation, complexe et changeante. Une série de crises a mis en évidence de graves défaillances et des lacunes dans la gouvernance mondiale, ce qui a conduit la communauté internationale à appeler à une réforme du système. La puissance et l'influence croissantes de la Chine la placent sous les feux de la rampe. Les pays fixent de plus en plus leur regard sur la Chine, attendant d'elle une contribution significative à la gouvernance mondiale.

« Dans un monde vaste et plein de défis, la communauté internationale attend la contribution et les solutions de la Chine. Nous ne devons pas nous dérober. » Depuis le 18e Congrès national du PCC, le Comité central du PCC avec le camarade Xi Jinping comme noyau dirigeant a suivi de très près l'évolution du paysage international et a lancé des mesures visant à améliorer la gouvernance mondiale, en assumant des responsabilités de grand pays qui consistent à apporter une plus grande contribution au monde. Il a été salué par la communauté internationale pour avoir promu des solutions et des visions chinoises en faveur du développement et de l'innovation et pour avoir poussé à la réforme des arrangements injustes et irrationnels du système de gouvernance mondiale.

Au cours des 11 mois entre octobre 2015 et septembre 2016, le Bureau politique du Comité central du PCC a organisé deux sessions d'étude en groupe sur la gouvernance mondiale et a saisi l'occasion pour conduire l'ordre international à évoluer dans une direction plus juste et équitable. Alors qu'il participait au 8e sommet des BRICS, Xi Jinping a déclaré : « Nous devons continuer de nous engager, de promouvoir et de diriger le processus d'évolution de la gouvernance mondiale afin de rendre l'ordre international plus juste et plus équitable et de renforcer la représentation et la voix des marchés émergents et des pays en développement. »

Dans cet esprit, la Chine a pris des mesures qui ont été saluées dans le monde entier. Les efforts déployés par la Chine pour fonder la Banque asiatique d'investissement dans les infrastructures et la Nouvelle Banque de développement lui ont permis de devenir le premier pays en développement à créer des institutions financières multilatérales. La Chine a cherché à accroître le pouvoir de vote des pays émergents au sein du FMI et d'autres institutions financières internationales, et l'entrée du renminbi dans le panier de devises des droits de tirage spéciaux du FMI a renforcé la position internationale des pays en développement dans le monde financier. Lors du sommet du G20 qui a eu lieu à Hangzhou, la Chine a présenté une voie de développement innovant, dynamique, interconnecté et inclusif, marquant ainsi pour la première fois que le développement était au centre du cadre macroéconomique mondial. Elle a également établi la Stratégie du G20 pour la croissance du commerce mondial et les Principes directeurs du G20 relatifs à l'élaboration de la politique mondiale d'investissement afin de créer une voie permettant au monde de se sortir des difficultés liées au commerce et à l'investissement. La réunion de l'APEC à Beijing a donné l'impulsion à la création de la zone de libre-échange Asie-Pacifique et à la négociation d'un partenariat économique global régional visant à réaliser l'intégration des économies régionales marquée par l'ouverture et la prospérité.

Lors d'un discours prononcé à Danang, au Vietnam, en novembre 2017, Xi Jinping a réitéré la solution raisonnable de la Chine face à une économie mondiale en transition et a présenté les innovations théoriques de la Chine en matière de gouvernance mondiale.

L'initiative « la Ceinture et la Route », qui se développe rapidement, est représentative de la mise en œuvre par la Chine de la conception de haut niveau pour une plus grande ouverture au monde extérieur et de l'initiative de la Chine visant à promouvoir la réforme du système de gouvernance mondiale. Elle a été reconnue par l'ONU comme l'un des piliers les plus importants de l'agenda 2030 pour le développement durable. En outre, la Chine a promu la coopération internationale en matière de changement climatique en s'associant aux États-Unis et à l'UE pour publier des déclarations conjointes sur le changement climatique, en jouant un rôle essentiel dans la réalisation des objectifs de l'Accord de Paris selon le calendrier prévu et en renforçant la capacité des pays en développement à faire face au changement climatique. La solution, la sagesse et les autres contributions de la Chine à la gouvernance mondiale accélèrent effectivement la réforme.

L'expression « un homme intelligent s'adapte à son époque, et un homme sage établit des règles en fonction des tendances qui se dessinent » évoque le pragmatisme, l'innovation et l'esprit de pionnier. En citant cette ancienne expression, Xi Jinping a mis en évidence avec éloquence la confiance, l'ouverture et la détermination qui caractérisent la diplomatie de grand pays à la chinoise de la nouvelle ère.

Chaque étape du développement de la région Asie-Pacifique a été marquée par la réforme et l'innovation. Bien qu'elles soient des forces positives, la réforme et l'innovation restent des tâches ardues. Selon un vieux dicton chinois, « un défi peut être surmonté tant que l'on a le courage d'oser ». L'Amérique latine a une expression similaire : « Aucun obstacle n'est plus grand que le manque de détermination. »

— Discours liminaire prononcé par Xi Jinping lors du Sommet des chefs d'entreprise de l'APEC, le 19 novembre 2016

CITATIONS DES CLASSIQUES

Un défi peut être surmonté tant que l'on a le courage d'oser

La diplomatie chinoise doit viser haut et travailler dur

Yin Zhu (1001-1047), dont le nom de courtoisie est Shilu, était un essayiste de la dynastie des Song du Nord (960-1127), réputé pour son style d'écriture concis et sa logique puissante. Selon l'*Histoire des Song*, « ayant un cœur tendre et un esprit fort, Yin Zhu, érudit et compétent, possède notamment des connaissances très approfondies sur les *Annales des Printemps et Automnes* ». Après avoir passé le dernier degré de l'examen impérial à un jeune âge, Yin Zhu a été nommé magistrat de comté et fonctionnaire chargé de rassembler les textes classiques. Grâce à sa connaissance approfondie des opérations militaires, il a écrit la *Discussion sur le royaume de Yan* et l'*Essai sur la garnison*, deux essais très influents sur la stratégie militaire qui proposent une approche disciplinée des préparatifs de défense. Après la mort de Yin Zhu, son ami Ouyang Xiu a écrit une épitaphe qui fait son éloge avec ces mots : « Un défi peut être surmonté tant que l'on a le courage d'oser. » Cela devait rappeler aux générations futures que Yin Zhu n'était pas seulement un homme modeste qui appréciait la loyauté et la magnanimité, mais aussi un mandarin éminent qui acceptait tous les défis et osait prendre des responsabilités.

La vérité qui ressort clairement des propos d'Ouyang Xiu est qu'il est possible de trouver des solutions aux problèmes et de réaliser sans cesse de nouvelles avancées lorsqu'on est prêt à relever des défis, à créer des opportunités et à améliorer les circonstances. Depuis les temps anciens, le peuple chinois admire l'esprit pionnier. Les gens citent souvent un dicton

361

chinois bien connu « tirez un chariot en haillons pour défricher le désert », et parlent avec admiration d'un vieil homme nommé Yugong qui a déplacé des montagnes, louant son intelligence et son courage pour frayer une nouvelle voie.

Historiquement, la réforme et l'innovation ont constitué une source inépuisable pour le développement de la Chine et du monde. Sous les dynasties des Ming (1368-1644) et des Qing (1644-1911), la mise en œuvre d'une politique de la porte fermée a créé un état d'esprit négatif qui a fait rater les occasions en or offertes par la révolution industrielle. Au cours de la même période historique, l'Europe a inauguré la Réforme pour libérer le monde séculier du joug de la religion. Motivés par l'esprit pionnier du capitalisme naissant, les pays européens ont rapidement développé la science et la technologie, accumulé des richesses et sont devenus des puissances mondiales. Dans un monde en constante évolution, une prospérité durable n'est possible que pour les pays qui procèdent à des ajustements appropriés, s'adaptent rapidement aux nouvelles réalités et adoptent l'innovation et la réforme.

Depuis le 18e Congrès national du PCC, la diplomatie de grand pays à la chinoise est aux prises avec de nouvelles opportunités et de nouveaux défis. L'effondrement du système bipolaire de la guerre froide a ouvert un nouveau monde multipolaire. Loin d'atteindre la « fin de l'histoire », l'ordre mondial est entré dans une période de réajustement. La diplomatie chinoise est également entrée dans une nouvelle phase caractérisée par la prise d'initiative, le développement de nouvelles idées et le courage de prendre des responsabilités. En tant que puissance économique montante bénéficiant d'une image de plus en plus favorable, la Chine a vu sa position mondiale évoluer de manière substantielle. Si les réalisations diplomatiques de la République populaire de Chine nouvellement fondée ont ouvert la voie à une influence politique accrue à l'échelle mondiale, les réalisations économiques de quatre décennies de réforme et d'ouverture ont renforcé la position de la Chine en tant que nouveau pays en développement sur la scène internationale. Lorsque le PIB nominal a hissé la Chine au deuxième rang mondial après les États-Unis, les observateurs occidentaux ont prévenu que l'essor de la Chine allait remodeler l'ordre mondial, et les médias ont inondé le public de reportages qui rappelaient la grande prospérité des dynasties des Tang (618-907) et Song (960-1279).

CITATIONS DES CLASSIQUES

Cependant, la montée en puissance signifie plus de responsabilités. Avec le développement et l'approfondissement des échanges internationaux, les entreprises chinoises passent des exportations de produits de transformation aux investissements à l'étranger, et les soldats chinois ont commencé à s'engager dans les opérations internationales, notamment le maintien de la paix de l'ONU et l'escorte des navires en haute mer. En outre, les visiteurs chinois sont devenus une source importante de revenus pour les centres touristiques du monde entier, et on trouve des Chinois dans presque tous les coins du monde. Bien qu'il ne soit jamais facile d'être loin de chez soi, la Chine soutient fermement les citoyens qui décident de « s'internationaliser ». Le développement des intérêts nationaux a imposé de nouvelles exigences à la diplomatie chinoise, qui y répond depuis le 18e Congrès national du PCC.

Sous la direction du Comité central du PCC avec le camarade Xi Jinping comme noyau dirigeant, la Chine a progressivement mis en place une diplomatie de grand pays à la chinoise, approfondi la planification stratégique globale et défini des principes directeurs pour les stratégies diplomatiques. Sur la scène internationale, la Chine a établi une confiance stratégique mutuelle et renforcé les bases de la coopération grâce à des réunions au sommet avec les États-Unis, envoyant ainsi au monde un signal positif pour la paix et la stabilité. Elle a élaboré des plans qui ont permis d'améliorer les relations avec certains pays voisins de la mer de Chine méridionale et de stabiliser cette zone. Alors que les réactions contre la mondialisation s'intensifiaient dans les pays développés, la Chine a porté haut levé le drapeau de la mondialisation, ce qui a donné à l'économie mondiale un solide coup de fouet. En particulier, l'initiative « la Ceinture et la Route » proposée par Xi Jinping, qui a retenu l'attention du monde entier, constitue un plan chinois visant à faire revivre l'ancienne Route de la soie et à stimuler l'économie mondiale afin que davantage de régions et de personnes bénéficient des progrès réalisés au cours du développement économique mondial.

En citant l'expression « un défi peut être surmonté tant que l'on a le courage d'oser », Xi Jinping nous rappelle que le statut de grand pays de la Chine découle non seulement de la puissance nationale et de la prospérité sociale, mais aussi de l'attitude positive du peuple chinois. Dans les échanges extérieurs, les Chinois doivent préserver l'esprit d'initiative et avoir le courage d'assumer les responsabilités que l'on attend d'un grand pays. Il faut continuer de raconter des histoires chinoises et de diffuser la voix chinoise pour mieux présenter une image chinoise éminente. En se concentrant sur le pays et le peuple, il est nécessaire de se souvenir du passé pour prévoir l'avenir. C'est également un moyen de faire connaître la sagesse chinoise au monde entier.

Le secret pour faire un bon plat, c'est de savoir concilier les saveurs. La diversité de la civilisation humaine est une caractéristique fondamentale de la planète et une source du progrès de l'humanité.

— Discours prononcé par Xi Jinping à l'Office des Nations unies à Genève, le 18 janvier 2017

Le secret pour faire un bon plat,
c'est de savoir concilier les saveurs

Traiter les conflits internationaux en « recherchant l'harmonie sans uniformité » et en « cherchant un terrain d'entente tout en mettant les divergences de côté »

« Le secret pour faire un bon plat, c'est de savoir concilier les saveurs. » Cette ligne de dialogue entre Xiahou Xuan (209-254) et Sima Yi (179-251) dans les *Chroniques des Trois Royaumes : Biographie de Xiahou Xuan* explique que le secret pour préparer un délicieux plat est de concilier les différentes saveurs qui se complètent pour améliorer le goût général.

Les traditions culinaires du peuple chinois sont profondes. Les ancêtres chinois avaient une façon unique de comprendre et d'exprimer l'harmonie des saveurs. La ligne suivante est tirée du *Mémorial des rites (Liji)*, « les cinq saveurs, qui se combinent de six manières différentes pour former les douze espèces de mets, se succèdent sans interruption et chacune d'elles est à son tour la base de l'alimentation. » Dans son *Commentaire sur le Mémorial des rites*, Zheng Xuan (127-200) fournit une explication sur les « cinq saveurs et six assaisonnements » : « Les cinq saveurs sont la saveur acide, la saveur amère, la saveur âcre, la saveur du sel, la saveur douce. La première convient au printemps, la deuxième en été, la troisième en automne, la quatrième en hiver. La saveur douce convient dans toutes les saisons. » Dans le chapitre « Des rites », extrait des *Entretiens familiers de Confucius*, Wang Su (195-256) fournit le commentaire suivant : « Les 12 plats font référence à la nourriture consommée au cours des 12 mois de l'année. » Il est clair que les anciens Chinois croyaient que le mélange des cinq saveurs était déterminé par les différentes saisons et les différents mois pour atteindre une harmonie parfaite.

Dans son discours aux Nations unies, le président Xi Jinping a utilisé l'expression « le secret de faire un bon plat, c'est de savoir concilier les saveurs », comme une métaphore pour souligner l'importance de la diversité des civilisations et respecter les religions, les histoires et les coutumes des autres civilisations, permettant ainsi aux différentes civilisations, cultures et religions de coexister en toute harmonie.

La culture chinoise prône l'idée que « la paix est primordiale ». Par exemple, l'hexagramme *Qian* du *Livre des mutations (Zhouyi)* indique : « La Voie du Ciel réside dans la mutation qui permet à chaque chose d'avoir sa propre nature ; la préservation de la grande harmonie entraîne ce qui est avantageux et vertueux. » Selon le chapitre « L'invariable milieu » du *Mémorial des rites*, « quand le juste milieu et l'harmonie parfaite ont atteint partout leur plus haut degré, chaque chose est à sa place au ciel et sur la terre, et tous les êtres naissent et prospèrent. » Les *Entretiens de Confucius* soulignent succinctement que « le plus précieux est l'harmonie ». Il est clair que les pensées philosophiques dans la Chine ancienne considéraient l'harmonie non seulement comme une valeur fondamentale, mais aussi comme le but ultime. De plus, « l'harmonie sans uniformité » est l'essence même de la culture chinoise depuis les temps anciens. Ce concept provient de la ligne suivante des *Entretiens de Confucius*. Le Maître a dit : « L'homme honorable cultive l'harmonie et non le conformisme. L'homme de peu cultive le conformisme et non l'harmonie. » Cela fait référence aux relations entre les personnes et même entre les pays. Les relations amicales et harmonieuses ne nécessitent pas que les personnes ou les pays aient tout en commun. Toutefois, une coexistence harmonieuse est possible lorsque les personnes et les pays reconnaissent, tolèrent et respectent les différences en observant des principes et des normes de base. Les cinq saveurs – acide, doux, amer, âcre, salé – constituent un ensemble complet pour faire un bon plat. De même, les cinq notes chinoises de la gamme pentatonique – do, ré, mi, sol et la – constituent un ensemble complet pour produire une musique harmonieuse.

La promotion de la diversité des civilisations et le respect des croyances religieuses, des histoires et des coutumes des autres civilisations sont des conditions essentielles à l'établissement d'un ordre international équitable et juste. L'ONU est née des cendres de deux guerres mondiales pour faire en sorte que l'humanité ne subisse plus jamais le fléau de la guerre. Selon le préambule de la Charte des Nations unies, les buts des Nations unies sont notamment de « développer entre les nations des relations amicales fondées sur le respect du principe de l'égalité de droits des peuples et de leur droit à disposer d'eux-mêmes, et prendre toutes autres mesures propres à consolider la paix du monde ». Pour atteindre ces buts, tous les membres doivent se conformer à des principes tels que « l'égalité souveraine » et « le règlement des différends internationaux par des moyens pacifiques ». En 2005, l'Alliance des civilisations de l'Organisation des Nations unies a été créée pour promouvoir la compréhension, le respect mutuel et la coopération entre différents pays, peuples, cultures et religions. L'objectif était de créer un monde plus pacifique et socialement inclusif qui s'opposait à l'extrémisme et embrassait la diversité des civilisations.

Nous devons admettre que, si la mondialisation a rapproché les peuples du monde entier, les idées extrémistes existent encore aujourd'hui, les combats sont constants et les conflits font rage sans fin. Toute l'humanité doit s'attaquer à des questions épineuses concernant la prévention des tensions et des conflits et la poursuite d'une coexistence harmonieuse.

S'appuyant sur le concept de « chercher un terrain d'entente tout en mettant les divergences de côté », Xi Jinping a proposé une « solution chinoise » pour appliquer le principe de « l'harmonie sans uniformité » afin que les personnes qui embrassent des cultures, des idées, des positions et des points de vue différents apprennent à accepter et à trouver la beauté dans la diversité culturelle et réaliser l'idéal « que cent fleurs s'épanouissent, que cent écoles rivalisent ».

En septembre 2014, Xi Jinping a prononcé un important discours lors de la séance d'ouverture du symposium académique international pour commémorer le 2 565e anniversaire de la naissance de Confucius et de la cinquième assemblée générale de l'Association confucéenne internationale. Il a indiqué : « Les civilisations se distinguent les unes des autres, chacune a sa propre valeur. Nous devons traiter rationnellement les différences existantes entre les civilisations et apprécier les qualités qui rendent chaque civilisation unique. Nous devons rechercher un terrain d'entente tout en mettant leurs divergences de côté et nous inspirer de nos expériences et celles des autres sans les attaquer ni les dénigrer. Le fait de constater les différences entre les civilisations ne doit pas nous mettre mal à l'aise. Nous ne devons pas faire tout ce qui est en notre pouvoir pour remodeler, assimiler ou même supplanter une autre civilisation. » En janvier 2017, Xi Jinping a réaffirmé ce point lors d'un discours prononcé à l'Office des Nations unies à Genève : « Aucune civilisation n'est supérieure ou inférieure à une autre. Les civilisations se distinguent les unes des autres par leurs caractéristiques et leurs origines géographiques. Les différences doivent être le moteur du progrès de l'humanité et non des sources de conflits. »

La sagesse chinoise consistant à « rechercher l'harmonie sans uniformité » devrait être adoptée par les peuples et les pays du monde entier afin de promouvoir les échanges et l'apprentissage mutuel, ainsi que la coexistence harmonieuse entre les différentes civilisations.

Le sage chinois Mencius (vers 372-289 av. J.-C.) a dit : « Il faut s'établir dans la position appropriée du monde et suivre la grande voie du monde. » Les mesures politiques de la Chine concernant le Moyen-Orient sont déterminées en fonction du bien-fondé de la question en jeu et des intérêts fondamentaux des peuples du Moyen-Orient. Plutôt que de chercher un mandataire au Moyen-Orient, nous avons encouragé et soutenu les pourparlers de paix ; plutôt que de créer une sphère d'influence, nous avons invité tout le monde à rejoindre l'initiative « la Ceinture et la Route » ; plutôt que de tenter de combler un « vide », nous avons tissé un réseau de partenariat coopératif pour un bénéfice mutuel.

— Discours prononcé par Xi Jinping au siège de la
Ligue des États arabes, le 21 janvier 2016

S'établir dans la position appropriée du monde et suivre la grande voie du monde

La diplomatie chinoise attache de l'importance à l'éthique et à la responsabilité internationales

Le sage chinois Mencius a fait remarquer que pour être un « grand homme », il fallait « s'établir dans la position appropriée du monde et suivre la grande voie du monde ». Dans cette expression tirée du chapitre II de « Teng Wen Gong » du *Mencius*, Mencius propose que la norme pour juger un « grand homme » ne soit ni le pouvoir, ni l'influence, ni la richesse. Au contraire, la véritable grandeur d'un homme est liée à l'importance qu'il accorde à la moralité sociale et à l'esprit national. Le 21 janvier 2016, le président Xi Jinping a cité ces mots célèbres lors d'un discours au siège de la Ligue des États arabes pour clarifier l'attitude et les principes que la Chine applique au Moyen-Orient. Il a souligné que les mesures politiques de la Chine concernant le Moyen-Orient sont déterminées en fonction du bien-fondé de la question en jeu et des intérêts fondamentaux des peuples du Moyen-Orient. Plutôt que de chercher un mandataire au Moyen-Orient, nous avons encouragé et soutenu les pourparlers de paix ; plutôt que de créer une sphère d'influence, nous avons invité tout le monde à rejoindre l'initiative « la Ceinture et la Route » ; plutôt que de tenter de combler un « vide », nous avons tissé un réseau de partenariat coopératif pour un bénéfice mutuel.

La justice et les intérêts ont longtemps été les deux orientations politiques sur la base desquelles les pays développent leurs relations. Fondamentalement, la poursuite des intérêts nationaux et le respect de l'éthique nationale ne sont pas des voies inévitables vers un conflit avec d'autres pays. Cependant, la poursuite aveugle d'intérêts au détriment de la justice portera atteinte aux possibilités d'établir des liens amicaux entre les pays. Les pays qui parviennent à poursuivre leurs intérêts nationaux tout en maintenant la justice, et qui sont même prêts à sacrifier une partie de leurs bénéfices au nom de l'éthique internationale, sont en mesure d'ouvrir la voie à une résolution des problèmes et de jeter les bases du développement des relations profondes et durables. La Chine joue un rôle de plus en plus important sur la scène internationale. Bien que cela profite à de nombreux pays, le potentiel d'effets négatifs existe. La logique selon laquelle « un pays est obligé de rechercher l'hégémonie lorsqu'il devient fort » semble trouver un écho parmi les pays qui ont des doutes sur le développement de la Chine, c'est-à-dire la conviction qu'une puissance croissante s'engagera inévitablement dans l'agression, l'expansion et l'ingérence dans les affaires intérieures d'autres pays.

La Chine développe une diplomatie de grand pays à la chinoise. Basée sur les principes de « paix, développement, coopération et bénéfice mutuel », cette diplomatie va à l'encontre de la logique selon laquelle « un pays est obligé de rechercher l'hégémonie lorsqu'il devient fort ». Guidés par une politique étrangère indépendante et pacifique, nous avons pris l'engagement solennel de ne jamais prétendre à l'hégémonisme ni à l'expansion et de continuer de sauvegarder la paix mondiale et de promouvoir le progrès humain. Il ne s'agit pas là de paroles en l'air, cet engagement est ancré dans notre politique étrangère et notre pratique diplomatique.

Le Moyen-Orient a été propulsé sous les feux de la rampe parce qu'il est considéré comme un « baril de poudre ». Bénéficiant d'une situation stratégique et d'abondantes ressources naturelles, le Moyen-Orient est le théâtre de conflits ethniques et religieux complexes et constitue un champ de bataille pour les pays extérieurs à la région afin de promouvoir leurs propres intérêts. Les troubles croissants ont plongé les pays et les populations de la région dans la souffrance. À long terme, les bouleversements continus au Moyen-Orient auront un impact sur la paix et le développement dans d'autres régions et pourraient même se répandre au monde entier. Contrairement à certains grands pays, la politique de la Chine à l'égard du Moyen-Orient n'est pas fondée sur l'intérêt personnel. Au contraire, la Chine adopte une approche objective qui tient compte des intérêts des populations du Moyen-Orient et apporte une contribution constructive. Rechercher et sauvegarder la paix internationale, traiter les pays sur un pied d'égalité, quelle que soit leur taille, et créer un environnement propice à l'épanouissement des autres pays reflètent l'engagement de la Chine à mettre en valeur l'éthique internationale.

Au-delà du Moyen-Orient, la Chine a démontré son attachement à la justice, son respect de l'engagement et sa responsabilité en tant que grand pays sur de nombreuses questions internationales. En remplissant à la fois notre obligation de réduire la pauvreté dans le monde et les engagements pris lors de notre adhésion à l'OMC, nous avons offert au monde un remarquable bilan de réalisations par des actions concrètes. Comme on peut s'y attendre de la part d'un grand pays, la Chine maintient la stabilité du renminbi lorsque les marchés financiers mondiaux vacillent et offre de l'aide en envoyant des fournitures et du personnel aux pays étrangers en cas de catastrophe.

La diplomatie chinoise se caractérise par l'attachement à la justice et le respect de l'engagement, des traits qui font partie intégrante de la culture traditionnelle et de l'histoire de la Chine. Faire passer la justice avant les intérêts, choisir d'agir de bonne foi et assumer la responsabilité du monde sont des principes que la culture chinoise met en avant pour régir la conduite d'un individu et d'un pays. Ce raisonnement est exprimé dans les *Entretiens de Confucius*, par exemple : « L'homme honorable considère les choses à travers la justice, et l'homme de peu à travers son intérêt », et « je ne sais à quoi peut être bon un homme qui manque de sincérité ». Les philosophes chinois de l'Antiquité ont nourri le noble idéal de la « grande unité », c'est-à-dire que « quand la Voie céleste prévaut, l'esprit public règne sur Terre », et ont préconisé une gouvernance fondée sur la vertu. Cette accumulation de pensées philosophiques est évidente dans la diplomatie chinoise contemporaine, qui soutient l'éthique internationale, la justice internationale et le développement commun de tous les pays afin que la Chine puisse être plus éloquente et convaincante lorsqu'elle exprime son opinion sur les affaires mondiales. Pendant de nombreuses années après sa fondation, la République populaire de Chine a fourni une aide économique importante aux pays du tiers monde, sans aucune condition politique, malgré ses propres difficultés économiques, démontrant ainsi une fois de plus que la Chine assume la responsabilité morale nationale sous l'influence de la culture traditionnelle. Cet altruisme a renforcé les liens d'amitié avec les pays du tiers monde, jetant les bases d'un rétablissement réussi du siège légitime de la Chine aux Nations unies.

Annexe

Apophtegmes cités par Xi Jinping dans les discours et articles sur la politique étrangère

1. Citations chinoises

2013

- « De nombreux monticules de terre forment une montagne, et de nombreuses gouttes d'eau forment un océan. » (Extrait du *Xunzi*, Xun Zi, 313-238 av. J.-C.) Tant que nous continuerons de faire progresser la coopération sino-africaine, nous ferons des réalisations encore plus grandes.
- La Chine a réaffirmé son engagement solennel envers la communauté internationale, à savoir qu'elle poursuivra la voie du développement pacifique et ne recherchera jamais l'hégémonie ou l'expansion. « Un homme honorable ne manque jamais à sa parole. » (Extrait des *Entretiens de Confucius*, Confucius, 551-479 av. J.-C.)
- Comme je le dis souvent, il faut beaucoup de temps et d'efforts pour comprendre la Chine. Il ne suffit pas de visiter un ou deux endroits. La Chine compte une superficie de 9,6 millions de km², 56 groupes ethniques et 1,3 milliard d'habitants. En se renseignant sur la Chine, il ne faut pas supposer que « nous connaissons toute la forêt simplement parce que nous avons vu quelques arbres ».

ANNEXE

- Comme le dit un ancien dicton chinois, « les Premiers ministres doivent avoir servi en tant que fonctionnaires locaux, et les grands généraux doivent être sélectionnés parmi les soldats ordinaires. » (Extrait du *Hanfeizi*, Han Fei, 280-233 av. J.-C.)
- Dans un pays aussi grand, aussi peuplé et aussi compliqué que le nôtre, les dirigeants doivent avoir une connaissance approfondie des réalités nationales et apprendre ce que les gens pensent et ce qu'ils veulent. Nous devons agir consciemment avec la plus grande prudence, comme si nous « marchions sur une glace mince et nous tenions au bord d'un abîme » (extrait du *Classique des Poèmes/Shijing*, la plus ancienne anthologie chinoise de poèmes écrits du 11e au 6e siècle av. J.-C.) et nous devons comprendre que « gouverner un grand pays revient à cuire un petit poisson » (Lao Zi, 571- vers 471 av. J.-C.). Nous devons toujours nous consacrer à notre travail et à l'intérêt public sans relâcher nos efforts ni faire preuve de la moindre négligence.

— Remarques de Xi Jinping lors d'une interview conjointe
de la presse des pays BRICS, le 19 mars 2013

- Liés par des montagnes et des rivières, la Chine et la Russie sont de bons voisins, de bons partenaires et de bons amis. Le bon voisinage est un trésor national (Extrait du *Commentaire de Zuo sur les Annales des Printemps et Automnes*, Zuoqiu Ming, 502- vers 422 av. J.-C.).
- Le voyage est un moyen de cultiver l'esprit. La nation chinoise a toujours pensé le voyage et la lecture en tandem, accordant la même importance à « lire dix mille livres et parcourir dix mille lieues ». (Dong Qichang, 1555-1636)
- « C'est un plaisir d'avoir des amis venus de loin. » (Extrait des *Entretiens de Confucius*, Confucius) Le peuple chinois s'engage à construire une Chine plus belle.

— Discours prononcé par Xi Jinping lors de la cérémonie d'ouverture
de l'« Année du tourisme russe » en Chine, le 22 mars 2013

- La tendance du monde va de l'avant. Ceux qui suivent la tendance prospéreront, et ceux qui vont à l'encontre de celle-ci périront. (Sun Yat-sen, 1866-1925) Si nous voulons suivre le rythme du progrès, nous ne pouvons pas revenir à une époque révolue d'expansion coloniale après l'entrée au XXIe siècle tout en conservant la mentalité déplacée de guerre froide et de jeu à somme nulle.

ANNEXE

- Selon un proverbe russe, « les grands bateaux naviguent loin ». Et comme le dit un vieux poème chinois, « le temps viendra de fendre les vagues au gré du vent, alors je hisserai les voiles et franchirai les vastes étendues marines. »

  — *Discours prononcé par Xi Jinping à l'Institut d'État des relations internationales de Moscou, le 23 mars 2013*

- Mieux vaut apprendre à quelqu'un à pêcher plutôt que de lui donner du poisson. La Chine mettra activement en œuvre le « Programme des talents africains » en vue de former, au cours des trois prochaines années, 30 000 talents africains, de fournir 18 000 bourses gouvernementales à des étudiants africains en échange, et d'accroître le transfert de technologies et le partage d'expériences vers l'Afrique.

- En renforçant notre amitié avec l'Afrique, nous restons attachés aux principes d'affinité. Les peuples chinois et africain partagent une affinité naturelle l'un envers l'autre. En Chine, nous avons un dicton qui dit que « le plaisir de la vie réside dans le fait d'avoir des amis intimes ».

  — *Discours prononcé par Xi Jinping au Centre de convention international Julius Nyerere en Tanzanie, le 25 mars 2013*

- « Ni la montagne ni la mer ne peuvent séparer ceux qui partagent une vision commune. » (*Baopuzi*, Ge Hong, 284-343) Nous, les cinq pays BRICS, venons de quatre continents différents. Nous sommes réunis par le grand objectif de favoriser le partenariat pour un développement commun et les nobles causes de promouvoir la démocratisation des relations internationales, ainsi que la paix et le développement de toute l'humanité. La poursuite de la paix, du développement et de la coopération mutuellement bénéfique est notre aspiration et notre responsabilité communes.

- Nous devons nous efforcer de développer un réseau mondial de partenariats et de promouvoir la prospérité commune de tous les pays. Un seul arbre ne fait pas une forêt (Cui Yin, ? -92).

  — *Discours liminaire prononcé par Xi Jinping lors du 5ᵉ sommet des BRICS, le 27 mars 2013*

- « Un homme intelligent s'adapte à son époque, et un homme sage établit des règles en fonction des tendances qui se dessinent. » (Extrait du *Discours sur le sel*

377

et le fer, Huan Kuan, dynastie des Han) Nous devons nous défaire des mentalités obsolètes, nous dégager des vieilles limites qui entravent le développement et libérer tout notre potentiel de développement.

- Chaque pays, qu'il soit grand ou petit, fort ou faible, riche ou pauvre, doit s'efforcer de maintenir et de renforcer la paix. Plutôt que de saper les efforts des uns et des autres, <u>nous devons nous soutenir mutuellement sur scène pour offrir d'excellents spectacles.</u>

- « <u>Une seule fleur ne fait pas le printemps, tandis que cent fleurs en pleine floraison apportent le printemps au jardin.</u> » (Extrait du *Recueil d'adages/Gu jin xian wen* compilé sous la dynastie des Ming, 1368-1644) Tous les pays sont étroitement liés et partagent des intérêts communs. Nous devons répondre aux besoins des uns et des autres et mettre en valeur les points forts respectifs. Tout en poursuivant ses propres intérêts, un pays doit respecter les préoccupations légitimes des autres. En poursuivant leur propre développement, les pays doivent promouvoir le développement commun de tous et ainsi étendre leurs intérêts communs.

- « <u>L'océan accueille tous les courants grâce à son immensité.</u> » (Lin Zexu, 1785-1850) Nous devons respecter le droit de chaque pays à choisir son propre système social et sa propre voie de développement. Nous devons chercher à dissiper la méfiance et le malentendu, et faire de la diversité du monde et des différences entre les pays un élan pour le développement.

- « <u>Tout comme les membres d'une famille se souhaitent le meilleur, les pays voisins font de même.</u> » En appliquant la politique diplomatique de bon voisinage et de partenariat avec ses voisins, la Chine cherche à approfondir son amitié avec les pays voisins, à promouvoir la coopération mutuellement bénéfique et à faire en sorte que notre développement profite aux pays asiatiques.

— Discours liminaire prononcé par Xi Jinping lors de la conférence annuelle 2013 du Forum de Bo'ao pour l'Asie, le 7 avril 2013

- Les Chinois ont une expression pour décrire un endroit qui fait qu'un visiteur se sent comme chez lui. On l'appelle « <u>un second chez-soi</u> ». C'est ce que je ressens lorsque je visite le Mexique.

- Comme l'a dit un jour le président mexicain Benito Juarez, « entre individus, comme entre nations, la paix signifie le respect des droits d'autrui. » L'ancien philosophe chinois Confucius a dit : « <u>Ne fais pas à autrui ce que tu ne veux pas que l'on te fasse à toi-même.</u> » (Extrait des *Entretiens de Confucius*, Confucius)

ANNEXE

- Comme l'a dit Zhuang Zi (vers 369-298 av. J.-C.), « si l'eau n'est pas assez profonde, elle ne sera pas capable de porter un grand bateau. » Nous devons travailler ensemble pour réunir un vaste océan d'amitié entre la Chine et le Mexique, afin que le navire de la coopération Chine-Mexique puisse naviguer dans le vent et avancer à travers les vagues déferlantes.
- Comme le dit un proverbe chinois, « un long voyage prouve l'endurance d'un cheval et le passage du temps montre la sincérité d'un homme. » Le développement des relations entre la Chine et l'Amérique latine a prouvé et continuera de prouver que nos relations sont ouvertes, inclusives, coopératives et mutuellement bénéfiques.
- La Chine et le Mexique ont un dicton commun : « Vouloir, c'est pouvoir. »

— Discours prononcé par Xi Jinping devant le Sénat mexicain, le 5 juin 2013

- Comme le dit un proverbe chinois, « mieux vaut un voisin proche qu'un parent éloigné. » La Chine et les pays d'Asie centrale sont des voisins amicaux reliés par des montagnes et des rivières communes. La Chine attache une grande importance à son amitié et à sa coopération avec ces pays, et considère le renforcement de ces relations comme une priorité de sa politique étrangère.

— Discours prononcé par Xi Jinping à l'Université Nazarbayev
du Kazakhstan, le 7 septembre 2013

- Le classique chinois *Le Rêve dans le Pavillon rouge* décrit avec force détails une collection de trésors exotiques provenant de l'île de Java, tout comme le Musée national d'Indonésie abrite une grande exposition de porcelaines chinoises antiques. Il s'agit d'un exemple convaincant des échanges amicaux entre les peuples des deux pays et d'une image réelle de ce que signifie un poème chinois « même loin des yeux, un vrai ami vous porte dans son cœur » (Wang Bo, 650-678).
- Ce n'est là qu'une des innombrables histoires qui sont nées des échanges amicaux entre nos deux nations. Cette histoire incarne l'une des valeurs partagées par la Chine et l'Indonésie, à savoir « rester ensemble contre vents et marées ».
- Poursuivre une coopération mutuellement bénéfique. « Ne pas tenir compte des intérêts égoïstes mais des intérêts de tous les peuples du monde. » La Chine est prête à s'ouvrir davantage aux pays de l'ASEAN sur la base de l'égalité et des avantages mutuels, afin que notre développement puisse mieux servir tous les pays de l'ASEAN.

ANNEXE

- Que nos cœurs battent à l'unisson. « Un arbre d'une grande circonférence est né d'une racine aussi déliée qu'un cheveu ; une tour de neuf étages est sortie d'une poignée de terre. » Pour que l'arbre de l'amitié Chine-ASEAN reste toujours vert, le sol du soutien social de nos relations doit être fertile.
- « Les exploits sont forgés par les ambitions et les efforts persévérants. » (Extrait du *Livre des documents*) Nous avons la confiance, les conditions et les capacités nécessaires pour atteindre notre objectif.

— Discours prononcé par Xi Jinping devant le Conseil représentatif du peuple d'Indonésie, le 3 octobre 2013

- « Celui dont la prévoyance ne s'étend pas loin sera bientôt dans l'embarras. » (Extrait des *Entretiens de Confucius*, Confucius) Alors que nous nous efforçons de résoudre les problèmes actuels, nous devons également faire des plans à long terme.
- Nous devons rester attachés à l'esprit des objectifs de Bogor et au régionalisme ouvert. On ne doit pas « laisser chacun balayer la neige qui est devant sa porte et ne pas s'embarrasser de la gelée blanche qui est sur le toit de son voisin ».

— Discours prononcé par Xi Jinping sur le paysage économique mondial et le système commercial multilatéral lors de la première session de la réunion des dirigeants économiques de l'APEC, le 7 octobre 2013

- L'Asie-Pacifique est depuis longtemps un moteur important de la croissance économique mondiale. Pour donner un coup de fouet à l'économie mondiale atone, les économies de la région Asie-Pacifique devraient avoir le courage de créer un nouveau précédent en élaborant un modèle de croissance ouvert, fondé sur un développement innovant, une croissance interactive et des intérêts convergents. Ainsi, les économies de la région Asie-Pacifique peuvent jouer un rôle de premier plan dans la reprise de l'économie mondiale. Comme le dit un poème chinois, « enveloppé par les montagnes et ceinturé par une rivière sinueuse, il semble n'y avoir aucune issue. Mais ensuite, parmi les saules sombres et les fleurs éclatantes, nous trouvons un village. » (Lu You, 1125-1210)
- « Une famille harmonieuse est prospère en toutes choses. » (Extrait des *Histoires étranges des vingt dernières années*, Wu Jianren, 1866-1910) En tant que membre de la grande famille Asie-Pacifique, la Chine cherche à entretenir des relations amicales avec les autres membres de la famille et encourage chacun à

380

ANNEXE

s'entraider. Nous espérons que tous les membres de la famille Asie-Pacifique chériront la paix et la stabilité dont nous jouissons aujourd'hui, qui n'ont pas été acquises facilement, et qu'ils travailleront ensemble pour garantir une paix durable et une prospérité commune dans la région Asie-Pacifique.

- « L'océan est sans limites et nous naviguons au gré du vent. » (Shang Yan, né vers 881) L'Asie-Pacifique dispose de suffisamment d'espace pour que nous puissions nous développer ensemble. Nous sommes comme des voiliers qui se fraient un chemin sur ce vaste océan.

- « Un voyage est plus facile avec plus d'amis. » Beaucoup de ceux qui sont présents ici sont de vieux amis du peuple chinois, des amis qui ont participé à la réforme et à l'ouverture de la Chine.

— Discours prononcé par Xi Jinping lors du Sommet des
chefs d'entreprise de l'APEC, le 7 octobre 2013

2014

- Le but de ce voyage en Europe est de promouvoir la paix. Comme le dit un vieux dicton chinois, « les opportunités du temps ne sont pas aussi importantes que l'avantage géographique, et l'avantage géographique n'est pas aussi important que l'harmonie entre les gens. » (Mencius, vers 372-289 av. J.-C.) Le monde a besoin d'aller de l'avant, et pour ce faire, nous avons besoin de paix.

— Article signé par Xi Jinping publié dans le quotidien
néerlandais NRC Handelsblad, le 23 mars 2014

- « Rien ne peut être accompli sans règles. » (Mencius) Chaque pays doit s'acquitter des obligations qui lui incombent en vertu des instruments juridiques internationaux relatifs à la sécurité nucléaire, mettre en œuvre les résolutions concernées émanant du Conseil de sécurité des Nations unies, consolider et renforcer le cadre juridique existant régissant la sécurité nucléaire, et fournir un soutien institutionnel et des lignes directrices universellement acceptées pour les efforts internationaux visant à renforcer la sécurité nucléaire.

- Les pays ont des réalités nationales différentes, se trouvent à des stades de développement différents de l'énergie nucléaire et sont ainsi confrontés à des défis différents en matière de sûreté nucléaire. Comme le dit un dicton, « il faut des clés différentes pour ouvrir des serrures différentes. » Tout en soulignant l'importance pour les pays d'honorer leurs obligations internationales, nous devons respecter leur droit d'adopter les politiques et les mesures de sécurité

381

ANNEXE

nucléaire les mieux adaptées à leurs réalités nationales spécifiques, ainsi que leur droit de protéger les informations sensibles en matière de sécurité nucléaire. Nous devons adopter une attitude équitable et pragmatique et faire progresser le processus de sécurité nucléaire internationale de manière active mais prudente.

— Discours prononcé par Xi Jinping lors du Sommet sur la sécurité nucléaire de La Haye (Pays-Bas), le 24 mars 2014

- Les échanges et l'apprentissage mutuel entre les civilisations ne doivent pas être fondés sur la prééminence ou le dénigrement d'une civilisation particulière. Il y a 2 000 ans déjà, le peuple chinois a reconnu qu'« il est naturel que les choses soient différentes ». (Mencius) Le renforcement des échanges et de l'apprentissage mutuel entre les civilisations peut enrichir la diversité des différentes civilisations et la vie culturelle des gens et ouvrir des perspectives encore plus grandes pour l'avenir.
- Si toutes les civilisations peuvent adopter l'esprit d'inclusion, le soi-disant « choc des civilisations » n'aura plus lieu d'être et l'harmonie des civilisations deviendra réalité. C'est comme ce que les Chinois disent souvent : « Radis ou chou, chacun son goût. »
- Les Chinois apprécient depuis longtemps la sagesse de « l'harmonie sans uniformité ». Zuoqiu Ming, un historien chinois qui a vécu il y a 2 500 ans, a consigné dans le *Commentaire de Zuo sur les Annales des Printemps et Automnes* les propos suivants de Yan Ying, premier ministre de l'État de Qi : « L'harmonie, c'est comme cuisiner une soupe épaisse. Vous avez besoin d'eau, de feu, de vinaigre, de sauce à la viande, de sel et de prune pour assaisonner le poisson ou la viande. » « Il en va de même pour la musique. Ce n'est qu'en combinant correctement la texture, la durée, le rythme, l'humeur musicale, le ton, la hauteur du son et le style et en les exécutant correctement que vous pouvez produire une excellente mélodie. » « Qui peut manger une soupe qui ne contient que de l'eau ? Quelle oreille peut tolérer le même ton joué à plusieurs reprises sur le même instrument ? »
- Comme le dit un vieux poème chinois, « quand je regarde le visage de la brise printanière, je sais que mille fleurs de pourpre et de rouge font briller le printemps. » L'année prochaine, l'UNESCO célébrera son 70e anniversaire. Je suis convaincu que, sous la direction de la Directrice générale Bokova, l'UNESCO accomplira encore plus de progrès dans ses efforts pour promouvoir

382

ANNEXE

les échanges et l'apprentissage mutuel entre les civilisations et faire avancer la cause de la paix mondiale.

— Discours prononcé par Xi Jinping au siège de l'UNESCO, le 27 mars 2014

- « Lorsque nous buvons l'eau du puits, nous devons nous souvenir de ceux qui l'ont creusé. » En ce moment, nous nous souvenons tous de deux grands hommes. Il y a 50 ans, alors que la guerre froide entre l'Est et l'Ouest faisait rage, le président Mao Zedong et le général français Charles De Gaulle ont fait preuve d'une grande détermination et d'une vision stratégique pour prendre une décision historique visant à établir des relations diplomatiques entre la Chine et la France. Ce faisant, la porte a été ouverte non seulement entre la Chine et la France, mais aussi entre la Chine et l'Occident, pour qu'ils se comprennent et communiquent l'une avec l'autre.

- Au cours des 50 dernières années, les dirigeants de la Chine et de la France nous ont guidés grâce à leur vision stratégique et à leur clairvoyance. Comme le dit un poème chinois, « on ne devrait pas permettre aux nuages flottants de bloquer notre vision. » (Wang Anshi, 1021-1086) Ce sont des pionniers qui ont travaillé sans relâche pour surmonter la confrontation entre les blocs et trouver un terrain d'entente, une coexistence pacifique et des bénéfices mutuels.

- « Si une personne était pauvre, elle devrait travailler dans la solitude pour se rendre parfait ; si une personne était dans la prospérité et les honneurs, en se perfectionnant elle-même, elle rendait tous les autres hommes parfaits. » (Mencius) Ce dicton démontre le sens de la moralité et de la générosité que les Chinois ont chéri à travers les âges.

- « Les choses du monde se développent sans rivalité, et les quatre saisons alternent sans contradiction. » (Extrait du *Mémorial des rites,* compilé par Dai Sheng) Le rêve chinois est une chance pour la France, tout comme le rêve français est une chance pour la Chine.

— Discours prononcé par Xi Jinping à l'occasion du 50ᵉ anniversaire de l'établissement
des relations diplomatiques entre la Chine et la France, le 27 mars 2014

- Comme l'a dit un ancien érudit chinois, « un État belliqueux, aussi grand soit-il, finit par périr. » Des dictons similaires ont été transmis de génération en génération, tels que « la paix est primordiale », « rechercher l'harmonie sans uniformité », « remplacer les armes de guerre par des cadeaux en jade et en

ANNEXE

soie », « apporter la prospérité à la nation et la sécurité au peuple », « favoriser l'amitié entre voisins », « réaliser la paix universelle » et « construire un monde de grande unité ».

- Comme l'a dit le philosophe chinois Lao Zi, « un grand pays peut être comparé au cours inférieur d'une rivière. » Un grand pays doit avoir l'esprit large, comme une vaste plaine qui reçoit en son sein cent rivières.
- Comme on le dit en Chine, « on se sert du passé pour guider l'avenir. » Nous avons choisi la voie du développement pacifique sur la base de ce que nous avons vécu. Nous espérons sincèrement que tous les autres pays suivront la voie du développement pacifique et travailleront ensemble pour construire un monde harmonieux de paix durable et de prospérité commune.

— *Discours prononcé par Xi Jinping à la fondation Körber en Allemagne, le 28 mars 2014*

- « Les personnes sages recherchent un terrain d'entente, tandis que les personnes ignorantes ne se concentrent que sur les différences. » (*Classique interne de l'Empereur Jaune*, rédigé sous la dynastie des Qin) La Chine et l'Europe doivent se respecter mutuellement et se traiter sur un pied d'égalité, rechercher un terrain d'entente tout en mettant les divergences de côté, et poursuivre une coopération mutuellement bénéfique. Ce faisant, nous renforcerons notre dialogue et nos communications, trouverons le plus grand dénominateur commun de nos intérêts, partagerons les opportunités et relèverons conjointement les défis ensemble.

—*Article signé par Xi Jinping publié dans le journal belge Le Soir, le 29 mars 2014*

- La Chine connaît de profonds changements. Nos ancêtres croyaient que « la voie céleste évolue avec force et vigueur, et l'homme honnête recherche inlassablement l'autoperfectionnement. » (*Livre des Mutation*, Ji Chang, 1152-1056 av. J.-C.) Ils soulignaient également cette idée : « Si vous pouvez vous renouveler en un jour, faites-le de jour en jour. Ne cessez de vous renouveler. » (Extrait du *Mémorial des rites*) Face à la concurrence internationale féroce, nous sommes comme un bateau qui navigue à contre-courant. Si nous n'avançons pas, nous serons emportés par le courant.
- La réforme de la Chine est entrée dans une zone d'eaux profondes. Nous devons maintenant aborder les questions difficiles et faire avancer les réformes avec le courage qu'incarne le dicton chinois : « On sait qu'un tigre se cache dans la montagne, mais on y va sans se laisser décourager. »

ANNEXE

- Pour faire avancer la réforme en Chine, nous suivons deux principes : Agir avec audace et progresser de manière constante. « <u>Occupez-vous des choses difficiles pendant qu'elles sont encore faciles ; occupez-vous des grandes choses pendant qu'elles sont encore petites. Les choses difficiles naissent de ce qui est facile, et les grandes choses naissent de ce qui est petit.</u> » (*Livre de la Voie et de la Vertu*, Lao Zi, 571- vers 471 av. J.-C.)

- La Chine ne peut pas se permettre de copier aveuglément le système politique ou le modèle de développement d'un autre pays. Les résultats seraient catastrophiques, car aucun pays n'est identique à un autre. Les Chinois l'ont compris il y a plus de 2 000 ans : « <u>Au sud de la rivière Huaihe poussent des oranges, tandis qu'au nord poussent des oranges amères. Leurs feuilles se ressemblent, mais leurs fruits ont des goûts très différents. Quelle en est la raison ? L'eau et la terre qui les nourrissent sont différentes.</u> »

- Les Chinois aiment le thé et les Belges aiment la bière. Pour moi, le buveur de thé modéré et l'amateur passionné de bière représentent deux façons de comprendre la vie et de connaître le monde, et je les trouve aussi gratifiantes l'une que l'autre. <u>Boire mille verres avec un véritable ami est peu.</u> Or, lorsque de bons amis se réunissent, <u>ils peuvent également choisir de s'asseoir tranquillement et de boire du thé en discutant de leur vie.</u>

  — Discours prononcé par Xi Jinping au Collège d'Europe
  à Bruges, en Belgique, le 1er avril 2014

- Nous devons tenir pleinement compte du contexte historique et de la réalité actuelle des questions de sécurité en Asie, prendre des mesures globales et multidimensionnelles, et renforcer de manière coordonnée la gouvernance de sécurité régionale. Tout en nous efforçant de relever les défis immédiats en matière de sécurité régionale, nous devons également prévoir de faire face aux menaces éventuelles pour la sécurité et <u>éviter une approche palliative qui traite les symptômes et non la cause de la maladie.</u>

- La sécurité durable signifie que nous devons nous concentrer à la fois sur le développement et la sécurité, afin que la sécurité soit durable. « <u>Pour qu'un arbre devienne grand, une racine forte et profonde est essentielle ; pour qu'une rivière atteigne le plus loin possible, une source sans obstacle est nécessaire.</u> » (*Dix pensées pour conseiller l'empereur Taizong des Tang*, Wei Zheng, 580-643)

- « <u>Petit à petit, les mottes de terre font une haute montagne, et les gouttes d'eau, une longue rivière.</u> » (Liu Yuxi, 772-842) En tant que défenseur positif de la vision asiatique sur la sécurité, la Chine s'efforce également de mettre ce concept en pratique.

— Discours prononcé par Xi Jinping lors du 4ᵉ Sommet de la Conférence pour l'interaction et les mesures de confiance en Asie, le 21 mai 2014

- Lorsque nous nous penchons sur l'histoire des échanges entre les peuples chinois et arabes, notre esprit se tourne vers la Route de la soie terrestre et la Route des épices maritime. Nos ancêtres ont « traversé le grand désert pendant des mois sur des chevaux de poste » et « navigué nuit et jour sur les vastes océans », se plaçant ainsi à l'avant-garde des échanges amicaux entre les différents pays du monde antique.
- Aucune civilisation ne doit être considérée comme supérieure ou inférieure à une autre. Les différentes civilisations s'enrichissent grâce aux échanges mutuels. Comme l'a dit un ancien philosophe chinois, « une palette de couleurs différentes crée la brillance et la beauté, et un ensemble d'instruments différents produit l'harmonie et la paix. »
- Pour promouvoir l'esprit de la Route de la soie, nous devons respecter le droit des autres pays à choisir leur propre voie de développement. « Les gens n'ont pas besoin de porter les mêmes chaussures ; ils devraient trouver ce qui convient à leurs pieds. Les gouvernements n'ont pas à adopter le même modèle de gouvernance ; ils devraient trouver ce qui convient à leur population. » (Wei Yuan, 1794-1856) Seul le peuple d'un pays peut dire si la voie du développement choisie par soi-même est appropriée ou non.

— Discours prononcé par Xi Jinping lors de la cérémonie d'ouverture de la 6ᵉ réunion ministérielle du Forum de coopération Chine-États arabes, le 5 juin 2014

- Les Cinq principes de la coexistence pacifique sont nés en Asie, car ils incarnent la tradition asiatique du respect de la paix. Les Chinois apprécient depuis longtemps les concepts tels que « la paix est primordiale », « l'harmonie sans uniformité », « l'harmonie entre les nations » et « l'amour universel et la non-agression ».
- Selon le *Livre des Mutations*, « la voie de l'augmentation se trouve dans le mouvement des temps. » (Extrait du *Livre des Mutations*) Il y a quelques instants, le président Thein Sein et le vice-président Hamid Ansari ont partagé d'excellentes réflexions sur le maintien de l'engagement envers les Cinq principes de la coexistence pacifique dans cette nouvelle situation, ainsi que de

ANNEXE

bonnes idées sur la promotion d'un nouveau modèle de relations internationales et la construction d'un monde meilleur.

- « L'union fait la force, la division fait la faiblesse. » (Guan Zi, 723-645 av. J.-C.) La coopération mutuellement bénéfique devrait devenir une politique directrice pour tous les pays dans la gestion des affaires internationales.
- Nous devrions établir une nouvelle vision qui consiste à rechercher des résultats positifs pour tous et à abandonner la mentalité du jeu à somme nulle ou du « gagnant remporte tout ». Comme le dit un proverbe chinois, « si nous apprenons à apprécier les mérites des autres cultures comme nous apprécions les nôtres, nous construirons ensemble un monde de grande unité. »
- Nous devons nous serrer les coudes comme des passagers à bord du même navire et assumer à la fois les droits et les devoirs. Nous devons travailler ensemble pour faire face aux problèmes mondiaux croissants tels que le changement climatique, la sécurité énergétique, la cybersécurité et les grandes catastrophes naturelles, dans un effort commun pour protéger la planète dont dépend la survie de l'humanité.
- « Les choses du monde se développent sans rivalité, et les quatre saisons alternent sans contradiction. » Nous devons respecter la diversité des civilisations et inciter les différentes civilisations à s'engager dans des échanges et des dialogues afin qu'elles puissent vivre en coexistence pacifique et en harmonie. Nous ne pouvons pas chercher à dominer ou à rabaisser les autres civilisations et peuples.
- Comme l'on dit, « pour certaines choses, un pied est trop court, et pour d'autres, un pouce suffira. » Nous devons encourager les échanges et l'apprentissage mutuel et nous inspirer d'un héritage culturel riche et varié des différents pays et peuples. Nous devons nous enrichir mutuellement et travailler ensemble pour écrire un chapitre brillant de la civilisation humaine.
- « Quand la Voie céleste prévaut, l'esprit public règne sur Terre. » La justice est un objectif noble que tous les pays poursuivent dans les relations internationales.
- La Chine est fermement résolue à développer l'amitié et la coopération avec tous les pays du monde sur la base des Cinq principes de la coexistence pacifique. Comme l'a dit un ancien philosophe chinois, « la confiance mutuelle rapproche les voisins et la sincérité peut unir des pays éloignés. » La Chine cherche à renforcer la coopération mutuellement bénéfique avec ses voisins selon le principe dit « amitié, sincérité, réciprocité et inclusion », et s'efforce de partager les fruits de son développement avec les pays voisins.

ANNEXE

- Un vieil adage chinois dit qu'« un voyage de mille lieues commence toujours par un premier pas ». Un proverbe indien dit : « Les gouttes d'eau se rejoignent pour former un ruisseau, et les épis se réunissent pour former une récolte. » Et les gens du Myanmar disent souvent : « Soyez ambitieux dans la pensée mais terre à terre dans l'action. »

  — Discours prononcé par Xi Jinping lors de la conférence commémorant le 60ᵉ anniversaire de la publication des Cinq principes de la coexistence pacifique, le 28 juin 2014

- En Orient, les idées de foi et de confiance occupent une place importante dans nos valeurs. Les peuples chinois et sud-coréen sont fermement attachés à l'idée qu'« un homme sans bonne foi n'a aucune place dans la société ».

  — Article signé par Xi Jinping publié dans les journaux sud-coréens Chosun Ilbo, Korea Joongang Daily et Dong-A Ilbo, le 3 juillet 2014

- La Chine et la République de Corée se situent l'une à côté de l'autre. Comme le dit un proverbe chinois : « Une bonne maison peut être achetée pour cent taels d'or, mais un bon voisin ne s'échange pas contre tout l'or du monde. »
- Nous favorisons l'idée du développement par la coopération et mettons en œuvre une conception correcte de la justice et des intérêts dans les relations internationales. Comme l'a dit un ancien érudit confucéen, « un pays doit chercher à se renforcer non pas en recherchant le profit, mais en défendant la justice ».
- La justice, et non les seuls intérêts, doit être au centre de la coopération internationale. Le peuple chinois a toujours cru que « la justice est l'essence même de l'homme honorable » (Confucius) et a souligné que « les richesses et les honneurs obtenus injustement me paraissent comme des nuages qui passent ». (Confucius)
- De nos jours, alors que la mondialisation économique et l'intégration régionale gagnent du terrain, différents pays et régions s'intègrent de telle sorte qu'ils sont étroitement liés dans leur développement et qu'ils montent et chutent ensemble.
- « Les amitiés fondées sur le profit ou le pouvoir ne dureront pas longtemps sans eux ; seules les amitiés basées sur la sincérité peuvent durer longtemps. » Le développement des relations entre États dépend finalement de la compréhension mutuelle des peuples des divers États.

  — Discours prononcé par Xi Jinping à l'Université nationale de Séoul en République de Corée, le 4 juillet 2014

ANNEXE

- Il y a environ mille ans, Su Shi (1037-1101), un célèbre poète chinois de la dynastie des Song (960-1279), a dit : « <u>Quand l'opportunité frappe à la porte, saisissez-la avant qu'elle ne s'échappe.</u> » Pour développer les relations entre la Chine et les États-Unis, nous devons saisir les opportunités qui se présentent et rester en phase avec notre époque.

- « <u>Les poissons nagent dans la vaste mer aussi librement que les oiseaux volent dans le ciel sans limites.</u> » Je suis toujours convaincu que le vaste océan Pacifique a suffisamment d'espace pour les deux grands pays que sont la Chine et les États-Unis.

- Tant que nous ferons preuve de respect mutuel, que nous chercherons un terrain d'entente tout en mettant les divergences de côté, que nous maintiendrons une patience stratégique et que nous ne serons pas influencés par des incidents ou des commentaires particuliers, nous serons en mesure de maintenir les relations sino-américaines <u>sur une base solide malgré les hauts et les bas qui peuvent survenir.</u>

- Les opportunités doivent être créées, et elles peuvent l'être par l'innovation. Comme le dit un proverbe chinois : « <u>Une personne qui a l'oreille fine peut entendre des sons dans le silence, et une personne dotée d'une vue perçante peut voir des choses invisibles pour les autres.</u> » (Extrait des *Mémoires historiques*, Sima Qian, né vers 145 av. J.-C.) La Chine et les États-Unis sont tous deux des nations créatives. Dans le cadre de la promotion de nos relations bilatérales, nous devons plus que jamais innover en fonction des tendances au fil du temps.

> — *Discours prononcé par Xi Jinping lors de la cérémonie d'ouverture conjointe du 6ᵉ Dialogue stratégique et économique sino-américain et de la 5ᵉ Consultation de haut niveau sino-américaine sur les échanges entre les peuples, le 9 juillet 2014*

- Les cinq dernières années ont démontré que les voix harmonieuses résonnent les unes avec les autres et que les natures similaires se cherchent. Malgré les grandes distances qui séparent nos cinq pays, <u>nous sommes tous liés par des aspirations communes, et ni les montagnes ni les mers ne peuvent obstruer notre chemin.</u>

> — *Discours prononcé par Xi Jinping lors du 6ᵉ sommet des BRICS, le 15 juillet 2014*

- En Chine, nous pensons que la distance ne peut séparer des personnes destinées à se rencontrer. Comme le dit un proverbe chinois, « <u>mille kilomètres ne peuvent séparer deux personnes que le destin a voulu réunir.</u> »

ANNEXE

- Le 15 août 1974, la Chine a officiellement établi des relations diplomatiques avec le Brésil, marquant le début d'une nouvelle ère dans le développement des relations entre les deux pays. Selon le philosophe chinois Confucius, « à quarante ans, il n'éprouvait plus d'incertitudes ».

- Comme je l'ai déjà dit, « seul celui qui porte les chaussures sait si elles lui vont ou non ». On m'a dit que le Brésil avait un proverbe similaire, ce qui prouve que le principe est compris par tous.

- « Pour faire une connaissance, il faut connaître une personne ; pour connaître une personne, il faut comprendre son cœur. » (Mencius) L'amitié entre nos peuples est une grande source de force pour le développement des relations Chine-Brésil.

- « Les rives semblent larges à marée haute ; La voile se suspend sous la douce brise. » (Wang Wan, vers 693-751) Regardant vers l'avenir, donnons-nous la main et travaillons côte à côte pour créer un meilleur avenir pour le partenariat stratégique global entre la Chine et le Brésil. Écrivons ensemble un beau poème sur le partenariat coopératif global Chine-Amérique latine. Ensemble nous pourrons donner une nouvelle et plus grande contribution à la cause de la paix et du développement dans le monde.

  — Discours prononcé par Xi Jinping au Congrès national du Brésil, le 16 juillet 2014

- Pour notre voisin amical la Mongolie, nous pensons naturellement à une beauté majestueuse et à des étendues ouvertes, comme l'illustrent ces lignes : « Le firmament au-dessus, un bleu saphir ; les steppes en dessous, une vaste étendue. Des herbes courbent le dos sous le vent pour faire voir les troupeaux. » Nous pensons également à la diligence et à la bravoure d'un peuple à cheval, ainsi qu'au festival traditionnel Naadam avec ses compétitions sportives passionnantes et ses chants et danses festifs.

- « Avec un bon cheval, on ne craint pas un long voyage. Avec un ami de confiance, on ne craint pas les difficultés. » Si l'on passe en revue les 65 ans de relations diplomatiques entre la Chine et la Mongolie, on constate que l'amitié et la coopération ont été le thème principal.

  —Article signé par Xi Jinping publié dans les journaux mongols Udriin Sonin, Unuudur, Zuunii Medee, UB Post et un site d'information géré par l'État, le 21 août 2014

- Comme le dit un proverbe chinois, « un pavillon au bord de l'eau a un meilleur accès au reflet de la lune ». (Yu Wenbao, vers 1240) La Chine et la Mongolie partagent une frontière commune, et nos économies se complètent. La Chine

ANNEXE

dispose de marchés, de capitaux, de technologies et de canaux, et la Mongolie possède des ressources abondantes. Nos économies sont très complémentaires et offrent un large éventail de possibilités de coopération.

- « Quand tout le monde ajoute du bois, les flammes montent plus haut. » La Chine souhaite offrir à la Mongolie et aux autres pays voisins des opportunités et un espace pour un développement commun. Tout le monde est invité à monter à bord du train de développement de la Chine, que ce soit pour un trajet rapide ou même un trajet gratuit. On dit que « ceux qui voyagent seuls vont vite, mais ceux qui voyagent en compagnie vont loin. »
- Nous restons attachés à l'idée « d'être fidèles à notre parole et résolus dans notre engagement » (Extrait des *Entretiens de Confucius*). Soyez assurés que lorsque la Chine prend un engagement, elle fera tout ce qu'il faut pour l'honorer.

— Discours prononcé par Xi Jinping au Grand Khoural d'État de la Mongolie, le 22 août 2014

- L'ancien philosophe chinois Confucius a dit un jour : « L'homme honorable aime les montagnes. » (Confucius) Ce pays, où habite un peuple de paix et d'intégrité, nous fascine par ses paysages majestueux et montagneux.
- J'espère sincèrement que cette visite aidera la Chine et le Tadjikistan à consolider leur confiance politique mutuelle, à approfondir la coopération mutuellement bénéfique dans les domaines de la sécurité, de l'économie et des échanges culturels, à renforcer la coordination et le soutien stratégiques entre les deux pays et à faire progresser les relations Chine-Tadjikistan « en avant et vers le haut pour passer à un niveau plus élevé ».

— Article signé par Xi Jinping publié dans le journal Narodnaya Gazeta et par l'agence de presse étatique Khova du Tadjikistan, le 10 septembre 2014

- Nous devons rester concentrés sur notre objectif de favoriser la connectivité entre tous les peuples. « Les peuples, s'ils sont unis, seront plus forts. » (Xun Zi) En définitive, l'avenir de l'Organisation de coopération de Shanghai est entre les mains des peuples de ses États membres.
- Nous devons renforcer les échanges extérieurs et la coopération, qui sont un moteur de notre croissance. Comme le dit un proverbe chinois, « notre jade peut être poli par des pierres d'autres collines. » (Extrait du *Livre des Song*) Nos efforts pour renforcer les échanges extérieurs et accueillir de nouveaux membres sont conformes aux politiques d'ouverture et d'inclusion de

391

ANNEXE

l'Organisation de coopération de Shanghai et contribueront à répondre aux besoins de développement de l'organisation.

— Discours prononcé par Xi Jinping lors de la 14ᵉ réunion du Conseil des chefs d'État de l'Organisation de coopération de Shanghai, le 12 septembre 2014

- La Chine encourage les deux gouvernements à faciliter les déplacements et la mobilité des hommes entre les pays, et les compagnies aériennes devraient s'efforcer de proposer davantage de vols. De cette manière, la Chine et les Maldives peuvent démontrer ce que signifie la phrase chinoise « la distance n'est rien pour deux amis intimes, car bien que séparés par dix mille kilomètres, ils restent proches ». (Zhang Jiulin, 673-740)

— Article signé par Xi Jinping publié dans le journal maldivien Today's Evening et sur le site Internet de Sun Online, le 14 septembre 2014

- Depuis les temps anciens, la Chine met l'accent sur l'idée de « ne pas permettre aux forts d'opprimer les faibles ni aux riches d'intimider les pauvres », et a distillé la maxime selon laquelle « un État belliqueux, aussi grand soit-il, finit par périr ». Des dictons similaires ont été transmis de génération en génération en Chine, tels que « la paix est primordiale », « rechercher l'harmonie sans uniformité », « remplacer les armes de guerre par des cadeaux en jade et en soie » et « construire un monde de grande unité ».
- La nation chinoise a toujours fait de l'apprentissage une priorité. Comme l'a dit l'ancien écrivain Su Shi (1037-1101) : « Ce n'est qu'en apprenant beaucoup et en accumulant des connaissances que l'on sera prêt à réaliser quelque chose. » De même, « si je voyageais avec deux compagnons, tous deux me serviraient de maîtres. J'examinerais ce que le premier a de bon et je l'imiterais ; les défauts que je reconnaîtrais en l'autre, je tâcherais de les corriger en moi-même. » (Confucius) Et encore, « il faut étudier ce qui est bon, s'en enquérir constamment, y réfléchir soigneusement, le distinguer clairement et le pratiquer sérieusement ». (Extrait du *Mémorial des rites*)
- Je voudrais partager avec mes amis indiens un dicton chinois : « La vertu d'humanité, c'est élever autrui comme on souhaiterait l'être soi-même ; c'est le faire parvenir là où on le voudrait soi-même. » Alors que nous poursuivons notre propre développement, la Chine espère sincèrement voir l'Inde devenir plus forte et plus prospère et se réjouit de progresser ensemble avec l'Inde.

— Discours prononcé par Xi Jinping au Conseil indien des affaires mondiales, le 18 septembre 2014

ANNEXE

- « <u>Les parents et les amis se rapprochent lorsqu'ils se rendent souvent visite.</u> » Il est important que les pays voisins se rencontrent en face-à-face pour échanger leurs opinions sur les grandes questions.

  — Discours prononcé par Xi Jinping lors du Dialogue sur le renforcement
  du partenariat de connectivité, le 8 novembre 2014

- Il y a plus de 2 000 ans, le philosophe chinois Lao Zi a dit ce qui suit : « <u>L'eau excelle à faire du bien aux êtres et ne lutte point.</u> » Cela veut dire que l'eau nourrit toutes choses sans même qu'on le perçoive. En tant qu'économies membres de l'APEC, nous sommes réunis par les eaux de l'océan Pacifique. Nous avons la responsabilité partagée de faire du Pacifique un océan de paix, d'amitié et de coopération, et de veiller à ce qu'il apporte la paix, le développement, la prospérité et le progrès à la région Asie-Pacifique.

  — Allocution prononcée par Xi Jinping lors du dîner de gala de la réunion
  des dirigeants économiques de l'APEC, le 10 novembre 2014

- Nous, les 21 économies membres de l'APEC, sommes comme un troupeau de 21 oies sauvages. Comme le dit un vieux poème chinois : « <u>Les vagues sont ballottées par un vent fort en un millier de pétales blancs ; une volée d'oies sauvages vole haut dans un ciel bleu.</u> » (Bai Juyi, 772-846)
- « <u>Un brave a besoin du soutien de trois autres personnes.</u> » Nous devons nous entraider pour accomplir de grandes choses pour le peuple.

  — Allocution d'ouverture prononcée par Xi Jinping lors de la 22e réunion
  informelle des dirigeants de l'APEC, le 11 novembre 2014

- « <u>L'océan est vaste car il admet de nombreux fleuves.</u> » (Feng Menglong, 1574-1646) Le vaste océan de bonne volonté qui existe entre la Chine et l'Australie a été nourri par les courants constants de compréhension mutuelle et d'amitié entre nos deux peuples.
- « <u>La véritable amitié n'existe que lorsqu'il y a un engagement constant à poursuivre des objectifs communs.</u> » (Ouyang Xiu, 1007-1072) Je suis convaincu qu'avec nos efforts conjoints, l'amitié entre les peuples de Chine et d'Australie traversera les montagnes et les mers, résistera au vent et à la pluie, et sera aussi forte et éternelle que le spectaculaire Uluru dans le centre de l'Australie et la Grande Muraille dans le nord de la Chine.

  — Discours prononcé par Xi Jinping au Parlement australien,
  le 17 novembre 2014

ANNEXE

- Nous devons nous efforcer d'être de bons partenaires par une coopération mutuellement bénéfique et un développement commun. « Le sage se garde d'amasser ; en se dévouant à autrui, il s'enrichit, après avoir tout donné, il possède encore davantage. » (Lao Zi)

  — *Article signé par Xi Jinping publié dans le Fiji Times et le Fiji Sun,*
  le 21 novembre 2014

2015

- Pour construire une communauté de destin pour l'humanité, nous devons poursuivre une coopération mutuellement bénéfique et un développement commun. Comme le disent nos amis d'Asie du Sud-Est, « les fleurs de lotus deviennent plus grandes quand l'eau monte. » Nos amis africains disent : « Ceux qui voyagent seuls vont vite, mais ceux qui voyagent en compagnie vont loin. » Nos amis européens disent : « Un seul arbre ne suffit pas pour s'abriter du vent froid. » En Chine, nous disons souvent : « Quand les grandes rivières ont de l'eau, les petits ruisseaux sont remplis ; et quand les petits ruisseaux ont de l'eau, les grandes rivières sont remplies. » Tous ces dictons traduisent la même vérité : ce n'est que par une coopération gagnant-gagnant que nous pourrons obtenir des résultats significatifs, durables, et bénéfiques pour tous.

  — *Discours prononcé par Xi Jinping à la conférence annuelle*
  2015 du Forum de Bo'ao pour l'Asie, le 28 mars 2015

- Comme l'a écrit un poète de la dynastie des Tang, Du Mu (803- vers 852) : « Rencontrer un bon ami pour la première fois, c'est comme retrouver un vieil ami. » C'est exactement ce que j'ai ressenti lors de ma visite au Pakistan.
- « Le vent fort révèle la force de l'herbe, et l'or véritable résiste à l'épreuve du feu. » (Li Shimin, 598-649) Nous n'oublierons jamais que le Pakistan a été l'un des premiers pays à reconnaître la République populaire de Chine et le premier pays islamique à établir des relations diplomatiques avec la Chine.

  — *Discours prononcé par Xi Jinping devant le Parlement du Pakistan,*
  le 21 avril 2015

- Un vieux dicton africain dit : « Un seul tronc d'arbre ne permet pas de construire une maison ». Nous avons un dicton similaire en chinois : « Les fardeaux sont lourds quand on les soulève seul ; les voyages sont plus faciles quand on avance avec d'autres. » En renforçant une coopération mutuellement bénéfique, les

ANNEXE

pays d'Asie et d'Afrique peuvent accomplir bien plus qu'ils ne pourraient le faire indépendamment.

— Discours prononcé par Xi Jinping lors du Sommet Asie-Afrique, le 22 avril 2015

• Le peuple bélarusse dit souvent qu'une amitié forte est difficile à briser. Un ancien érudit chinois a dit : « Un partenariat forgé avec la bonne approche défie la distance ; il se lie comme de la colle et est plus durable que la pierre. » (Jiao Zhou, 201-270) Que l'hymne de la coopération entre la Chine et le Bélarus résonne toujours plus fort et atteigne de nouveaux sommets. Tel est mon souhait pour les relations entre la Chine et le Bélarus.

— Article signé par Xi Jinping publié dans le journal Sovetskaya Belorussiya, le 8 mai 2015

• Vous pouvez choisir des voisins, mais pas des pays voisins. « La Vertu ne va jamais seule ; elle attire toujours des imitateurs. » Tant que les peuples de Chine et du Japon seront sincères et s'efforceront de cultiver une amitié fondée sur la vertu, ils resteront amis pendant des générations.

• « Se souvenir du passé pour écrire l'avenir. » Nous nous penchons sur l'histoire pour nous préparer à l'avenir. Nous nous souvenons des périodes de guerre afin de maintenir la paix dans le monde.

• « Une génération plante des arbres à l'ombre desquels une autre génération se repose. » J'espère sincèrement que nos jeunes approfondiront leur compréhension de l'amitié et prendront activement des mesures concrètes pour semer des graines d'amitié, afin que le lien entre la Chine et le Japon produise un jour une immense forêt d'arbres luxuriants. Que l'amitié entre les peuples de la Chine et du Japon se développe et prospère pour de nombreuses générations à venir !

— Discours prononcé par Xi Jinping lors de la Réunion
d'échange d'amitié Chine-Japon, le 23 mai 2015

• À l'avenir, nous devons passer de la recherche d'un terrain d'entente tout en mettant leurs divergences de côté à la consolidation du terrain d'entente tout en aplanissant les différences. Nous devons faire converger les intérêts et les responsabilités communs, relever ensemble les défis et résoudre les différences découlant des différentes idéologies, des systèmes politiques et des stades de développement, en forgeant un nouveau type de relations entre partis politiques qui évolue avec son temps.

— Allocution prononcée par Xi Jinping lors de sa rencontre avec le président du Parti
social-démocrate allemand et vice-chancelier Sigmar Gabriel, le 15 juillet 2015

395

ANNEXE

- « Une cause juste attire un grand soutien, tandis qu'une cause injuste trouve peu de soutien. » (Mencius) Nier son passé d'agression, c'est se moquer de l'histoire. C'est un affront à la conscience humaine et une trahison de la confiance du monde.

  — Discours prononcé par Xi Jinping lors de la réception commémorant le 70ᵉ anniversaire de la victoire de la Guerre de résistance du peuple chinois contre l'agression japonaise et de la fin de la Guerre mondiale antifasciste, le 3 septembre 2015

- Plutôt que de démanteler les systèmes existants ou de retourner à la case départ, ces réformes visent à améliorer les systèmes de gouvernance mondiale par l'innovation. En Chine, nous avons un proverbe : « La nécessité entraîne le changement, et le changement entraîne l'amélioration. » Le dynamisme d'un pays ou du monde dépend de la capacité à s'adapter à son époque.

- Lorsque nous abordons les relations entre la Chine et les États-Unis, il faut garder une vue d'ensemble et ne pas se concentrer exclusivement sur nos différences. « Lorsque les choses importantes sont abordées en premier, les questions secondaires ne seront pas difficiles à régler. » (Ouyang Xiu, 1007-1072)

- Tout en reconnaissant et respectant ses propres réalisations culturelles, un pays ou une nation ne doit pas fermer sa porte au monde extérieur, et encore moins se sentir plus fort ou supérieur aux autres. « Celui qui étudie seul sans compagnons, n'a personne pour l'aider ; son intelligence ne se développe pas, et il n'acquiert pas d'érudition. » (Extrait du *Mémorial des rites*)

  — Déclaration faite par Xi Jinping lors d'une interview publiée dans le Wall Street Journal, le 22 septembre 2015

- La clé d'une coopération réussie réside dans la mise en valeur de nos atouts respectifs. La Chine et les États-Unis ont chacun des avantages distincts dans des domaines qui sont très complémentaires. Nous devons tirer pleinement parti de ces atouts. Comme le dit un proverbe chinois, « quand les Huit Immortels traversent la mer, chacun montre ses prouesses. »

- J'apprécie profondément les échanges culturels et humains qui ont lieu entre la Chine et les États-Unis. Comme le dit un proverbe chinois, « les parents et les amis se rapprochent lorsqu'ils se rendent souvent visite ».

- Les Chinois disent souvent qu'il faut « mettre à profit chaque minute », de même que les Occidentaux croient qu'il faut « faire du foin pendant que le

ANNEXE

soleil brille ». L'heure est venue pour la coopération sino-américaine au niveau infranational. Je vous encourage tous à diriger votre province ou votre État respectif pour saisir le moment, créer une dynamique favorable et travailler ensemble pour écrire un nouveau chapitre de la coopération infranationale entre la Chine et les États-Unis.

— Discours prononcé par Xi Jinping lors du Forum des gouverneurs Chine-États-Unis, le 22 septembre 2015

- La Chine persévère dans la promotion de la gouvernance de l'État en vertu de la loi comme la stratégie fondamentale. « <u>La loi est le fondement de la gouvernance.</u> » (Xun Zi)
- « <u>Les pruniers et les pêchers ne disent rien. Pourtant, les gens aiment se rassembler sous ces arbres.</u> » (Extrait des *Mémoires historiques,* Sima Qian) Les coopérations fructueuses à l'échelle du Pacifique sont une démonstration puissante de la vitalité et du potentiel des relations entre la Chine et les États-Unis.
- Que devons-nous faire pour faire progresser le nouveau modèle de relations entre les grands pays entre la Chine et les États-Unis à ce nouveau point de départ ? Et comment pouvons-nous travailler ensemble pour promouvoir la paix et le développement dans le monde ? La réponse est de continuer à avancer dans la bonne direction avec détermination et attention. Comme l'a dit un ancien philosophe chinois, « <u>une décision ne peut être prise correctement qu'après avoir consulté le passé, réfléchi à l'avenir et tenu compte de ce qui est normal.</u> »
- « <u>Le soleil et la lune brillent de manière différente, mais leur éclat est juste à l'heure prévue.</u> » (Meng Jiao, 751-814) C'est parce que nous sommes différents que le monde est si diversifié et coloré, mais cela rend également nécessaire la recherche d'un terrain d'entente et la prise de mesures pour aplanir nos différences.

— Discours prononcé par Xi Jinping lors du dîner d'accueil organisé par les gouvernements locaux et des organisations amies aux États-Unis, dans l'État de Washington, le 22 septembre 2015

- « <u>Lorsque des personnes d'une même ville se rencontrent ailleurs, leur cœur déborde d'une joie indicible.</u> » C'est avec un grand plaisir que je me retrouve parmi tant d'amis, anciens et nouveaux, dans la belle ville de Seattle.

ANNEXE

- « Sous un ciel nocturne, si vaste et pourtant si lointain, mon cœur se languit de cet endroit que j'appelle ma maison. » (Zhang Jiuling, poète de la dynastie des Tang) Vous êtes tous les bienvenus en Chine pour une visite.

  — Discours prononcé par Xi Jinping lors d'un dîner de bienvenue organisé par des Chinois d'outre-mer à Seattle, le 23 septembre 2015

- Les Chinois disent qu'il faut « <u>manger selon sa capacité et s'habiller selon sa taille</u> ». Chaque pays doit, conformément à ses propres ressources et ses particularités, élaborer une stratégie de développement adaptée à ses réalités.

  — Discours prononcé par Xi Jinping au Sommet de l'ONU sur le développement durable, le 26 septembre 2015

- En Chine, les idées de gouvernance axée sur le peuple et d'État de droit existent depuis des temps anciens. Il y a des milliers d'années, il a été dit : « <u>Le peuple est le fondement d'un État. Lorsque ce fondement est solide, l'État est en paix.</u> » (Extrait du *Livre des documents*)

  — Discours prononcé par Xi Jinping devant le Parlement du Royaume-Uni, le 20 octobre 2015

- En revenant au Royaume-Uni et en voyant l'imposant Big Ben et les ondulations de la Tamise, je ressens un sentiment décrit par un poème chinois : « <u>C'est difficile de ne pas se sentir chez soi.</u> »
- Le développement de la Chine ne se fera pas au détriment des autres pays. La Chine travaillera avec d'autres pays pour surmonter les défis sur le chemin à parcourir. <u>Les routes du monde entier ne deviennent plus larges que lorsque plus de personnes les empruntent.</u>
- Des produits de première nécessité tels que la nourriture, les vêtements, le logement et les transports à l'énergie, aux infrastructures, à la finance et à la recherche scientifique, les fruits de notre coopération globale et pragmatique ont « <u>volé comme des hirondelles dans les maisons des gens ordinaires</u> » et apporté de réels bénéfices à nos peuples.

  — Discours prononcé par Xi Jinping lors d'un dîner organisé par le lord-maire de la ville de Londres, le 21 octobre 2015

ANNEXE

- « Apprendre sans éprouver jamais de satiété, enseigner sans jamais se lasser. » (Confucius) J'espère que chacun d'entre vous poursuivra son travail et contribuera à l'amitié entre la Chine et le Royaume-Uni.

  — Discours prononcé par Xi Jinping lors de la cérémonie d'ouverture de la conférence annuelle des Instituts Confucius et des Classes Confucius du Royaume-Uni, le 23 octobre 2015

- Un ancien dicton chinois dit : « La victoire est assurée lorsque les gens mettent leurs forces en commun ; le succès est garanti lorsque les gens tirent parti de leur sagesse collective. » Et comme on dit au Vietnam, « un seul arbre ne fait pas une forêt, mais trois arbres peuvent faire une montagne. » Au cours de cette visite, je me réjouis d'avoir des discussions approfondies avec les dirigeants vietnamiens et de définir l'orientation future des relations entre la Chine et le Vietnam afin de garantir leur stabilité et leur pérennité.

  — Article signé par Xi Jinping publié dans le journal Nhân Dân du Vietnam, le 5 novembre 2015

- « La confiance est la base de l'amitié. » (Extrait des *Printemps et automnes de Lü Buwei*) La Chine et le Vietnam partagent de vastes intérêts communs et nos relations sont définies par l'amitié et la coopération.
- « Si les frères ont le même esprit, leur tranchant peut couper le métal. » (Extrait du *Livre des Mutations*) Dans un paysage international et régional caractérisé par le changement et l'incertitude, le Parti communiste chinois et le Parti communiste vietnamien sont confrontés à un grand nombre de nouveaux problèmes et défis similaires. Nous ne sommes pas seulement des voisins reliés par des montagnes et des rivières communes. Nous sommes une communauté de destin réunie par des intérêts qui se chevauchent et des objectifs communs.
- Au cours de ses activités révolutionnaires en Chine entre 1942 et 1943, le président Ho Chi Minh a écrit la phrase suivante : « En atteignant le sommet, on aura toute la terre en vue. » À l'époque de la dynastie des Tang (618-907), le poète chinois Wang Bo (650- vers 676) a écrit : « Lorsqu'on se tient sur le mont Tai avec toutes les autres montagnes en dessous de soi, on aura une vision claire et panoramique. » Les relations Chine-Vietnam ont atteint un nouveau point de départ historique.

  — Discours prononcé par Xi Jinping à l'Assemblée nationale du Vietnam, le 6 novembre 2015

ANNEXE

- « <u>La véritable amitié est aussi précieuse que l'or.</u> » (Bai Juyi, 772-846) La Chine est prête à s'associer à Singapour pour faire progresser l'amitié Chine-Singapour, bâtie et entretenue par les anciennes générations de dirigeants de nos deux pays. Que notre amitié continue à croître et à s'épanouir, à l'image des forêts pluviales exubérantes et luxuriantes que l'on voit partout à Singapour.

  — Article signé par Xi Jinping publié dans le Straits Times et le Lianhe Zaobao de Singapour, le 6 novembre 2015

- « <u>Une seule ligne de soie ne fait pas un fil, et une seule main ne peut pas applaudir.</u> » Les pays asiatiques doivent mettre en œuvre une conception de sécurité adaptée à la réalité de l'Asie et adopter une approche coordonnée dans le traitement des questions de sécurité dans la région. Nous devons aborder conjointement les questions de sécurité conventionnelles et non conventionnelles. Nous devons insister sur le règlement pacifique des différends et des litiges par des consultations amicales, et nous devons accorder une importance égale au développement et à la sécurité. Ensemble, nous pouvons parvenir à une coopération ouverte, inclusive et mutuellement bénéfique entre voisins, fondée sur le respect et la confiance mutuels, et réalisée en élargissant les points communs et en aplanissant nos différences.

- Comme le dit un proverbe chinois, « <u>ne vous affligez pas de ce que les hommes ne vous connaissent pas ; affligez-vous de ne pas connaître les hommes.</u> » (Extrait des *Entretiens de Confucius*) J'espère que les jeunes de Chine et de Singapour en apprendront davantage sur l'histoire et la culture des deux pays ainsi que sur les aspirations personnelles de chacun. Apprenez les uns des autres, approfondissez votre amitié et donnez-vous la peine de renforcer les liens entre nos deux pays. Ce faisant, vous deviendrez une nouvelle force motrice du développement des relations Chine-Singapour. C'est ce que j'espère pour vous.

  — Discours prononcé par Xi Jinping à l'Université nationale de Singapour, le 7 novembre 2015

- « <u>L'or véritable ne craint pas le feu.</u> » Un véritable partenariat ne consiste pas seulement à célébrer nos succès. Il s'agit de se serrer les coudes dans l'adversité.

- La communauté internationale doit travailler ensemble pour renforcer la coopération en matière de lutte contre le terrorisme en respectant les buts et principes de la Charte des Nations unies et les autres normes fondamentales régissant les relations internationales. Il faut <u>s'attaquer à la fois aux symptômes</u>

et aux causes profondes du terrorisme et rejeter la politique de deux poids deux mesures.

— Discours prononcé par Xi Jinping lors de la réunion informelle des dirigeants des BRICS, le 15 novembre 2015

- Comme l'a dit un ancien érudit chinois, « on a dit que pour guérir une maladie, il faut en traiter la cause profonde ; pour régler un problème, il faut en identifier la source. » Si l'on examine de plus près l'économie mondiale actuelle, on constate que l'élan généré par la dernière vague de la révolution scientifique et industrielle s'essouffle et que le potentiel de croissance du système économique et du modèle de développement traditionnels s'amenuise.
- Une fois identifiée la cause de la maladie, il faut prescrire un médicament approprié selon les symptômes. En tant que principal forum pour la coopération économique internationale, le G20 doit déterminer ses objectifs, définir la direction à suivre et exercer son leadership.

— Allocution sur l'économie mondiale prononcée par Xi Jinping lors de la première session du 10ᵉ Sommet des dirigeants du G20, le 15 novembre 2015

- Un ancien philosophe chinois a dit : « La clé pour gouverner un pays est d'abord d'enrichir son peuple. » L'objectif final du développement est d'apporter le bonheur au peuple en partageant les fruits du développement avec tous.
- « Même le plus court des voyages ne peut être achevé sans faire le premier pas. » (Xun Zi, 313-238 av. J.-C.) Aucun projet ne va se concrétiser tout seul. Si nous voulons atteindre nos objectifs, tous les membres de l'APEC doivent se mobiliser et travailler main dans la main.

— Discours liminaire prononcé par Xi Jinping lors du Sommet des chefs d'entreprise de l'APEC, le 18 novembre 2015

- Nous devons adopter une vision à long terme et nous efforcer d'améliorer le cadre stratégique de la coopération à moyen et long terme en Asie-Pacifique. Comme l'a dit un ancien philosophe chinois, « sans détermination, rien ne peut être accompli ».
- Nous devons prendre des mesures concrètes pour transformer notre consensus en de véritables résultats. « Avoir vu quelque chose n'est pas aussi bon que de le savoir, et savoir quelque chose n'est pas aussi bon que de le mettre en pratique. »

— Discours prononcé par Xi Jinping lors de la première session de la 23ᵉ réunion informelle des dirigeants de l'APEC, le 19 novembre 2015

ANNEXE

- « Toutes les choses vivent en harmonie et sont donc capables de se développer. »
  (Xun Zi) La culture chinoise accorde toujours une grande importance à
  l'harmonie entre l'homme et la nature et tient la nature en haute estime.

  — Discours prononcé par Xi Jinping lors de la cérémonie d'ouverture de la
  Conférence de Paris sur les changements climatiques, le 30 novembre 2015

- Les Chinois insistent pour « concilier la justice et les intérêts tout en privilégiant
  la première ». L'amitié et la justice, qui définissent les relations entre la Chine
  et l'Afrique, exigent que le développement de la Chine favorise la croissance de
  l'Afrique afin qu'en fin de compte, nous puissions parvenir à un développement
  commun grâce à une coopération mutuellement bénéfique.

  —Allocution prononcée par Xi Jinping lors de la cérémonie d'ouverture du Sommet
  du Forum sur la Coopération sino-africaine de Johannesburg, le 4 décembre 2015

- « Lorsqu'il y a un soutien mutuel, le monde est en paix ; lorsqu'il y a une
  hostilité mutuelle, le monde est dans le chaos. » (Mo Zi, fin de la Période des
  Printemps et Automnes) Pour améliorer le système de gouvernance mondiale
  de l'internet et maintenir l'ordre dans le cyberespace, nous devons être
  solidaires les uns des autres, respecter les principes de confiance et d'intérêt
  mutuels et abandonner la mentalité obsolète du jeu à somme nulle et du
  « gagnant remporte tout ».

  — Discours prononcé par Xi Jinping lors de la cérémonie d'ouverture de
  la 2ᵉ Conférence mondiale de l'internet, le 16 décembre 2015

2016

- Zheng He (1371-1433), navigateur chinois musulman de la dynastie des Ming,
  s'est rendu à Djeddah, La Mecque et Médine, qu'il a saluées comme des « terres
  de paix et d'harmonie » et des « paradis de félicité parfaite ».

  —Article signé par Xi Jinping publié dans le journal saoudien Alriyadh, le 18 janvier 2016

- « Le succès se construit sur la confiance, tandis que la méfiance ouvre la voie
  à l'échec. » Il en va de même pour les relations d'État à État et les relations
  interpersonnelles.

  —Article signé par Xi Jinping publié dans le journal iranien Iran, le 21 janvier 2016

ANNEXE

- « Rendez visite à ceux dont vous vous sentez proche sans les avoir rencontrés auparavant, et invitez ceux que vous ne pouvez oublier longtemps après que vous les avez rencontrés. » (Guan Zi, 723-645 av. J.-C.) Au cours de cette visite dans le monde arabe, mes collègues et moi ressentons tous une affinité particulière avec cet endroit.
- Le sage chinois Mencius (vers 372-289 av. J.-C.) a dit : « Il faut s'établir dans la position appropriée du monde et suivre la grande voie du monde. » Les mesures politiques de la Chine concernant le Moyen-Orient sont déterminées en fonction du bien-fondé de la question en jeu et des intérêts fondamentaux des peuples du Moyen-Orient.
- Là où l'initiative « la Ceinture et la Route » s'étend, se trouvent les lieux d'échanges dynamiques entre les peuples. La compréhension mutuelle entre les peuples exige des efforts inlassables pour un succès durable.

— Discours prononcé par Xi Jinping au siège de la Ligue des États arabes, le 21 janvier 2016

- « Ce que nous plantons au printemps poussera en été, portera ses fruits en automne et nous soutiendra pendant l'hiver. Plus nous labourons les champs, plus la récolte est abondante. » Tant que nous coopérerons de bonne foi et continuerons à renforcer la sécurité nucléaire, l'énergie nucléaire offrira un avenir plus radieux à l'humanité.

— Discours prononcé par Xi Jinping lors du Sommet sur la sécurité nucléaire à Washington, le 1er avril 2016

- « Celui qui chérit la vertu prospère, mais celui qui favorise la force périt. » (Extraits des *Mémoires historiques*, Sima Qian) La loi de la jungle va à l'encontre des tendances de l'époque, et la belligérance ne mènera pas à la paix. Seules les compréhension et tolérance mutuelles apporteront la stabilité, et seul l'engagement envers la justice peut garantir une sécurité durable.

— Discours prononcé par Xi Jinping lors de la cérémonie d'ouverture de la 5e Réunion des ministres des Affaires étrangères de la Conférence sur l'interaction et les mesures de confiance en Asie, le 28 avril 2016

- Il y a plus de 2 000 ans, Confucius a dit : « Je ne sais à quoi peut être bon un homme qui manque de sincérité. » La confiance est la base des relations

403

interpersonnelles, et la confiance est ce qui permet de s'engager dans des échanges d'État à État. Nous devons maintenir une communication fréquente et établir une confiance mutuelle stratégique afin d'éviter les erreurs d'appréciation et d'empêcher que des problèmes temporaires n'affectent l'ensemble de nos relations.

- Sous la dynastie des Song, le poète chinois Xin Qiji (1140-1207) a écrit : « <u>Les montagnes boisées ne peuvent pas empêcher la rivière de se jeter dans la mer.</u> » L'idée ici est qu'un grand fleuve finit par atteindre sa destination, même s'il doit couler en zigzag en cours de route. Pour la Chine et les États-Unis, tant que nous restons concentrés sur nos objectifs et que nous persévérons dans nos efforts, nous pourrons progresser davantage dans la construction d'un nouveau modèle de relations entre grands pays et offrir de plus grands avantages, non seulement aux populations de nos deux pays, mais aussi au monde entier.

— Discours prononcé par Xi Jinping lors de la cérémonie d'ouverture conjointe du 8ᵉ Dialogue stratégique et économique sino-américain et de la 7ᵉ Consultation de haut niveau sino-américaine sur les échanges entre les peuples, le 6 juin 2016

- L'ancien philosophe chinois Mencius (vers 372-289 av. J.-C.) a dit un jour : « <u>Il faut se lier d'amitié avec les hommes honorables.</u> » Au cours des six dernières décennies, l'amitié profonde et le lien spécial entre nos peuples ont défié le temps et la distance pour devenir encore plus forts.

— Article signé par Xi Jinping publié dans le journal serbe Politika et par l'agence de presse Tanjug, le 16 juin 2016

- La Chine et la Pologne ont un dicton selon lequel « <u>la véritable amitié se reconnaît dans l'adversité</u> ». Cela s'est vérifié pendant la Seconde Guerre mondiale, lorsque nos deux peuples ont forgé une amitié profonde grâce à un soutien mutuel et à des sentiments de sympathie.
- L'ancien penseur chinois Confucius a dit : « <u>L'homme honorable s'appuie sur la justice, [...] et l'accomplit en toute sincérité.</u> » Dans le même esprit, nos deux pays devraient envisager les relations bilatérales dans une perspective stratégique et à long terme, étendre la compréhension et le soutien mutuels sur les intérêts fondamentaux et les questions d'intérêt majeur, et assurer un développement stable des relations Chine-Pologne à long terme.

— Article signé par Xi Jinping publié dans le journal polonais Rzeczpospolita, le 17 juin 2016

ANNEXE

- Après avoir effectué une mission en Asie centrale il y a quelque 600 ans, un envoyé chinois de la dynastie des Ming (1368-1644) a écrit un poème décrivant « une terre verdoyante couverte d'une herbe épaisse et des montagnes enneigées recouvertes d'un éclat argenté ».
- L'ancien philosophe chinois Confucius a dit un jour : « Il faut tenir la promesse faite à ses amis. » La confiance politique est une base importante pour le développement sain des relations Chine-Ouzbékistan.

— Article signé par Xi Jinping publié dans le journal ouzbek Narodnoye Solve et par l'agence de presse Jahon, le 21 juin 2016

- « Pour examiner le présent, il faut étudier le passé, car sans le passé, il n'y aurait pas de présent. » (Extrait des *Sages écrits de jadis*) L'histoire est un miroir qui éclaire le présent et l'avenir.
- « Un homme sage est capable de faire des plans, mais celui qui agit au bon moment est encore meilleur. » (Guan Zi, 723-645 av. J.-C.) La Chine souhaite inviter l'Ouzbékistan et d'autres pays à saisir l'occasion historique qui se présente à nous, à relever les divers défis, et à soutenir les efforts visant à étendre l'initiative « la Ceinture et la Route » en largeur et en profondeur.

— Discours prononcé par Xi Jinping à la Chambre législative de l'Oliy Majlis de l'Ouzbékistan, le 22 juin 2016

- « La connaissance stimule l'action et se concrétise par l'action. » (Wang Yangming, 1472-1529) L'esprit de Shanghai a créé une puissante cohésion et stimulé la volonté de coopération. Il est devenu une importante source d'inspiration qui favorise le développement de l'Organisation de coopération de Shanghai.
- « Rien n'est plus bénéfique que la stabilité, et rien n'est plus néfaste que le chaos. » (Guan Zi) Le maintien de la sécurité et de la stabilité dans notre région est la priorité de la coopération de l'OCS.

— Discours prononcé par Xi Jinping lors de la 16e réunion du Conseil des chefs d'État de l'Organisation de coopération de Shanghai, le 24 juin 2016

- La Chine ne convoite pas les droits et les intérêts des autres pays et n'est pas jalouse de leurs réalisations, mais nous ne renoncerons jamais à nos droits et intérêts légitimes. Aucune menace ne peut effrayer les Chinois. La Chine ne cause pas de problèmes, mais elle n'en a pas peur. Aucun pays étranger ne doit s'attendre à ce que nous échangions nos intérêts fondamentaux.

405

ANNEXE

Nous ne laisserons pas notre souveraineté, notre sécurité et nos intérêts de développement être sapés.

— Discours prononcé par Xi Jinping lors de la Conférence célébrant le 95ᵉ anniversaire de la fondation du PCC, le 1ᵉʳ juillet 2016

- « <u>Un pays doit réduire les droits de douane, améliorer les routes, faciliter les transactions commerciales et assouplir la politique agricole.</u> » C'est la bonne façon de développer une économie mondiale ouverte.
- On dit souvent que <u>les intelligents s'occupent des affaires concrètes, tandis que les sages gouvernent les institutions.</u> Face à l'évolution du paysage économique mondial, la gouvernance économique mondiale doit s'adapter à son époque.

— Discours liminaire prononcé par Xi Jinping lors de la cérémonie d'ouverture du sommet du B20, le 3 septembre 2016

- Zheng He (1371-1433), navigateur chinois de la dynastie des Ming, a visité le Bengale à deux reprises. Il l'a décrit comme « <u>une terre richement dotée en ressources naturelles, avec des gens aimables et une abondance de champs fertiles</u> ».

— Article signé par Xi Jinping publié dans les journaux bangladais The Daily Star et Prothom Alo, le 14 octobre 2016

- L'automne est la saison des récoltes, et cette année marque le dixième anniversaire de la coopération entre les BRICS. Comme le dit un proverbe chinois, « <u>il faut dix ans pour affûter une bonne épée.</u> » Ce sont dix années d'efforts laborieux des pays des BRICS qui ont donné lieu à dix années de récolte.
- « <u>Le miroir nous permet de nous connaître ; le passé nous permet de comprendre le présent.</u> » (Han Ying, mort en 158 av. J.-C.) En faisant le point sur le passé, nous serons en mesure d'ouvrir la voie à un avenir plus radieux.

— Discours prononcé par Xi Jinping lors d'une réunion élargie du 8ᵉ sommet des BRICS, le 16 octobre 2016

- Selon la médecine traditionnelle chinoise, <u>la douleur peut être soulagée par l'amélioration de la circulation sanguine.</u> L'interconnectivité assurera une meilleure circulation dans l'économie de la région Asie-Pacifique.

— Discours prononcé par Xi Jinping lors de la première session de la 24ᵉ réunion informelle des dirigeants de l'APEC, le 20 novembre 2016

ANNEXE

- Les Chinois ont toujours « <u>considéré la sincérité et la bienveillance comme de grandes vertus</u> ». (Su Shi, 1037-1101) Comme le dit un vieux dicton chinois, « <u>l'homme bienveillant considère que tous les êtres vivants sont interconnectés</u> ». (Mencius, vers 372-289 av. J.-C.) Selon cette philosophie ancienne, la Chine appelle tous les pays à travailler ensemble pour créer des partenariats fondés sur l'égalité de traitement et les consultations mutuelles ; à promouvoir une architecture de sécurité équitable et juste, construite et partagée par tous ; à adopter un concept de développement caractérisé par l'ouverture, l'innovation, l'inclusion et le bénéfice mutuel ; à s'engager dans des échanges interculturels fondés sur l'inclusion et le principe de « l'harmonie sans uniformité » ; et à créer un écosystème qui respecte la nature et favorise le développement vert.

  — Discours prononcé par Xi Jinping au Congrès péruvien, le 21 novembre 2016

- Les Chinois ont toujours cru que « <u>tous les habitants du monde appartiennent à la même famille</u> ». En tant que Chinois, nous voulons une bonne vie non seulement pour nous-mêmes mais aussi pour tous les peuples du monde.

  —Allocution du président chinois Xi Jinping pour le
  Nouvel An 2017, le 31 décembre 2016

2017

- « <u>Les melons miel poussent sur des vignes amères ; les jujubes sucrés poussent sur des arbres épineux.</u> » (Shen Deqian, 1673-1769) D'un point de vue philosophique, rien n'est parfait dans le monde. Quiconque prétend que quelque chose est parfait en raison de ses mérites ne voit pas l'ensemble du tableau, et il en va de même pour celui qui considère quelque chose comme inutile simplement parce qu'il a des défauts.
- La mondialisation économique a posé de nouveaux problèmes, mais <u>ce n'est pas une raison pour la rejeter en bloc</u>. Au contraire, nous devons nous adapter à la mondialisation économique, la gérer et minimiser son impact négatif afin que ses avantages soient étendus à tous les pays et à tous les peuples.
- La Chine a courageusement adhéré au marché mondial. Dans ce processus, nous avons bu la tasse, nous avons connu des tourbillons, du vent et des vagues. Mais <u>nous avons appris à nager en nageant</u>. C'est le bon choix stratégique.
- « <u>La victoire est assurée lorsque les gens mettent leurs forces en commun ; le succès est garanti lorsque les gens tirent parti de leur sagesse collective.</u> » (Lao Zi, 571– vers 471 av. J.-C.) Tant que nous resterons attachés à l'objectif de construire une communauté de destin pour l'humanité et que nous

407

ANNEXE

travaillerons main dans la main pour assumer nos responsabilités et surmonter les difficultés, nous serons en mesure de créer un monde meilleur et d'offrir à nos peuples une vie meilleure.

— Discours liminaire prononcé par Xi Jinping lors de la cérémonie d'ouverture de la Conférence annuelle 2017 du Forum économique mondial, le 17 janvier 2017

- <u>Le début d'une nouvelle année marque le renouvellement de l'univers.</u> C'est un grand plaisir pour moi de venir à l'Office des Nations unies à Genève en ce début d'année pour partager avec vous mes réflexions sur la construction d'une communauté de destin pour l'humanité qui est un grand thème de notre époque.

- La vitalité de la loi réside aussi dans l'équité et la justice. Les pays et les institutions judiciaires internationales doivent veiller à assurer une application égalitaire et unifiée du droit international, <u>rejeter le deux poids deux mesures et toute approche instrumentaliste</u> et <u>agir en toute impartialité pour faire régner la justice dans le monde.</u>

- « <u>Les grandes visions ne peuvent se concrétiser que par les actions.</u> » La construction de la communauté de destin pour l'humanité passe par des actions concrètes. Pour atteindre cet objectif, la communauté internationale doit œuvrer notamment dans l'établissement des partenariats, la préservation de la sécurité, le développement économique, les échanges entre civilisations et la protection de l'environnement.

- Quand un voisin est en difficulté, il nous faut lui donner la main et non penser seulement à consolider notre propre palissade. Comme dit un vieil adage chinois : « <u>Seul, on est vulnérable ; ensemble, on est indestructible.</u> » Il est nécessaire d'adopter un concept de sécurité commune, intégrée, coopérative et durable.

- <u>Le secret pour faire un bon plat, c'est de savoir concilier les saveurs.</u> La diversité de la civilisation humaine est une caractéristique fondamentale de la planète et une source du progrès de l'humanité.

- La civilisation chinoise préconise depuis toujours <u>le bon voisinage, l'harmonie respectueuse de la diversité</u> et <u>la primauté de la paix.</u> Dans l'*Art de la guerre* de Sun Zi, traité de stratégie militaire chinois, la toute première phrase est : « <u>La guerre est d'une importance vitale pour le pays, c'est le terrain de la vie et de la</u>

408

ANNEXE

mort, c'est la voie qui mène à la survie ou à l'anéantissement ; il est impossible de ne pas l'étudier. » L'idée essentielle est qu'il faut s'abstenir d'employer arbitrairement la force armée et s'efforcer de prévenir la guerre.

- Comme dit un adage chinois, « en mangeant le fruit, on pense à l'arbre ; en buvant de l'eau, on pense à la source. » Le monde a contribué au développement de la Chine, et la Chine a contribué au développement international.

- Les Chinois disaient : « Ceux qui savent apprendre étudient à fond et ceux qui savent entreprendre agissent avec constance. » La construction d'une communauté de destin pour l'humanité est un bel objectif dont la réalisation nécessite des efforts successifs de génération en génération.

- Le coq symbolise la lumière et le bonheur. Comme le disent les Chinois, « au chant du coq, le bonheur frappe à la porte ».

— Discours prononcé par Xi Jinping à l'Office des Nations unies à Genève, le 18 janvier 2017

- « La construction de routes et de lignes ferroviaires crée de la prospérité dans tous les secteurs. » Nous avons accéléré la construction de la ligne ferroviaire à grande vitesse Jakarta-Bandung, de la ligne ferroviaire Chine-Laos, de la ligne ferroviaire Addis-Abeba-Djibouti, de la ligne ferroviaire Hongrie-Serbie et des ports de Gwadar et du Pirée en coopération avec les pays concernés. Un grand nombre de projets de connectivité sont également en cours d'élaboration.

- Comme on le dit souvent en Chine, « tout début est difficile. » Nous avons fait de solides premiers pas dans la mise en œuvre de l'initiative « la Ceinture et la Route ». Nous devons poursuivre sur cette lancée et assurer des progrès constants afin d'orienter l'initiative « la Ceinture et la Route » vers un plus grand succès à long terme.

- Comme le dit un ancien dicton chinois, « un voyage de mille lieues commence toujours par un premier pas ». Selon un proverbe arabe, « les pyramides ont été construites en empilant les pierres, une par une ». Et un dicton européen dit que « Rome ne s'est pas faite en un jour ». L'initiative « la Ceinture et la Route » est une grande cause qui nécessite du temps et des efforts dédiés.

— Discours prononcé par Xi Jinping lors de la cérémonie d'ouverture du Forum de « la Ceinture et la Route » pour la coopération internationale, le 14 mai 2017

ANNEXE

2. Citations étrangères

2013

- Chernyshevsky a écrit un jour : « Le chemin de l'histoire n'est pas comme le trottoir de l'avenue Nevsky ; il traverse des champs, parfois poussiéreux et boueux, et coupe à travers des marécages et des ravins. »
- Le président Poutine a déclaré un jour : « La Russie a besoin d'une Chine prospère et stable, et la Chine a besoin d'une Russie forte et couronnée de succès. »
- Comme le dit un proverbe russe, « les grands bateaux naviguent loin ».

— Discours prononcé par Xi Jinping à l'Institut d'État des relations internationales de Moscou, le 23 mars 2013

- Comme disait l'écrivain russe Gogol, « il est heureux d'être jeune, car la jeunesse a un avenir devant elle ».

— Allocution prononcée par Xi Jinping lors d'une rencontre avec des sinologues russes, des étudiants en langue chinoise et des représentants des médias à Moscou, le 23 mars 2013

- Cela me rappelle un vers écrit par un poète africain : « Avance, Afrique, et faisons-nous entendre dans tes chants le rythme de la victoire. »

— Discours prononcé par Xi Jinping devant le Parlement de la République du Congo, le 29 mars 2013

- Selon un proverbe latino-américain, « les vieux amis sont comme les vieux vins ».
- Le président Benito Juarez a dit un jour : « Entre les personnes, comme entre les pays, la paix signifie le respect des droits d'autrui. »
- Comme l'a dit le poète mexicain Alfonso Reyes, « la seule façon de profiter à son pays est de profiter au monde entier ».

— Discours prononcé par Xi Jinping devant le Sénat mexicain, le 5 juin 2013

- Comme le dit un proverbe kazakh, « l'histoire d'un pays est l'histoire de son peuple ».
- Le grand poète et philosophe kazakh Abay Kunanbayev a dit un jour : « Le monde est comme un océan, et le temps un coup de vent régulier. Les vagues de l'avant sont l'aîné et celles de l'arrière sont le cadet. Poussées par le vent, les

vagues de l'arrière se heurtent constamment à celles de l'avant. Il en est ainsi depuis les temps anciens. »

— Discours prononcé par Xi Jinping à l'Université
Nazarbayev du Kazakhstan, le 7 septembre 2013

- La plupart des Chinois connaissent la chanson folklorique indonésienne Bengawan Solo, qui décrit la rivière comme suit : « Ton eau jaillit de Solo, accompagnée par mille montagnes. Le courant envoie son eau sur de grandes distances avant de se jeter dans la mer. »
- En Indonésie, on dit souvent : « Il est facile de gagner de l'argent, mais difficile de se faire des amis. »
- À ce propos, je me souviens de la chanson *Hening* (Silence), composée par le président indonésien Yudhoyono. En octobre 2006, il s'est rendu dans le Guangxi pour assister au Sommet commémorant le 15e anniversaire de l'établissement des relations de dialogue Chine-ASEAN. Sur la rivière Lijiang, le président Yudhoyono s'est senti inspiré pour écrire ces charmantes paroles : « Le bonheur continue de parcourir ma vie ; ensemble, mes compagnons et moi savourons les bons moments. »

— Discours prononcé par Xi Jinping devant le Conseil
représentatif du peuple d'Indonésie, le 3 octobre 2013

2014

- Le mur en pierre à l'entrée du siège de l'UNESCO porte une inscription en plusieurs langues : « Puisque les guerres commencent dans l'esprit des Hommes, c'est dans l'esprit des Hommes que les défenses de la paix doivent être construites ».
- Victor Hugo a écrit : « Il y a un spectacle plus grand que la mer, c'est le ciel ; il y a un spectacle plus grand que le ciel, c'est l'intérieur de l'âme. »
- Comme l'a fait remarquer Napoléon Bonaparte, « il y a seulement deux forces dans le monde, l'épée et l'esprit. À long terme, l'épée est toujours conquise par l'esprit ».

— Discours prononcé par Xi Jinping au siège de l'UNESCO, le 27 mars 2014

- Gottfried Leibniz a dit : « Le partage de nos talents allumera la lampe de la sagesse. »

ANNEXE

- Un dicton allemand dit que « les montagnes ne se rencontrent point, mais les hommes se rencontrent ». Les Chinois et les Allemands ont une longue histoire d'échanges significatifs et amicaux.
- Comme l'a dit Gotthold Ephraim Lessing, « l'histoire ne doit pas encombrer la mémoire. Elle doit éclairer le bon sens ».
- L'ancien chancelier Willy Brandt a dit que celui qui oublie l'histoire sera malade dans son âme.

— Discours prononcé par Xi Jinping à la fondation
Körber en Allemagne, le 28 mars 2014

- Un écrivain français a dit un jour : « L'ami est transparent à l'ami ; ils échangent leur être. »

— Discours prononcé par Xi Jinping au Collège d'Europe
à Bruges, en Belgique, le 1ᵉʳ avril 2014

- Selon les vers du poète sud-coréen Heo Gyun, « notre dévouement l'un envers l'autre est pur et inaltéré, comme le reflet de la lumière froide de la lune sur un flacon en jade ». Ces mots donnent une bonne image de l'amitié entre les peuples de Chine et de République de Corée.
- L'honorable Ahn Jung-geun a écrit ces mots dans une œuvre calligraphique : « Ne passez pas la journée en vain, car la jeunesse, une fois partie, ne reviendra jamais. » J'espère que nos jeunes chériront leur jeunesse et utiliseront ces années de formation pour produire des réalisations importantes dans leurs vies.

— Discours prononcé par Xi Jinping à l'Université nationale
de Séoul en République de Corée, le 4 juillet 2014

- Comme l'a dit la poétesse américaine Marianne Moore, « la victoire ne viendra pas à moi sauf si j'y vais ».

— Discours prononcé par Xi Jinping lors de la cérémonie d'ouverture conjointe du
6ᵉ Dialogue stratégique et économique sino-américain et de la 5ᵉ Consultation de
haut niveau sino-américaine sur les échanges entre les peuples, le 9 juillet 2014

- Un vers du poème épique argentin *Martin Fierro* dit : « Les frères doivent se soutenir mutuellement, car c'est la première loi. »

ANNEXE

- Le héros national cubain José Martí a fait remarquer que « l'unité est un langage universel ».

  > — *Allocution prononcée par Xi Jinping lors d'une interview conjointe avec le Valor Econômico du Brésil, La Nacion de l'Argentine, l'Agencia Venezolana de Noticias du Venezuela et l'Agencia Informativa Latino Americana de Cuba, le 14 juillet 2014*

- J'ai visité Brasilia il y a cinq ans. En revenant dans cette ville d'importance, unique et moderne, je me souviens des célèbres paroles du fondateur de la ville, l'ancien président brésilien Juscelino Kubitschek : « Brasilia incarne l'esprit brésilien, qui consiste à aller de l'avant, à se frayer un nouveau chemin, à avoir confiance en soi, à innover et à faire preuve de courage. »
- Le libérateur latino-américain Simon Bolivar a dit un jour que « les peuples latino-américains se sont réunis, non pas grâce à l'idée lumineuse de quelqu'un, mais grâce à l'inéluctabilité du destin ».
- Comme le dit l'écrivain brésilien Paulo Coelho, « le monde est entre les mains de ceux qui ont le courage de rêver et qui prennent le risque de réaliser leurs rêves – chacun selon son talent ».
- Au Brésil, on dit que « l'amitié, comme le vin, se bonifie avec le temps ».

  > — *Discours prononcé par Xi Jinping au Congrès national du Brésil, le 16 juillet 2014*

- Dans son poème *Ma terre natale*, le célèbre écrivain mongol Natsagdorj écrit :
  « Les hautes montagnes majestueuses de Khentei, Khangai et Soyon,
  Les forêts et les crêtes boisées – la beauté du Nord,
  Le grand désert de Gobi – les espaces de Menen, Sharga et Nomin,
  Et les immenses déserts de sable qui dominent le Sud ;
  C'est ma terre natale,
  Ma Mongolie bien-aimée. »
- Comme le dit un dicton mongol, « les voisins sont liés par le cœur et partagent un destin commun ».

  > — *Discours prononcé par Xi Jinping au Grand Khoural d'État de la Mongolie, le 22 août 2014*

- Selon le bouddhisme, tout est basé sur les espoirs de chacun ; plus l'espoir est ambitieux, plus son pouvoir est grand.

ANNEXE

- Comme le dit un proverbe sri-lankais, « <u>apprenez à un homme à pêcher et il n'aura jamais faim</u> ».

— Article signé par Xi Jinping publié dans le Daily News du Sri Lanka, le 16 septembre 2014

- M. Deng Xiaoping a déclaré que le véritable « siècle asiatique » ne se produira que lorsque la Chine et l'Inde seront toutes deux développées. Et comme l'a fait remarquer un jour M. Jawaharlal Nehru, <u>lorsque l'Inde et la Chine s'uniront, ce sera un événement capital pour l'Asie et le monde.</u>
- Mahatma Gandhi a fait remarquer un jour que « <u>la Chine et l'Inde sont des compagnons de route qui restent ensemble contre vents et marées</u> ». Le Premier ministre Modi m'a dit que la Chine et l'Inde sont « <u>deux corps avec un seul esprit</u> ».
- J'ai lu des poèmes de Tagore, tels que *Gitanjali*, *Les oiseaux de passage*, *Le jardinier d'amour* et *La jeune lune*, dont de nombreux vers sont encore frais dans ma mémoire. « <u>Ne pleurez jamais d'avoir perdu le soleil, les larmes vous empêcheront de voir les étoiles</u> » ; « <u>Plus on est proche de l'humilité, plus on est proche de la noblesse</u> » ; « <u>Le faux ne peut pas supporter l'échec, mais le vrai peut</u> » ; « <u>Nous déchiffrons mal le monde et disons qu'il nous trompe</u> » ; « <u>Laisse à la vie sa beauté de fleurs d'été, à la mort sa beauté de feuilles d'automne</u> », ces lignes aussi belles et philosophiques m'ont fortement inspiré sur ma façon de voir la vie.

— Discours prononcé par Xi Jinping au Conseil indien des affaires mondiales, le 18 septembre 2014

- Comme le dit un proverbe australien, « <u>gardez votre visage toujours vers le soleil et les ombres tomberont derrière vous</u> ». La Chine et l'Australie diffèrent par leur histoire, leur culture, leur système social et leur stade de développement, il est donc naturel que les deux pays soient en désaccord sur certaines questions.

— Discours prononcé par Xi Jinping au Parlement australien, le 17 novembre 2014

- Selon un proverbe maori, « <u>tu es seul responsable de ton propre bonheur</u> ». Alors que la Chine et la Nouvelle-Zélande se préparent à entamer un nouveau voyage de coopération, l'avenir des relations bilatérales est aussi entre nos mains.

— Article signé par Xi Jinping publié dans le New Zealand Herald de Nouvelle-Zélande, le 19 novembre 2014

ANNEXE

- Comme le dit un proverbe fidjien, « un seul bourgeon donne naissance à d'innombrables fruits ». La Chine a un dicton similaire : « Un seul millet est semé au printemps, et dix mille graines sont récoltées en automne. » Alors que nous nous trouvons à un nouveau point de départ historique des relations entre la Chine et les pays insulaires du Pacifique, nous sommes prêts à joindre nos efforts à ceux de tous les pays insulaires pour rechercher une véritable amitié, une coopération pragmatique et des bénéfices mutuels, et ainsi travailler ensemble à la réalisation du rêve de développement, de prospérité et d'harmonie pour tous.

  — Discours liminaire prononcé par Xi Jinping lors d'une réunion de groupe avec les dirigeants des pays insulaires du Pacifique à Nadi, le 22 novembre 2014

2015

- Pour construire une communauté de destin pour l'humanité, nous devons poursuivre une coopération mutuellement bénéfique et un développement commun. Comme le disent nos amis d'Asie du Sud-Est, « les fleurs de lotus deviennent plus grandes quand l'eau monte ». Nos amis africains disent : « Ceux qui voyagent seuls vont vite, mais ceux qui voyagent en compagnie vont loin. » Nos amis européens disent : « Un seul arbre ne suffit pas pour s'abriter du vent froid. » En Chine, nous disons souvent : « Quand les grandes rivières ont de l'eau, les petits ruisseaux sont remplis ; et quand les petits ruisseaux ont de l'eau, les grandes rivières sont remplies. » Tous ces dictons traduisent la même vérité : ce n'est que par une coopération gagnant-gagnant que nous pourrons obtenir des résultats significatifs, durables et bénéfiques pour tous.

  — Discours prononcé par Xi Jinping à la conférence annuelle 2015 du Forum de Bo'ao pour l'Asie, le 28 mars 2015

- Au Pakistan, dans un poème ourdou il est dit : « L'image de mon ami est là, elle brille dans le miroir de mon cœur ; je n'ai qu'à baisser la tête, et elle apparaît. »

  — Article signé par Xi Jinping publié dans le Daily Jang et le Daily Times du Pakistan, le 19 avril 2015

- Dans les années 1930, le grand poète pakistanais Muhammad Iqbal a écrit : « Les sources de l'Himalaya commencent à jaillir, et le peuple chinois endormi à sortir de son profond sommeil. » Ce vers est un salut au peuple chinois dans sa lutte pour l'indépendance et son combat contre l'agression étrangère.

ANNEXE

- Un proverbe pakistanais dit que « le vent ne souffle pas toujours dans la direction souhaitée par le marin ». C'est vrai. Mais tant que nous serons guidés par les aspirations de notre peuple et que nous nous efforcerons de répondre à ces aspirations, nous serons en mesure de surmonter tous les obstacles sur notre chemin, et le partenariat de coopération stratégique par tous les temps entre la Chine et le Pakistan sera élargi, approfondi et enrichi.

  — Discours prononcé par Xi Jinping devant le Parlement du Pakistan, le 21 avril 2015

- J'ai effectué ma première visite d'État en Russie en mars 2013. Au cours de la visite, j'ai déposé une gerbe de fleurs sur la tombe du soldat inconnu au mur du Kremlin. Sur la tombe, il y avait une sculpture en bronze représentant un casque de soldat, un drapeau rouge et une flamme éternelle, symbole de la vie ininterrompue et de l'intrépidité des héros tombés au combat. « Votre nom est inconnu, votre exploit est immortel. » En effet, ces héros ne seront jamais oubliés par les peuples de Russie, de Chine ou du reste du monde.
- L'historien russe Vassili Klyuchevsky a dit un jour : « Si nous perdons la mémoire de notre passé, notre esprit se perdra dans les ténèbres. »

  — Article signé par Xi Jinping publié dans le journal
  russe Rossiyskaya Gazeta, le 7 mai 2015

- Le Bélarus a un dicton selon lequel « l'amitié et la fraternité ont plus de valeur que toutes les richesses ». Les peuples de la Chine et du Bélarus apprécient grandement l'amitié, et nous chérissons la fraternité entre nos peuples, forgée dans le sang pendant la guerre mondiale antifasciste, il y a 70 ans.
- Le peuple bélarusse dit souvent qu'une amitié forte est difficile à briser. Un ancien érudit chinois a dit : « Un partenariat forgé avec la bonne approche défie la distance ; il se lie comme de la colle et est plus durable que la pierre. »

  — Article signé par Xi Jinping publié dans le journal
  Sovetskaya Belorussiya, le 8 mai 2015

- Dans son livre *L'ordre du monde*, Henry Kissinger a écrit que « chaque génération sera jugée sur la question de savoir si les problèmes les plus importants et les plus majeurs de la société humaine ont été affrontés ». Et comme Martin Luther King Jr. l'a dit, « le moment est toujours juste pour faire ce qui est juste ».

  — Discours prononcé par Xi Jinping lors du dîner d'accueil organisé
  par les gouvernements locaux et des organisations amies aux États-
  Unis, dans l'État de Washington, le 22 septembre 2015

ANNEXE

- Pour citer Shakespeare, « le passé est un prologue ». Le Parlement du Royaume-Uni joue un rôle de plus en plus important dans la promotion des échanges entre les différents milieux de nos deux pays et dans l'avancement des relations bilatérales entre la Chine et le Royaume-Uni.

  — Discours prononcé par Xi Jinping devant le Parlement
  du Royaume-Uni, le 20 octobre 2015

- « Être, ou ne pas être, telle est la question. » Cette phrase d'Hamlet m'a laissé une impression durable.
- Francis Bacon a écrit : « L'âge d'or est devant nous, pas derrière nous. » Lors de ma rencontre avec le Premier ministre David Cameron aujourd'hui, nous avons convenu d'inaugurer un « âge d'or » en forgeant le partenariat stratégique global mondial pour le XXIe siècle.

  — Discours prononcé par Xi Jinping lors d'un dîner organisé par
  le lord-maire de la ville de Londres, le 21 octobre 2015

- Lorsque nous parlons des relations entre la Chine et le Vietnam, je me souviens d'une chanson dont les paroles sont familières aux peuples des deux pays : « Le Vietnam et la Chine – unis par des montagnes et des rivières. Nous buvons tous à la même source ; nous nous voyons le matin et le soir, et nous nous réveillons au petit matin par le même chant du coq. »

  — Article signé par Xi Jinping publié dans le journal
  Nhân Dân du Vietnam, le 5 novembre 2015

- La Chine et le Vietnam doivent être des compagnons proches qui peuvent compter l'un sur l'autre pour obtenir aide et assistance. Comme l'a dit un jour le président Ho Chi Minh, « liés par une profonde amitié, le Vietnam et la Chine sont comme des camarades et frères ». Nos deux pays suivent le même système politique et partagent des idéaux, des convictions et des intérêts stratégiques similaires.

  — Discours prononcé par Xi Jinping à l'Assemblée
  nationale du Vietnam, le 6 novembre 2015

- L'écrivain français Victor Hugo a un jour remarqué que « les ressources suprêmes sortent des résolutions extrêmes ». Je suis convaincu que si toutes les parties travaillent ensemble dans un esprit de confiance et de sincérité, la

ANNEXE

Conférence de Paris produira des résultats satisfaisants et répondra aux attentes élevées de la communauté internationale.

— Discours prononcé par Xi Jinping lors de la cérémonie d'ouverture de la Conférence de Paris sur les changements climatiques, le 30 novembre 2015

- Comme le dit un proverbe zimbabwéen, « Chikuni chimwe hachikodzi sadza » (Il est impossible de faire cuire de la bouillie de maïs blanc avec un seul morceau de bois de chauffage). Les Chinois ont un dicton similaire : « Quand tout le monde ajoute du bois, les flammes montent plus haut. »

— Article signé par Xi Jinping publié dans le Herald du Zimbabwe, le 30 novembre 2015

- J'apprécie les paroles de Monsieur Nelson Mandela, ancien président de l'Afrique du Sud : « Nous nous trouvons à l'aube du siècle africain, où le continent occupera son lieu légitime parmi les nations du monde. »

— Allocution prononcée par Xi Jinping lors de la cérémonie d'ouverture du Sommet du Forum sur la Coopération sino-africaine de Johannesburg, le 4 décembre 2015

2016

- L'Arabie saoudite a un dicton selon lequel « il n'y a pas de plus grand acte de bonté que de tendre la main à une personne dans le besoin ». À la suite du tremblement de terre dévastateur qui a frappé Wenchuan, dans la province chinoise du Sichuan, en 2008, l'Arabie saoudite a envoyé plus de 60 millions de dollars américains d'aide en espèces et en matériel à la Chine, soit la plus importante aide étrangère reçue par le gouvernement chinois.

— Article signé par Xi Jinping publié dans le journal saoudien Alriyadh, le 18 janvier 2016

- « L'Égypte est un don du Nil. » Lorsque j'ai visité l'Égypte pour la première fois il y a 16 ans, j'ai appris comment les habitants de l'Égypte ancienne exploitaient les crues du Nil pour la production agricole. Je me suis émerveillé devant le Nil, le berceau de la civilisation égyptienne, et j'ai été étonné par la sagesse et la force du peuple égyptien.
- Dans un hymne au Nil, les anciens Égyptiens chantaient : « Je te salue, ô Nil ! Le fleuve, qui se manifeste sur cette terre, coule à flots. »

— Article signé par Xi Jinping publié dans le quotidien égyptien Al-Ahram, le 19 janvier 2016

ANNEXE

- Selon un poète arabe, « <u>lorsque vous vous tournez vers le soleil, vous verrez l'espoir</u> ». Il y a de l'espoir au Moyen-Orient, et toutes les parties le trouveront en poursuivant le dialogue et le développement.
- Comme nous le rappelle un proverbe arabe, « <u>rien ne peut soulager une démangeaison comme votre propre ongle</u> ». Alors qu'un pays réfléchit à la meilleure façon d'avancer, il n'arrivera à rien en copiant aveuglément les autres. Le bon chemin est toujours ancré dans sa propre réalité.
- Les Chinois croient en la philosophie de la mutation et de l'adaptation. De même, un dicton arabe dit que « <u>rester dans un état inchangé est impossible</u> ». Nous respectons les appels à la réforme des États arabes et soutenons leurs efforts pour définir leur propre voie de développement.
- Comme le dit un proverbe égyptien, « <u>l'homme craint le temps, mais le temps craint les pyramides</u> ». Pour moi, rien n'est plus durable que le grand esprit de réforme et de liberté qui définit le peuple égyptien.

— Discours prononcé par Xi Jinping au siège de la Ligue des États arabes, le 21 janvier 2016

- Les kilomètres infinis de routes de la soie terrestres et maritimes ont permis à deux civilisations et peuples anciens de s'embrasser et de nouer des liens d'amitié. Comme l'a écrit Saadi Shirazi, « <u>ceux qui sont lointains et appartiennent à des temps révolus méritent d'être chéris profondément</u> ».
- Les Chinois croient que « pour connaître une personne, il faut comprendre son cœur ». Et selon un proverbe persan, « <u>il existe une communication télépathique entre les âmes</u> ». Les différents pays, nations et civilisations doivent apprendre les uns des autres et chercher à vivre en harmonie.

—Article signé par Xi Jinping publié dans le journal iranien Iran, le 21 janvier 2016

- Selon un proverbe serbe, « <u>l'amitié est le fruit du temps</u> ». Nous n'oublierons jamais le patriotisme que des films comme *Walter défend Sarajevo* et *Le Pont* ont inspiré à de nombreux Chinois, et à ce jour, la chanson *Bella Ciao* peut encore être entendue en Chine.
- Les Serbes ont un dicton selon lequel il faut « <u>sauter d'abord, parler ensuite</u> », et les Chinois croient que « l'action a plus de poids que les mots ». La Chine attache une grande importance à ses relations avec la Serbie et apprécie la profonde amitié entre les deux pays. La Chine est prête à exploiter le potentiel d'une coopération mutuellement bénéfique et à tirer parti de nos atouts

complémentaires afin que les relations Chine-Serbie puissent se développer et prospérer à long terme.

— Article signé par Xi Jinping publié dans le journal serbe Politika et par l'agence de presse Tanjug, le 16 juin 2016

- Selon un proverbe ouzbek, « <u>un arbre passe inaperçu tant que ses branches ne sont pas pleines de fruits</u> ». La coopération entre la Chine et l'Ouzbékistan a donné des résultats fructueux dans tous les domaines, et a gagné l'appui et le soutien de nos deux peuples.

— Article signé par Xi Jinping publié dans le journal ouzbek Narodnoye Solve et par l'agence de presse Jahon, le 21 juin 2016

- Le célèbre poète ouzbek Alisher Navoi a dit un jour : « <u>Il n'y a rien de mieux que de vivre dans l'amitié.</u> » En posant à nouveau le pied sur cette belle terre et en ressentant de la sincérité et de l'hospitalité de votre peuple, j'ai une forte affinité pour ce pays.
- Lors de ma dernière visite, le président Karimov a partagé avec moi un dicton ouzbek : « <u>Un sac vide ne peut pas tenir debout</u> ». Au cours des trois dernières années, les pays le long de « la Ceinture et la Route » se sont concentrés sur la communication des politiques, la connectivité des infrastructures, le commerce sans entrave, le libre flux des capitaux et les échanges entre les peuples. Notre coopération s'est approfondie et a produit des résultats positifs dans de nombreux domaines.
- Le célèbre poète ouzbek Alisher Navoi a écrit cette phrase : « <u>Ô, que notre peuple puisse mener une vie heureuse et fructueuse.</u> » Ces mots sont l'expression de nos objectifs communs, le but vers lequel nous tendons constamment.

— Discours prononcé par Xi Jinping à la Chambre législative de l'Oliy Majlis de l'Ouzbékistan, le 22 juin 2016

- Sheikh Mujibur Rahman, père fondateur du Bangladesh, a mis en avant une vision de « <u>main tendue à tous, et de haine envers personne</u> ». La Chine sera toujours un ami et un partenaire sur lequel le Bangladesh pourra compter.

— Article signé par Xi Jinping publié dans les journaux bangladais The Daily Star et Prothom Alo, le 14 octobre 2016

- Bien qu'elles soient des forces positives, la réforme et l'innovation restent des tâches ardues. Selon un vieux dicton chinois, « un défi peut être surmonté tant

ANNEXE

que l'on a le courage d'oser ». L'Amérique latine a une expression similaire : « Aucun obstacle n'est plus grand que le manque de détermination. »

- « Apporter des avantages à la population est le principe fondamental de la gouvernance. » (Extrait du *Huainanzi* de Liu An, 179-122 av. J.-C.) Un dicton péruvien dit que « la voix du peuple est celle de Dieu ». Nous devons répondre à l'aspiration de la population à une vie meilleure et garantir que les fruits du développement bénéficient davantage à l'ensemble de la population.

> — *Discours liminaire prononcé par Xi Jinping lors du Sommet des chefs d'entreprise de l'APEC, le 19 novembre 2016*

- José Olaya, héros péruvien de la guerre d'indépendance, a déclaré : « Si j'avais mille vies, je les donnerais toutes pour ma nation. » Ces mots reflètent clairement la perception de la Chine et de la communauté des États d'Amérique latine et des Caraïbes envers des expériences similaires dans leurs histoires respectives.
- L'écrivain péruvien Melissa Rivero a dit que « le vrai bonheur se trouve dans la passion de continuer à aller de l'avant ». Restons à l'écoute de notre époque, saisissons les opportunités de développement et travaillons conjointement à la réalisation du rêve chinois et du rêve latino-américain. Ce faisant, nous élèverons le partenariat global entre nos deux pays à un niveau supérieur et construirons entre nous une communauté d'avenir partagé.

> — *Discours prononcé par Xi Jinping au Congrès péruvien, le 21 novembre 2016*

- Pablo Neruda a dit un jour que « si nous regardons la carte des Amériques, nous trouverons des perspectives très prometteuses ». Et cela nous donnera une plus grande confiance dans l'avenir de l'Amérique latine.

> — *Article signé par Xi Jinping publié dans le journal chilien El Mercurio, le 22 novembre 2016*

2017

- Le célèbre poète suisse et lauréat du prix Nobel Carl Spitteler a dit un jour : « Il n'y a pas de plus grand bonheur que d'avoir des amis qui partagent les mêmes perspectives et le même destin. »

> — *Article signé par Xi Jinping publié dans les médias suisses, le 13 janvier 2017*

- « C'était la meilleure des époques, c'était la pire des époques. » Ce sont les mots utilisés par l'écrivain anglais Charles Dickens pour décrire le monde après la révolution industrielle.

ANNEXE

- Henry Dunant, fondateur de la Croix-Rouge, a dit un jour : « L'ennemi, notre véritable ennemi, ce n'est pas la nation voisine, c'est la faim, le froid, la misère, l'ignorance, la routine, la superstition, les préjugés. » Nous devons avoir la sagesse d'analyser ces problèmes, mais surtout, nous devons avoir le courage de prendre des actions concrètes.

  — Discours liminaire prononcé par Xi Jinping lors de la cérémonie d'ouverture de la
  Conférence annuelle 2017 du Forum économique mondial, le 17 janvier 2017

- Sur le dôme du Palais fédéral suisse est inscrite la devise en latin « Unus pro omnibus, omnes pro uno » (Un pour tous, tous pour un). Nous devons non seulement veiller aux intérêts des générations présentes, mais aussi prendre nos responsabilités envers les générations futures.

  — Discours prononcé par Xi Jinping à l'Office des Nations
  unies à Genève, le 18 janvier 2017

- Comme le dit un ancien dicton chinois, « un voyage de mille lieues commence toujours par un premier pas ». Selon un proverbe arabe, « les pyramides ont été construites en empilant les pierres, une par une ». Et un dicton européen dit que « Rome ne s'est pas faite en un jour ». L'initiative « la Ceinture et la Route » est une grande cause qui nécessite du temps et des efforts dédiés.

  — Discours prononcé par Xi Jinping lors de la cérémonie d'ouverture du Forum de
  « la Ceinture et la Route » pour la coopération internationale, le 14 mai 2017

- Comme le dit un dicton kazakh, « là où il y a de la solidarité, le bonheur suit ». L'esprit de Shanghai a inspiré un fort sentiment de solidarité qui assurera le développement de l'Organisation de coopération de Shanghai.

  — Discours prononcé par Xi Jinping lors de la 17e réunion du Conseil des chefs
  d'État de l'Organisation de coopération de Shanghai, le 9 juin 2017

- Selon un dicton allemand, « ceux qui travaillent seuls ajoutent ; ceux qui travaillent avec d'autres multiplient ». Travaillons ensemble pour promouvoir une croissance interconnectée et une prospérité commune, et avançons vers notre objectif de construire une communauté de destin pour l'humanité.

  — Discours sur l'économie mondiale prononcée par Xi Jinping lors
  du sommet du G20 de 2017 à Hambourg, le 7 juillet 2017

Table des matières

Liste des membres du comité de rédaction .... *v*

Préface .... *vii*

Introduction à la pensée de Xi Jinping sur la diplomatie 1

IMAGES ET MÉTAPHORES

Le plus grand dénominateur commun pour la lutte solidaire de la
nation chinoise 18

La paix est comme l'air et le soleil 23

La nation chinoise n'a aucun gène d'agression ou d'hégémonie 27

Se soutenir mutuellement sur scène pour offrir d'excellents spectacles 32

Un long voyage prouve l'endurance d'un cheval et le passage du
temps montre la sincérité d'un homme 37

Si nous apprenons à apprécier les mérites des autres cultures comme
nous apprécions les nôtres, nous construirons ensemble un
monde de grande unité 42

Se serrer les coudes comme des passagers à bord du même navire, et
assumer à la fois les droits et les devoirs 47

TABLE DES MATIÈRES

Il n'y a qu'une seule Terre dans l'univers, elle est le foyer commun de l'humanité 51

Nous voulons élargir continuellement le gâteau, tout en veillant à le partager correctement 55

Manger selon sa capacité et s'habiller selon sa taille 59

Bien saisir cette clé de développement.. 63

Éviter une approche palliative qui traite les symptômes et non la cause de la maladie.. 67

Se prémunir contre l'effet « bol de spaghettis » 72

Le vaste océan Pacifique a suffisamment d'espace pour les deux grands pays que sont la Chine et les États-Unis 77

Il n'y a pas de chose telle que ce qu'on appelle le piège de Thucydide dans le monde 81

Une « équipe d'action », pas un « salon de discussion »............... 86

Construire un « cercle d'amis » commun et non exclusif.............. 91

Une fois identifiée la cause de la maladie, il faut prescrire un médicament approprié selon les symptômes 95

Les ailes et les artères.. 100

« Jardin d'arrière-cour » ou « parc fleuri » 105

Un « chœur », pas un « solo ».. 110

Apprendre à nager en nageant... 115

Bienvenue à bord du train de développement de la Chine 119

EXPRESSIONS FAMILIÈRES

La prospérité du pays, le renouveau de la nation et le bonheur du peuple 128

Le peuple chinois ne cause pas de problèmes, mais lorsqu'ils surviendront, le peuple chinois ne reculera pas 133

La Chine invite les autres pays à suivre la même voie...................... 138

TABLE DES MATIÈRES

Privilégier le dialogue et le partenariat, plutôt que les confrontations et les alliances... 142

Ceux qui partagent les mêmes idées et suivent la même voie peuvent être des partenaires ; ceux qui recherchent un terrain d'entente tout en mettant les divergences de côté peuvent également être des partenaires 147

Ceux qui voyagent seuls vont vite, mais ceux qui voyagent en compagnie vont loin... 151

Concilier la justice et les intérêts tout en privilégiant la première.......... 155

Le développement de la Chine représente une opportunité pour le monde... 160

Celui qui souffle la bougie d'autrui brûlera sa propre barbe.................. 165

L'ordre international et le système de gouvernance mondiale ne doivent pas être déterminés par un seul pays..................................... 170

Il est vital de faire tout ce qui est en son pouvoir et d'agir dans les limites de ses compétences.. 175

Ni démantèlement des systèmes existants ni retour à la case départ...... 180

S'opposer aux accords exclusifs 184

Ne pas établir la suprématie ni adopter une approche dite du « gagnant remporte tout » 189

Tout comme les membres d'une famille se souhaitent le meilleur, les pays voisins font de même 194

Des natures similaires se cherchent et sont liées par des aspirations communes.. 199

Les routes du monde entier ne s'élargissent que lorsque davantage de personnes les empruntent.. 204

On ne doit pas « laisser chacun balayer la neige qui est devant sa porte et ne pas s'embarrasser de la gelée blanche qui est sur le toit de son voisin » 208

Les intelligents s'occupent des affaires concrètes, tandis que les sages gouvernent les institutions 212

TABLE DES MATIÈRES

Il n'y a aucune raison de rejeter en bloc la mondialisation économique 217

S'attaquer à la fois aux symptômes et aux causes profondes du terrorisme et rejeter la politique de deux poids deux mesures 221

Des efforts inlassables sont nécessaires pour un succès durable 226

La tendance du monde va de l'avant 231

La dégustation de la bière rapproche les amis, la dégustation du thé aromatique permet aux amis de réfléchir à la vie............................. 235

Passer de la « recherche d'un terrain d'entente tout en mettant nos divergences de côté » à la « consolidation d'un terrain d'entente tout en aplanissant les différences ».. 240

Les relations entre peuples sous-tendent les relations entre États 245

Les grandes visions ne peuvent se concrétiser que par les actions........... 250

CITATIONS DES CLASSIQUES

Si une personne était pauvre, elle devait travailler dans la solitude pour se rendre parfaite ; si une personne était dans la prospérité, en se perfectionnant elle-même, elle rendait tous les autres hommes parfaits... 258

Les fardeaux sont lourds quand on les soulève seul ; les voyages sont plus rapides quand on avance avec d'autres 263

Un arbre d'une grande circonférence est né d'une racine aussi déliée qu'un cheveu 267

Ne pas tenir compte des intérêts égoïstes mais des intérêts de tous les peuples du monde.. 272

Les richesses et les honneurs obtenus injustement me paraissent comme des nuages qui passent.. 276

Seules les amitiés basées sur la sincérité peuvent durer longtemps 281

Seul, on est vulnérable ; ensemble, on est indestructible 286

426

TABLE DES MATIÈRES

Un arbre à croissance rapide a des racines solides ; une rivière qui va loin a besoin d'une source sans obstacle 290

Les choses du monde se développent sans rivalité, et les quatre saisons alternent sans contradiction 295

Un pays doit réduire les droits de douane, améliorer les routes, faciliter les transactions commerciales, et assouplir la politique agricole 299

Le bon voisinage est un trésor national 304

Les personnes sages recherchent un terrain d'entente, tandis que les personnes ignorantes ne se concentrent que sur les différences 309

La Vertu ne va jamais seule ; elle attire toujours des imitateurs 314

La vertu d'humanité, c'est élever autrui comme on souhaiterait l'être soi-même ; c'est le faire parvenir là où on le voudrait soi-même 319

La vision chinoise de l'harmonie et de la coexistence pacifique 323

Mieux vaut apprendre à quelqu'un à pêcher plutôt que de lui donner du poisson 328

Ni la montagne ni la mer ne peuvent séparer ceux qui partagent une vision commune 333

Plus on donne aux autres, plus on gagne pour soi-même 338

Quand la Voie céleste prévaut, l'esprit public règne sur Terre 343

L'océan accueille tous les courants grâce à son immensité 348

Les exploits sont forgés par les ambitions et les efforts persévérants 353

Un homme intelligent s'adapte à son époque, et un homme sage établit des règles en fonction des tendances qui se dessinent 357

Un défi peut être surmonté tant que l'on a le courage d'oser 361

Le secret pour faire un bon plat, c'est de savoir concilier les saveurs 366

S'établir dans la position appropriée du monde et suivre la grande voie du monde 371

Annexe : Apophtegmes cités par Xi Jinping dans les discours et articles sur la politique étrangère *375*

PRÉSENTATION DU RÉDACTEUR EN CHEF

SU GE, président du Comité national chinois pour la coopération économique dans le Pacifique, ancien président et secrétaire du comité du Parti pour l'Institut chinois d'études internationales. Après avoir été diplômé de l'Université des Langues étrangères de Xi'an en 1975, il est devenu enseignant de cette université. En 1982, il s'est rendu aux États-Unis pour faire ses études et a obtenu un master et un doctorat en relations internationales et études régionales à l'Université Brigham Young. De 1987 à 1988, il a été chercheur postdoctoral à l'Université de Harvard. Ancien membre de la Smithsonian Institution et bénéficiaire du programme Fulbright Chercheur, il a également été professeur invité aux Universités de Georgetown, Johns Hopkins et George Washington, ainsi que professeur et directeur de thèse à l'Université des affaires étrangères de Chine et directeur de thèse invité à l'Université Tsinghua. De 2003 à 2006, il a été ministre conseiller à l'Ambassade de Chine aux États-Unis. De 2006 à 2013, il a été successivement ambassadeur de Chine au Suriname et ambassadeur de Chine en Islande. De 2015 à 2018, il a été directeur de l'Institut chinois d'études internationales. Parmi ses principaux ouvrages figurent : *La politique des États-Unis à l'égard de la Chine et la question de Taïwan* (édition 1998) et *Relations internationales et contre-mesures de la Chine à la charnière des siècles* (rédacteur en chef, édition 2003).